KB115746

산티아고 가는 길,
나는 순례자다!

산티아고 가는 길, 나는 순례자다!

발행일	2019년 10월 16일		

지은이	김명돌		
펴낸이	손형국		
펴낸곳	(주)북랩		
편집인	선일영	편집	오경진, 강대건, 최예은, 최승헌, 김경무
디자인	이현수, 김민하, 한수희, 김윤주, 허지혜	제작	박기성, 황동현, 구성우, 장홍석
마케팅	김회란, 박진관, 조하라, 장은별		

출판등록 2004. 12. 1(제2012-000051호)
주소 서울특별시 금천구 가산디지털 1로 168, 우림라이온스밸리 B동 B113~114호, C동 B101호
홈페이지 www.book.co.kr
전화번호 (02)2026-5777   팩스 (02)2026-5747

ISBN   979-11-6299-922-6 03920 (종이책)   979-11-6299-923-3 05920 (전자책)

이 도서의 국립중앙도서관 출판예정도서목록(CIP)은 서지정보유통지원시스템 홈페이지(http://seoji.nl.go.kr)와
국가자료공동목록시스템(http://www.nl.go.kr/kolisnet)에서 이용하실 수 있습니다.
(CIP제어번호: CIP2019040827)

나를 찾아 떠나는 고행의 길 800km

산티아고 가는 길,
나는 순례자다!

글·사진 김명돌

북랩 book Lab

피스테라   산티아고 데 콤포스텔라

아르수아

오 페드로우소   에이렉세

베가 데 발카르세

레온

만시야
데 라스
물라스

페레이로스

트리아카스텔라   아세보

카카벨로스

산타 카탈리나   오스피탈
데 소모사   데 오르비고

포르투갈

프랑스

스페인

생장 피드포르
론세스바에스
라라소아냐
팜플로나
우테르가
에스테야
토레스
델 리오
나바레테
산토도밍고
아헤스
토산토스
부르고스
칼사디아
데 라 케사
타르다호스
카스트로헤리스
프로미스타
르시아노스
레알 카미노

유라시아 대륙의 서쪽 끝 이베리아반도에 자리 잡고 있는 산티아고 순례길. 이 대륙의 동쪽 끝 한반도에 살고 있는 순례자가 여행을 떠났다. 여행은 일상의 혁명이다. 일상 밖으로, 세상 밖으로 훨훨 날아가기 꿈꾸며 즐거운 마음으로 떠난 여행은 삶을 아름답게 한다. 삶에는 꿈이 차야 아름답다. 가슴과 영혼에는 아름다운 꿈을 채워야 한다. 꿈을 가진 사람들은 '카미노 데 산티아고'로 향한다. 자신의 진정한 꿈을 찾기 위해, 불꽃을 찾기 위해, 삶의 전환점이나 결단의 순간에 열정의 꽃을 불태우기 위해 카미노로 간다. 카미노 데 산티아고는 자신을 세상의 중심에 두고, 삶의 중심에 두고 걸어가는 인생에 대한 새롭고 독특한 꿈의 여행이다. 누구도 쉽게 흉내 낼 수 없는 카미노에서 삶을 풍요롭게 만들고 자신을 사랑하는 방법을 발견하는 여정이다. 누구나 자신의 꿈이란 목표를 세우지만, 그다음에는 목표가 자신을 이끈다. 순례자가 되어 산티아고를 향하는 목표를 세웠고, 목표는 순례자를 이끌어 마침내 '별이 빛나는 들판의 산티아고'에 도착했다.

산티아고 데 콤포스텔라의 오브라이도로 광장에 도착했을 때, 광장은 순례자들로 가득 차 있었다. 그들의 배낭에는 가리비가 달려 있었고 손에는 지팡이가 들려 있었다. 햇볕에 그을린 얼굴에는 기쁨의 눈물이 흘러내렸다. 어떤 이들은 서로 껴안고 오열했고, 어떤 이들은 박수를 치며 신나게 노래를 불렀고, 어떤 이들은 누워서 하늘을 바라보며 자신 속에 침잠했고, 어떤 이들은 무릎을 꿇고 기도했다. 순례자들이 연출하는 살아 움직이는 광장의 풍경은 한 폭의 그림, 감동 그 자체였다. 중세부터 시작된 천 년 동안의 순례가 현대에도 재현되고 있는 현장이었다. 필자도 그들과 둘이 아닌 하나였다.

산티아고 대성당 내부에는 긴 행렬이 줄을 잇고 있었다. 성 야고보 흉상의 어깨를 안고 그의 등에 키스를 하며 마침내 순례를 끝내기 위해 모인 순례자들이었다. 모두가 엄숙하고 경건했다. 이윽고 계단을 올라 야고보를 껴안는 순간 대성당의 천장에서, 마음 저 깊은 곳에서 동시에 소리가 들려왔다.

'왔노라, 보았노라, 안았노라!'
성 야고보가 순례자를 안고 칭찬했다.
'순례자여, 장하다! 그대는 영웅이다!'

순례길의 끝에서 선물로 받은 산티아고 대성당 사무소의 '완주 증명서'는 고행에 대한 공식적인 훈장이었다. 하지만 가장 큰 선물은 위대한 자신이었다. 800㎞를 걸어 몸도 마음도 정결하게 다이어트를 한 순수한 영혼인 자신이었다. 감사와 희열이 밀려오고, 세상은 새 예루살렘처럼 달라 보였다.

AD 33년, 로마의 지배를 받던 유대에서, 빌라도 총독에 의해 예수가 십자가에서 처형되었다. 12제자들은 "유대와 사마리아와 땅끝까지 전파하라."라는 예수의 지상명령에 따라 각기 흩어졌다. 그 가운데 최초의 순교자는 BC 44년에 헤롯 아그리파에 의해 참수당한 세배대의 아들인 야고보였다. 야고보가 스페인으로 와서 7년간 머물며 7명의 제자를 만들고, 다시 예루살렘으로 돌아갔을 때였다. 야고보의 죽음에 대해 성경에는 딱 한 줄 "그때에 헤롯왕이 손을 들어 교회 중에서 몇 사람을 해하려 하여 요한의 형제 야고보를 칼로 죽이니"라고만 언급되어 있다. 야고보가 처형된 이후에는 그에 대한 역사적 사실 대신 전설이 시작되었다. 복음서 어디에도 이베리아반도나 야고보 사후에 대한 언급은 없다. 그러나 8~9세기 문헌에는 예수가 전도를 위해 야고보를 서쪽 지방, 세계의 땅끝인 피스테라로 보냈다는 내용이 나온다.

야고보는 참수당한 뒤 이베리아반도로 돌아왔다. 이 귀환은 처음 이베리아반도로 가는 것보다 훨씬 더 중요하다. 두 제자가 수습한 야고보의 유해, 참수당한 몸과 머리는 돛도, 노도 없는 석조 배에 담겨 기적처럼 이베리아반도 북서부 해안 페드론 근처에 도착했다. 야고보의 유해는 지중해 바다를 건너 다시 스페인의 대서양으로 돌아왔고, 제자들은 그 지역의 이교도 여왕 루파(Lupa)에게 야고보의 유해를 묻어도 좋다는 허락을 힘겹게 얻어냈다. 그 후 야고보의 유해는 오늘날 산티아고 데 콤포스텔라가 위치한 내륙 언덕으로 운반되어 묻혔다. '별이 빛나는 들판'에 묻힌 야고보의 무덤은 800년 가까이 잊혔다가 813년에 발견되었고, 그 무덤 위에 산티아고 대성당이 건립되었다. 예수의 총애를 받던 사도 산티아고의 무덤이 발견되었다는 소식이 사방으로 퍼지면서 스페인은 물론 유럽 각지에서 순례자들이 몰려들기 시작했다. 천 년 순례의 역사가 시작된 것이다.

9세기 후반부터 순례자들의 발길이 끊임없이 이어지고 이들을 맞이하기 위한 숙박업소 등이 생기면서 산티아고 가는 길의 종착지에 '산티아고 데 콤포스텔라'라는 도시가 형성되었다. 산티아고 가는 길은 걷기만 해도 교황청에서 평생 지은 죄를 다 사면해줬을 정도로 성스러운 길이 되었다. 괴테는 "유럽은 산티아고의 길 위에서 태어났다."라고 했다.

스페인 북부 지역의 '순례자의 도시'라고 불리는 산티아고 데 콤포스텔라는 아름다운 도시이다. 산티아고는 도시 전체가 1993년 유네스코 세계문화유산에 등재되었으며 중세시대를 오롯이 보존하고 있다. 대표적인 유적이 성 야고보의 무덤 발견을 기념하기 위해 12세기에 지은 산티아고 대성당이다. 산티아고 대성당은 기독교 세계에서 예루살렘과 로마 바티칸 성당과 더불어 가톨릭 순례자를 위한 3대 순례지 중 하나다. 산티아고 대성당에는 야고보의 무덤이 있다. "이성적 사고를 지닌 근대인이라면 아무리 가톨릭 신자라 하더라도 산티아고의 유해가 콤포스텔라에 안장되어 있다는 것을 인정하지 않을 것이다."라는 스페인의 미겔 데 우나무노 교수의 말처럼 산티아고는 신화적인 내용으로 점철되어 있다. 또한 '산티아고에 산티아고는 없다.'는 말이 있다. 야고보는 이베리아반도에서 복음을 전파했을 가능성이 없으며, 야고보의 시신이 담긴 배가 예루살렘에서 지중해를 거쳐 대서양의 스페인 해안 마을까지 옮겨왔다는 이야기도 허구일 가능성이 높다는 것. 당시의 항해 기술로 가능했겠냐는 것이다. 하지만 산티아고 순례 길 전설의 사실 여부를 떠나서 산티아고 가는 길은 그 자체로 최고로 매력적인 카미노이다. 콤포스텔라에 도착해서 야고보의 무덤이 실제는 비어있다는 사실을 알면서도 순례자들은 야고보를 찾아간다. 그리고는 빈 무덤에서 자신을 발견하고는 기뻐한다.

산티아고(Santiago)는 '성 야고보'를 칭하는 스페인식 이름이며, 영어로는 '세인트 제임스(St. James)'이다. 성경에는 예수의 제자인 세베대의 아들 야고보(큰 야고보)와 알패오의 아들 야고보(작은 야고보), 예수의 형제인 야고보, 세 야고보가 나온다. 산티아고 순례길의 주인공인 큰 야고보는 베드로, 요한과 함께 예수가 특별히 사랑한 제자로, 불같은 성격으로 인해 '우레의 아들'이라 불리며 예수께 책망을 많이 받았다. 스페인에서는 야고보를 '무어인의 학살자 야고보', '산티아고 마타모로스(Santiago Matamoros)'로 불렀다. 야고보는 국토회복 운동에서 수호신의 역할을 했다. 844년 클라비호 전투에서부터 결정적인 순간마다 나타나 승리를 예언하면서 전세를 역전시켜 승리했고, 빛나는 갑옷을 두르고 백마 위에 올라탄 채 칼을 휘두르며 무어인의 목을 베는 용감한 기사 야고보의 이미지를 본 이슬람교도들은 싸우기 전에 기가 꺾였다. 가톨릭교도들은 산티아고가 자신들의 편에 있다면 하느님 역시 자신들과 함께 있으며, 자신들의 전쟁 또한 성전(聖戰)이 될 것이라고 믿었다. 이에 야고보는 성인의 반열에 오르며 스페인의 수호성인이 되었다. 산티아고 순례길의 역사에 관한 최초의 기록이 이 시기에 이루어졌다.

산티아고 가는 길은 한 순교자의 무덤으로 가는 길이면서 세상에서 가장 아름다운 자연의 풍광을 즐길 수 있는 길이다. 산티아고 가는 길에는 로마 시대 이후 1492년 이베리아반도에서 완전히 축출될 때까지 자신의 전통을 지키며 살았던 유대인들, 야고보에 의해 스페인에 전파된 가톨릭을 믿던 가톨릭인들, 711년 타리크 장군에 의해 점령되어 1492년까지 이베리아반도를 지배한 이슬람인들의 역사가 있다. 먼 옛날 순례자들이 처음 몰릴 무렵, 신의 음성을 듣기 전에 울부짖는 늑대의 울음소리를 들어야 했고, 순례자의 금품을 노리는 무장 강도의 위협이 있던 길이었으나, 지금은 전설로만 남아 있다. 오늘날 이 길은 안전하며 길을 잃을 염려도 없다. 노란 화살표나 가리비 모양만 따라가면 산티아고에 도착한다.

전 세계 사람들의 버킷리스트 1위, 전 세계 사람들이 가장 걷고 싶어 하는 길로 꼽히는 산티아고 순례길을 따라 수많은 중세 유럽인이 산티아고로 순례를 떠났고, 삶의 마지막을 그 길 위에서 보냈다. 그리고 지금도 수많은 사람이, 특히 신을 찾고 자신을 찾는 사람, 꿈을 찾는 사람이 카미노를 걷고 있다. 전 세계 트래커들의 성지인 카미노의 초국가적 명성 덕분에 산티아고 순례는 말 그대로 유럽과 대한민국의 희망 목록이 되었다. 2018년 작년 한 해만 해도 32만 명이 다녀갔다.

사람들이 순례길을 걷는 이유는 다양하다. 산티아고 순례길은 죄와 용서, 구원이라는 가톨릭 교리에 뿌리를 둔다. 오늘날은 그 위에 내면의 자아 성찰, 문화탐방, 자연과의 합일, 휴가, 일상에서의 탈출, 관광 등 다양한 요소를 품고 있다. 2018년 스페인 정부 기관의 조사에 의하면, 외국인들 중 문화와 종교적인 이유로 걷는 사람들이 66%, 종교적 신앙심으로만 걷는 사람들이 25%, 문화 체험적 이유로 걷는 '사람들이 9%이다. 또한 외국인들의 나이는 30~60대가 64%를 차지하고 있으며, 30대 이하가 26%, 60대 이상이 10%이다. 한국인은 지난해만 5천 명 이상이 다녀왔다.

산티아고 순례길은 일생에 한 번 꼭 걸어야 할 고행과 성찰의 기쁨이 교차하는 순례길이다. 지나온 삶을 돌아보고 내일을 정립하는 길,

삶의 진정한 가치를 관찰하고 성찰하고 통찰하기 위해 걷는 길이다. 누구나 꿈꾸지만, 걸을 수 있는 사람은 축복받은 사람이며 진정 용기 있는 사람이다. 그 길은 돈이 있다고 갈 수 있는 길이 아니요, 시간이 있다고 갈 수 있는 길도 아니다. 돈과 시간, 그리고 튼튼한 육체는 물론 신을 향한 마음, 자신의 내면을 성찰하려는 깊은 의지와 열정이 있어야 한다. 산티아고 가는 길은 영성을 향한 순례길이다. 자아의 무엇인가를 발견하고자 하는 길이다. 지는 해를 따라 서쪽으로 걸어가면서 명상하고 고행하고 인내하고 금욕하고 기도하는 길이다. 산티아고 가는 길은 아름다운 순례자의 길이며, 별의 길, 바람의 길, 태양의 길, 고독의 길, 슬픔의 길, 고통의 길, 성찰의 길, 눈물의 길, 영광의 길이다.

필자의 좌우명은 '일신우일신(日新又日新)'이다. 도보 여행의 일신우일신은 고향으로 돌아가는 귀거래사로 시작되었다. 2007년 1월 2일, 용인(회사)에서 안동(고향, 청산)까지 걸어가는 8박 9일간의 '청산(靑山)으로 가는 길' 260km였다. 이듬해 1월 1일, 혹한의 날씨 속에 안동에서 다시 용인으로 걸어왔다. '처처(處處)가 모두 청산'이라 용인도 청산이고 세상 전부가 청산이었다. 이후 마라도에서 고성의 통일전망대까지 국토 종주를 하고, 동해안 해파랑길, 백두대간, 100대 명산, 지리산 둘레길, 북한산 둘레길, 제주 올레길, 고성에서 임진각까지 이어지는 DMZ 155마일 국토대장정, 4대강 자전거길 등 대한민국 장거리 명품 길들을 트레킹 했다. 길은 길에 연하여 해외로 나가 일본의 후지산, 중국의 오악(五嶽)을 비롯하여 이후 히말라야, 캐나다 로키산맥, 알프스 트레킹 등을 다녀왔다. 그런 가운데 마음은 이미 '산티아고 가는 길'에서 놀고 있었다. 마음이 갔으니 자연히 몸도 따라갔다.

2017년 6월, 산티아고 가는 길 위에 섰다. 시도했고, 마침내 도착했다. '영혼은 천사의 몫이고 육신은 악마의 몫'이라고 하던가. 산티아고 순례길을 걷는 27일 동안 악마가 육신의 평안을 유혹했지만, 영혼은 너무나 행복했다. 길은 길에 연하여 묵시아와 세상의 땅끝 피스테라를 향해 다시 걸었다. 예전에는 피스테라가 세상 끝이라고 믿었다. 그래서 야고보가 '땅끝까지 전파하라'는 예수의 지상명령에 따라 왔지만, 피스테라는 스페인의 땅끝이지 유럽의 땅끝, 세상의 땅끝은 아니었다. 그래도 포르투갈의 호카곶(Cabo da Roca)이 공식적으로 유라시아 대륙의 최서단으로 인정받기 전까지는 세상의 끝이었다.

31일간의 트레킹을 포함한 43일간의 스페인 여정은 아름다운 소풍이었다. 이후 집필을 위해 다시 걸은 피레네산맥과 순례길, 스페인의 곳곳은 즐거움 그 자체였다. 관찰을 통해 성찰을, 성찰을 통해 통찰의 길로 걸어가는 행복한 여정이었다.

이 책에는 산티아고 순례길의 탄생과 역사, 그리고 수많은 전설이 있고, 예수와 성모 마리아, 야고보와 길 위의 성인들, 그리고 스페인의 영웅들이 있고, 스페인의 부흥과 몰락, 재부흥을 향한 역사의 여정이 있고, 스페인의 자연과 문화가 있고, 가톨릭과 이슬람, 유대교가 있고, 중세 순례자들의 이야기가 있다.

필자는 산티아고 가는 길에서 만난 순례자들에게 적시 않은 당혹감을 느꼈다. 순례자들은 스페인에 대해서, 산티아고 길에 얽힌 역사와 전설, 종교에 대해서 의외로 문외한이었다. 카미노를 걷기 위해 갖추어야 할 가장 소중한 준비물은 무엇일까? 개개인마다 다를 것이지만, 아리스토텔레스는 '시작이 반(Well begun is half done)!'이라고 했으니 준비에 실패하는 것은 실패를 준비하는 것이다. 산티아고 가는 길은 몸만 걸어가는 길이 아니라 마음이 걸어가고 영혼이 걸어가는 길이어야 한다. 인생의 특별한 선물인 산티아고 순례길을 떠나면서 준비 없는 순례자의 어리석음을 범치 않기를 바라는 마음을 이 책에 담았다. 이 책이 지성의 길, 영성의 길을 가는 지친 영혼들에게 위로가 되고 좋은 길잡이가 되면 좋겠다.

길을 걷는 황홀했던 순간들에 이어, 글을 쓰는 순간 또한 행복한 순례였다. 길과 글은 글자도 비슷하다. 모음 'ㅣ'를 'ㅡ'로 바꾼 것에 불과하다. 길에 존재했던 신비로운 순례자를 불멸의 미라로 남기는 이 글을 마치면서, 환상적인 축복의 여정 '나의 산티아고', '나의 순례'는 끝이 났다. 하지만 순례는 삶에서 무한히 연장된다. 길 위에서 진정한 순례자였던 필자는 이제 '지금 여기'를 카미노로 여기며 '카르페 디엠!'을 외치는 진실한 인생의 순례자로 살아갈 것이다.

멸망의 도시에서 수많은 고난을 헤치고 하늘나라에 도착한 순례자 크리스천은 한순간 퍼뜩 잠에서 깼다. 전부가 한바탕 꿈이었다. 존 번연의 『천로역정』은, '나의 산티아고 순례'는 전부 한바탕 꿈이었다. 회갑을 맞이하며 돌아본 지난 60년은 전부가 신명 나는 한바탕 꿈이었다.

2019년 11월 1일
- 60번 째 생일날
김명돌

목 차

CAMINO SANTIAGO

CAMINO DE
SANTIAGO

01

자유인,
카미노에 서다!

"여기 야고보의 무덤이 있다!"

인천공항에서 파리 드골공항으로

아스투리아스 왕국의 재정관이었던 펠라요는 고향으로 돌아와 점성술을 공부하며 별들을 바라보는 일상을 보내고 있었다. 어느 날 전에는 보지 못한 별들이 유난히도 빛났다. 어디서 왔을까? 밤마다 별들을 바라보던 펠라요는 별을 좀 더 자세히 살펴보자고 생각하며 길을 나섰다. 리브레돈 숲에 이르렀을 때 시커먼 밤하늘에 수많은 별이 반짝였고, 그중 자신의 머리 위에 있는 별이 가장 빛났다. 알 수 없는 힘에 이끌리듯 펠라요는 자신도 모르게 무릎을 꿇었다. 아침까지 생각에 잠겼던 펠라요는 한순간 자신이 앉은 바위가 자연적으로 생성된 것이 아니라는 느낌을 받았다. 바위를 둘러싼 낙엽을 걷어내니 기둥 같은 모양이 드러났다. 기둥 밑을 파 내려가니 주춧돌이 나타났다. 주위를 둘러보았다. 또 다른 바위가 보였고, 그 바위 아래를 파 내려가니 역시 주춧돌이 나타났다. 낙엽과 이끼에 덮인 돌기둥과 들보들이 무더기로 발견되었다. 펠라요는 자신이 이곳까지 오게 된 것이 우연이 아닌 신의 뜻이라는 확신이 들었다.

다음 날 사람들을 데리고 다시 리브레돈 숲으로 간 펠라요는 돌 주위를 파냈다. 돌과 돌 사이에 나뭇가지를 끼워 넣어 밀치니 돌이 조금 밀려나며 그 사이로 차갑고 습한 바람이 빠져나왔다. 사람들은 놀랐고 펠라요의 심장은 강하게 고동쳤다. 돌을 완전히 밀치자 어두컴컴한 지하가 드러났고, 지하로 내려가는 계단에는 거미줄이 길을 막고 있었다. 지하실은 온통 거미줄로 둘러싸여 있었다. 지하무덤이 나타났고, 망자들은 이미 백골이 되어 있었다. 하나, 둘… 여섯 번째 관에도 백골만 있었다. 펠라요는 마지막 석관을 열었다. 역시 백골밖에 없었다. 무덤의 비밀을 알 수 있는 아무런 단서도 찾지 못하고 허탈한 마음으로 돌아서는 순간, 펠라요는 눈을 의심했다. 횃불을 가까이 대고 그 관을 살펴보니 백골이 목과 몸통으로 분리되어 있었다. 펠라요는 손을 뻗어 돌 하나를 집어 들고 밖으로 나와 닦아냈다. 글자가 드러났다. 글자는 '야고보'였다. 펠라요는 무너지듯 무릎을 꿇고 외쳤다.

"여기 야고보의 무덤이 있다!"

산티아고 데 콤포스텔라, '별이 반짝이는 들판의 야고보'가 탄생하는 순간이었다. 제자들은 예루살렘에서 야고보의 시신을 은밀히 빼내어 배에 싣고 지중해에 띄워 보냈다. 그 배는 바다 위를 흘러흘러 지브롤터 해협을 지나서 대서양의 페드론이라고 하는 바닷가에 도착했다. 야고보의 시신과 배 안에는 가리비가 가득 붙어 있었다. 이 배를 목동이 발견하였고, 시신은 우여곡절 끝에 어느 들판에 은밀히 묻혔다. 그리고 813년, 펠라요라고 하는 수도자에 의해 770년 전에 죽었다는 예수의 제자 야고보의 무덤이 발견된 것이다.

산티아고 순례길은 세계사 속 이 전설의 장면에서 비롯되었다.

2017년 6월 15일, '동방의 등불'인 동북아 한반도 코리아의 인천국제공항 활주로를 이륙한 비행기는 '서방의 땅끝'인 서유럽 이베리아반도의 스페인을 향해 날아갔다. 동방의 순례자가 '땅끝까지 전파하라'는 예수의 지상명령이 말한 땅끝, 산티아고 순례길이 있는 스페인으로 시공간 여행을 떠났다. 길 위에서 자신을 성찰하고 자신을 위로하고 자신을 사랑하는 치유의 시간을 가지고자 대한민국 구석구석을 트레킹한 순례자가 유라시아 대륙의 반대편에 있는 산티아고 순례길을 찾아 나선 것이다. 자유인이 '마이 웨이(My Way)'를 찾아 길 위에 섰다.

혁명과 예술의 도시 프랑스 파리 드골공항에 도착해서 숙소가 있는 몽파르나스로 버스를 타고 달렸다. 산티아고 순례길의 대표 격인 '프랑스 길'은 프랑스 남부의 생장 피드포르에서 시작한다. 생장까지는 프랑스 남부로 통하는 철도의 기점인 몽파르나스 역에서 테제베를 타고 이동해야 한다. 호텔에 여장을 풀고 몽파르나스 공동묘지로 갔다. 죽기 전에 꼭 가봐야 할 역사 유적으로, 파리 3대 공동묘지 중 하나인 몽파르나스 공동묘지에는 사르트르, 보들레르, 모파상 등 프랑스에서도 으뜸가는 지식인들이 영원한 휴식을 취하고 있다. 태양이 느릿느릿 서쪽 하늘을 향해 걸어가고 그를 대신하듯 먹구름이 몰려왔다.

"아버지는 젊은 날 '신은 죽었다.'라고 한 프리드리히 니체를 좋아했는데, 너는?"

"저는 '실존이 본질에 앞선다.'라고 한 장 폴 사르트르를 좋아해요."

"우리는 둘 다 무신론자를 좋아하네."

대학생이었던 아들과의 대화. 순례길에 사르트르를 만나고 싶어서 몽파르나스 묘지에 도착했다. 무덤 각각이 독특한 모양으로 조각되어 있어 마치 조각공원을 보는 듯했다. 계약 결혼을 한『제2의 성』의 보부아르와 사르트르의 무덤 앞에 섰다. 우울한 어린 시절을 경험하고, 평생을 함께할 친구도 없었고, 진정한 의미의 어머니도 아버지도 없었던 사르트르는 24세에 만난 시몬 드 보부아르와 계약 결혼 관계를 맺고 평생 동지애를 유지했다. 사르트르는 사르트르대로, 보부아르는 보부아르대로 이성과의 관계를 이어나가는 독특한 연애를 평생 지속했고, 그들은 이곳 몽파르나스에 함께 묻혀 있다. 한 여인이 벤치에 앉아 있었다. 여인들이 사랑한 사르트르의 인기를 증명하는 듯 비석에는 수많은 여인의 붉은 입술 자국이 선연했다.

다시 보들레르의 무덤을 찾아 나서자 비가 쏟아지기 시작했다. 꽃이 놓여 있는 이색적인 무덤에 양손으로 턱을 받치고 있는 모습으로 조각되어 있는 보들레르의 형상이 다가왔다. 으스스한 공동묘지의 비 내리는 어둠 속에서 보들레르와 사르트르의 삶과 마주했다.

사르트르(1905~1980)는 어머니가 23세, 아버지가 31세일 때 태어났다. 해군 장교였던 아버지는 사르트르가 태어난 해 베트남에서 사망했다. 생계를 이어갈 수 없었던 어머니는 3개월 된 사르트르를 안고서 친정으로 돌아와야 했다. 어머니는 사르트르가 12세 때 재혼했다. 외할아버지 샤를 슈바이처는 이기심과 소유욕이 강한 사람이었다. 사르트르는 어린 시절 친구들과 놀지도 못하고 외할아버지에게 붙잡혀서 늘 집에서만 지내야 했기에 책을 읽기 시작했다. 책에 깊이 빠지는 손자를 우려한 외할아버지는 사르트르에게 '글 쓰는 작업이 얼마나 위험한지'에 대해 엄숙하게 경고했다. 사르트르는 바로 이 순간에 자신의 삶의 주사위가 던져졌다고 말했다. 외할아버지의 일방적인 경고는 사르트르에게 작가가 될 결심을 하게 만들었다. 사르트르는 50세가 되어서도 자신이 글을 쓰는 이유는 "외롭고 불행한 한 어린이에게 부과한 운명을 완수하기 위해서."라고 말했다. 그의 평생의 과업은 그의 나이 일곱 살 즈음에 시작되었다.

사르트르는 스스로 사유의 깊은 우물을 파기 시작했고 철학 선생이 되는 것을 목표로 삼았다. 그는 자신의 삶과 상황을 적극적으로 분석했다. 그리고 피하는 수동적인 삶이 아니라 이 불확실한 세상에 자신의 온몸을 던져 힘껏 생을 살아보자고 역설했다. 무신론적 실존주의를 주장했지만, 더욱 세상을 껴안으려 했다. 그의 앙가주망 철학은 사유만큼의 행동으로 함께 사는 세상을 만들고자 하는 의지의 발현이었다. 사르트르는 말했다.

"인간은 스스로를 만들어가는 주체다. 인간은 다만 그가 스스로를 생각하는 그대로일 뿐이고, 그가 원하는 그대로이다. 사람은 존재 이후에 스스로 원하는 것이기 때문에 사람은 스스로 만들어가는 것 이외엔 아무것도 아니다."

"인간이 자유로운 것은 본질의 구속에서 벗어났고, 신의 존재를 버렸기 때문이다. 하지만 이 자유는 결국 인간에게 저주받을 운명도 선물해주었다."

"인생은 B와 D 사이의 C다."

사르트르는 정신분석의 대상으로 보들레르를 연구하면서 자신의 입장과 오버랩 시키기도 했다. 유사한 환경이었지만, 그들의 선택은 달랐다. 보들레르에게서 '자기기만'의 기미를 발견했던 사르트르는, 환경이 불안하고 고독하게 주어졌다 하더라도 그 환경을 어떻게 받아들일까 하는 것은 결국 개인의 선택이라 보고 말했다.

"평생 동안 부모로부터 외면당하고 사회로부터 멸시받는 어린 소년으로 살기로 결정한 것, 그게 바로 보들레르가 한 일입니다. 보들레르는 특별한 형태의 자기기만에 빠졌습니다. 우리는 모두 우리의 자유로부터 달아나고픈 유혹을 느끼지만, 대개는 그처럼 눈에 띄게 도피하진 못하지요. 우리는 모두 비난으로부터 해방될 구실을 찾기 위해 자신의 처지를 이용해 자신의 개인적 신화를 만들어내려 하지요. 그렇게 함으로써 우리는 왜 지금처럼 되었는지에 대해 다른 사람에게 책임을 돌리는 거예요. 보들레르는 이러한 경향의 전형적인 사례인 거죠. 그는 인간의 자유를 누구보다 날카롭게 인식하면서도 한사코 그것을 부정하려는 사람인 것입니다."

천재 시인이었으나 인생 실패자였던 보들레르(1821~1867)는 파리 출생으로 26세 때 외설로 가득한 시집 '악의 꽃'으로 세상을 뒤흔들며 정부에 의해 기소를 당했고, 46세에 성병과 중풍으로 숨졌다. 떠도는 영혼으로 살다가 세상을 떠난 보들레르는 어머니가 28세, 아버지가 62세일 때 태어났다. 예술적 기질이 풍부했던 아버지는 보들레르가 6세 때 사망했고, 어머니는 곧 젊은 육군 대령과 결혼했다. 보들레르는 어머니가 배신했다는 감정에 사로잡혀 크게 낙심했고, 새 아버지에 대한 적대감은 매우 강했다. 저주받은 천재 시인, 시대를 앞서간 불우한 천재로 불리는 보들레르는 평생을 평범하게 살지 못했고 정상적인 사랑에도 이르지 못했다. 18세의 보들레르는 퇴학을 당하고 사창가에 드나들면서 대학에 입학하기도 전에 이미 성병에 걸렸다. 슬픈 마음에 정처 없이 파리를 떠돌다 어머니가 창녀인 밑바닥 여인을 만나면서 주변과의 관계도, 시대와의 관계도 편치 않았다. 스무 살 성년이 되면서 상당한 액수의 유산을 받았던 보들레르는 돈을 물 쓰듯 썼다. 멋쟁이에 풍류가, 식도락가로 삽시간에 상당한 재산을 날려버렸다. 보들레르는 결국 금치산선고를 받게 되었고, 법정관리인이 그의 재산을 관리했다. 금치산선고는 평생 보들레르를 괴롭혔다. 법적으로, 정신적으로, 인격적으로 불구자라는 말과 다름없었기 때문이었다. 스스로의 선택에 매몰되는 삶을 살았던 보들레르는 1861년, 자신의 심정을 「알바트로스」에 남겼다.

선원들은 자주 심심풀이로
거대한 바다새 알바트로스를 붙잡는다.
아득한 바다 위를 미끄러지듯 나아가는 배를
태평스럽게 뒤따르던 길동무를

갑판 위에 내려놓은
창공의 왕자는 서툴고 창피스런 몸짓으로
크고 하얀 날개를 배의 노처럼
가련하게 질질 끌고 다닌다.

날개 달린 이 여행객의 어색하고 무기력함이여
한때 멋있던 그는 얼마나 우습고 추해 보이는지
어떤 이는 담뱃대로 그의 부리를 성가시게 하고
다른 이는 절뚝거리며 더 이상 날지 못하는 불구자 흉내를 낸다.

시인도 폭풍우를 넘나들고 사수들을 비웃는
이 구름 속의 왕자와 비슷하여라.
야유와 소용돌이 속에 지상에 유배당하니
거인의 날개가 걷기조차 힘겹게 하는구나.

시인과 비슷하다는 알바트로스, 흔히 신천옹(信天翁)이라 불리는 이
새는 길이가 2m가 넘는 희고 긴 날개로 바다 위를 우아하게 날아다
니지만 땅에 내려앉는 순간 슬픈 신세로 전락한다. 몸보다 지나치게
큰 날개 때문에 뒤뚱거리고 넘어지기 일쑤다. 절벽이나 높은 산처럼

상승기류의 도움을 받을 수 있는 곳이 아니면 스스로 날아오르기도 쉽지 않다. 선원들에게 사로잡혀 농락당하는 알바트로스는 어색하고 무기력한 날개를 단 나그네, 바로 보들레르 자신이었다. 긴 날개를 질질 끌며 우울한 파리를 헤맸던 보들레르. 현대 상징주의 시는 그렇게 어설픈 보들레르의 날개에서 시작되었다.

인류의 영원한 스승 공자는 자신이 쓴 역사책 『춘추』를 '서수획린'이라는 사건으로 끝을 맺는다. 공자는 아버지가 70세, 어머니가 16세일 때 태어난 사생아였다. 머리가 짱구여서 구(丘, 언덕)라는 이름을 받았던 공자는 3년 만에 아버지가 죽자 본처의 구박으로 어머니와 집을 나와야 했다. 어머니는 무당 일로 공자를 먹여 살렸다. 파란만장한 인생길을 걸으며 공자는 성인의 반열에 올랐지만, 그는 상갓집 개처럼 실패한 정치가였다.

서수획린(西狩獲麟)! 노나라의 애공 14년 봄, 사람들이 서쪽으로 사냥을 나갔다가 기린을 잡았다. 사람들은 처음 보는 짐승이라 잘 몰랐으며, 어떤 사람은 잡은 짐승을 "고라니 같으면서도 뿔이 났다."라고도 했다. 공자는 그것이 곧 기린임을 알았다. 이때 공자는 "누구를 위해 나왔느냐. 누구를 위해 나왔느냐."라며 소맷자락을 들어 얼굴을 닦았다. 눈물이 옷자락을 적시었다. 어진 짐승인 기린이 어지러운 난세에 나와 어리석은 인간들에게 잡히고 만 것을 본 공자는 자기의 운명을 직감했다. 결국 14년간의 주유천하를 끝낸 공자는 고향 노나라로 돌아가서 제자들을 가르치다가 72세의 노구를 지팡이에 의지한 채 "지는 꽃잎처럼 현자는 그렇게 가는구나."라는 최후의 말을 남겼다.

예수는 세상의 죄를 지고 가는 하느님의 어린 양이었다. 신의 아들이었고 사람의 아들이었던 예수는 유대인의 왕이라는 조롱을 당하며 속죄의 대속물로 십자가에서 처참하게 죽었다. 예수의 제자 야고보는 칼로 목을 베이는 참수형으로 죽었다. 세상은 예수와 야고보를 알아주지 않았다. 예수는 "예루살렘아, 예루살렘아. 선지자들을 죽이고 네게 파송된 자들을 돌로 치는 자여. 암탉이 그 새끼를 날개 아래 모음 같이 내가 내 자녀를 모으려 한 일이 몇 번이더냐. 그러나 너희가 원하지 아니하였도다."라고 했지만, 세상은 예수에게 돌을 던지고 십자가에 못 박았고 칼로 야고보의 목숨을 빼앗았다. 하지만 예수는 십자가에서 "다 이루었다."라는 최후의 말을 남기며 인류를 구원하였고, 야고보는 스페인의 수호성인이 되었다.

"종이 자르는 칼은 분명 한 기술자에 의해 만들어진다. 이 기술자는 종이 자르는 칼이라는 개념을 참고하고 그 용도로 칼을 만든다. 그래서 이 칼은 본질이 실존에 앞선다. 이때 본질이란 종이 자르는 칼의 제작법과 성질이 같은 것이고, 실존이란 종이 자르는 칼 그 자체다. 그런데 인간은 그와 반대다. 인간에게는 본성이란 것이 없다. 왜냐하면 인간의 본성을 구상하기 위한 신이 없기 때문이다. 그런 점에서 실존은 본질에 앞선다."라고 한 사르트르의 실존주의는 무신론을 전제로 한다. 그래서 '인간은 자유롭다'는 명제로 나아간다. 사르트르는 구속받지 않고 자신을 얽매는 것들을 떨쳐내 진정한 자유인으로 살고자 했다. 사르트르는 인간의 본질은 자유로운 '선택' 행위에 의해 현실화될 때까지는 존재하지 않는다고 보았다. 아무 이유 없이 이 우주에 던져진 존재이지만 인간은 여전히 자유로우며, 자유란 알고 주장하고 생각하고 예측하고 선택하는 것과 같은 인간 고유의 활동을 가능하게 해주는 경험의 한 특징으로서, 인간의 본질은 자유로운 선택의 행위에 의해 현실화될 때까지는 존재하지 않는다고 보았다.

사르트르는 '인생은 B와 D 사이의 C!', '탄생(Birth)과 죽음(Death) 사이의 선택(Choice)'이라고 했다. 상황을 이겨내기보다는 수동적인 삶을 선택한 보들레르, 그의 삶은 자유의지로 선택한 결과물이었다. 인생을 살아가는데 해야 하는 것이 있고 하고 싶은 것이 있다. 해야 할 것과 하고 싶은 것, 무엇을 해야 할지를 선택하는 것이 인생의 기술이다. 자유인의 길은 앞도 뒤도, 왼쪽도 오른쪽도 아닌 자신이 선택한 마음의 길에 있다. 인간은 자유의지의 존재이다. 신은 인간을 창조할 때 자유로이 선택할 수 있는 의지를 주었고, 그 선택을 신은 존중한다. 자유에는 무엇인가를 할 수 있는 자유가 있고, 반대로 무엇인가를 하지 않아도 되는 자유도 있다. 큰 자유는 무엇을 할 수 있고 없고를 벗어난 곳에 존재한다. '할 수 있음'도 없고 '할 수 없음'도 없다. 『스페인 기행』을 쓴 자유로운 영혼 니코스 카잔자키스는 '나는 아무것도 바라지 않는다. 나는 아무것도 두려워하지 않는다. 나는 자유다.'라고 말한다.

산티아고 가는 길은 자유의 길이다. 신을 만날 수도 있고, 그렇지 않을 수도 있다. 하지만 보다 나은 삶을 원하는 순례자가 자신만의 방식을 발견하고, 그것을 밀고 나갈 수 있도록 새롭게 무장하기 위해 가는 자기혁신의 길이다. 일상에 찌든 사람들은 일상을 뒤집어 완전히 다른 세계를 만난다. 사람들은 자유를 위해 돈을 모은다. 하지만 자유를 위해 돈을 모으는 동안 자유를 잃어버린다. 자유를 위해서 자유를 희생한다. 자유의지에 따른 선택의 결과물이 결국 '지금 여기의 내 모습'이다.

완전한 자유를 누리기를 원하는 21세기의 신천옹이 몽파르나스 타워에서 비 내리는 파리의 아름다운 야경을 감상한다. 에펠탑 아래로 온통 불바다처럼 출렁이는 파리 시내가 시야에 들어온다. 저 파리의 밤 풍경 불빛 속에 산티아고 순례길의 '프랑스 길' 출발지인 노트르담 대성당이 있고, 잔 다르크와 루소, 볼테르, 빅토르 위고 등이 잠든 팡테옹 묘지, 루이 16세와 부인 마리 앙투아네트가 함께 처형당한 콩코르드 광장, 발자크와 쇼팽이 잠든 페르 라셰즈 공동묘지, 사르트르와 보들레르, 모파상이 잠든 몽파르나스 묘지가 있다. "오, 그대는 전율을 만들었구나!"라고 톨스토이가 극찬한 보들레르의 시집 『악의 꽃』 중에서도 「황혼」이 다가온다.

이제 바야흐로 매혹의 황혼, 죄인의 벗.
공범자처럼, 발소리를 죽여 가며 다가온다.
하늘은 커다란 도장방모양 가만가만 닫히고,
성급한 사람들은 성난 야수들로 바뀐다.

'악의 꽃'이 끊임없이 피어나는 도시 파리를 떠나가고 싶어 "어디로라도! 어디로라도! 이 세상 바깥이기만 하다면!" 이라 외쳤던 보들레르는 어디론가 떠나버렸고, 에펠탑 너머 멀리 피레네산맥이, 산티아고 순례길이 순례자에게 미소를 지으며 '어서 오라! 어서 오라!' 손짓을 한다.

자유인! 드디어 산티아고 가는 길에 섰다.

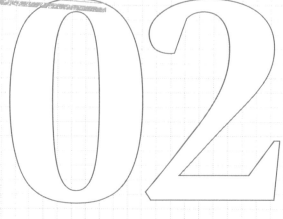

02

구도의 길

"신은 죽었다!"

파리에서 생장 피드포르
파리 몽파르나스~바욘~생장 피드포르

천국을 향해 『천로역정』을 가는 순례자 크리스천의 옛 이름은 '타락한(Graceless)'이었다. 멸망의 도시에서 세상의 욕망과 쾌락, 유익해 보이는 것들만 좋아하며 절망의 철창에 갇혀 소망 없는 생활을 하던 크리스천이 순례자가 되어 길을 떠났다. '뷰티풀(House Beautiful)'이라는 순례자를 위한 집에 도착해서 하룻밤 묵어가기를 청하는 크리스천에게 안내자인 '경건(Piety)'이 물었다.

"순례에 나서게 된 제일 큰 동기가 무엇인지 알고 싶습니다."

크리스천이 대답했다.

"무시무시한 환상을 도저히 떨쳐버릴 수 없어서 쫓기듯 고향에서 도망쳐 나왔습니다. 거기에 계속 머물다가는 죽음을 모면할 수 없다는 메시지였어요."

"집을 나온 뒤에 하필 이쪽 길로 들어선 까닭은 뭐죠?"

"하느님이 그렇게 인도하셨어요. 좁은 문으로 가라고 하셨지요."

"여기까지 오는 도중에 무엇을 보셨습니까?"

"본 게 많지요. 예를 들어, 어떤 분이 피를 흘리며 나무에 달려 있었어요. 신기하게도 그분을 바라보는 순간, 짐 보따리가 등에서 떨어져 나갔습니다. 등짐이 너무 무거운 탓에 줄곧 끙끙거렸는데 순식간에 해결됐습니다."

"어째서 그토록 시온 산에 가고 싶어 하는 거죠?"

"십자가에 매달려 돌아가신 나의 구세주가 살아계신 걸 보고 싶기 때문이죠. 그리고 더 이상 죽음이 없는 곳에서 '거룩하다! 거룩하다! 거룩하다!'라고 외치는 벗들과 함께 지낼 수 있길 바랄 따름입니다."

화창하고 맑은 날, 테제베를 타고 프랑스 남서부 끝 하항(河港)의 도시 바욘으로 향한다. 바욘 역까지는 5시간 10분 거리. 다시 한 량짜리 완행열차로 갈아타고 '카미노 데 산티아고'의 시작점인 생장 피드포르로 가야 한다. '저 기차의 종착역은 어디일까. 어른이 되면 기차를 타고 끝까지 가봐야지.'라고 했던 어릴 적 고향 역에서의 추억이 떠오른다. 세월이 흘러 순례자 신분으로 테제베를 타고 프랑스 남부의 종착역인 바욘 역을 향해 가고 있다. "인간은 살아있는 한, 노력하는 한 끊임없이 방황하기 마련."이라는 괴테의 말처럼 또다시 방황의 길, 방랑의 길을 간다. 나그네, 보헤미안, 집시, 에뜨랑제, 유목민, 순례자가 되어 낯선 광야를 달려간다.

기차는 정겹고 평화로운 농촌 마을, 맑고 고운 니브강을 따라 산으로, 산으로 올라간다. 신을 찾아 떠나는, 신을 만나거나 자신을 만나리라는 소망을 안고 떠나는 산티아고 순례길이다. 함께 살아가지만 혼자 사는 인생, 함께 떠나지만 혼자 걷는 길이다. 야고보가 걸어갔고, 샤를마뉴 대제가, 나폴레옹이 넘었던, 중세 수많은 순례자가 넘었던 피레네산맥. 마음이 떨리면 갈 수 있지만, 다리가 떨리면 갈 수 없는 산티아고로 향하는 순례길에 대한 설렘이 가득하다.

'카미노'는 산티아고로 향하는 다양한 역사적 순례 루트로 구성된다. '카미노'는 보통 '프랑스 길(Camino France)'을 지칭한다. 프랑스의 생장 피드포르에서 산티아고 데 콤포스텔라까지 이어지는 800㎞ 여정이다. 프랑스 길 다음으로 관심을 받는 길이 '포르투갈 길'이다. 리스본 대성당에서 산티아고 데 콤포스텔라에 이르는 620㎞ 순례길이고, 그다음이 바로 '북쪽 길'이다. 북쪽 길은 스페인 이룬(Irun)에서 북쪽

해안을 따라 784㎞를 걸으면 아르수아(Arusua)에서 프랑스 길과 만나게 된다. 거기서 추가로 39km를 걸어 산티아고에 이르는 길이다. 프랑스 길과 거리는 비슷하며 대서양 해안의 멋진 경관을 볼 수 있지만, 체력적으로 부담이 가장 큰 길이다. 다음은 '은의 길'로 스페인 남부 안달루시아의 도시 세비야에서 출발하여 산티아고에 이르는, 산티아고 가는 루트 중에서 가장 긴 1,000㎞짜리 길이다. 은의 길은 로마 시대에 만들어진 로마 가도를 따라 걷는 길이다. 그 외에도 초기 순례 길, 영국 길 등이 있다. 카미노 데 산티아고는 프랑스 길로 걷는 사람이 70%가량을 차지한다. '모든 길은 로마로 통한다.'는 말처럼, '모든 길은 프랑스로 통한다.'고 할 수 있다.

천 년이 넘는 역사를 지닌 카미노 데 산티아고는 예나 지금이나 순례자 숙소, 수도원, 마을, 성당, 다리, 도로 등 기반시설이 잘 갖춰져 있다.

산티아고 무덤의 발견은 풍전등화의 위기 속에서 이교도와 성전을 벌이던 스페인 사람들에게 매우 상서로운 조짐으로 여겨져 전의를 다지는 계기가 되었다. 무슬림과 전쟁을 치르고 있던 가톨릭교도들은 야고보의 무덤이 발견되었다는 소식을 듣자 신의 계시요 축복으로 간주했다. 야고보의 무덤은 이베리아반도에 있는 소수의 가톨릭교도가 다수의 이슬람교도를 몰아내기 위한 국토 회복 운동을 시작하는 완벽한 시점에 등장했다.

중세 때의 한 기록에 의하면, 서기 844년 5월 스페인 북부 리오하 인근의 클라비호에서 이슬람 대군과의 일전을 앞둔 아스투리아스의 왕 라미로 1세의 꿈에 산티아고 사도가 나타나 자신이 하느님으로부터 스페인의 수호성인으로 위임을 받았다며 승리를 약속했다. 그리고 이튿날 전투에서 한 손에 검을 들고 하늘에서 백마를 타고 나타난 산티아고의 도움으로 기대 밖의 대승을 거두었다. 이후 국토 수복 전쟁 내내 울려 퍼졌던 "산티아고. 돌격하라, 스페인이여!"라는 구호는 스페인 군대의 공격 명령으로 사용되었고, 16세기 스페인의 신대륙 정복기에 '인디오를 물리치는 산티아고'의 모습으로 변형되어 중남미 대륙의 오지에 투입된 병사들을 독려하는 선동 수단으로도 활용되었다.

산티아고 순례길은 9세기에 처음으로 생겨났다. 서기 711년, 이슬람 세력에게 멸망한 서고트 왕국 출신 펠라요 장군의 무리는 스페인 북부 칸타브리아산맥으로 달아났다. 722년 코바동가 협곡에서 처음으로 이슬람 세력을 무찌른 펠라요 장군과 기독교인들은 산골짜기에서 내려와 오늘날 오비에도 서북쪽의 산골짜기에 아스투리아스 왕국을 세웠다. 그리고 813년 갈리시아 지방의 들판에서 은둔 수행자 펠라요가 천사의 목소리가 인도하는 빛나는 별 아래 들판에서 산티아고의 무덤을 발견했다. 별이 빛나는 들판의 산티아고, '산티아고 데 콤포스텔라'가 탄생하는 순간이었다. 우연히도 두 사람은 모두 '펠라요'였다.

아스투리아스의 왕 알폰소 2세가 산티아고 무덤 위에 대성당을 짓고, 9세기에 처음으로 오비에도에서 산티아고의 무덤으로 향하는 최초의 순례길이 생겨났다. 10세기에는 레온에서 산티아고로 향하는 순례길이 개척됐고, 이후 프랑스 사람들이 파리 노트르담에서 피레네산맥을 넘어 팜플로나와 부르고스를 거쳐 레온으로 몰려와서 산티아고의 무덤을 향해 걸어갔다. 이 길이 오늘날의 '프랑스 길'이다.

1122년, 교황 칼릭스투스 2세는 산티아고 순례에 희년(禧年)의 지위를 부여해 산티아고 성지를 찾는 모든 순례자가 전대사(全大赦), 죽은 사람과 산 사람의 모든 죄를 사면받을 수 있게 했다. 1189년 교황 알렉산더 3세가 예루살렘, 로마와 함께 산티아고 데 콤포스텔라를 성스러운 도시로 선포하면서 수많은 순례자가 이 길을 걸었다. 하지만 이 길은 국토회복운동이 완수된 1492년 이슬람 세력이 이베리아반도에서 물러나고 중세를 정점으로 잊혔다가, 수백 년 뒤 1982년 교황 요한 바오로 2세가 산티아고 데 콤포스텔라를 방문하면서 다시 화려하게 등장했다. 1987년 파울로 코엘료의 『순례자』가 출간된 이후 급속도로 유명세를 탔고, 1993년 유네스코 세계문화유산으로 지정되면서 유럽과 전 세계의 성지순례자들로 붐비기 시작했다.

현재는 일 년에 30만 명 이상이 걷는 길이며, 세계인들이 가장 걸어보고 싶은 길로 꼽히고 있다.

기차는 바욘 역에 도착했다. 생장으로 가는 기차로 환승하기까지 4시간가량의 여유가 있어 시가지를 돌아본다. 바욘(Bayonne)은 생장 피드포르로 가기 위해 반드시 거쳐야 하는 인구 4만 명의 도시다. 도시를 둘러싸고 있는 성곽 안에 성당을 중심으로 주요 건물들이 자리잡고 있다. 아두르강과 니브강이 만나고 한적함과 여유로움이 묻어난다. 아름다운 니브강을 가로지르는 다리를 건너 조그마한 강가의 공원과 놀이 시설, 시청을 둘러본다. 13세기에서 16세기 사이에 지어진 바욘 대성당이 웅장하다. 바욘 사람들은 자기들을 바스크인이라고 칭한다. 바스크인들은 스페인 북부와 프랑스 남서부의 이베리아반도와 피레네산맥에 거주하는 소수민족이다. 로마인은 바스크인을 가리켜 '산의 백성'이란 뜻의 '바스코네스'라고 불렀다. 스페인에 거주하는 바

스크인은 약 250만 명, 프랑스에 거주하는 바스크인은 약 55만 명이
다. 피레네산맥 북부에 거주하는 스페인의 바스크인들은 현재도 독립
을 요구하고 있다.

1808년 4월의 따스한 봄날, 나폴레옹은 마찰을 중재하고 협상을 진행한다는 명목으로 카를로스 4세와 아들 페르난도 7세, 루이사 왕비와 고도이 전 재상을 이곳 바욘으로 불렀다. 호시탐탐 스페인을 침략할 기회를 엿보고 있던 나폴레옹 황제의 명령이었기에 모두 달려왔다. 나폴레옹은 아무런 설명 없이 이들을 모두 유폐시키고 자신의 형 조제프 보나파르트에게 왕위를 넘겼다. 주권을 잃고 프랑스의 지배를 받게 되었다고 생각한 스페인 국민들은 1808년 5월 2일 마드리드에서 반란을 일으켰다. 이것이 나폴레옹이 서서히 몰락하게 된 원인인 스페인 독립전쟁의 시발점이었다.

 스페인 국민들은 애국심을 바탕으로 저항하고 또 저항했다. 민중들이 구성한 무장집단은 소규모 국지 전투를 벌였는데 이때 스페인어로 '작은 전쟁'이라는 의미의 '게릴라'라는 단어가 생겨났다. 반란이 일어난 다음 날인 5월 3일, 프랑스 군대는 스페인 국민들을 무자비하게 학살했다. 궁정화가 프란치스코 고야는 그림 「1808년 5월 3일」을 통해 인간의 참혹함을 드러내면서 그 안에 저항의 의지를 담았다. 고야의 그림은 독일 공군에 의해 저질러진 만행을 담은 피카소의 「게르니카」와 한국전쟁의 참혹함을 그린 「한국에서의 학살」에 영향을 미쳤다.

 프랑스는 대혁명 후 혼란스러운 격변기를 보내다가 나폴레옹이 등장해 전권을 잡았다. 나폴레옹은 여러 전투에서 승리하면서 신성로마제국까지 멸망시키고 유럽의 패권을 장악했다. 하지만 영국이 문제였다. 해군력은 영국에 미치지 못했던 나폴레옹은 1805년 영국과의 트라팔가 해전에서 패배했고, 결국 영국의 경제를 봉쇄해야겠다는 생각으로 1806년 '대륙봉쇄령'을 내렸다. 영국과의 무역에 재정의존도가 높았던 포르투갈은 대륙봉쇄령에 협력하길 거부했고, 나폴레옹은 포르투갈을 응징하겠다고 나서면서 포르투갈에 쳐들어간다는 명목으로 스페인 영토를 지나가겠다는 약속을 받아냈다. 프랑스의 주노 장군은 1807년 11월 초 원정에 나섰고, 소식을 들은 포르투갈 왕 주앙 6세는 왕족을 데리고 브라질의 리우데자네이루로 피신했다. 주노 장군은 쉽게 포르투갈 전 국토와 스페인 북부를 점령했다.

스페인 국민들은 가는 곳마다 식량과 귀중한 예술품과 유물들을 마구 약탈하는 침략군의 모습에 분노했다. 1808년 3월 아랑후에스에서 반란을 일으켰고, 이 반란의 지도자는 카를로스 4세의 아들인 페르난도였다. 이처럼 스페인의 상황이 불안정하고 혼란으로 치닫자 나폴레옹은 병력을 12만 명까지 증파한 후 바스크 지역에 이어 바르셀로나 일대를 점령하기 시작했다.

나폴레옹은 스페인 국민들이 쉽게 자신의 계략에 넘어오지 않을 것임을 알고 스페인의 자유와 번영의 분홍빛 약속을 했다. 대부분의 스페인 사람들은 이를 믿지 않았지만, 고도이파 사람들은 새로운 상황을 받아들였다. 이들은 스페인의 변화를 원했다. 그래서 바욘에서 새로운 스페인법이 제정되고 의회 구성을 약속하고 귀족과 승직의 특권을 줄였다. 바욘은 그러한 역사적인 장소였다.

뜨거운 오후의 태양 아래 다시 바욘 역으로 돌아왔다. 대합실에서 갑자기 이상증세가 찾아왔다. 몸이 이상했다. 두드러기가 나고 온몸은 땀으로 흠뻑 젖었다. 왜 이런가, 원인이 뭘까, 아침에 먹은 치과 약의 부작용인가, 응급실에 가야 하는가, 그러면 이제 산티아고 순례는 포기해야 하는가, 암울하고 절망적인 기분이 스쳐 갔다. 기차 시간이 점점 다가왔다. 급할 때면 신을 찾는 약은 인간들의 습성대로 간절한 마음으로 기도했다. 긴장된 30여 분간의 길고 긴 시간이 지나가고 안정이 찾아왔다. 위기의 시간이 끝났다. 순례를 떠나면서 몸도 마음도 준비가 부족했다. 도보 여행에 익숙하다는 자신감으로 건강을 챙기지 않았다. 후회와 깨달음이 밀려왔다. 몸과 마음을 아끼지 않고 카미노를 떠난 순례자에게 내려진 응징이었다. 산티아고 가는 길에 순례를 포기할 수도 있었던 네 번의 위기 중 첫 번째 위기가 지나갔다. 순례가 끝난 후 귀국해 병원에서 확인한 결과, 원인은 치과 항생제의 부작용이었다.

카미노에서 육체는 진정 소중한 친구다. 육체가 고통스러우면 걸을 수 없다. 마음이 떨릴 때 걸어야지 다리가 떨리면 걸을 수 없다. 카미노에서는 몸도 마음도 소중하다. 몸도 '나'가 아니요 마음도 '나'가 아니다. 몸도 '나'요 마음도 '나'다. 몸과 마음은 자신의 세상 짐을 지고 가는 소중한 길벗이다.

고통은 깨달음을 수반한다. 고통은 살아있다는 표시이다. 고통 속에 담긴 의미를 생각하며 신의 숨결과 사랑을 느낀다. 고통스러운 젊은 날, '젊어서 고생은 사서 한다.'라는 옛말에 반감을 가졌다. 하지만 세월은 가르침을 주었다. 홀로 걷는 자의 고독과 침묵의 의미를 느끼고, 홀로 걷는 고통과 기쁨을 느끼는 데는 세월이 필요했다.

죽었다가 살아나는 기분으로 한 량짜리 귀여운 기차로 다가갔다. 창밖으로 스쳐 가는 아름다운 경치를 감상하며 진실한 순례자의 마음으로 돌아갔다. 생장으로 가는 기차는 순례자들을 가득 채운 채 정겹고 평화로운 농촌 마을들을 지나고 맑고 고운 니브강을 따라 산으로 올라갔다. 어릴 적 비둘기호의 추억과 낭만을 즐기는 여유가 다시

금 생겨났다.

기차는 1시간 동안 달려 마침내 생장 피드포르 역에 도착했다. 미리 예약해둔 호스텔에서 여장을 풀고 마을을 둘러보았다. 중세의 생장 피드포르는 프랑스와 스페인 어느 쪽에도 속하지 않았던 바스크 민족의 영토였다. '통과의 발'이라고 불리는 생장 피드포르는 피레네산맥을 넘어가는 관문으로 맑고 투명한 산과 그림엽서 속에나 나올 법한 아름다운 작은 마을의 풍경을 가지고 있다. 순례자 사무소에 들어서자 인자한 모습의 자원봉사자 할아버지가 크레덴시알(Credential, 순례자 여권)을 발급해주면서 첫 번째 세요(Sello, 도장)를 찍어준다.

순례자 여권은 일종의 순례자 증명서로서 자신이 묵는 숙소나 들르는 성당에서 도장을 받아야 한다. 자신의 순례 구간을 증명받는 것이다. 여권이 있어야 순례자 숙소인 알베르게에서 묵을 수 있고, 식당에서 순례자 메뉴를 먹거나 성당의 입장료를 할인받는 등 순례자로서의 혜택을 누릴 수 있다. 순례자 여권은 카미노 기반시설 이용과 콤포스텔라 증서 발급에도 쓰인다. 콤포스텔라에 도착해 받는 완주 증명서는 신앙이나 종교적 이유로 순례를 마친 이에게 가톨릭교회가 수여한다. 하지만 여행 동기를 묻지 않고 대부분 발급해 준다. 순례자는 하루에 한 번씩 스탬프를 찍으라고 교육을 받는다. 스탬프 찍기는 중요한 일과이자 소중한 추억이 된다. 순례자는 여권을 세 개나 가지고 순례를 해야 했다. 대한민국 여권, 순례자 여권, 자연이 발급한 여권이다. 산티아고 순례의 상징인 가리비(조개껍질)를 배낭에 달고 기부금함에 2유로를 넣었다. 순례자의 지팡이로 등산용 스틱을 가져왔으니, 이제 제대로 된 모양새를 갖춘 진정한 순례자가 되었다.

순례자 여권과 가리비를 받아들고 오르막길을 따라 생장 피드포르 성으로 올라간다. 스페인 팜플로나를 중심으로 한 나바라 왕국의 산초 왕이 1212년 건설한 성이 여러 번의 중수를 거치며 오늘날까지 남아 있다. 사방이 훤히 내려 보이는 요새는 낡은 흔적만이 을씨년스럽게 남아 있다. 언덕 아래 순례길에 서 있는 니베강가의 노트르담 성당 안으로 들어간다. 프랑스어로 노트르담은 성모 마리아를 뜻한다. 순례자들은 산티아고 대성당으로 떠나면서 어머니처럼 자애로운 생장의 성모 마리아에게 환송을 받으며 마음의 위안을 받는다. 1998년 유네스코 세계문화유산으로 등재된 노트르담 성당은 14세기부터 니베

강에서 산티아고로 길 떠나는 순례자를 품어줬고, 강가에 우뚝 서 있는 종탑은 순례자들에게 손을 흔들어 주었다.

가톨릭에서는 성모 마리아에게 의지하지만, 순례자는 성모 마리아에게 기도하는 게 생소하기에 평소대로 기도를 한다.

> 당신을 찾는 이들과 멀지 않는 곳에 계시는 주님,
> 별이 빛나는 들판으로 가는 순례자의 발걸음을 도우소서.
> 낮에는 구름 기둥으로 보호하시고
> 밤에는 불기둥으로, 혹은 안식으로 보호하소서.
> 그리하여 사도 산티아고의 무덤 앞에서 무릎 꿇고
> 당신께 기쁘게 영광을 돌리게 하소서.

산골 마을 생장에 어둠이 밀려온다. 머나먼 피레네산맥의 산골에서 고향의 뒷산인 청산(靑山)이 스쳐 간다. 오래전 청산에는 '높이 나는 새가 멀리 본다'는 슬로건으로 새로운 하늘 새로운 땅을 찾아다니는 신천옹 조나단이 '갈매기의 꿈'을 꿨고, 외로운 차라투스트라가 "신은 죽었다."라며 '초인의 꿈'을 꿨다. 세월이 흘러 순례자가 된 그는 '과연 신은 존재하는가? 신은 죽지 않았는가? 신이 인간을 만든 것이 아니라 인간이 신을 만든 것이 아닐까? 왜 사람들은 보이지도 않는 존재에 대해 집착하며 때로는 생명까지 바칠까? 어떻게 신의 존재를 아는가? 정녕 신이 존재한다면 이렇게 불공평할까?' 하는 풀리지 않는 암호와 같은 의문을 품은 채 산티아고로 가는 길에 섰다. 시저나 나폴레옹을 마치 초인처럼 비유했던 무신론적 실존주의 철학자 프리드리히 니체.

목사의 아들로 태어났으면서도 반기독교주의로 유대인을 증오하고 여성을 증오하면서 멀리했던 니체는 오직 권력의 의지에 입각하여 초인을 찾으려 했다. 절대적인 힘, 혹은 절대적인 권력을 가진 가상의 인물 차라투스트라는 10년 동안이나 고독 속에서 생활함으로써 성숙한 사람이 된 후에 산을 내려오다 숲속에서 한 노인을 만나서 몇 마디를 나누고 헤어진 후, "이럴 수 있단 말인가! 저 늙은 성자는 숲속에 있어서 신이 죽었다는 소식을 듣지 못했구나."라고 했다. 『차라투스트라는 이렇게 말했다』는 이처럼 신의 죽음을 알리면서 시작되었다.

그는 또 말했다.

들으라, 나는 그대들에게 차라투스트라, 이름하여 '초인'을 가르치노라. 초인은 대지의 뜻이다. 그대들의 의지로 하여금 초인은 대지의 뜻이라고 말하도록 하라. 나의 형제들이여! 그대들에게 간절히 바라노니, 대지에 충실하라. 그리고 그대들에게 내세의 희망에 대해 지껄이는 자의 말을 믿지 말라. 의식적이든 무의식적이든 그들은 독을 끼얹는 자들이다. 그들은 삶을 멸시하는 자들이고 죽어가는 자들이며, 또한 스스로 독을 물려받은 자들이다. 우리 현세인의 대지는 이런 자들에게 권태를 느끼고 있다. 그들은 저승길로 가는 것이 마땅하다. 이제 '신은 죽었다.' 그리하여 신에 대한 모독도 죽은 것이다.

'신은 죽었다.'라는 이 말 때문에 기독교인들이 자신을 증오하리라는 걸 알면서도 니체는 왜 신은 죽었다고 했을까? 그는 신의 죽음을 선언함으로써 인간 스스로 새로운 가치를 만들어내야 한다는, 자유로운 정신으로 새로운 자신을 창조하는 것이 초인으로 가는 길이라고 외치고 싶었던 것일까? 1960년대에 '신은 죽었다'고 주장하던 신학자들이 있었다. 일반인들은 그들을 오해하여 신을 믿지 않게 된 사람이라 생각했지만, 사실 그들은 과거에 사람들이 가지고 있던 신관, 특히 전통적으로 내려오던 신에 대한 '유신론적 교설들'이 이제 의미 없게 되었다는 것을 '신은 죽었다'는 센세이션한 말로 표현한 것이었다.

초인의 길에는 수많은 걸림돌이 존재한다. 차라투스트라는 걸림돌을 제거하고 자신만의 세계를 되찾는 세 단계 변화 과정인 인내의 낙타, 용기의 사자, 놀이의 어린아이를 거치라고 말한다. 거친 짐을 지고 자신의 사막을 건너기 위해 먼저 낙타의 기질을 가져야 하고, 예전의 의무와 가치를 죽이고 새로운 가치와 자유를 쟁취하기 위해 사자의 정신이 필요하다. 그리고 어린아이가 되어 순진무구한 정신으로 삶을 즐거운 놀이로 만들고 새롭게 출발하여 성스러운 긍정을 얻는다. '시도가 없는 인간은 제대로 된 인간이 아니다. 죽은 인간이다. 살아있는 인간은 새로운 것들을 시도한다. 실패를 하고 오류를 낳더라도 끝없이 시도하고 멈추지 않는다. 인간 자체가 시도이므로 두려워하지 말고 계속 나아가라'는 것이 니체 인생관의 핵심이었다. 니체는 허무주의를 극복한 일신우일신의 신바람 철학자였다. 순례자의 좌우명은 일신우일신(日新又日新)이다. 한 걸음 한 걸음 나날이 퇴보가 아닌 진보, 향하가 아닌 향상의 길을 간다. 그래서 이제는 '산티아고 가는 길'로 나아간다.

피레네산맥 아래 생장의 밤이 깊어간다. 순례자가 '나는 왜 여기에 왔는가?' 하고 자신에게 물어본다. '평안'이라는 명패가 달린 방에서 평안히 잠을 자고 난 크리스천이 노래한다.

여기가 어디인가?

나그네 같은 인생을 위해 베푸신

주님의 사랑과 보살핌이 가득한 곳,

주님이 예비하신 그곳!

죄를 용서받은 이 몸, 이미 천국 문턱에 사네.

과거와 현재를 연결하는 산티아고 순례길, 구도의 길, 방랑의 길 위에선 방황하던 순례자가 눈을 들어 어둠에 묻힌 생장의 산을 바라본다.

나의 도움이 어디서 올지.

03

탄생의 길

"보라. 처녀가 잉태하여 아들을 낳을 것이요."

생장 피드포르에서 론세스바예스까지 26.3㎞
생장~운토~오리손알베르게~오리손봉~레푀더봉~론세스바예스

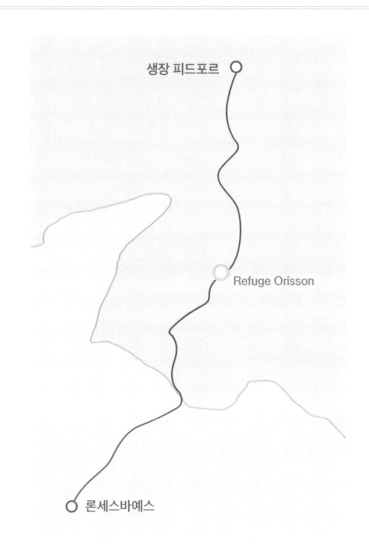

안개 자욱한 생장의 새벽, 천 년 넘는 시간 속에서 순례자들의 역사를 알고 있는 새들이 노래를 한다. 새벽의 소리에 맞춰 여명이 밝아온다. 다양한 목소리가 조화를 이루며 합창으로 이어진다. 몇 개일까?

'하나, 둘, 셋, 넷… 열둘, 열셋…'

셀 수가 없다. 산중에서 연출하는 소리인가, 아니면 천상에서 들려오는 소리인가.

새소리에 이어 자연의 소리가 들려온다. 나무의 소리, 숲의 소리, 바람의 소리, 안개의 소리, 별들의 소리, 온갖 삼라만상의 소리에 이어,

"보라. 처녀가 잉태하여 아들을 낳을 것이요, 그의 이름은 임마누엘이라 하리라 하셨으니 이를 번역한즉 하나님이 우리와 함께 계시다 함이라."

산티아고 가는 길에 언제나 함께하겠다는 신의 음성이 들려온다. 드디어 산티아고 가는 순례 여정의 첫째 날 아침이다. 순례자 사무소 앞에서 '카미노 데 산티아고'를 위한 첫걸음을 시작한다. 천리지행시어족하(千里之行始於足下)라. 모든 길은 한 걸음으로 시작된다. 천 리 길도 집 앞에서의 한 걸음으로 시작한다. 길을 걸으면 첫 한 걸음은 다음 한 걸음과 다르고, 첫날의 한 걸음과 다음 날의 한 걸음은 다르다. 한 걸음 사이에 이전 것은 지나가고 새로운 것이 다가온다. 하늘이 다르고, 바다가 다르고, 구름이 다르고, 바람이 다르고, 산이 다르고, 나무가 다르고, 꽃이 다르고, 풀이 다르고, 사람이 다르고, 무엇보다 자신이 달라진다. 산티아고 가는 길 800㎞, 이천 리 길 끝에 있는 산티아고 데 콤포스텔라에 도착했을 때 순례자는 분명 변하여 다른 사람이

되어 있을 것이다.

순례는 종교적 여행, 육체적인 희생을 통한 참회, 죄의 용서와 영혼의 구원, 신앙, 독실한 구도자 등과 결부된다. 하지만 순례의 길 카미노는 걷는 모든 이의 길이며, 신앙은 그다지 중요치 않은 길이 되었다. 전통적 의미의 순례나 순례자의 의미는 큰 가치가 없다. '유럽이지만 유럽답지 않은 나라' 스페인은 외국인 관광객을 끌어들이길 원했고, 관광산업의 발전은 카미노의 부활에 주요한 역할을 했다. 오늘날 카미노 순례는 엄격한 의미로 보면 종교 여행으로 부활한 게 아니다. 오히려 '의미 있는 여가'를 즐기려는 사람들이 모여들고 있다. 순례는 이제 개인적·사회적 목표를 실현하는 이상적 방법이 되었다. 산티아고 순례는 죄와 용서, 구원이라는 가톨릭교회에 뿌리를 두고 있지만, 이제는 자연과의 합일, 휴가, 명상, 육체적 훈련 등의 다양한 연유로 이용된다.

순례자들이 골목길을 걸어간다. 동방의 순례자도 경건하고 엄숙해지면서 발걸음은 새롭고 가볍다. 순례길에서 만나는 첫 번째 성당, 노트르담 성당으로 들어선다. 앞으로 지나는 마을마다 수도 없이 만날 성당. 첫 만남은 언제나 신선하다. 다시 한번 무사히 여정을 끝낼 수 있도록 마음을 모으고 정성을 모으고 두 손을 모아 기도한다. 어머니 같은 성모 마리아가 다정하게 품어주고 환송을 한다. 니브 강의 다리를 건너 스페인문의 표지판에서 걸음을 멈춘다. 론세스바예스로 가는 두 갈래 길, 직진하는 나폴레옹 길(Napoleon Route)과 오른쪽으로 가는 발까르로스 길(Valcarlos)의 분기점이다. 하나는 산길을 따라 걷는 험한 길이고, 하나는 고대 로마인들이 만들어놓은 큰 도로를 따라 걷는 길이다. 눈이 내리거나 악천후일 때는 사고를 예방하기 위해 나폴레옹 길은 통제하고 발까르로스 우회 루트를 권장한다. 나폴레옹 길은 1808년 나폴레옹이 포르투갈 정복을 빌미로 이베리아반도를 침입했을 때 군대를 이동시켰던 길이다. 전설에 따르면 야고보도 예루살렘을 출발하여 로마를 거쳐 피레네산맥의 이 길을 넘었다고 한다. 예수가 나사렛에서 예루살렘까지 걸어간 150㎞의 길, 석가모니가 룸비니에서 갠지스강까지 걸어간 500㎞의 길은 인류의 역사를 바꾸는 위대한 발걸음이었다. 이천 년 전 예수의 제자 야고보가 걸어가고, 샤를마뉴 대제가 넘어가고, 나폴레옹이 넘어가고, 천여 년 세월 동안 수많은 순례자들이 걸어갔던 피레네산맥을 올라간다.

걸림이 없는 자유인이 되어 경사도 높은 포장도로 산길을 경쾌하게 올라간다. 먼 옛날 순례자들은 대개 30여 명의 무리를 지어야만 피레네산맥을 넘을 수 있었다. 순례자들은 금이나 돈 같은 귀중품을 가지고 다녀서 항상 강도의 표적이 되었다. 강도들은 돈을 주지 않거나 정말 돈이 없으면 몽둥이로 사정없이 때렸으며, 심지어 다른 강도의 금품을 빼앗기도 했다. 당시 강도들은 대개 두 부류였다. 하나는 순례자 차림새를 해서 가짜 순례자로 분장해 진짜 순례자들의 금품을 빼앗는 사람들이고, 다른 하나는 산적들이었다. 그러나 지금은 안전하다. 이런 이야기는 오직 전설로 남아있다.

걷기만 해도 교황청에서 평생 지은 죄를 다 사면해줬을 정도로 영적이고 성스러운 길. 일생에 한 번은 꼭 걸어야 할 고행과 성찰의 기쁨이 교차하는 길을 안개를 헤치고 오른다. 오르막을 올라갈수록 아름다운 경관이 펼쳐진다. 앞을 보아도 뒤를 돌아보아도 아름답다. 파란

하늘과 하얀 구름, 푸르른 산에서 한가로이 풀을 뜯는 양 떼, 소와 말, 순례자들도 모두가 아름답고 신비롭다. 산티아고로 가는 여정에서 가장 아름다운 풍경이 펼쳐진다.

형용할 수 없을 정도로 장엄한 풍경 앞에 그리운 얼굴들이 떠오른다. 대한민국 백두대간의 풍경들이 스쳐 간다. 길가에 평화롭게 앉아 있는 커다란 소에게 인사를 건네며 물어본다.

"굿모닝! 카우(cow). 너 혹시 대한민국의 백두대간 아니? 호시우보(虎視牛步)나 우생마사(牛生馬死)가 뭔지 알아?"

"……."

소는 커다란 눈만 껌뻑거린다.

"너처럼 천천히, 하지만 꾸준히 걸어서 산티아고까지 갈 거야. 안녕."

홀로 걷는 자의 고독과 침묵을 즐기며 산길을 올라간다. 다른 사람과 함께 걸으면서 끝없이 떠들어댄다면 카미노가 들려주는 음성을 어떻게 들을 수 있을까? 거대한 역사의 공간인 카미노에서 그 경이로운 역사를 알지 못한다면 순례에 무슨 의미가 있을까? 카미노는 여러 계급의 사람을 평등하게 만든다. 모두 자신의 발로 걸어가야 한다. 오늘 걷는 이 길은 온전한 나의 길, 나의 카미노가 되어야 한다. 신의 위대함이 자연의 창조에 있다면, 인간의 위대함은 길 위에서 만들어가는 역사의 창조에 있다. 신의 창조물인 대자연 앞에서 인간은 길을 만들고, 그 길을 통해서 자신의 역사를 써 내려간다. 왼쪽 발이 나아가면 오른쪽 발이 나아가고, 두 다리가 위치를 바꾸면서 한 걸음, 한 걸음, 또 한 걸음이 이어진다. 그렇게 두 발로 걸어간 길이 인생이 되고 역사가 된다.

생장에서 산티아고에 이르는 순례길은 세 부분으로 나뉜다. 피레네 산맥을 넘어 부르고스의 메세타(meseta)에 이르는 '탄생의 길', 부르고스의 메세타에서 레온에 이르는 '죽음의 길', 이후 갈리시아로 들어가 산티아고에 이르는 '부활의 길'이다. 탄생의 길은 환상의 피레네산맥을 넘어 포도밭이 일렁이는 라 리오하를 지나 부르고스에 이른다. 라 리오하는 스페인이 자랑하는 양질의 와인 생산 지역이다. 탄생의 길을 지나면 황금빛 밀밭이 평원을 이루는 고독의 평원인 죽음의 길 메세타를 만나다. 이후 길은 세월의 더께로 반짝반짝 빛나는 돌길, 옛 마을, 멋스러운 교회, 양 떼가 풀을 뜯는 푸른 초지와 구릉, 숲이 우거진 산을 넘어 '햇볕을 위해 기도하되 비옷 준비를 잊지 말라는 땅' 갈리시아에서 부활의 길로 접어든다.

새로운 만남, 새로운 탄생을 위해 길을 나선 순례자가 탄생의 길에서 탄성을 지른다. 어느덧 순례길의 첫 알베르게, 피레네산맥에 단 하나 있는 오리손(Orisson) 알베르게에 도착했다. 피레네를 한 번에 넘어가지 못하는 순례자들을 위한 곳이다. 샘에서 물을 마시며 휴식을 취한다. 대학생으로 보이는 딸과 엄마가 힘들게 올라온다. 무거운 배낭을 지고 힘겨워하는 지친 모녀의 모습이 안타깝게 여겨진다. 장거리 도보 여행의 제1원칙은 '배낭은 깃털처럼 가벼워야 한다'는 것. 배낭의 무게는 곧 삶의 무게이다. 망설여지는 것은 모두 빼야 한다. 삶의 무게를 감량하는 능력. 이는 신나는 도보 여행에 필수적으로 필요한 능력이다. 순례길에서 짐 이동 서비스인 '동키 서비스'를 받으면 그나마 수월해지는 네 개의 힘든 구간이 있다. 바로 첫날 몸이 적응하기 전 피레네산맥을 넘는 생장에서 론세스바에스까지의 구간, 팜플로나에서 푸엔테 라 레이나까지 페르돈 언덕을 넘는 구간, 폰세바돈에서 폰페라다까지 산의 철 십자가를 지나 가파른 내리막길을 내려오는 구간, 비야프랑카 델 비에르소스에서 오 세브레이로까지 갈리시아 지방으로 진입하기 위해 가파른 오르막길을 올라가는 구간이다. 하지만 순례에는 고통이 따라야 한다는 전통적 의미를 따라 처음부터 끝까지 배낭과 한 몸이 되어 동행하면 고행과 성찰의 의미가 더욱 깊을 것이다.

모녀와 침묵의 미소로 인사를 나눈다. 가장 풍부한 의미를 담고 있는 말은 침묵이다. 모녀는 왜 이 힘든 순례길을 떠났을까? 카미노 데 산티아고가 품은 가장 큰 비밀은 그 길을 걷는 사람들이다. 다른 사람들이 보기에는 홀로 걸어가는 나 자신 또한 비밀의 순례자다.

가벼운 마음으로 다시 산길을 걸어간다. 파란 하늘 아래 펼쳐지는 산상의 경관이 그림엽서처럼 아름답다. 구름이 하늘에 무늬를 그리고 바람이 뒤를 떠밀면서 지나간다. 산이나 하늘이나 구름이나 바람이나 태양이나 달이나 별 모두 좋은 친구다. 이 세상에 나보다 더 구름을 좋아하고 바람을 좋아하고 비를 좋아하는 사람이 있으면 한 번 만나 보고 싶다. 산이나 바다를 나보다 더 좋아하는 사람이 있으면 만나보고 싶다. 이들은 모두 축복이고 신의 선물이다. 단지 마음이 더러운 것으로 가려져 잊어버리고 살아갈 뿐이다. 그러다가 문득 다정하게 다가올 때면 돌아온 벗을 껴안고 환희의 춤을 춘다. 피레네산맥의 심장 고동에 귀를 기울인다.

한가로이 풀을 뜯는 양 떼, 자유롭게 나뒹구는 말들, 멀뚱멀뚱 쳐다 보는 소들에게 인사를 한다.

"올라(Ola, 안녕)!"

프랑스 양과 말과 소가 환히 웃으며 순례자에게 스페인어로 화답한다.

"부엔 카미노(Buen Camino, 좋은 길 되세요)!"

오리손 봉(고도 1,060m)에 오르니, 돌무더기 언덕 위에서 파란 하늘을 배경으로 눈부시게 서 있는 '목동들의 수호신' 성모 마리아상이 반겨준다.

한국인 수녀 두 분이 경건하고 성스러운 모습으로 마리아를 향해 기도한다. 아름다운 모습이다. 비록 스쳐 갔지만, 산티아고 대성당에서 함께 미사를 드리는 소중한 만남이 되었다. 순례자가 바위에 앉아 끝없이 푸르른 하늘을 날고 있는 새들의 비상을 넋 놓고 바라본다. 산티아고 가는 길에서 만난, 잊지 못할 아름다운 경관 중 하나. 탄성이 절로 나온다. 시원하고 신선하고 신비로운 바람이 얼굴을, 폐부를, 영

혼을 스친다. 순례자 '몽돌'이 바위가 되어 움직일 수가 없다. 중국의 열자는 말한다.

"아름다운 경치를 즐기는 것은 좋은 일이다. 특히 자기가 무엇을 보고 있다는 의식마저 없는 상태에서 즐길 수 있다면 그보다 더 좋은 일은 없을 것이다. 무엇을 본다는 생각 없이 보고, 무엇을 행한다는 생각도 없이 행한다면, 보고 행하는 모든 일을 즐길 수 있다. 이 상태가 되면 보는 사람과 보이는 대상인 경치가 구별되지 않고 하나의 체험만이 존재한다. 이것이 구경과 놀이의 극치다."

구경과 놀이의 극치를 넘나드는 순례의 길을 다시 걸어간다. 순례자가 된다는 것은 이떤 것인가? 많은 순례자는 카미노의 자연과 역사에 이끌려 순례를 온다. 순례자는 카미노의 자연 속에서 자신의 시공간 인식을 변화시킨다. 카미노는 순례자에게 새로운 문을 열어준다. 순례자 본인은 그 문을 두드리고 열고 통과해야 한다. 카미노 순례가 어떤 사람을 더 나은 인간으로 만들지는 않는다. 모든 순례자가 변화하지는 않는다. 자신이 변하는 것을 허락한 인간만 변한다. 개인적 변화란 시행착오로 가득한 훨씬 더 긴 과정이다.

순례는 믿음이나 신앙에 근거한 종교적 여행을 의미한다. 순례는 뭔가 진지하며 진정성이 있지만 관광은 피상적이다. 순례와 다른 여행의 가장 큰 차이는, 순례는 사람을 바꾼다는 것이다. 여행은 바깥의 풍경에 집중하지만, 순례는 외적이면서도 내적인 여행이다. 기도하고 명상하고 사색한다. 카미노 순례라는 희귀한 경험은 사람의 깊숙한 내면까지도 변화시킨다.

평화로운 산기슭, 길 가운데 서 있는 십자가가 성스럽게 다가온다. 산티아고 가는 길에는 수많은 십자가와 수많은 전설이 있다.

프랑스 출신의 순례자 서른 명이 순례를 하기 전에 순례 도중 무슨 일이 있어도 함께 순례를 성공적으로 마치자고 맹세했다. 하지만 그중 한 사람은 겉으로만 맹세했을 뿐, 마음으로는 이를 받아들이지 않았다. 이곳 피레네산맥에 도착해서 일행 중 한 사람이 심하게 아팠다. 아픈 친구를 부축하면서 순례길을 걸어가느라 일정이 많이 늦어졌다. 친구들은 회의 끝에 결국 아픈 친구를 남겨두고 떠나기로 했다. 맹세는 무너지고 모두가 떠났지만, 처음에 맹세를 받아들이지 않았던 친구만은 아픈 친구 곁에 남았다. 두 사람은 피레네산맥을 힘겹게 넘어 스페인 땅으로 들어갔다. 하지만 아픈 친구는 결국 죽음을 맞이했다. 남은 친구는 어찌할 바를 몰라 성 야고보에게 간절히 기도했다. 그때 백마를 탄 사람이 홀연히 나타나 무엇을 도와줄지 물었다. 죽은 친구를 땅에 묻어주고 싶지만, 이곳은 돌이 많아 땅을 팔 방법이 없다고 대답했다. 그러자 말을 탄 사람이 "죽은 시신을 말안장에 얹고 친구를 묻을 수 있는 곳까지 가자."고 했다. 시신을 싣고 길을 가다가 밤이 와서 잠시 눈을 붙이고 일어나자 순례자는 자신들이 콤포스텔라 외곽에 있는 어느 돌 십자가 앞에 있다는 것을 알았다. 그는 친구를 거기에 묻었다. 순간 환영이 나타나 말했다.

"그대의 나라에 돌아가는 도중에 레온에서 다른 친구들을 만날 것이오. 그러면 그들에게 이렇게 전하시오. '아픈 친구에게 보여준 못난 우정 때문에 성 야고보는 그들의 기도를 들어주지 않을 것이며, 스스로 참회하기 전까지는 그들의 순례도 인정하지 않을 것이라고."

순례자는 마침내 자기에게 말하고 있는 사람이 누구인지 깨달았고, 그 성인 앞에 무릎 꿇고 엎드리려 했지만 성 야고보는 이미 사라지고 없었다.

피레네산맥은 유럽 남서부에서 프랑스와 스페인의 경계를 이루고 있다. 길이는 약 430㎞, 정상은 중앙부의 아네토산으로 해발 3,404m 이다. 피레네산맥 남부에는 스페인의 바스크, 아라곤, 나바라, 카탈루냐 지방이 위치해 있다. 피레네(Pyrene)라는 이름은 그리스 신화에 나오는 베브릭스 왕의 딸의 이름으로 헤라클레스 신화와 관련이 있다. 헤라클레스는 에우리스테우스가 부여한 열 번째 과업인 게리오네우스의 황소를 얻으러 가던 중 나르본을 지나치게 되었다. 베브릭스 왕은 기꺼이 헤라클레스를 궁정으로 맞아들였다. 그러나 술에 취한 헤라클레스는 피레네 공주를 강제로 취하고 말았다. 얼마 후 피레네는 뱀을 낳았고, 공포에 질려 깊은 숲속으로 달아났다가 산짐승들에게 죽임을 당했다. 무사히 과업을 마치고 귀향하던 헤라클레스는 피레네의 소식을 듣고 갈가리 찢긴 그녀의 시신을 모아 잘 묻어주었다. 그리고 피레네의 죽음을 기리기 위해 그곳을 그녀의 이름을 따서 피레네산이라 불렀다.

나폴레옹은 피레네산맥 남쪽을 아프리카라고 불렀다. 19세기 말 스페인의 사회철학자 앙헬 가니베트는 "우리는 두 개의 문을 가진 하나의 집이다. 그 문은 바로 피레네산맥과 지브롤터 해협이다. 한쪽은 유럽을 향해 열려 있고, 다른 한쪽은 아프리카를 향해 열려 있다."라고 했다. 스페인의 98세대 지성인으로 불리는 미겔 데 우나무노는 "우리는 아프리카인이다. 우리는 유럽인들과 달리 빈정대는 해학가나 수학자가 아니다. 우리의 정신은 다르다. 우리는 신비적이고 비극적이다."라고 했다. 유럽 사람들은 종종 피레네산맥을 스페인 타파스에 비유했다. 타파스는 스페인에서 식사 전에 술과 곁들여 간단히 먹는 소량의 음식이다. 오늘날 스페인이 유럽과 다른 독창적인 문화를 꽃피울 수 있었던 것은 피레네산맥으로 인해 유럽과 차단돼 8세기 동안 이슬람의 지배를 받았기 때문이다. 피레네산맥은 유럽으로 열린 스페인의 유일한 문이었다. 한반도는 호랑이, 이탈리아반도가 장화처럼 생겼다면, 스페인과 포르투갈이 속한 이베리아반도는 유럽과 아프리카, 지중해와 대서양으로 둘러싸인 사람 주먹처럼 생긴 땅덩어리이다. 피레네산맥은 주먹을 쥔 형태의 땅에서 손목처럼 좁아지는 부분에 놓여 스페인과 프랑스와 경계를 이룬다.

711년 지브롤터 해협을 건너 스페인 일대를 장악한 이슬람 제국은 다시 북상하여 유럽의 심장인 프랑크 왕국을 정복하기 위해 피레네산맥을 넘었다. 이슬람 군대는 지금의 프랑스 보르도 지방을 초토화시킨 다음 투르 지방으로 진격했다. 이때 유럽의 영웅 샤를 마르텔이 등장했다. 그는 샤를마뉴 대제의 조부였다. 샤를 마르텔은 군대를 이끌고 투르의 푸아티에 평원으로 향했다. 732년, 두 군대는 이곳에서 치열한 전투를 벌였고, 전쟁은 샤를 마르텔의 승리로 끝났다. 이슬람 군대는 스페인으로 퇴각했다. 이 전투가 유명한 '투르 푸아티에 전투'다. 이 전쟁의 승리로 샤를 마르텔은 프랑크 왕국뿐만 아니라 유럽 전체의 영웅이 되었다. 로마 교회도 그의 승리를 누구보다 기뻐했다. 만약 샤를 마르텔의 군대가 패했다면 이슬람 군대는 유럽 전체를 정복했을 것이며, 당연히 기독교의 운명도 끝났을지 모른다.

샤를마뉴는 왕이 되자마자 즉각 정복 전쟁을 개시했다. 778년 샤를마뉴는 피레네산맥을 넘어 스페인으로 향했다. 이슬람교도들을 유럽에서 몰아내기 위해서였다. 이슬람 군대는 강했고, 수많은 기사가 희생된 힘겨운 싸움이었다. 샤를마뉴는 이슬람 군대로부터 영토의 일부를 빼앗았지만 결국 몰아내는 데는 실패했다.

흙길로 된 오르막을 계속 올라 브라질 순례자 묘지에 도착했다. 순결한 죽음 앞에 고개를 숙였다. 중세의 순례자들은 언제 돌아올지 모르는 모험의 여정을 떠나면서 종종 유서를 남겼다. 그리고 순례 중에 죽는 죽음을 '하늘의 예루살렘'으로 가는 보증 수표로 여겼다.

'소풍 같은 인생을 어디에서 어떻게 마칠 것인가?'

죽음 앞에서 죽음을 바라본다.

사람들은 저마다의 길을 간다. 산길도 가고, 들길도 가고, 하늘길, 바닷길도 간다. 걸어서 가고, 차를 타고 가고, 비행기를 타고 가기도 한다. 때로는 원치 않는 길도 간다. 그리고 어느 날 돌아서서 보면 걸어왔던 그 길은 추억으로 남는다. 원치 않았던 아픈 길 또한 잘못된 길이 아니라 우회하는 길이었다. 그리고 더욱 아름다운 추억으로 남는다. 브라질 순례자는 산티아고 가는 길에 묻혔으니, 자신이 원했던 야고보의 품으로 갔을 것이리라 믿는다.

마지막 식수대인 롤랑의 샘과 스페인 국경이 나왔다. 나바라 주 표지판이 스페인에 들어왔음을 알려준다. 나바라 주는 과거 나바라 왕국이었으나, 1512년 아라곤·카스티야 연합 왕국에 합병되었다. 8세기 프랑크 왕국 지배하의 바스크 공작령에서 9세기 팜플로나 왕국으로 독립 국가를 이루고 이후 나바라 왕국으로 개칭했다.

이베리아반도 북부의 초기 원주민은 바스크족으로, 오늘날 스페인의 바스크와 나바라 주에 걸쳐 있는 민족이다. 719년 이슬람 제국에게 점령당했으나 778년 프랑크 왕국의 샤를마뉴가 이 지역에서 이슬람 세력을 몰아냈다. 그해 여름 샤를마뉴는 론세스바에스 고갯길을 통해 피레네산맥을 넘어 퇴각하는 길에 바스크족에게 격파당했다. 크나큰 패배였지만, 패배의 진짜 규모는 여러 해 동안 은폐되었고, 샤를마뉴는 두 번 다시 스페인 정벌에 몸소 나서지 않았다. 중세의 무훈시 「롤랑의 노래」는 프랑크와 나바라의 싸움에서 유래된 전설로 지은 것이다. 이 전투에서 브르타뉴 지방의 백작이었던 롤랑이 죽임을 당했다. 「롤랑의 노래」는 1100년 무렵 작가인 투롤두스가 이 전투에서 롤랑이 보인 영웅적인 모습을 찬미하여 지은 작품이다. 작가는 「롤랑의 노래」를 통하여 샤를마뉴의 스페인 정복을 십자군 전쟁의 원형처럼 탈바꿈시켰다.

12세기에 출간되어 중세에 대한 기록이 있는 「성 야고보의 서」는 '칼리스투스 사본'이라고도 불리는데, 이 안에는 샤를마뉴 대제가 꿈속에서 성 야고보를 만나고 산티아고의 영향으로 스페인 탈환에 성공했다는 이야기가 실려 있다. 성 야고보가 샤를마뉴에게 나타나 은하수를 따라서 갈리시아까지 가라고 했고, 샤를마뉴 대제는 거기서 사람들이 모르는 숨겨진 성 야고보의 무덤을 발견하게 된다. 이후 샤를마뉴 대제는 프랑스와 북쪽에서 오는 순례자들이 성 야고보의 무덤까지 무사히 갈 수 있도록 그 길을 안전하게 보호해야 했다. 이 책의 5장에 실린 '순례자 가이드'는 서방 기독교 최초이자 세계 최초의 가이드북으로, 지은이는 에메리 피코 수도사다. 이 가이드북은 순례 루트와 루트에 따른 숙소, 유적, 성유물, 풍경, 강, 주민은 물론 12세기 프랑크 왕국의 국수주의적 관점을 생생히 보여준다. 책을 출간한 목적은 갈리시아의 산티아고의 현현이 진실임을 알리고, 순례 성지로서 콤포스텔라의 중요성을 강조하기 등 복합적이었다.

벤타르테아 언덕(1,344m)을 지나서 정상인 레푀더봉(1,450m)에 도착했다. 한라산도 해발 750m의 성판악에서 시작하여 정상(1,950m)에 오르기까지 9.6㎞에 불과한데, 순례 첫날 해발 168m의 생장 피드포르에서 시작해서 레푀더봉까지 20㎞를 넘게 오르막만 걸어왔다. 멀리 골짜기에 해발 960m의 론세스바예스가 보인다. 중세의 순례자들은 다시 돌아온다는 보장이 없기에 여기에서 프랑스를 보며 작별의 인사를 나누었다고 한다.

「롤랑의 노래」로 유명세를 탄 론세스바예스, 오늘의 숙소인 론세스바예스의 알베르게가 점점 가까워진다. 롤랑이 죽은 지 천 년이 지난 후, 나폴레옹의 군대가 이 길을 지나갔다. 그리고 오늘 동방의 한 순례자가 야고보와 롤랑과 지난 천 년간 수많은 순례자가 걸었던 피레네산맥 너머 론세스바예스로 간다. 아스팔트 내리막길을 내려와 샤를마뉴 대제와 롤랑의 전설이 있는 이바네타의 예배당에 도착했다. 동쪽 언덕에는 롤랑의 기념비가 론세스바예스를 굽어보고 있다.

롤랑의 무덤은 샤를마뉴 대제가 지은 작은 수도원 안쪽에 있다. 근처 마당에는 '두란다르테'라고 하는, 롤랑이 죽기 전에 자신이 지닌 큰 검으로 갈라놓은 거대한 바위가 있다. 롤랑은 자신의 검이 겁쟁이나 이슬람교도들의 손에 들어가는 것을 원치 않아서 이 바위에 내리쳐서 못 쓰게 만들려고 했으나, 세 번이나 내리쳤음에도 검은 부러지지 않았고 오히려 바위가 갈라졌다고 한다.

오후 3시경, 드디어 론세스바예스의 알베르게 도착했다. '호스피탈레로'라고 불리는 친절한 자원봉사자들의 안내로 2층 침대의 1층에 자리를 배정받고 누웠다. 앞에는 독일에서 온 순례자가 한낮인데도 이미 잠들어 있다. 저녁 시간, 알베르게에서 제공하는 식사를 하기 위해 레스토랑에 들어서서 원탁에 앉았다. 독일, 아일랜드, 브라질 등 다양한 국가에서 온 순례자들과 함께 식사를 했다. 생애 첫 경험이 신비롭다.

　머나먼 동방의 대한민국에서 서방의 땅끝 나라 스페인까지 찾아온 순례자가 피레네산맥의 고갯길에서 침낭의 지퍼를 잠그고 신이 사랑하는 자에게 주는 깊은 잠을 청하며 기도한다.

　"창세 전, 탄생 전에 이미 순례자가 되어 이 길을 걷도록 예정하신 은혜를 믿는 믿음을 주소서!"

04

시간의 길

"달팽이가 전속력으로 달려가고 있다."

론세스바예스에서 라라소아냐까지 27.4㎞

론세스바예스~부르게테~헤렌디아인~에로고개~수비리~라라소아냐

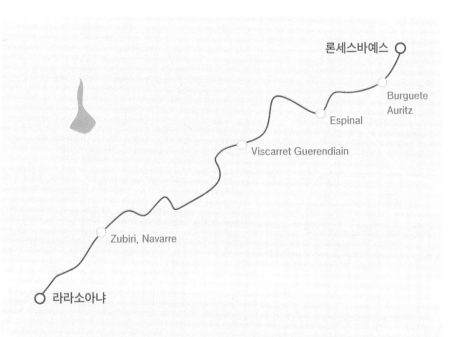

새벽 3시, 산중의 새소리에 잠에서 깬다. 낯선 알베르게에서의 첫날밤이 지나가고, 순례자라는 신분이 새삼 경건하게 다가온다. 인생은 여행이다. 진정한 여행자는 새로운 곳에 가서도 거울을 보듯 자신을 바라본다. 자신을 떠나 그곳을 있는 그대로 보고, 그곳에 있는 것들과 관계를 맺는다. 나아가 그곳을 가슴에 담고 자신의 것을 나누어 그곳을 더 아름답게 한다. 찰리 채플린은 "인생은 가까이서 보면 비극이지만 멀리서 보면 희극이다! 그래서 나는 멀리 보려고 노력한다."라고 말했다. 여행은 인생을 멀리서 바라볼 수 있는 시간의 길, 공간의 길이다. 고요한 가운데 무릎 꿇고 기도한다.

"주님! 평소 기도를 하지 않다가 기도를 드립니다. 먼저 기도를 위한 기도를 드립니다. 기도하면서 나를 열고 당신을 받아들일 수 있도록 가르치소서. 입술이 아닌, 굳게 닫힌 눈과 마음과 영혼을 열게 하소서. 시점과 종점 사이의 모든 것을 당신께 맡기옵니다. 아멘!"

산티아고 가는 길에서는 평소 교회에 다니지 않던 사람들도 일요일이면 교회에 가고, 평소 기도를 하지 않던 사람들도 매일 기도한다던 말이 새삼 다가온다. 기도는 신과의 대화. 이제 매일 기도하기로 한다. 기도라는 원칙을 계속해서 실천하기로 다짐한다. 진정한 순례자가 되려면 몇 가지 기본 규칙을 지켜야 한다. 순례자의 정체성은 사회적으로 부여되는 동시에, 스스로 개인적인 정체성을 창조한다. 순례자는 자신에게 상당한 자유와 권력을 부여하는 지위다. 순례자가 된다는 것은 하나의 태도를 취한다는 것, 평소와 다른 것을 한다는 것이다. 순례자가 되는 것은 소유나 일, 삶에서 약간의 거리를 두는 것이다.

여행 중 여행, 카미노 데 산티아고 여행을 즐길 수 있는 순례자는 행운이요 풍운아다. 감사하는 마음이 솟구친다. 아름다운 세상이 카미노에서 손짓하며 부른다. 인간은 망각의 동물이라지만, 누구에게나 영원히 간직하고 싶은 기억이 있다. 시점에서 종점까지 신과 동행하며 신의 숨결을 느낄 수 있는 그러한 순례 여행이 되기를 기도한다.

옛 순례자들은 수도원에서 침식을 했다. 수도원은 약 4세기쯤 이집트에서 초보적인 형태가 나타났다. 샤를마뉴 대제는 많은 수도원을

만들어 종교가 부흥하는 데 기여했다. 잊혀가던 라틴 문화가 수도원을 중심으로 되살아났다. 수도원의 수도사들은 모두 금욕적인 생활을 했기 때문에 일반 민중으로부터 존경을 받았다. 론세스바예스의 알베르게는 800년이 된 건물로, 수도원과 순례자들을 위한 병원이었으나 개축하여 새롭게 단장한 깨끗한 시설이다. 12세기 말, 한 순례자가 론세스바예스의 알베르게를 칭송하는 시를 지었다.

"문은 누구에게나 열려 있다. 아픈 사람에게도, 건강한 사람에게도, 가톨릭 신자뿐 아니라 이교도들에게도, 유대인에게도, 이단자들에게도, 게으름뱅이나 하잘것없는 사람들에게도, 간단히 말해서 선한 자와 속물들에게도."

순례자는 순례자이기 때문에 그저 카미노를 걸으며 그 문을 열고 들어가기만 하면 되었다.

알베르게에는 성스러움을 추구하는 죄인들로 가득했다. 순례를 떠나는 사람들은 성화(聖化)된 사람들이 아니라 성화되기를 원하는 사람들이었다. 순례를 통해서 신의 은총으로 죄 사함을 받고 거듭나기를 바라는 사람들이기에 "나는 죄인이로소이다."라고 고백하는, 오히려 스스로를 죄인으로 여기는 사람들이었다. 오늘날 또한 깨끗하게 되기를 원하는 사람들이 함께 순례의 길에 나선다.

중세부터 수백만, 수천만 명의 순례자가 거쳐 간 론세스바예스에서 순례자 숙소, 재건축된 두 고딕 성당, 그리고 「롤랑의 노래」는 신비감을 더해준다. 론세스바예스에서 이제 진정한 순례자라는 느낌을 받았다. 산티아고 순례자는 가리비 껍데기, 배낭, 순례자 지팡이로 순례자임을 알아본다. 이것들은 순례자임을 표시하며, 과거 이 길 위를 걷던 순례자들과 연결시킨다. 순례자는 스페인어로 페레그리노(peregrino),

영어로 필그림(pilgrim)이다. 아기가 태어나서 살아가면서 인생을 배우듯, 순례자는 길 위에서 조금씩 배워간다.

론세스바예스를 지나는 이 길은 야고보 성인 이전부터 수천 년간 있었다. 피스테라, 곧 땅끝으로 가는 사람들의 길이었다. 그래서 론세스바예스는 온전히 순례자를 위한 마을이다. 스페인 사람들은 론세스바예스를 산티아고 순례길의 출발점으로 삼는다. 산타마리아 왕립 성당에는 그 옛날 도적 떼와 날씨로 인해 산에서 죽은 수많은 순례자의 시체가 안치되어 있다.

여명이 밝아오는 시각. 산 중의 하늘에서 별빛이 쏟아진다. 알베르게와 작별을 하고 길을 나선다. 아치 대문을 지나 정원으로 난 길을 따라 순례자의 성당으로 불리는 산티아고 성당으로 향한다. 작고 소박한 13세기 고딕 양식의 성당이다. 파리 노트르담 대성당과 생장의 노트르담 성당이 같은 이름을 쓰듯이, 이곳의 산티아고 성당 역시 산티아고 대성당의 이름을 쓰고 있다. 이 산티아고 성당이 스페인의 진정한 대문이란 의미다.

편안한 숲길이 펼쳐진다. 그리고 어제 넘던 피레네산맥과는 전혀 다른 풍경이 펼쳐진다. 언덕진 들판을 따라 걷는다. 여행은 자신을 들여다보는 시간이다. 특히 나 홀로 여행은 오롯이 나에게만 집중하는 여행이다. 걷고 싶었다. 그래서 걷는다. 나는 걷는다. 진정한 여행자는 걸어서 다니는 자이다. 걸으면서 지금 이대로 자유를 갖고 싶다. 산티아고! 한 번도 가보지 않은 미지의 땅을 뜨거운 심장으로, 사명자의 젖은 눈동자로, 두려움 없는 발걸음으로 걸어간다. 카미노 위에서 나는 오로지 한 명의 자연인, 한 명의 순례자로 존재한다. 감각의 문이 열리고 낯설고 새로운 공간으로 한 걸음 한 걸음 이동한다. 날이 밝아오고 밝고 고운 아침 햇살이 서서히 나무 사이로 스며든다. 경쾌한 발걸음. 상쾌하고 유쾌한 마음에 기쁨이 해맑게 밀려온다. 새로운 세계에 대한 창조의 경외심과 다가오는 카미노의 신선한 아름다움에 가벼운 흥분이 일어난다.

신은 자신을 영접할 준비가 된 자를 찾아온다. 기도하지 않는 자에게 신은 오지 않는다. 신과의 만남에 있어 선택권은 신을 찾는 자에게 있다. 마음에 종이 울린다. 산티아고 가는 길에서 신을 만나야겠다. 순례길에서 매일매일 신을 만나야겠다. 교회의 수도사가 하는 일 중에서 날마다 기도하는 것이 제일 중요하다. 그들은 하느님의 말씀에 순명하고 마음과 물질의 가난을 중시하는 청빈과 육체적 정신적 정결함을 위해 반복적으로 기도한다.

순례자를 처다보던 태양이 환한 얼굴로 웃으며 인사를 한다.

"부엔 카미노, 페레그리노!"

순례자가 화답한다.

"그라시아스(고마워), 선(sun)!"

어제 오리손봉에서 만났던 수녀들이 걸어간다. 이틀째인데 벌써 다리를 절고 있다. 새벽에 얼마나 일찍 출발했기에 나보다 앞섰단 말인가. 가볍게 인사를 나누고 추월한다. 20대 중반의 젊은이가 걸어간다. 군 복무를 마치고 대학에 복학하기 전에 산티아고 길을 걸으며 새로운 시작을 준비하고 싶었단다. 대한민국의 미래를 이끌어갈 대단한 친구다. 어제 여행 첫날 들떠있던 순례자들 모두 순수하고 순진해 보이고 우쭐대고 자신감 넘쳐 보였다. 하지만 피레네산맥을 넘어오고 하루 만에 지친 모습들이다. 어제의 미소는 비장함으로 바뀌었다.

한적한 숲길을 따라 부르게테 마을
에 도착한다. 론세스바에스가 피레네
산맥의 공식적인 첫 마을이지만 주민
들이 살고 있는 첫 마을은 부르게테
다. 헤밍웨이가 묵었던 호스텔이 오
른쪽에서 시야에 들어온다. 스페인
을 사랑했던 헤밍웨이의 일생이 스쳐
간다. 헤밍웨이 작품에 영감을 불어

넣은 것은 여행, 낚시, 투우, 스키, 스스로 뛰어든 전쟁과 죽음이다.
온갖 스포츠를 열정적으로 쫓아다니다가도 자유와 정의가 부르면 먼
나라의 전선에까지 뛰어든 남성적 지성인 기질과 성향은 그의 문학
세계의 바탕을 이루었다. 헤밍웨이는 번잡한 팜플로나를 떠나 혼자 부
르게테에 머물면서 송어 낚시를 즐기며 『태양은 다시 떠오른다』를 집
필했다. 제비들이 신선한 아침 하늘에서 춤을 추며 날아간다.

마을을 관통하는 좁은 도로에서 우회전을 해야 하건만, 앞서가던
무리가 계속 직진을 한다. 큰 소리로 불러 길이 아닌 곳이라며 신호를
한다. 되돌아오는 사람들. 다양한 나라에서 온 생면부지의 낯선 사람
들이지만 순례자라는 이름으로 우리는 하나가 된다. 무엇을 하고 살
았든 카미노 위에 있는 이 시간에는 모두 공통된 신분, 순례자다. 그
리고 지난 천 년의 세월 동안 카미노를 다녀갔던 수많은 순례자, 그들
과도 친구가 되어 한 호흡을 느껴야 한다. 어떤 새로운 힘이 내면에서
솟구친다.

피레네산맥에는 없었지만 오늘부터는 카미노에 노란 화살표와 가리비가 자주 나타난다. 가리비와 노란 화살표는 순례길의 상징이며 표식이다. 노란 화살표와 가리비를 따라가야 산티아고 데 콤포스텔라에서 성 야고보를 만날 수 있고, 땅끝인 피스테라에 도착할 수 있다. 월터 로리 경은 "나에게 고요의 껍데기를 다오. 의지할 믿음의 지팡이, 기쁨의 배낭, 불멸의 양식, 구원의 물병을 다오. 영광의 가운과 희망의 진정한 담보물을. 그렇게 나는 나의 순례를 떠나리."라고 노래한다.

모든 것을 갖춘 동방의 순례자가 카미노를 걸어간다. 스페인에서는 여행자보다는 순례자라는 이유로 상당히 환대를 받는다. 순례자가 착용한 가리비, 배낭, 지팡이라는 상징의 힘은 유동적이며, 많은 의미를 가지고 있다. 이러한 상징은 '나는 산티아고로 가는 순례자입니다.'라는 메시지를 전달할 뿐만 아니라 그 자체가 순례 여행의 일부가 된다.

순례자는 카미노에서 다시 태어나야 한다. 카미노는 길이라는 의미다. 카미노는 나를 창조하는 삶으로 인도한다. 나는 왜 여기에 있는 것일까? 아직은 알 수 없다. 콤포스텔라에 도착하면 알 수 있을까? 카미노의 중간에서 깨달을 수 있을까?

일찍이 예루살렘 성지를 순례한 사람들을 파메로스(palmeros)라고 불렀고, 로마 바티칸을 순례한 사람들을 로메로스(romeros), 콤포스텔라를 순례한 사람들을 페레그리노스(peregrinos)라고 불렀다. 예루살렘을 다녀온 파메로스는 종려나무 잎을 가져왔고, 콤포스텔라를 다녀온 페레그리노스는 가리비라고 하는 조개껍데기를 가지고 왔다. 순례자들은 죽을 때 자신들이 가져온 가리비와 함께 묻어주기를 원했다. 중세시대 순례자들은 길을 떠나기 전에 유언장에 재산분배에 관해 적은 문서를 작성하고 출발했다. 돌아오지 못할 경우를 대비해서였다.

당시에는 왕도, 주교도, 농민도, 살인마도 태반이 순례를 하는 도중 죽었다. 페레그리노스는 긴 망토를 걸치고 작은 가리비는 챙이 넓은 모자에, 큰 가리비는 외투에 붙이고 표주박과 식량 주머니를 몸에 달고 길을 나섰다.

전설에 따르면 사도 야고보의 초기 기적 중 하나가 바다에 빠져 익사할 뻔한, 말을 탄 남자를 살린 일이다. 그 남자는 갈리시아 연안에 풍부한 가리비 껍데기에 둘러싸여 수면 위로 솟구쳤다. 또 다른 전설은 죽은 야고보의 시신을 태운 배가 페드론에 도착했을 때 가리비 껍데기가 배 안에 있는 야고보의 시신을 가득 덮고 있었다는 것이다. 가리비는 스페인어로 'venera'로 어원상 비너스와 연관이 있으며 탄생, 재생의 의미가 있다. 가리비는 12세기부터 산티아고 순례자의 이미지에 지속적으로 등장했고, 순례자가 수행해야 할 선행의 상징으로 여겨졌다. 손등 방향으로 펼쳐진 손가락이 떠오르기 때문이다. 15세기까지 순례자는 보통 가리비를 가지고 출발하지 않고 산티아고에 도착해서 순례 여정을 완수한 표식으로 가리비를 받았다. 전설에 따르면 프랑스로 돌아오는 순례자들이 이 가리비를 요리에 도입해 생자크(Saint Jacques) 조개 요리를 만들었다고 한다. 오늘날 순례자들은 길을 나서면서 붉은 산티아고 십자가가 그려진 가리비를 구입해 자신을 순례자로 인식하고 동화시킨다.

스페인을 이해하려면 스페인 가톨릭 신앙의 독특한 전통으로 사도 산티아고와 삘라르 성모 숭배를 알아야 한다. 산티아고는 스페인의 국가 수호성인으로 추앙받고 있으며, 삘라르 성모는 스페인뿐만 아니라 가톨릭과 스페인어를 국가적 정체성의 공통분모로 삼는 히스패닉 세계의 수호성모로 여겨지고 있다. 초기 기독교의 이베리아반도 전교와 관련하여 밀접한 두 설화적 전통은 국토 수복 전쟁과 신대륙 정복, 그리고 스페인 내전에 이르기까지 스페인 역사와 함께하고 있으며, 산티아고 데 콤포스텔라와 사라고사가 오늘날 스페인의 대표적인 성지이자 순례지로 부각되는 상징적 키워드가 되고 있다.

1259년에 기록된 어느 문헌에 의하면, 예수의 죽음 이후 야고보는 스페인으로 떠나기에 앞서 예수의 어머니 마리아를 찾아가 눈물로써 작별을 고했다. 마리아는 야고보에게 스페인에서 가장 신자를 많이 내는 도시에 자신을 기리는 교회를 건립할 것을 명하면서 구체적인 방법은 추후 알려주겠노라고 말했다. AD 40년 1월 2일 밤, 스페인의 에브로 강가에 위치한 오늘날 사라고사에서 전교 활동을 하던 야고보 앞에 천사들의 노랫소리와 함께 마리아가 나타난다. 예수가 하늘로부터 천사들을 통해 보냈다는 기둥과 함께 나타난 마리아는 이 기둥을 반석으로 삼아 자신을 기념하는 교회를 건립할 것을 당부했다. 야고보는 개종한 제자들과 함께 즉시 교회 건축에 나서게 되는데, 이 자리에 오늘날 사라고사의 삘라르 성모 대성당이 자리 잡게 된다. '삘라르(pilar)'라는 말은 '기둥'이란 의미로, 삘라르 성모의 이름은 여기에서 비롯된 것이다.

삘라르 성모 설화는 여러 가지 면에서 산티아고 설화보다 더욱 사실 여부에 논란을 빚고 있다. AD 40년은 아직 마리아가 예루살렘에 생존하던 시기이며, 아직 기독교가 박해받던 때였다. 더구나 야고보는 스페인에서 7년간 모두 7명의 제자를 개종시켰을 뿐이었기에 어떻게 교회를 건축할 수 있는지가 의문이다. 1982년 사라고사를 찾은 당시 교황 요한 바오로 2세는 삘라르 성모를 '히스패닉 세계의 수호성모'로 선포하고 삘라르 성모 축일인 10월 12일은 '히스패닉의 날'로 지정했다. 이날은 콜럼버스기 신대륙을 발견한 날을 기념하는 날이기도 하다.

카미노 데 산티아고로 향하는 중세의 대성당, 수도원, 성당들은 대부분 성모 마리아의 이름을 포함하고 있다. 니코스 카잔자키스는 『스페인 기행』에서 "스페인 사람들에게 성모 마리아는 흰 구름을 밟고 있는, 가까이하기 어려운 동정녀가 아니다. 그녀는 저녁 무렵 현관 계단에 앉아 있거나, 실을 잣는 안달루시아나 카스티야의 작은 시골의 처녀와 같다."고 했다. 카미노를 따라 마을마다 줄지어 있는 성당의 성모 마리아는 순례자들에게 있어 어머니와 같았다. 대성당마다 어김없이 그 지역을 다스렸던 왕이나 성직자나 장군의 무덤을 품고 있지만, 그 중심에는 성모 마리아가 예수의 주검을 안고 있다.

목장을 지나는 흙길을 따라간다. 소 무리와 말 무리가 이국적인 풍경을 연출한다. 흙길과 포장도로를 따라 오르막 내리막을 오갈 때 태양이 서서히 뜨겁게 내리쬐기 시작한다. 전설로 남아있는 롤랑의 발자국을 지나 에로(erro) 고개로 올라간다. 중세 도둑들의 천국으로 알려진 소나무 군락이 울창하다. 삼림욕을 하며 휴식을 취한다.

고개를 넘자 드디어 주비리가 모습을 드러낸다. 바스크어로 '다리의 마을'이라는 뜻을 지닌 주비리로 가는 내리막길을 따라가다 보면 내리막이 끝나는 지점에서 아르가강을 만난다. 그리고 라 라비아 다리, 곧 '광견병의 다리'를 건너 마을로 들어선다. 주비리에서 점심 식사를 한다. 시장이 반찬이라, 평소 거의 먹고 마시지 않던 햄버거와 샐러드, 시원한 콜라가 더위라는 이유로 이렇게 맛있고 달콤할 수가 없다.

수줍어하는 스페인 아가씨와 사진을 찍고 다시 다리를 건너와 주비리에서 5㎞ 거리에 있는 라라소아냐를 향해 걸어간다.

낯선 하늘, 낯선 구름, 낯선 바람을 따라 길을 걸어간다. 카미노에 녹아있는 바람, 햇살, 향기, 희망, 믿음, 사랑, 이 모든 것들이 가슴으로 밀려든다. 길에 검은 점들이 연결되어 길게 꿈틀거린다. 기이한 모습. 무엇인가? 달팽이들이 길게 줄을 지어 걸어간다. 이후 길에서 많은 달팽이들을 만나게 된다. 느림의 대명사 달팽이는 슬로시티(Slow City) 운동의 상징이다. 슬로시티는 슬로 철학으로, 삶도 사업도 모든 것을 슬로슬로(천천히 천천히) 하자는 운동이다. 삶의 풍성함은 자기 발밑의 소중한 것을 찾아내는 데서 비롯된다. 그러자면 느림을 즐길 수 있는 여유가 있어야 한다. 사람들은 똑같이 주어진 하루 24시간, 한 달 720시간, 일 년 8,760시간이라는 시간의 길을 간다. 그 가운데 느림의 여유를 즐기기 위해서는 더욱 부지런해야 한다. 남들보다 더 열심히 노력해야 느림이란 걸 즐길 수 있게 된다. 바쁘게 진행되는 현대생활, 길을 걷는 시간을 벌기 위해서는 남들보다 일찍 일어나고 남들보다 더 부지런해야 한다. 가장 느린 발걸음이 가장 빠른 여행이라는 이치다. 산티아고 가는 길은 순례의 길이면서 달팽이처럼 조금씩 천천히 끊임없이 나아가며 꿈과 낭만을 추구하는 느림의 미학이 깃든 길이다.

어디로 가는지, 가야 하는지/ 알 수 없는 길

시속 6m

달팽이 한 마리가/ 전속력으로/ 달려가고 있다.

속도를 줄이면 자연이 보인다. 하늘이 보이고, 구름이 보이고, 바다가 보이고, 대지가 보이고, 산이 보인다. 태양이 보이고, 달과 별이 보이고, 햇빛 달빛 별빛이 보인다. 속도를 줄이면 사람이 보인다. 광야를 달리던 영웅들이 보이고, 이 땅에 살아간 민초들이 보인다. 시조가 보이고, 조상들의 조상이 보이고, 조상이 보인다. 할아버지의 할아버지가 보이고, 할아버지가 보이고, 아버지가 보인다. 그리고 자신이 보인다. 어제의 자신이 보이고, 오늘의 자신이 보이고, 내일의 자신이 보인다. 땅에서는 시속 6m로 달팽이가 전속력으로 달리고, 창공에서는 새 한 마리가 느린 속도로 맞바람을 희롱하며 자유롭게 날아간다. 순례자는 시간의 길을 가고 공간의 길을 간다. 외로운 순례자가 한가롭게 인간의 길을 간다.

오후 2시경, 주비리를 닮은 마을 라라소아냐에 도착했다. 체감온도 38도의 뜨거운 태양 아래, 시원한 음료수를 찾아 다리를 건너 마을로 들어갔다. 마트 주인이 냉장고에서 시원한 와인을 꺼내서 권한다. 순례자로서 주도(主道), 주의 길, 구도의 길을 걸으며 주도(酒道)를 버리기로 한 둘째 날, 유혹이 찾아왔다. 전날 저녁 레스토랑에서 제공하는 하우스 와인도 마시지 않았다. 순례길에서 금주를 하자는 생각에서였다. 순례자를 위하는 마음은 고맙지만 사양했다. 마트 주인은 '오늘 일정은 끝이 났는가?'라고 물었고, '팜플로나까지 갈 계획'이라고 하자 '유 아 크레이지(You are crazy)!'라고 외쳤다. '이 뜨거운 날에 무슨 정신 나간 사람인가?'라는 의미였다. 순례길에서 무식한 놈이 될 수는 없어 마트 주인의 안내로 이웃에 있는 알베르게에 숙소를 정했다.

샤워하고 빨래하고 휴식을 취하다가 냇물이 흐르는 마을 입구의 다리를 찾아갔다. 두 개의 아치로 이루어진 14세기의 다리는 중세 도둑이 들끓어 '도둑들의 다리'로 불렸다. 냇가 나무 그늘 아래에 자리를 잡았다. 한 젊은이가 개를 데리고 와서 물속에서 함께 더위를 식혔다. 뒤를 이어 예닐곱 살 먹은 두 여자아이와 부모가 냇물에서 정겨운 풍경을 연출했다. 아버지, 어머니가 가재를 잡아 아이들에게 준다. 아이들은 비명을 지르며 즐거워한다. 주민들이 하나둘 모여들고 순례자는 스페인 사람들의 여름나기 풍경이 자신의 고향과 다르지 않음을 알고 미소 짓는다.

강이 흘러간다. 강물이 소리를 내며 흘러간다. 강물이 많은 소리를 내며 영혼을 울리며 흘러간다. 자연의 소리, 신비의 소리, 중세 순례자들의 소리, 중세 주민들의 소리, 어린아이의 소리, 여인의 소리, 태양의 소리, 바람의 소리가 들려오고 카미노를 걸어가는 순례자들의 어설픈 발걸음 소리가 들려온다. 물은 흐르고 또 흐르고 끊임없이 흘러간다. 언제고 어느 때고 수많은 소리를 안고 흘러간다. 그 속에 강의 비밀이 있고, 그 비밀이 순례자의 영혼을 사로잡는다. 천 년이 넘게 이어져 온 산티아고 가는 순례길을 수많은 순례자가 걸었고, 오늘은 유라시아 대륙의 동쪽 끝에서 온 순례자가 그 길을 걸으며 흐르는 냇물을 바라본다. 냇물이 흐르고 순례길의 역사가 흘러간다.

아름다운 정경 속에 와인 생각이 간절해져 다시 마트에 와서 무료 와인을 청했다. 주인은 미소를 지었다. 시원한 와인 한 잔을 마신 뒤 한 병을 사서 알베르게에서 스페인 와인과 진정한 첫 만남을 가졌다. 행복했다. 순례길 내내 이어진 와인과의 사랑은 그렇게 시작되었다.

'우기에 가뭄이 오면 와인으로 샤워하는 나라', '와인이 없는 식사는 바보 같은 짓이다.'라는 스페인 속담에 충실한 결과로, 순례길 여정 40여 일 동안 대변 색깔은 늘 와인색이었다. 신과 멀어진 관계를 새롭게 하고 신과의 화해와 용서의 의미를 담고 있다는 와인 덕분에 카미노 순례는 더욱 멋과 낭만이 있었다. 포도주 인심도 후하다. 식당에 들어서면 "Agua o vino(물 아니면 와인)?"라고 묻는다. 물과 와인이 같은 가격으로 제공되니 자연히 와인을 선택하게 된다. '순례자의 붉은 얼굴은 스페인의 붉은 태양 탓인가, 레드와인 탓인가.'라는 말이 있을 정도다. 술은 과연 성자의 유혹인가, 아니면 악마의 눈물인가. 탈무드에서는 포도주를 악마의 선물이라고 한다.

가나의 혼인 잔치에서 물로 포도주를 만드는 이적을 행한 예수는 최후의 만찬에서 이 세상에서의 금주를 선언했다. 목수의 아들로 태어나서 목수였던 예수는 30세에 목수를 그만두고 세례 요한에게 세례를 받았다. 그리고 "회개하라, 천국이 가까웠느니라."라며 하늘나라를 선포하면서 공생애를 시작했다.

예수의 첫 번째 이적은 가나의 혼인 잔치에서 물로 포도주를 만드는 것이었다. 베드로와 야고보, 요한 등의 제자들과 사람들은 '물로 포도주를 만드는' 예수의 포도주 사건을 보고 놀라워했다. 오늘날 가나의 혼인 잔치를 예수의 혼인 잔치라고 주장하며 예수는 독신이 아니라 결혼을 했다고 주장하는 신학자들도 있다.

예수는 십자가에 매달리기 전날 밤 최후의 만찬에서 떡과 포도주로 제자들을 축복을 했다.

"그들이 먹을 때에 예수께서 떡을 가지사 축복하시고 떼어 제자들에게 주시며 이르시되 '받으라. 이것은 내 몸이니라.' 하시고 또 잔을 가지사 감사기도 하시고 그들에게 주시니 다 이를 마시매 이르시되 '이것은 많은 사람을 위하여 흘리는 나의 피, 곧 언약의 피니라. 진실로 너희에게 이르노니 내가 포도나무에서 난 것을 하나님 나라에서 새것으로 마시는 날까지 다시 마시지 아니하리라.' 하시니라."

순례자가 머나먼 스페인의 사립 알베르게에서 한 병의 와인을 마시는 동안 첫날밤이 저물어 간다. '내 벗이 몇인가 하니 수석(水石)과 송죽(松竹)이라. 동산에 달이 뜨니 그 더욱 반갑구나.'라며 오우가를 노래했던 고산 윤선도처럼 나에게도 좋아하는 세 친구가 있다. 책과 산, 그리고 술이다. 셋은 하나의 공통점이 있다. 힘들 때나 기쁠 때나 항상 곁에서 함께 즐기고 함께 슬퍼했다는 것이다. 사회생활을 하면서 시작했던 술. 그로 인해 죄의식을 느끼며 신앙생활을 했던 것을 생각하면 때로는 억울하다는 느낌이 들었다. 하느님은 술 마시는 것을 죄악시하는, 결코 그렇게 쩨쩨하신 분이 아니었는데. 이는 어디까지나 초기 청교도적인 신앙생활을 요구하는 한국교회의 가혹한 가르침 때문이었다. 가톨릭교회의 신부로 활동하다가 결국 알코올 중독자가 된 신부의 '그때 술을 마시지 않았더라면'이라는 시가 뇌리를 스쳐 간다.

좁은 이층 침대에 누운 순례자를 카미노가 품은 큰 평화가 감싼다. 크로노스의 시간이 카이로스의 시간이 되어 기쁨이 넘쳐난다. 인생이란 시간의 길 위에서 능선의 나이에 다다른 순례자가 붉은 와인의 홍취에 젖어 꿈길에서 나비가 되어 너풀너풀 춤을 춘다.

05

별들의 길

"별이 지나가는 길을 따라 바람이 지나가는 곳!"

라라소아냐에서 우테르가까지 32.3㎞
라라소아냐~수리아인~트리니다느 데 아레~팜플로나~페르돈봉~우테르가

여명이 밝아온다. 이른 아침의 상쾌한 공기를 마시며 순례자가 마을 입구의 다리를 건너간다. 맑고 신선한 공기가 몸과 마음을 경쾌하고 유쾌하게 복원한다. 스페인의 아침 하늘, 바람 소리, 풀벌레 소리에 모든 감각이 다시 살아나며 몸도 마음도 개운해진다. 머나먼 이국땅에서 아름다운 장면들이 스쳐 가며 꿈만 같은 현상이 펼쳐진다. 태양이 솟아오른다. 태양에서 퍼져 나오는 한 다발의 빛줄기가 진홍빛 지평선 위로 쏜살같이 흐른다. 스스로 빛나는 별인 태양이 산 너머에서 솟아나 지평선 푸른 들판에 금빛 그물을 던진다. 새벽이슬의 진주 방울 속에 빛줄기가 노닌다. 꽃들이 다채로운 색과 광채로 빛나고 순수하고 평화로운 하늘이 빛으로 가득해진다. 대자연의 영혼 같은 태양이 없으면 세상 모든 것은 죽어버린다. 태양은 생명의 섭리를 조절하고 모든 감각을 자극한다. 신은 만물에 생기를 주고 빛을 비추어 주기 위해 세계의 한 가운데에, 하늘의 한가운데에 태양을 두었다. 사람의 심장도 활기를 돋우는 온기를 주기 위해 신체의 한가운데에 놓였다. 옛 시인들은 태양을 사계절의 아버지이자 조정자, 세계의 눈이자 주인, 인류의 기쁨, 생명의 빛이라고 예찬했다.

순례자가 카미노를 두 발로 걸으며 사람의 속도로 나아간다. 데이비드 소로는 "진실하고 참된 여행은 단순한 기분전환이나 취미가 아니다. 그것은 무덤같이 진실하며 인생 여정의 또 다른 한 부분이다. 그런 여행을 경험하기 위해서는 오랜 시련의 나날이 필요하다. …(중략)… 다리에 생명을 주듯이 걸어서 여행하는 그런 사람들을 얘기하는 것이다. 여행자는 길에서 다시 태어나야 한다. 여행자는 만물의 근원이 되는 힘, 자연이 발급하는 여권을 소지해야 한다."라고 하지 않았던가. 순례자 여권과 자연의 여권을 가지고 콤포스텔라를 향해 카미노를 한 걸음 한 걸음 걸어가는 발걸음이 신들린 듯하다.

순례는 종점에 도착하는 것이 아니라 도착하기까지의 과정이다. 산티아고 순례의 목적은 종점인 산티아고가 아니라 순례길 그 자체다. 순례자는 모두 걸어 다니는 상처들, 상처받은 사람들이다. 그래서 카미노는 순례의 길이자 치유의 길이다. 카미노는 다른 질서를 창조하는 희망과 기적의 길이다. 카미노에서 얻은 치유와 용기로 살아가면서 닥쳐오는 모든 두려움을 떨쳐내는 길이다. 카미노에서 흘린 눈물은 정상이다. 순례는 자아 성찰, 육체적 도전, 눈과 몸의 즐거움, 카타르시스를 위하여 부과한 자발적 시련이다. 대한민국 국토 종주와 동해안 해파랑길 종주 등, 그 겨울과 여름날 흘렸던 열정의 땀과 정성의 눈물이 스쳐 간다. 2010년 겨울, 마라도에서 고성 통일전망대를 향해 국토 종주를 할 때 걸었던 790㎞의 걸음은 대략 백만 걸음이었다. 2014년 여름, 부산 오륙도 해맞이공원에서 고성 통일전망대까지 걸었던 770㎞의 동해안 해파랑길 또한 비슷했다. 800㎞ 산티아고 가는 길 또한 백만 걸음 내외의 비슷한 걸음이 될 것이라 생각하며, 한 걸음 한 걸음마다 은총의 신비를 맛본다. 세상은 넓고 갈 곳은 많다. 그럼에도 스페인의 대표적 문화유산인 산티아고 데 콤포스텔라를 향해 걸어갈 수 있다는 것은 분명 축복이다.

극단과 극단은 만난다는 말처럼 스페인과 대한민국은 지리적으로나 역사적으로 놀라울 정도로 유사점을 많이 가지고 있다. 20세기의 역사만 보아도 동족상잔의 비극, 기나긴 독재, 민주화의 험난한 여정 등의 격변을 공유하고 있다.

기원전 218년 로마군이 한니발의 본거지인 이베리아반도에 진주하였고, 기원전 62년 율리우스 시저는 에스파냐 총독으로 부임했다. 기원전 38년 스페인은 로마 제국의 영토가 되어 '멀리 있는 땅'이라는 의미로 '히스파니아(Hispania)'라 불렸고, 이는 '에스파냐'라는 말의 기원이 되었다. 기원전 19년 아우구스투스 황제는 이베리아반도를 로마 영토에 편입했고, 이후 로마의 지배를 받았다. 로마는 이베리아반도를 정복하는데 무려 200년이나 걸렸으며, 이는 개인주의 성향이 강한 스페인 국민의 정체성을 보여준다. AD 74년 베스파시아누스 황제가 이베리아반도 주민에게 로마 시민권을 부여하며 스페인은 로마의 일부가 되었다. 이로써 이베리아반도가 역사상 처음으로 통일되었다. 이후 스페인은 하드리아누스, 트라야누스, 마르쿠스 아우렐리우스, 테오도시우스 등의 유능한 황제까지 배출했다.

로마가 전략적으로 큰 가치가 없던 멀리 있는 이베리아반도를 식민지화한 것은 금과 은을 비롯한 풍부한 광물자원 때문이었다. 이후 '모든 길은 로마로 통한다.'는 로마 가도가 건설되고 로마 군대와 함께 그리스도교가 전파되면서 이베리아반도의 사상과 신앙도 통일되었으며, 나아가 그리스도교는 스페인의 로마화에 결정적으로 기여한 요인이 되었다. 이후 스페인은 자기 자신을 세계에서 가장 가톨릭적인 국가로 변모시켰다. 훗날 종교개혁의 바람이 거세게 불 때도 반종교개혁의 중심지가 되었던 곳이 스페인이었다. 스페인은 실로 로마의 위대한 발명품이었다.

이베리아반도에 처음으로 왕국을 세운 서고트족은 그리스를 거쳐 해안을 따라 이동해 로마를 약탈한 후 툴루즈에 정착하였다가 415년 이베리아반도에 침입하여 507년 톨레도에 도읍을 정하고 왕국을 세웠다. 세계문화유산 톨레도는 지리적으로도 역사적으로도 스페인의 중심으로, '스페인에 단 하루밖에 머무를 수 없다면 톨레도로 가라. 톨레도를 보기 전에 스페인을 말하지 마라.'라며 유대문화와 가톨릭문화, 그리고 이슬람문화가 한 도시에 공존하며 멋진 조화를 이루는 역사의 공간이 되었다. 삼면이 동에서 서로 흐르는 타호(Tajo)강으로 둘러싸인 난공불락의 성벽 도시인 톨레도는 16세기에 수도가 마드리드로 옮겨가기 전까지 천 년 동안 스페인의 수도였다. 출발은 로마 시대의 요새였다.

가장 인기 있는 포인트는 도시 건너편의 계곡 전망대다. 전망대는 톨레도를 삼면에서 감싸 안으며 도는 타호강의 남쪽 계곡 위에 있다. 요새는 한 발 떨어져서 봐야 참모습이 보인다. 파노라마처럼 펼쳐지는 톨레도는 완벽하게 옛 모습을 간직하고 있다. 도시의 스카이라인을 지배하는 위풍당당한 두 개의 건물, 대성당과 알카사르 왕궁은 톨레도가 종교와 정치·군사의 중심지였음을 알려준다. 대포가 출현하기 전에는 이 천혜의 요새를 정복하는 것은 불가능해 보였지만 놀랍게도 가능했다. 그 방법은 바로 내분이었다. 내분으로 무슬림 군대가 무혈 입성한 것이었다.

서고트 왕국은 왕위 계승을 둘러싼 내분으로 멸망의 길을 걷게 되었다. 710년 베티카의 공작인 로드리고가 반란을 일으켜 왕위에 오르고, 이에 맞서 왕위 계승자인 위티사를 지지하는 세력이 아프리카 북부의 아랍계 베르베르족에게 원군을 청하였다. 서기 711년, 베르베르족의 족장이며 탕헤르의 지배자인 타리크(Tarik)는 1만 2천 명의 군대를 이끌고 지브롤터 해협을 건너와 로드리고를 물리침으로써 서고트 왕국을 멸망시켰다. '타리크의 산(山)'을 의미하는 지브롤터(DiebelT-arik) 해협의 이름도 이때 유래한 것이다. 타리크는 소기의 목적을 달성했지만, 물이 많고 비옥한 땅을 두고 척박한 아프리카 대륙으로 돌아가지 않았다. 무엇보다 이슬람 신앙을 전파하고, 톨레도에 간직되어 있다고 전설로 전해지던 솔로몬 왕의 보물을 차지하고 싶었다. 이후 무어인들은 더 많은 병력을 보강한 후 무서운 속도로 진격하여 불과 7년 만인 718년 북부의 아스투리아스 일부 지방을 제외한 이베리아반도 전역을 점령했다. 무어인들은 더 나아가 피레네산맥을 넘어 프랑스의 푸아티에에서 샤를 마르텔의 군대와 맞섰으나 패배하였다. 무어인들은 이후 1492년까지 800년 가까이 이베리아반도에 머물며 수준 높은 이슬람 문명을 건설했다. 그 시기에 번영했던 도시가 코르도바, 세비야, 그라나다로 오늘날 안달루시아 관광의 트라이앵글을 이루고 있다.

약 8세기 동안 무슬림들이 이베리아반도에 머무는 동안 가톨릭교도들은 무슬림들을 반도에서 몰아내기 위해 장기간의 전쟁인 레콘키스타(Reconquista), 즉 국토 회복 전쟁을 전개했다. 이때 극적으로 무덤이 발견되어 '무어인의 학살자'로서 수호성인이 된 산티아고의 전설이 탄생했다. 로마제국 군대에 맞서 2백 년이나 항전했던 스페인이 불과 7년 만에 무슬림에게 점령당한 이후 산티아고가 등장하는 것은 인간의 길이 아닌 신의 섭리로 이루어진 역사의 길이 되었고, 순례자의 길이 되었다.

옛 순례자들의 세계로 들어가 그들의 발걸음 소리를 들으며 걸어간다. 아브라함과 모세에서 비롯된 방랑의 여정이 오늘 카미노에서 펼쳐진다. 이 길의 끝은 숭고한 천상의 세계로 이어져 있으리라는 믿음으로 걸어간다. 카미노 데 산티아고는 고행을 자처하는 거룩한 순례자, 거룩한 바보들의 길이다. 13세기 단테는 『새로운 인생』에서 말한다.

"일반적인 의미에서 순례자는 자신이 사는 고장을 벗어난 사람이다. 좁은 의미에서 순례자는 성 야고보의 집을 향해 여행하거나 거기서 돌아오는 이들을 지칭한다. 바다 건너 거룩한 땅으로 여행하는 이들은 팔메로(palmero)라고 부르는데, 그들이 이따금 종려나무 열매(palm)를 가지고 돌아왔기 때문이다. 갈리시아 성지로 여행하는 이들은 필그림(pilgrim)이라 부른다. 성 야고보의 무덤은 어떤 사도의 무덤보다 순례자의 고향에서 멀기 때문이다."

순례자라는 단어에는 종교적인 의미가 있기에 걷는 동안 날마다 반드시 신에게 감사의 마음을 전하기로 작정한다.

"땡큐, 갓(God)!"

"땡큐, 페레그리노!"

순례는 혼자 하는 여행이다. 혼자이지만 혼자 하는 여행이 아니라 길 위에서 만나는 사람, 자연 등 수많은 인연과 함께하는 여행이다. '고독자', '혼자 가는 사람'임을 자처하며 스스로 힘들고 위험한 삶의 길을 택하여 걸어간다. 미지를 향한 발돋움은 순례자 되기의 중요한 첫걸음이다. 순례 여행에서의 발걸음은 사색이다. 한 걸음 한 걸음이 위대한 행보다. 카미노에서는 일상적 시간 바깥에 존재하는 자연의 아름다움을 맛본다. 카미노의 새로운 시공간, 감각적인 풍경들, 눈부신 하늘, 새들의 유연한 비행을 보며 건강한 삶을 사랑하는 법을 깨닫고 자연의 일부가 되는 신선한 느낌을 받는다.

산티아고 가는 길은 일상의 혁명이며 자유가 살아있는 시공간이다. 목적에 집착하는 대신 순간을 음미해야 한다. 순간에 집중하면 다가오는 자기 시간의 주인이 된다는 기쁨은 형용할 수가 없다. 순례자는 '지금, 여기'라는 느낌을 강하게 받는다. 옛 습관이 카미노의 새로운 시간 감각과 충돌한다. 카미노에서는 일찍 일어나 오전에 걷고 오후에는 명소를 관람하며 휴식할 수 있다. 순례자 숙소에서도 취침 시간이나 야간통행금지 시간을 정해 놓는다. 카미노는 거대한 공간이다. 발걸음을 느끼고 새로운 공간에 있는 자신을 의식한다. 걷다 보면 풀잎 하나하나, 길 위의 돌멩이 하나하나가 눈에 띈다. 그렇게 감각이 고양되고 풍경은 걸음마다 변한다. 대지를 딛고 나아갈 때마다 발밑으로 다른 느낌이 다가온다. 발걸음이 사색이 되도록 생각의 속도에 리듬을 만들고 자연경관을 감상하며 걸어야 한다.

카미노는 몸으로, 마음으로 자신을 느낄 수 있는 기회를 준다. 내가 자신을 느낄 수 없는데 누가 나를 느낄 것인가. 기도는 대지를 걷는 순결한 방식이다. 자신이 어디에 있고, 어디에 있어야 하며, 어디로 가야 할지를 가르쳐주는 소중한 행위이다. 걷는다는 걷는 존재의 자각이다. 나는 걸음으로 존재한다. 나는 죽는 날까지 걸을 수 있기를 기도한다. 하늘나라에 쌓일 쓰레기가 아닌 진실한 기도를 할 수 있기를 기도한다.

카미노에서 첫 번째로 만나는 큰 도시 팜플로나에 도착했다. 산티아고 가는 길에서 만나는 대도시는 팜플로나, 로그로뇨, 부르고스, 사아군, 레온 등이 있고, 그 마지막에 산티아고 데 콤포스텔라가 있다. 팜플로나는 로마 시대 율리우스 시저의 숙적이었던 폼페이우스가 세웠으며, 그의 이름을 따서 도시 이름을 지었다. 프랑스인과 무어족, 나바로 원주민들이 이 도시를 사이에 두고 여러 차례 충돌했다. 16세기에 필립 2세는 팜플로나를 스페인 북부 지역에서 가장 견고한 난공불락의 도시로 만들기 위해 요새화했다. 팜플로나 성은 오늘날 팜플로나의 상징이 됐다. 길이 성

벽과 만나 오른쪽으로 곡선을 그리며, 석조 문이 나타난다. 이 문은 프랑스 문이라 불린다. 생장에서 스페인 문을 지난 순례자들은 팜플로나에서 프랑스 문의 마중을 받는다. 프랑스 문의 아치 위에는 머리가 두 개 달린 황제의 문장이 있다. 문 앞에는 바닥을 파서 만든 해자

에 철제 다리를 얹고 쇠사슬을 회전 바퀴에 걸어 유사시에 개폐식으로 들어 올릴 수 있도록 만들었다.

성벽으로 둘러싸인 팜플로나 시가지를 걸어간다. 나바라 주의 팜플로나 시청 앞길을 지나서 구시가지를 빠져나가 나바라 대학교 캠퍼스에 다다른다.

팜플로나는 로마 시대부터 번성한 나바라 왕국의 수도였다. 나바라 주의 '나바라'는 나바라 왕국에서, 팜플로나 시청의 '팜플로나'는 나바라 왕국의 전신인 팜플로나 왕국에서 비롯된 명칭이다.

824년 팜플로나 왕국이 선포되고 산초 가르세스 1세(905~925)는 이슬람 세력에 맞서 오늘날의 라 리오하를 점령하고 아라곤이 통치하는 나헤라 지역까지 영토를 넓혔으며, 봉건제도를 도입하여 국가의 기틀을 마련하였다. 이후 팜플로나 왕국과 나바라 왕국을 혼용하여 사용하다가 12세기 초부터 '나바라'로 국명이 공식화되었다. 이후 스페인 역사에서 손꼽히는 훌륭한 왕인 산초 가르세스 3세(1004~1035) 치하에서 나바라 왕국은 이슬람 세력의 북진을 저지하며 이베리아반도 북부의 패권을 장악했다. 그는 바르셀로나 백작령(카탈루냐 지방), 카스티야 왕국, 아라곤 왕국의 군주를 겸하면서 반도를 호령했다. 1034년 레온 왕국까지 점령하여 이베리아반도의 가톨릭 왕국 전부를 통치하는 대왕으로 군림했다. 1035년 산초 대왕이 암살당하자 그의 네 아들에게 영토가 분할 상속되었다. 장자는 나바라 왕국을 차지했고, 둘째 페르난도 1세는 카스티야와 레온 왕국을, 셋째는 소브라르베와 리바고르사 지역을, 서장자(庶長子) 라미로 1세는 아라곤 왕국을 물려받아 각각 독립 왕국의 지배자가 되었다. 이로써 나바로 왕국은 최강국의 면모

를 잃어버리고 작은 소국으로 전락하였으며, 영토는 현재의 나바라와 바스크, 그리고 현재 피레네 북쪽의 프랑스 영토인 하부 나바라 지역으로 줄어들었다. 이후 주도권을 쥐기 위한 형제들의 갈등이 시작되었다. 1511년 아라곤 연합 왕국의 페르난도 2세는 피레네 이북의 하부 나바라 지역을 제외하고 나바라 왕국을 무력 합병했다. 이후 나바라 왕국은 대부분 1516년 스페인 통일 왕국의 일부분이 되었다.

팜플로나의 수호성인은 성 이냐시오다. 1491년 바스크에서 태어난 이냐시오는 일가친척들의 집을 돌며 시중드는 일을 하다가 나중에 기사가 되었다. 많은 전쟁에 참여하고 다양한 외교 경력을 쌓은 이냐시오는 1521년 프랑스군의 침입에 참전했다가 포탄을 맞아 양다리를 크게 다쳤다. 부상으로 몸을 움직일 수 없게 된 서른 살의 기사는 무기력하게 지난 일을 회상하는 일에만 몰두하다가 지치면 책을 읽었다. 기독교 전사들만 있는 로욜라 성에서 읽을 수 있는 책은 『그리스도 전기』와 몇몇 성인들의 삶을 기록한 책뿐이었다. 이냐시오는 책을 읽고 큰 감동을 받았다. 몸이 회복되어 혼자 움직일 수 있게 된 이냐시오는 검을 차고 카탈로냐의 유명한 순례지인 몬세라트로 순례를 떠났다. 거기서 그는 가지고 온 검을 성모상 옆에 매달고 근처에 있는 동굴로 가서 기도와 참회의 생활을 했다. 중세의 순례자들이 가장 중요하게 생각했던 것은 카미노를 걸으면서 거룩한 성인들이 남긴 유물들을 직접 보고 만지고 나아가 산티아고 데 콤포스텔라에서 성 야고보를 만남으로써 하느님의 능력과 축복의 세계, 사랑과 용서를 경험하는 것이었다. 하지만 이냐시오는 가장 신비스러운 존재인 몬세라트산을 찾아갔다. 그곳에는 성인의 유골도 없고, 단지 성모 마리아와 아기 예수의 그을린 그림만 있을 뿐이었다.

팜플로나를 세계적으로 알린 것은 산 페르민 축제(7월 6일~14일)다. 축제의 하이라이트는 단연 소몰이 경주다. 황소의 뿔 앞에서 무모하게 달리는 광란의 질주에는 바스크인의 열정이 담겨 있다. 소몰이 외에도 팜플로나 대성당과 박물관으로 유명하며, 평소 투우, 권투, 사냥을 즐겼던 헤밍웨이(1899~1961)가 자주 들렀다는 이루나 카페와 투우장이 있다. 외로운 투우사와 검은 수소의 대결인 투우는 스페인 사람들의 '삶의 철학'을 담고 있다. 이루나 카페에는 헤밍웨이의 사진이 걸려 있고 투우장 앞에는 그의 조각상이 있다. 팜플로나는 헤밍웨이의 도시라고도 한다. 헤밍웨이는 스페인 내전 때 해외 지원군인 국제여단 소속으로 참전했다. 1차 세계대전에도 참전해 그 경험을 바탕으로 『무기여, 잘 있거라』란 소설을 남긴(1929년) 헤밍웨이는 직접 총을 들고 파시스트 프랑코에 맞서 싸웠다. 그는 신념에 따라 죽음도 불사하는 행동파 지성인이었다. 1940년에 간행된 『누구를 위하여 종은 울리나』는 1937년 5월 말의 토요일 오후부터 그다음 주 화요일 낮까지의 3일간을 그린 작품으로, 스페인 내전의 잔악상을 리얼하게 전 세계에 알렸다. 『누구를 위하여 종을 울리나』는 존 던(1572~1631)의 시에서 영감을 받았다고 한다. 늦은 밤 명상에 잠겨있을 때, 누군가의 죽음을 알리는 조종(弔鐘) 소리를 들은 존 던은 시동을 불러 누가 죽었는지 알아보고 오라고 했다. 그리고는 곧바로 "아이야, 그만두어라. 그 소리는 바로 나를 위하여 울리는 소리려니…"라고 했다.

갈 길 먼 순례자가 11세기부터 순례길의 공식 체류지였던 팜플로나를 지나쳐 벗어난다. 나무 한 그루가 외로이 서 있다. 신성한 모습으로 발이 묶여 정지된 외로운 순례자와 같다. 나무에게 묻는다.

"나무야, 말해다오. 너도 괴로워서 눈물 흘리는 일이 있는가?"

나무가 가지를 흔들며 대답한다. 나무의 소리가 들려온다. 바람의 소리, 구름의 소리, 새들의 소리, 벌레들의 소리, 여명의 소리, 태양의 소리, 황혼의 소리, 어둠의 소리가 들려온다. 세상이 웅성거리고 스쳐간 모든 순례자의 소리가 들려온다. 홀로 걷는 순례자의 슬픔과 고통을 아는 위로의 소리가 들려온다. 고통은 누구나 겪는 것, 아직은 살아있다는 표시이다.

오후 3시, 사리키에기(Zariquiegui)에서 마을 가운데 있는 로터리의 나무 그늘에 앉아 휴식을 취하며 페르돈봉(790m)을 향해 올라갈지 망설인다. 하지만 고민도 잠시, 그늘 하나 없는 비탈길을 따라 올라간다. 카미노에서는 시간이 넘쳐난다. 서두를 필요가 없다. 약속도 회의도 없다. 하루하루, 영원히 살 수 있을 것 같은 느낌이다. 카미노에서는 자기 시간으로 뭐든지 할 수 있다. 시간을 벗어난 느낌. 평소의 일상과 너무나 대조된다. 서둘러 가야 할 어떤 목적지도 없다. 새로운 시간 감각과 더불어 삶을 구조 짓던 일상적 의례도 파괴된다. 시간 대신 몸의 허기에 귀를 기울이게 된다. 땀을 많이 흘려 허기가 찾아온다. 스페인 사람들에게 있어 오후 2~3시에 점심을 먹는 대신 배고플 때마다 뭔가 먹는다는 것은 충격적인 일이다.

태양의 제국답게 오후의 태양이 작열한다. 심장이 격하게 운동을 하고 혈관의 피가 뜨겁게 흘러간다. 스페인은 세계 제1의 관광 대국이다. 여기에는 '태양'이 있다. 지역에 따라 연중 3백 일이 넘는 일조일을 보장하는 스페인의 밝고 강렬한 햇살은 스페인에게 '태양을 팔아먹고

사는 나라'라는 별칭을 붙여줬다. 영국 사람들은 스페인의 태양에 중독되어 있다. 남은 인생을 스페인의 태양과 함께하려는 유럽 사람들은 날씨와 사랑에 빠져 스페인의 집을 산다. 태양과 해변이 스페인 관광의 대표 컨셉이니만큼, 태양이 식지 않고 지중해의 바닷물이 마르지 않는 한 스페인의 관광 특수는 사그라지지 않을 것이다. 기후가 습하고 여름철에도 비교적 서늘한 스페인 북쪽의 갈리시아, 나바라, 아스투리아스 등도 산티아고 순례길이나 산 페르민 축제와 같이 세계적으로 널리 알려진 종교와 축제 이벤트로 많은 관광객을 유치하고 있다.

용서의 언덕 페르돈봉을 올라간다. 스페인어로 페르돈(Perdon)은 '용서'를 의미한다. 강렬한 태양이 혈관을 뜨겁게 달군다. 미움을 태우고, 번민을 태우고, 탐욕을 태우고, 온갖 죄악을 불태우는 폭포수 같은 태양 빛이 쏟아진다. 타고 남은 찌꺼기가 액체가 되어 땀이 비처럼 흘러내린다.

『천로역정』을 가는 순례자 크리스천은 멸망의 도시에서 천국을 향해 힘든 오르막길에서 노래한다.

고개가 높아도 오르고 말겠어.
역경 따위가 날 막을 수는 없지.
생명으로 가는 길이 여기 있음을 알고 있으니
마음 단단히 먹자.
기죽을 일도, 겁먹을 일도 없다.
쉽지만 끝이 비참한 그릇된 길을 걷기보다
힘들어도 바른길을 가는 편이 훨씬 나으니.

신록의 산 위에 하얗게 줄 서 펼쳐진 풍력발전기와 산들의 파노라마가 장관이다. 피레네산맥이 마지막 위용을 자랑하는 페르돈봉의 경관이 순례길 전체를 통틀어도 압권이요, 감동이다. 멀리 서쪽을 향해 머리를 돌리고 있는 쇠로 만든 중세 순례자 기념물 상을 바라본다. 철제에 새겨진 'Donde se cruza el cammino del viento con el de las Estrellas(별이 지나가는 길을 따라 바람이 지나가는 곳)'이란 문구가 그 길을 따라가야 할 '순례자의 길'임을 가르쳐준다. 별들이 강을 이루고 지나가는 길이 은하수다. 은하수의 길은 별들의 길이다. 밤하늘에 은빛으로 빛나는 강, 은하수의 정체를 모르던 옛사람들은 철새들의 이동 경로, 새의 길, 순례자의 길, 인간의 영혼이 사후세계로 돌아가는 길, 하늘의 갠지스강 등 다양하게 해석했다. 이러한 은하수의 정체를 밝힌 사람은 갈릴레이다. 1609년 갈릴레이는 망원경으로 관측하여 은하수가 수많은 별로 이루어졌다는 사실을 알아냈다.

스페인어로 은하수는 '성 야고보의 길(The Road of Saint Jamse)'로 번역된다. 순례자의 길이다. 카미노는 별들의 길(Camino de las Estrellas, 은하수)이다. 천상의 별들은 지상의 카미노와 짝을 이룬다. 은하수는 샤를마뉴가 걷고 중세 순례자들이 걸었던 지상의 길과 짝을 이룬다. 전설에 따르면 어느 날, 샤를마뉴는 잠을 자다가 꿈을 꿨다. 그는 은하수를 보았다. 사도 야고보가 놀란 황제에게 나타나 별들의 길이 지닌 의미를 설명했다. 그 길은 지금은 이교도가 점령해서 갈 수 없는, 성자의 무덤으로 난 길이라는 것이었다. 성 야고보는 샤를마뉴에게 그 길을 되살릴 것을 촉구했고, 샤를마뉴는 서쪽으로 계속 걸어가 산티아고에 처음 발을 디딘 전설적인 순례자가 되었다. 꿈속에 성 야고보를 본 샤를마뉴 대제는 은하수를 따라 갈리시아로 가서 성 야고보의 무덤을 무어인들로부터 탈환하고 프랑스를 비롯해 유럽의 다른 나라 사람들이 카미노를 통해 순례를 할 수 있도록 만들었다.

중세시대 스페인은 여러 갈래의 카미노 중에서도 세 구간을 자랑스럽게 여겼다. 샤를마뉴 구간과 이슬람의 알만소르 구간, 그리고 전설적인 영웅 엘 시드의 구간이었다. 세 명의 위대한 지도자들의 이름이 새겨진 이 길들은 모두 콤포스텔라로 이어져 있다. 알만소르 왕은 997년에 실제로 콤포스텔라를 공격해서 그곳의 성당을 파괴했지만, 야고보의 무덤은 건드리지 않았다. 하지만 성당에 있던 종들은 코르도바로 가지고 가서 이슬람 사원의 등으로 바꾸었다. 포로로 잡힌 기독교인들은 종들을 코르도바까지 날라야 했다.

스페인의 영웅 엘 시드(본명은 로드리고 디아스 데 비바르)는 1064년 자신이 거느리는 기사들과 함께 콤포스텔라로 순례를 떠났다. 가는 도중에 늪지대에서 한 나병 환자가 하느님과 성모 마리아의 사랑으로 자기를 구원해 달라고 기도하고 있었다. 엘 시드는 그를 자기의 앞자리 말안장에 앉히고 여관에 도착해서 함께 묵으며 음식을 먹었다. 엘 시드의 지나친 배려에 다른 기사들은 화가 났으나 엘 시드는 이를 무시하고 자기 침대에서 나병 환자와 함께 잠을 잤다. 나병 환자가 엘 시드에게 물었다.

"로드리고, 자나요?"

엘 시드가 대답했다.

"잠을 잘 수 없어요. 당신이 누군지 얘기해 주세요. 당신에게서 나는 그 밝은 빛은 무엇인가요?"

나병 환자가 대답했다.

"로드리고, 나는 성 나사로요…. 당신이 하느님에 대한 사랑으로 이렇게 잘 보살펴준 나병 환자 나사로요."

용서의 언덕 페르돈봉에서 순례자가 용서를 빌고, 용서하고, 또 용서를 빌고 자갈과 모래가 섞여 있는 급경사를 따라 내려와서 포도밭, 아몬드밭 사이로 난 길을 따라 걸어간다. 포도나무는 가장 척박한 땅에서 자라난다. 풀도 자라지 않는 척박한 황무지에서 자란다. 사막의 메마른 땅에는 물이 귀하다. 그래서 포도나무 뿌리는 그 갈증을 해소하기 위해 몇십 미터의 암반을 뚫고 들어가서 물을 빨아올린다. 포도나무의 가지가 된 순례자가 한적한 시골 마을 우르테가로 들어간다.

오늘은 알베르게가 아닌 호스텔에서의 숙박을 순례자에게 특별히 허락한다. 고진감래라, 고행 끝에 누릴 자격이 있는 날이다. 순례자를 위한 모든 시설이 잘 갖추어져 있고 먼저 온 순례자들이 휴식을 취하고 있다. 3층 다락방이지만, 알베르게에 비교하면 궁궐이다. 마가의 다락방처럼 이적을 기대하며 침대에 지친 몸을 누인다. 호스텔에서 식사를 주문하니 하우스 와인 한 병을 그냥 준다. 세상에 공짜는 없다지만 이것은 태양 아래를 걸어온 순례자를 위한 신의 선물이다. 순례길에서 만난 성 이냐시오의 기도문으로 오늘 하루 '영성 수련'의 기도를 한다.

"그리스도의 영혼으로 저를 정화하시고, 그리스도의 몸으로 저를 구하시고, 그리스도의 피로 제가 취하게 하시고, 그리스도 안에 흐르는 물로 저를 씻어 주시고, 그리스도의 열정으로 저를 평안하게 하시고… 아멘!"

06

순례의 길

"발아, 가자! 카미노 데 산티아고로 가자!"

우테르가에서 에스테야까지 28.7㎞
우테르가~오바노스~푸엔테 라 레이나~마네루~시라우키~로르카~에스테야

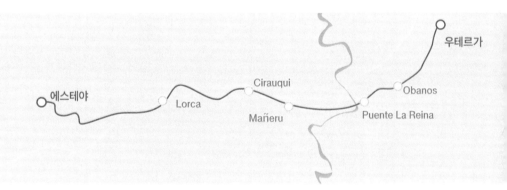

어둠을 밀어 헤치고 새벽이 다가온다. 창가에 여명이 밝아오기 시작한다. 오늘도 하루라는 손님이 신선하게 다가온다. 반갑게 맞이한다. 손님은 희망, 기쁨, 즐거움 등 반가운 선물도 가져오지만, 불평, 슬픔, 고통 등 반갑지 않은 선물도 가져온다. 어떤 손님을 맞이할까. 이는 자신의 선택이다. 희·노·애·락·애·오·욕의 종합선물세트인 인생. 행운의 여신뿐 아니라 불행의 여신도 함께 반갑게 맞이해야 한다.

순례의 길에는 문명의 밖에 존재하는 대자연이 펼쳐지고 원시의 시원한 바람이 불어온다. 한 걸음 한 걸음 옮길 때마다 풍경은 끊임없이 바뀐다. 흘러가는 구름 모양에서부터 주위의 경치 하나하나가 전부 새롭다. 모두 이 세상에 하나밖에 없는 장면. 바람 소리, 새 소리가 생명의 운치를 더한다. 끊임없이 변화하는 자연의 아름다움에서 신의 숨결을 느끼고 신의 음성을 듣는다. 카미노는 순례자를 신에게 가까이 데려다준다. 일상에서 중요하던 것이 사실은 별것 아니라는 것을 깨닫게 해준다. 카미노는 영적 죽음과 부활이 담긴 진정한 중세의 길이다. 옛날 순례자는 신비한 새와 동물의 이름이 붙은 장소를 지나가면 부활을 성취할 수 있다고 믿었다. 그들은 독실한 가톨릭교도였지만, 요즘 순례자는 모험과 고독, 자연에 더 관심이 있다. 카미노의 많은 순례자는 모험과 고독 사이에서 뭔가를 찾는다. 여행을 통한 탐색, 외부의 길을 걸으면서 내면의 길을 찾으려 한다. 카미노는 카타르시스를 닮았다. 모든 발걸음이 뭔가 내밀하고 의미가 있다. 발을 디딜 때마다 발바닥으로 느껴지는 감촉이 순간순간 다르게 다가온다. 단단함, 부드러움, 날카로움이 살아있다는 생명의 존재감을 느끼게 한다. 자연의 맛이 시각, 청각, 촉각, 후각, 미각의 순으로 오감을 자극하고 육감이 행복해진다.

하루의 길을 떠난다. 장거리 트레킹에서는 자기만의 리듬을 찾고 집중해야한다. 새벽 일찍 출발하고 오후에 일찍마친다는 원칙을 세운다. 우테르가에서내려다보이는 무르사발을 향해 흙길을따라 걷는다. 포도밭이 지평선에 끝없이 펼쳐진다. 잘 정돈된 포도 넝쿨 위에서 열매들이 영글어 간다. 아몬드와 포도나무가 특산품인 무르사발은 팔라시오 데 무르사발이란 이름의 와인으로 유명하다. 이포도주의 이름은 17세기 무르사발 궁전이 포도주 양조장으로 이름이바뀐 데서 유래됐다. 순례길은 무르사발에서 에우나테로 가는 길과오바노스로 가는 길로 갈라진다. 에우나테로 2㎞가량 걸어가면 포도

밭에 산타마리아 데 에우나테 성당이 있다. 불교 사리탑에서 익숙하게 보는 팔각형 모양의 성당으로, 12세기 기사단에 의해 세워졌다. 기독교에서 팔각은 일주일이 끝나고 새롭게 시작하는 날을 의미한다. '8'이라는 숫자는 신에 의해 새롭게 태어나는 순환과 부활을 의미한다. 산타 마리아 데 에우나테 성당을 세 바퀴 돌면 소원이 이루어진다는 전설이 전해지고 있다.

무르사발에서 오솔길을 따라 내려가다가 지하도를 지나서 다시 오바노스로 올라간다. 오바노스에서 산 후안 성당을 지나 바(Bar)에서 간단한 아침 요기를 한다.

카미노에는 지나는 마을마다 바(Bar)가 있다. 작은 마을에도 대부분 바가 있다. 보통 여명의 시간에, 아침 식사를 하지 않고 출발하기에 바에서 빵이나 샌드위치로 아침 식사를 하는 경우가 많다. 살아오면서 바를 방문했던 횟수보다 순례길에서 바를 찾은 횟수가 더 많다. 카미노는 지나가는 마을의 경제에 중요한 몫을 하는 젖줄이다. 알베르게 주변의 약국, 마켓 등 작은 가게들은 보통 오후 2시부터 4시 정도까지는 문을 닫았다. 이들의 오랜 습관인 시에스타, 즉 낮잠을 자기 위해서였다.

낯선 머나먼 이국땅에서 순례자는 왜, 무엇을 위해 카미노를 걷고 있는가. 아름다운 자연을 만나고, 자연 속에 깃든 인간의 역사를 만나고, 그 안에서 자신의 정체성을 만나고, 카미노 위에 살아있는 신을 만나기 위해 카미노를 걷고 있다. 순례는 진정한 자신을 발견하기 위한 행위이며, 육체적 고행으로 정신적 평안을 얻는 구도 행위이다. 나는 순례자다. 카미노가 자신을 새롭게 발견하고 새롭게 창조하는 여정으로 인도해주리라 기도한다. 기도는 카미노를 걷는 새로운 방식이며 이 세상에서 내가 어디에 있어야 하는지, 있어야 할 자리가 어디인지를 가르쳐 준다. 걷는 며칠 동안 날마다 반드시 해야 할 일로 감사와 기도를 발견한 것처럼, 남은 여정에서 깨달음으로 무언가를 느낄 수 있기를 기도한다. 순례의 길에선 초보 순례자가 점점 성숙한 순례자가 되어 간다.

> 오 선한 예수여, 은총이 가득한 마리아여, 나의 기도를 들어주소서!
> 나는 순례자!/ 산티아고 가는 길에
> 당신의 품 안에 나를 숨겨주시고, / 당신의 날개로 나를 지켜주소서.
> 당신과 떨어지지 않게 하시고, / 악마의 유혹에서 나를 보호하소서.
> 산티아고에 이르면 나를 부르시어/ 당신의 만찬에 참석하게 허락하소서. 아멘.

야고보는 예루살렘에서 기원후 44년에 순교하였으나, 산티아고 데 콤포스텔라와 카미노 데 산티아고에서는 영원히 존재한다. 순례자들은 카미노에서 살아있는 산티아고를 만나고, 콤포스텔라에서 산티아고의 형상을 안고 포옹한다. 예루살렘은 예수가 나고 자라고 말씀을 선포하던 곳이다. 불꽃처럼 살다가 죽고, 죽은 지 사흘 만에 부활한 곳이기에 그리스도인이라면 누구나 가장 가보고 싶은 곳이 예루살렘이다. 로마 바티칸에는 예수의 으뜸 제자인 베드로가 순교한 묘지 위에 세운, 세계에서 가장 규모가 큰 건축물인 산피에트로 대성당이 있다. 가톨릭 교황의 역사가 천국의 열쇠를 받았던 베드로로부터 시작됐고, 지금도 바티칸의 교황은 전 세계 가톨릭 신자뿐 아니라 일반인들에게도 제13사도로 사랑과 존경을 받는다. 산티아고의 무덤 위에 세운 도시 산티아고 데 콤포스텔라는 예루살렘, 로마와 함께 3대 순례지이다. 1189년 교황 알렉산더 3세가 예루살렘, 로마와 함께 산티아고 데 콤포스텔라를 성스러운 도시로 선포했기 때문이다. 이를 계기로 산티아고 대성당이 서구 가톨릭 세계에서 예루살렘과 로마 다음가는 중요한 성지이자 순례지가 되었다.

스페인에서 야고보의 전설은 이슬람의 정복에서 살아남은 이베리아반도 북부 갈리시아 지방의 아스투리아스 왕국에서 시작된다. 아스투리아스에서 발견된 야고보의 무덤은 이베리아반도의 역사를 바꾸고, 세계사에 길이 남을 전설적인 순례길을 탄생시킨다. 야고보 성인의 유해가 있는 콤포스텔라의 명성이 가톨릭 세계 전역에 멀리 퍼져 나가고 신성한 해인 성년(聖年 Holy Year)이 되면서 40여만 명의 순례자가 성인의 무덤을 향해 걸었다. 성년은 야고보 성인의 축일인 7월 25일과 주일인 일요일이 겹치는 날인데, 이날 순례자가 콤포스텔라에 이르면 모든 죄를 용서받았다. 그리고 이내 교황청에서는 어느 때라도 순례를 하면 죄 사함을 받는다고 공표했다. 하지만 이 길은 레콘키스타(국토회복 운동)가 완수된 1492년, 이슬람 세력이 이베리아반도에서 물러나고 중세시대를 정점으로 잊혀졌다.

산티아고 순례길은 순례 여행이 절정에 이르렀던 11세기부터 기사단이 순례길을 정비한 덕분에 11~14세기에 황금기를 맞았으나, 1517년에 일어난 종교개혁과 이어진 종교전쟁으로 100년 이상의 긴 암흑기를 맞이하게 되었다. 종교개혁 이후 순례를 비판하는 글이 나오기 시작했고, 그 때문에 순례자는 불신의 대상이 되었다. 18세기에 순례자가 가장 적었으며, 19세기에도 산티아고 순례자 수가 크게 줄었다. 하지만 명맥이 완전히 끊어지지는 않았다. 감소 추세는 2차 대전 후까지 이어졌다.

1960년대부터 시작된 예배 감소, 독실한 종교 인구의 노령화, 공공사회의 세속화에 영적·종교적 운동의 상승세는 카미노의 부활에 기여했다. 그리고 1982년 교황 요한 바오로 2세가 산티아고 데 콤포스텔라를 방문하면서 다시 화려하게 등장했다. 거기에 1986년 파울로 코엘료가 이 길을 걷고 1987년 『순례자』를 출간한 이후 급속도로 유명세를 탔다. 첫 황금기가 신을 찾아 떠나는 종교적 이유라면, 지금의 황금기는 종교적인 이유 외에도 자신을 찾아 떠나는 걷기 열풍이 가세했기 때문이다. 원래는 가톨릭 성지를 순례하는 순례길이었으나 현재는 전 세계에서 도보 여행을 즐기는 수많은 사람이 찾아온다.

오늘날 순례길은 모두 6개. 그 가운데 프랑스 길이 가장 안전하고 오래된 길이며 종교적 의미도 깊다. 당시 순례 수단으로 다양한 수단이 쓰였지만, 배는 위험했고 말은 특수 계층 사람들만 이용할 수 있었다. 결국 가장 보편적인 교통수단은 두 다리였다. 현대에는 말과 자전거, 그리고 도보로 순례를 한다. 순례자 협회에서는 100㎞ 이상 걸으면 증명서를 준다. 그래서 110㎞ 거리의 사리아에서부터 스페인 순례자들이 몰려온다. 그러면 길과 알베르게 등 모든 게 복잡해진다.

공식적인 통계를 보면 1985년에는 순례자가 2,500여 명에 불과했지만, 30년이 지난 2015년에는 26만 2,500여 명이 되었다. 2016년에는 27만 명 이상이 걸었고, 현재는 30만 명 이상이 걷는 길이며, 세계인들이 가장 걸어보고 싶은 길로 꼽히고 있다. 한국인은 연간 약 5천 명 내외가 찾는데, 유럽과 미국을 제외하고는 단연 제일 많다. 간간이 중국인과 일본인을 만날 수 있지만, 아무래도 기독교 인구가 적은 까닭에 상대적으로 많지는 않다.

역사적으로 한국과 스페인의 첫 만남은 1593년 12월 27일 임진왜란 와중에 가톨릭 신자인 일본 장수 고니시 유키나가의 요청으로 예수회 신부인 그레고리오 데 세스페데스가 진해 웅천에 도착한 것이었다. 세스페데스의 입국은 네덜란드의 하멜보다 60년이나 앞선 것이었다. 비록 일본군의 종군 신부로 한국에 오게 되었지만, 세스페데스 신부의 주 임무는 예수회 선교사로서 한국에 복음을 전파하는 것이었다. 그는 전쟁보다 평화를 갈망하였으며, 한국에 대한 4통의 귀중한 서한을 남겼다. 현재 스페인의 라만차 지방에 있는 세스페데스 신부의 고향인 비야누에바 데 알카르데테와 진해에는 각각 두 나라의 만남을 기리는 기념비가 세워져 있다. 그리고 400년 후 대한민국의 마라토너 황영조가 스페인 하늘에 태극기를 휘날리며 애국가를 울려 퍼지게 했다. 1992년의 스페인은 이사벨 여왕이 무어인을 완전히 축출하고 콜럼버스가 신대륙 탐험에 성공한 1492년, 500년 전 그날의 영광을 재현하기 위해 바르셀로나 올림픽을 개최했다. 그해 황영조는 1936년 손기정 옹이 마라톤 금메달을 딴 이후 56년 만에 몬주익 언덕에서 우승했다. 21세기에는 대한민국의 축구 신동인 이강인이 자랑스럽게 활약하고 있다.

한국과 스페인은 1950년 외교 관계를 수립하였으며, 1996년 10월 후안 카를로스 국왕의 방한과 2007년 6월 노무현 대통령의 스페인 방문, 그해 대한항공 직항로 개설 등 몇몇 상징적 성과가 있었다. 같은 OECD 회원국이며, 경제 규모가 세계 10위 내외로 신흥 강국에 올라

있는 한국과 스페인은 역사적 경험과 정서적으로 공유할 수 있는 점이 적지 않다. 우선 동족상잔의 비극인 내전과 장기간의 군부독재, 그리고 민주화와 경제발전이라는 유사하고도 격동적인 현대사를 헤쳐온 경험이 그렇다. 세계사에 한국과 스페인처럼 그토록 짧은 기간 내에 민주화와 경제성장을 역동적으로 이루어낸 나라는 없다. 두 나라는 모두 열정적이고 뜨거운 피를 가지고 있다. 모든 음식에 매운 마늘과 양파를 많이 넣고, 대가족 문화와 정서에서 성장하며, 더치페이 앞에서 불편해하는, 계산적이지 않은 정을 지니고 있다. 또 한편으로는 냉철하며 현실적이고 미래지향적이다. 최근의 금연법 시행과 동성 간의 결혼 허용, 바르셀로나의 투우 금지조례 통과 등은 보수적인 모습에서 탈피하여 혁신적인 미래로 나아가고자 하는 의지를 읽을 수 있는 상징적인 사례들이다.

스페인의 공식 명칭은 에스파냐 왕국으로, 입헌군주국이며 세습군주제를 지닌 의회 민주주의 국가이다. 유럽 대륙 가장 서쪽에 자리 잡은 주먹 모양의 이베리아반도에서 포르투갈을 제외한 대부분의 지역을 차지하고 있다. 바르셀로나를 중심으로 한 카탈루냐 지방은 자신을 스페인 사람으로 생각하지 않을 정도로 지방색이 강하여 독립투표를 하기도 했다. 모든 스페인 사람의 공통점은, 서로 다른 핏줄을 가지고 있고 지역 간에 차이가 있음에도 불구하고 한결같이 스페인과 자신의 고향에 대한 긍지가 높다는 것이다. 특히 남에게 지기 싫어하는 당당한 인간으로서의 자존심이 대단히 강하다. 그래서 '스페인 거지는 빌어는 먹어도 도둑질은 하지 않는다.'는 우스갯소리가 있다.

스페인의 면적은 505,370㎢로 한반도의 2.3배, 남한의 5배에 달한

다. 서유럽에서는 프랑스 다음으로 큰 땅을 가지고 있다. 스페인은 전반적으로 매우 다양한 지형과 기후를 보인다. 국토의 평균 해발은 660m로 유럽에서 스위스 다음으로 높은 지형을 가지고 있고, 마드리드는 해발 651m로 유럽에서 제일 높은 곳에 위치한 수도이다. 아프리카와 유럽, 대륙과 해양이 교차하는 지정학적인 위치로 인해 스페인은 언제나 서로 다른 세력들의 기 싸움이 빈번하게 벌어지던 분쟁의 장소였다. 동시에 한니발의 카르타고와 북아프리카의 이슬람, 프랑스의 나폴레옹이 그랬듯 다른 세계로 나아가기를 원하는 민족이라면 반드시 거쳐야 하는 외부로의 교량이자 관문이기도 했다. 또한 스페인과 중남미는 혈연적, 종교적, 언어적으로 특별한 관계에 있다. 이처럼 지정학적, 문명사적 교차로였던 스페인을 알면 세상이 보인다.

스페인에서는 영어가 통하지 않는다. 각종 표지판이나 안내문에 스페인어만 적혀 있다고 불평하는 사람은 대개가 한국이나 중국 사람 같은 동양인들뿐이다. 미국이나 유럽 사람들은 스페인어를 제1외국어로 배우고 있기 때문에 그다지 불편함을 느끼지 않는다. 현재 스페인어는 전 세계 20여 개국의 공용어로, 5억 이상의 인구가 사용하고 있으며 미국에서도 인구의 16%인 5천만 명의 히스패닉 사람이 거주하고 있다.

오바노스에서 가파른 언덕길을 내려와 걸어간다. 시원한 아침 공기가 몸과 마음에 활력을 준다. 발걸음도 활기를 얻는다. 새는 하늘을 날고 물고기는 물속을 헤엄치고 사람은 길 위를 걷는다. 길을 걸어가는 자의 걸음걸이는 천차만별, 각양각색이며 이는 인생의 반영이다. 당찬 걸음걸이, 패배자의 걸음걸이, 목표를 향해 힘차게 나아가는 걸음걸이 등 자신이 걷는 걸음이 인생을 만든다. 그러니 함부로 걸을 일이 아니다. 루소는『고백록』에서 "나는 걸을 때에만 명상에 잠길 수 있다. 걸음을 멈추면 생각도 멈춘다. 나의 마음은 언제나 나의 다리와 함께 작동한다."라고 말한다. 걸으면서 바람 소리, 풀벌레 소리를 듣고, 평소 보지 않던 하늘도 쳐다보면 감각이 다시 살아나서 몸도 개운해진다. 로버트 프로스트(1874~1963)는 명상과 사색을 잃어버린 시대에 "세상은 사랑하기 좋은 곳, 내가 사는 세상보다 더 좋은 곳이 어디 있는지 나는 모른다. 나는 그저 자작나무 타듯 살고 싶을 뿐이다."라며 뉴햄프셔 주의 자연으로 깊숙이 돌아가 그곳에서 명상과 사색을 즐기며 걸었다. 미국의 시인 중에서 어쩌면 거의 유일하다 할 수 있을 정도로 동양적인 시인, 흙과 나무, 때로는 바람 소리까지 자신의 가슴 속으로 끌어들이는 프로스트는「눈 내리는 밤 숲가에 멈춰 서서」에서 이렇게 노래한다.

숲은 깊고 어둡고 아름답다. / 그러나 나는 지켜야 할 약속이 있기에
잠들기 전에 몇십 리를 가야 한다. / 잠들기 전에 몇십 리를 가야 한다.

순례자도 지켜야 할 약속이 있기에 잠들기 전에 몇십 리를 가야 한다. 순례자가 한 걸음 한 걸음 대지를 걸어간다. 하늘에는 새들이 날아간다. 훨훨 날아간다. 자유롭게, 자유롭게. ㄹㄹㄹㄹ…! ZZZZZ…! 떼를 지어 날아간다. 숲속 여기저기서 지저귀는 새들의 노랫소리가 들려온다. 발걸음이 역동적으로 빨라진다.

레이나 다리를 통해 아르가강 위를 걸어간다. 레이나 다리(여왕의 다리)는 물살이 센 아르가강을 건너는 순례자들의 안전을 위해 11세기

나바라 왕국의 대왕 산초 3세의 왕비가 로마네스크 양식의 아름다운 다리를 만들어 준 것에서 유래했다. 순례길의 가장 아름다운 다리로 꼽힌다. 아르가 강에 비친 아치교의 동심원이 아름답다. 중세 때 이 다리에 초리라는 바스크 지방의 텃새 성모상을 보관하는 탑이 있었으나, 19세기 중엽 다리 남쪽에 있는 산 페트로 성당으로 옮겼다.

카미노의 전설이 널리 알려져 있는 푸엔테 라 레이나에 도착한다. 고풍스럽고 아름다운 마을이다. 이 마을은 순례자 병원이 있었을 정도로 중세 순례길의 중요한 길목이었다. 진한 역사의 향기가 가득한 산티아고 순례길을 걸어간다는 즐거움. 이는 아주 탁월한 선택이다. 산티아고에 갈 수 있는 이유와 못 가는 이유는 자신이 어디에 집중하느냐에 따라 달라진다.

내가 이 세상에 태어나던 날, 내 발은 작고 부드러웠다. 어느 날 나는 일어서서 세상에 첫 발걸음을 옮겼다. 주변에서는 박수치고 환호했다. 그리고 뒤뚱뒤뚱 위태위태하게 걷다가 수없이 넘어졌다. 넘어지며 배우던 어느 날, 제대로 걷게 되고 달리게 되었다. 하지만 정말 중요한 일은 빨리 걷고 달리는 것이 아니라 그 걸음이 나아갈 방향을 배우는 것이었다.

'어디에 있는가, 어디로 가야 하는가, 최선의 길은 어느 방향일까, 나는 누구인가.'

그것을 알아내기 위해 늘 가던 길에서 벗어나 객관적으로 자신을 보기 위해 산으로, 바다로 여행을 떠났다. 땀 흘리는 고통을 통해서, 시련과 역경을 통해서 자신의 모습을 찾고 싶었다. 그렇게 수많은 길을 걸은 후, 나는 천 년이 넘는 세월 동안 사람들이 신을 찾고 자신을 찾아 떠났던 길을 걷기로 했다. 그 길은 '카미노 데 산티아고', 산티아고 가는 길이었다. 이 길은 새로운 길을 가르쳐주고 방향을 가르쳐주리라 믿었다. 그 길을 가서 실망했다는 얘기는 들어본 적이 없었으니까.

"발아, 가자! 순례의 길, 카미노 데 산티아고로 가자!"

그렇게 떠난 길이었다. 착한 늑대가 순례의 길에서 인생의 새로운 길, 새로운 방향을 찾을 수 있도록 이끌었다.

순례자가 걷는 동기는 다양하다. 순례의 동기는 원래 희년에 주어진 대사(면죄)였다. 가톨릭교회는 돈과 여행 시간, 용기가 충분하다면 누구나 사후의 구원을 약속받을 수 있었다. 역사적, 문화적 동기로 순례하는 순례자들도 있으며, 어떤 순례자는 순례의 조상이 걷던 길을 현재보다 더 진정성 있었던 과거의 순례자들을 생각하며 걷는다. 또 다른 순례자는 종교적·이타적·정치적·개인적 운동을 위해 카미노를 걷는다. 특히 영국인은 걷거나 자전거로 이동한 거리에 따라 돈을 기부하는 자선 운동을 위해 이타적 순례에 참석한다. 중세 참회 순례의 흔적은 벨기에와 네덜란드의 청소년 형벌 제도에도 남아 있다. 1982년에는 청소년들을 감독관과 함께 4개월간 산티아고 순례에 보냈다. 프로젝트의 모토는 '집과 모국에서 벗어나, 스스로 알아서, 자신의 힘을 믿으며.'였다. 자연과의 접촉, 육체 활동, 자립을 통해서 삶의 시련을 헤쳐나갈 수 있게 하는 것이다.

마네루의 묘지를 지나 중세풍의 살모사라는 뜻의 시라우키(Cirauqui) 마을을 보면서 걸어간다. 중세 성벽이 있고 2개의 성당이 있다. 로마 가도의 흔적과 로마 문양이 남은 길을 걸어 로르카 마을로 들어간다. 한국인 여성이 운영하는 로르카 알베르게(일명 호세의 집)의 바(Bar)에서 휴식을 취한다. 그런데 한국 여성은 보이지 않고 인상 좋

은 남자가 맞이한다. 시원한 생맥주 한 잔을 주문하고 벽을 보니 '호세를 웃기면 맥주 공짜'라고 한글로 적혀 있다. "맥주 추가 리필되는가?"라고 물으니 웃는다. "호세가 웃었으니 공짜지만 돈을 내겠다."며 돈을 지불하고 나서는데 하는 말. "호세는 예쁜 아내의 이름."이란다.

중세 로마인의 거주지였던 비야투에르타에서 로마네스크 양식의 성 모승천 성당을 만났다. 이라체 수도원장이었던 성 베레문도의 동상이 순례자를 맞이한다.

마을을 벗어나 한적한 길을 따라 에스테야로 간다. 에가강을 끼고 서 남북으로 형성돼 있는 에스테야를 중세 스페인 사람들은 '북쪽의 톨레도'라고 불렀다. 에스테야 입구에는 산토 세필크로 성당이 기다린다. 성당에는 12제자들의 조각상이 있고, 벽에는 최후의 만찬, 십자가에 달린 예수가 섬세하게 그려져 있다. 에스테야 수도원 성벽과 건물을 스쳐 간다. 12세기에 지은 나바라 왕궁이 지금은 화가 구스타보 미술관으로 개명되었다.

1090년 산초 3세 대왕은 프랑스 이민자들과 함께 에스테야를 세웠다. 이슬람인들이 지배하고 있던 영토를 회복해서 사람들을 살게 했다. 카미노에서 경치가 좋았던 에스테야는 크게 번성해서 많은 알베르게와 여관이 생겨났고, 순례자들이 휴식을 취할 수 있는 최고의 장소가 되었다. 순례자들은 이곳이 카미노에서 가장 경치가 좋은 곳이라는 사실을 알았고, 덕분에 순례자들의 행렬이 끊이지 않으면서 에스테야는 크게 번성했다. 순례자가 자신에게 말한다.

"순례자여, 그대는 참 좋은 곳을 여행을 하고 있소."

「성 야고보의 서」는 12세기 순례자들이 이곳에서 맛 좋은 빵과 훌륭한 포도주, 고기와 생선을 풍성하게 먹을 수 있었다고 기록하고 있다. 교구마다 오스피탈을 지었으며 대개 신도회에서 관리했다. 1988년 공개한 한 주교서신에 따르면 에스테야는 스페인에서 성 야고보 순례자들이 만든 신도회 가운데 가장 역사가 깊은 신도회가 있는 곳이었다. 이 조직에 대한 최초의 기록은 1120년에 나타난다.

에스테야에는 베드로의 동생인 사도 성 안드레에 관한 신비로운 전설이 있다. 1270년경, 그리스 서쪽에 있는 도시 파트라스의 주교가 콤포스텔라 순례를 떠나면서 사도 성 안드레의 어깨뼈를 가지고 갔다. 흑해 근처로 그리스도를 전파하러 떠났던 성 안드레는 파트라스에서 십자가에 X자로 매달려 순교하고 거기에 묻혀 있었다. 주교는 가장 가난한 순례자처럼 카미노를 걷기를 원했기에 시중드는 사람도 없이 혼자 걸어서 에스테야에 도착했다. 에스테야에서 몸이 아팠던 주교는 자신의 신분을 밝히지 않았고, 결국 알베르게에서 죽고 말았다. 성물인 성 안드레의 어깨뼈는 특수하게 제작된 상자 안에 넣어 가슴에 묶어 옷 속에 숨기고 있었다. 사람들은 주교를 산 페드로 성당의 수도원에 묻었다. 그날 밤, 새로 묻은 무덤 위에 작은 별들이 쏟아지며 신비한 빛이 떠도는 것을 본 성당 지기는 깜짝 놀랐다. 성당 지기의 말을 들은 신부가 공동묘지로 가서 확인을 하고는 흥분과 전율을 느끼며 묘지를 팠다. 시신의 옷을 벗기고 가슴에 매어 있는 작은 나무상자를 연 순간, 신부는 그 안에 성 안드레의 성물과 이것들이 성물임을 증명하는 문서가 들어 있는 것을 보고 깜짝 놀랐다. 성 안드레는 나중에 에스테야의 수호성인으로 선포되었다.

땀이 비 오듯 쏟아지는 오후, 하늘에서는 태양이 강렬한 햇빛을 내리쏟고 있다. 모든 살아 있는 존재와 식물은 태양에게서 생명을 얻는다. 태양이 없다면 어둠만 있을 뿐, 어떤 것도 자랄 수 없다. 대지 위에서 생명이 사라질 것이다. 하지만 태양도 대지의 도움을 받지 않으면 안 된다. 태양 혼자서 동물과 식물을 비춘다면, 너무 뜨거워 금방 다 죽어 버릴 것이다. 비를 내리는 구름이 있기 때문에 태양과 대지가 협력해 생명에 필요한 수분을 공급하는 것이다. 나무가 성장할수록 그 뿌리는 더 깊이 내려가 더 많은 수분을 발견한다. 이것이 자연의 법칙이며 창조주의 지혜다.

태양아, 비춰라! 너희의 광채로 나와 나 다음에 오는 순례자들을 적셔라. 흘러라, 석양 녘의 화려한 구름들이여!

오후 3시, 스페인어로 별이라는 의미의 에스테야에서 별밤의 전설을 만나기 위해 걸음을 멈춘다. 바닷가 모래알 하나하나가 서로 다르듯이, 에스테야의 황혼과 어둠이 창가에 머물기 시작한다. 어두운 에스테야의 밤하늘에 순례자들이 지난 천 년간 쏘아 올린 수많은 전설이 별빛으로 반짝인다. 진토를 밟으며 걸어가는 세상 속에서 정신을 정화하는 한줄기의 은하수가 흘러내린다. 시간이 에스테야의 밤하늘에 잠기고 순례의 길을 가는 외로운 순례자의 눈가에는 별빛이 반짝인다.

07

풍류의 길

> "나는 천천히 가는 사람입니다.
> 하지만 뒤로 가지는 않습니다."

에스테야에서 토레스 델 리오까지 31.8㎞
에스테야~이라체 와인샘~아스케타~비야마요르~로스 아르코스~토레스

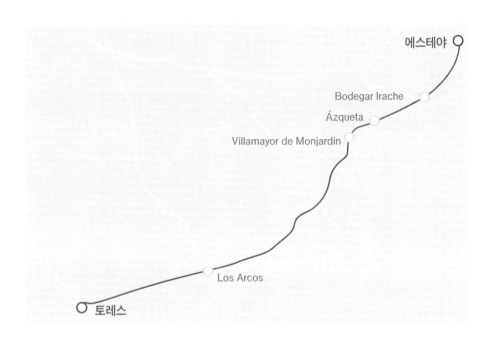

이른 새벽, 길을 나선다. 영적 죽음과 부활이 담긴 진정한 중세의 길, 신비한 새와 동물의 이름이 붙은 장소를 지나가면 부활을 성취할 수 있다고 중세 순례자들이 믿었던 카미노를 걸어간다. 걷기 5일째. 어둠 속에서 에스테야의 새벽 별빛이 길을 안내한다. 상큼한 공기가 폐부를 부드럽게 감싼다. 순수한 영혼의 인디언 수우 족 치료사 '절름발이'의 노래가 들려온다.

"공기에게 귀를 기울이라. 그대는 그것을 듣고, 느끼고, 냄새 맡고, 맛볼 수 있다. 신성한 공기는 숨결을 통해 모두를 매 순간 새롭게 탄생시킨다. 신성한 공기는 영혼, 생명, 호흡, 재생, 그 모든 것을 의미한다. 우리는 서로 만지지 않고 함께 앉아 있지만, 무엇인가 거기에 있다. 우리 사이에서 우리는 그것을 느낀다. 자연을 대하는 좋은 방식은 그것에 대해 말하는 것이다. 아니, 그것에게 말하는 것이다. 강에게 말을 걸고, 연못에게 말을 걸고, 우리의 친척인 바람에게 말을 거는 것이다."

언어는 가슴 속에서 나오는 혼이다. 말을 못해 혀가 굳어버리는 것 같은 외로운 순례자가 새벽하늘에 떠 있는 별들에게 말을 건넨다.
"별들아, 굿모닝! 동방박사를 아기 예수에게 안내한 그 별은 지금 어디 있니?"
별들이 답답한 듯 답을 한다.
"지금 여기 있는 우리 모두!"
상상이나 할 수 있었을까. 순례자가 되어 스페인의 어느 산골에서 이렇게 걷고 있을 줄을. 자신도 상상하지 못했던 순간이 카미노에서 펼쳐지고 있다. 신비로운 경험이 하나하나 차곡차곡 몸속에, 감각 속에 쌓여간다. 교회에서, 집의 서재에서 가졌던 수많은 새벽기도와는 다른 특별한 신과의 대화 시간을 가진다. 초롱초롱한 별들은 모두 이 땅의 인간들이 신에게 보낸 수많은 사연을 담은 기도의 별이다. 어둠의 종이 위에 순례자의 기도가 꽃처럼 화사하다.

이제 순례자가 카미노의 별이 되어 걸어간다. 발이 한 발자국 카미노에 닿을 때마다, 기도가 하나하나 카미노에 새겨진다. 카미노를 스쳐 갔던 순례자들의 천 년간의 발자국 위에 또 하나의 발자국이 포개진다. 그들의 발자국이 자신의 발자국이 되고, 그들의 기도가 자신의 기도가 된다. 이 카미노를 걸었던 순례자들은 모두 목이 말라 생명수를 애타게 갈구했으리라. 목마른 순례자들이 와인으로 목을 축일 수 있는 이라체 와인샘이 어둠 속에 나타난다. 이라체 수도원은 나바라 지역에서 가장 오래된 수도원 가운데 하나로 서고트 왕국 시대에 지어졌다. 이라체의 수도원은 붉은 포도주가 물처럼 흐르는 수도꼭지를 준비해 놓았다. 왼쪽 수도꼭지에서는 와인, 오른쪽 수도꼭지에서는 생수가 나온다. 순례자들은 와인 샘에서 주의 피를 받아 마신다. 포도주를 생산한 양조장의 이름은 푸엔테 델 비노, '포도주가 나오는 샘'이라는 뜻이다. 표지판은 '이곳을 지나는 모든 순례자가 여기서 포도주를 한잔하고 콤포스텔라까지 활기차고 건강하게 무사히 순례를 마치라.'라고 권한다. 순례자들을 위해 얼마나 멋진 일을 하고 있는가. 수도꼭지 벽 위에서 성 야고보의 석상이 과음을 하는 순례자가 있는지 지켜본다.

기독교는 이스라엘 사막의 체험에서 비롯된 종교이다. 사막에서의 삶에서 갈증이란 대단한 것이다. 사람들은 사막이기에 갈증의 고통을 느낀다. 갈증 없이 이루어지는 믿음, 갈급하지 않은 영혼은 진정한 믿음을 알지 못한다. 성경에는 포도 이야기가 많다. 포도는 척박한 땅에서 자라난다. 예수는 "너희가 잎만 무성한 포도밭이 되지 말라."라고 하였다. 예수의 첫 번째 이적인 가나의 혼인 잔치에서, 예수는 돌 항아리에 물을 가득 담으라 하고는 맹물을 맛있는 포도주로 만들었다. 맹물로 맛있는 포도주로 만드는 과정은 사람들의 영혼 속에 있는 혼탁한 죄악의 생각인 미생물을 사람의 아들, 곧 인자(人子)의 힘으로 모두 퇴치하여 순수한 영만으로 남기는 것이다. 포도주는 포도 껍질에 붙어 있는 미생물들이 발효가 되는 과정에서 다른 미생물을 잡아먹으면서 만들어진다. 포도가 발효된다는 것, 포도주가 된다는 것은 효모균에 의해 불필요한 균들이 퇴치되는 과정이다. 악이 전부 퇴치되는 순간, 순수한 효모에 의해 깨끗해진 술이 탄생한다.

사람의 오감 중에서 느낄 수 있는 거리가 제일 긴 것은 바로 시각이다. 시각은 지평선의 끝까지, 하늘의 별까지 바라본다. 다음은 멀리서 들려오는 소리를 들을 수 있는 청각이고, 그다음은 후각이다. 꽃에 다가서야 비로소 향기를 맡을 수 있다. 촉각은 아주 밀착되어 있다. 손으로 만지는 대상은 보고 듣고 맡는 것보다 훨씬 더 가까운 곳에 있다. 포옹하는 경우처럼 밀착되어 있다. 미각은 이미 거리라는 개념이 완전히 소멸하여, 대상이 내 속으로, 내 입으로, 내 봄 안으로 들어온 상태다. 먹고 마신다는 것은 단순히 생리적 신진대사를 돕는 양분의 섭취가 아니라 존재와 존재가 결합하고 일체화하는 융합의 행위이다. 사과를 보고, 사과의 향기로움을 느끼고, 매끄러운 사과의 촉감을 느낄 때 사과는 내 밖에서 하나의 대상으로 있지만, 사과를 먹는 순간 사과는 사라지고 자신과 하나가 된다. 그것이 진리라면 바깥이 아니라 내 몸 안을 체험하는 것과 같다. 그것이 바로 최후의 만찬의 의미이다.

최후의 만찬에서 예수가 빵과 포도주를 제자들과 함께 나누어 먹는 행위. 빵은 예수의 몸이고 포도주는 예수의 피이다. 즉 빵을 먹고 포도주를 마시는 것은 하늘과 땅이 하나가 되는 결합의 상징이다. 그리고 예수는 "아버지께서 내 안에, 내가 아버지 안에 있는 것같이 저희도 다 하나가 되어 우리 안에 있게 하사, 세상으로 아버지께서 나를 보내신 것을 믿게 하옵소서."라고 기도한다. 최후의 만찬으로 예수가 이 세상을 떠난다 해도 식사를 나누는 의식을 통해 제자들과 하나가 된 것이다. 한솥밥을 먹는 것으로 한 식구가 되는 성찬식과 같은 일을 사람들은 일상 속에서 반복하고 있다. 빵은 예수의 살이었고 포도주는 예수의 피였다. 예수와 제자들은 이미 주체와 객체가 아니라 빵과 포도주로 한 몸이 되었다.

이라체 수도원의 와인 샘은 8시에 시작하는데, 하늘에는 아직 별들이 반짝이는 시각이라 마실 수가 없다. 하늘을 날던 참새가 방앗간을 그냥 지나가지 않고, 청산으로 가던 나비가 꽃을 스쳐가지 않건만, 카미노의 순례자는 와인샘을 맛없는 포도주, 신 포도주일 거라 생각해야만 했다. "저 포도를 딴다 해도 아마 소용이 없을 거야. 너무 시어서 먹지 못할 테니까."라고 하는 이솝우화가 스쳐 간다.

뭔가를 이루면 좋을 것 같아서 열심히 노력했으나 실패했을 때, 이루려고 한 것이 꼭 좋은 것만이 아니었다며 스스로를 위로하는 인간의 모습. 프로이트는 이것을 자기 방어기제(self-defence)라고 했다. 절망하면 너무 비참하니까, 욕망이 좌절된 자기 자신을 속인다. 남이 볼 때는 자기합리화이고, 자기 스스로 평가하자면 자기기만이다. 권력, 재력, 명예욕이 좋은데 못 얻으니까 '황금 보기를 돌같이 보라.', '권력, 별거 아니다.', '나는 청렴결백하다.', '나는 믿는 사람이라 부럽지 않다.' 라고 하는 것일 수도 있다. 하지만 현대판 이솝우화는 다르다.

목마른 여우가 포도를 따 먹어보니 진짜 신 포도였다. 그러면 더 이상 안 따먹어야 하는데, 옆에 있는 여우들이 부러워하고 침을 흘리니까 우쭐해서 신 포도라는 말을 못한다. "아, 달다." 하고 옆에서 박수 치면 또 따먹고… 속으로는 울면서도 겉으로는 행복한 척 따 먹는다. 그렇게 계속 맛있는 것처럼 따 먹다가 위궤양으로 죽고 만다.

세상에는 행복한 얼굴을 하고, 기름진 얼굴을 하고, 행복한 것처럼 꾸미고 사는데 속으로는 울고 있는 사람들이 많다. 참된 포도, 시지 않는 포도를 수확해야 한다. 예수는 "새 포도주를 낡은 가죽 부대에 넣지 아니하나니, 그렇게 하면 가죽 부대가 터져 포도주도 쏟아지고 부대도 버리게 됨이라. 새 포도주는 새 부대에 넣어야 둘이 다 보전되느니라."라고 했다. 순례의 길에서 옛것은 버리고 새것을 새 부대에 담는다.

실제로 이라체 외인 샘의 포도주가 '맛이 별로'라고 증언하는 사람들이 있다. 아마 영혼이 갈급하지 않은 순례자이리라.

태양이 솟아오른다. 온 세상이 밝아온다. 포도밭과 밀밭을 관통해서 한가로운 농촌을 지나간다. 앞선 순례자들이 걸었던 길, '지금 여기'를 걸으며 '그때 여기'를 걸었던 그들의 세계를 생각한다. 한 번도 밟아본 적이 없는 땅 위의 새로운 세계를 걸으며 신비로움을 맛본다.

지금보다 훨씬 고통스러웠을 옛 순례자들의 고행을 상상하며 스스로를 위로하고 격려한다. 여행 중 밤에 잠에서 깨면 '내가 지금 어디에 있지? 내가 왜 여기에 이러고 있지?'라는 생각을 하면서 때로는 눈시울을 붉혔다. 하지만 행복했다. 참 평안하고, 평화로웠다. 살아있다는, 여행한다는 사실이 감사했다. 오늘 하루도 순례의 길을 걸을 수 있음이 감사함으로 다가온다. 인생의 아주 특별한 여행 앞에 이슬이 흘러내린다.

이 세상에 있어서 중요한 것은 어디에 있느냐가 아니라 어디를 향해 움직이느냐이다. 지금 어느 위치에 있느냐는 중요하지 않다. 모든 위치가 목표에 닿을 수 있는 출발점이다. 길이 가깝다고 해도 가지 않으면 도달하지 못하고, 일이 작다고 해도 행하지 않으면 성취할 수 없다. 진정한 발견은 새로운 땅을 찾는 것이 아니라 새로운 눈으로 보는 것이다. 구원의 길은 왼쪽이나 오른쪽으로 통해 있는 것이 아니라 자신의 마음으로 통해 있다. 사람들은 매일 시간의 길, 공간의 길을 걸어간다. 그리고 자기가 걸어온 시공의 길을 자기의 인생이라고 한다. 누구나 인생을 말로 하거나 글로 쓴다면 자기가 걸어온 길을 말하고 쓸 수밖에 없다. 옛 성현들은 행만리로(行萬里路)와 독만권서(讀萬卷書), 교만인우(交萬人友)를 행하라고 했다. 세상을 알려면 만 리 길을 걸어 여행하고, 만 권의 책을 읽고, 만 명의 벗을 만나라 했으니, 인생 여정은 그런 만남의 과정이다. 순례자가 산티아고 가는 길에서 새로운 만남의 축복을 만끽한다.

스페인 역사에서 만나는 가장 위대한 여인은 이사벨이다. 이사벨 (1451~1504)은 카스티야 왕국의 후안 2세와 그의 두 번째 아내인 포르투갈의 이사벨 사이에서 태어났다. 후안 2세가 사망하고 왕위를 계승한 엔리케 4세는 1468년 이복동생인 이사벨을 자신의 후계자로 지명했다. 이사벨은 지중해의 제해권을 가지고 있는 아라곤 왕국이 동맹 상대로 적합하다고 생각하여 자신보다 한 살 아래인 아라곤의 왕자 페르난도(1452~1516)를 남편감으로 선택하고 1469년 결혼식을 올렸다. 1474년 엔리케 4세가 사망하자 이사벨은 왕위에 올랐고, 1479년에는 페르난도가 아라곤의 왕위를 계승하면서 카스티야와 아라곤의 연합 왕국이 탄생하였다. 두 사람의 결합은 두 왕국의 결합이 아닌 두 군주 개인의 결합이었으며, 이사벨과 페르난도는 별도의 기구와 신하들을 거느리고 카스티야와 아라곤을 각각 통치했다. 이사벨 여왕과 페르난도 왕은 다른 왕국들을 잘 규합하여 이슬람 세력을 몰아내고 성공적으로 국토 회복 전쟁을 수행하였다. 1496년 교황 알렉산더 6세는 이러한 공로를 인정하여 이들에게 '가톨릭 공동왕'이라는 이름을 주었다. 스페인 전체를 대표하는 국왕의 칭호를 부여받은 것은 이들이 처음이었다. 1504년 이사벨 여왕이 암으로 투병하다 세상을 떠나고, 남편인 페르난도 왕은 1512년 나바라를 카스티야에 합병해 스페인의 완전한 통일을 이루었다. 1516년 페르난도가 죽은 후 마침내 이사벨 여왕의 외손자인 카를로스 1세가 스페인 황제로 추대되면서 바야흐로 스페인의 합스부르크 왕조 시대가 개막하였다. 카를로스 1세 시대에 스페인은 오늘날의 국경과 같은 지리적 통일을 이룩하였고, 정치적으로도, 종교적으로도 완전한 통일을 이룩하였다.

스페인 역사상 가장 위대한 여왕인 이사벨 여왕이 이끈 1492년은 스페인 역사에서도 정말 특별한 한 해였다. 1492년 1월 2일 그라나다를 되찾으면서 770년간의 국토 회복 전쟁을 마무리한 이사벨 여왕은

3월 31일 유대인 추방령을 내렸고, 8월 18일 카스티야 왕국의 언어를 오늘날의 스페인어로 만들면서 국토 통일에 이어 언어를 통일했다. 10월 12일에는 이사벨 여왕의 지원을 받은 이탈리아 출신의 모험가 크리스토퍼 콜럼버스가 세비야에서 세 척의 함선으로 출발해 대서양을 가로질러 미지의 땅에 도착했다.

비야마요르 데 몬하르딘으로 가는 언덕길. 성당 첨탑과 함께 몬 하르딘 정상의 성이 멋진 마을 풍경을 만들어준다. 내려다보는 주변 경관이 감탄을 자아낸다. 높이 올라가는 이유는 멀리 보기 위함이라, 높은 곳에서 내려다보는 전망으로 보상을 받는다. 어둠 속에 갇혀 있던 신앙이 살며시 고개를 내민다. 이 길을 걷는 모든 순례자는 아담과 하와의 자손이다. 흙으로 만들어져 흙길을 걷다가 흙으로 되돌아가는 인생은, 아담의 원죄로 인해 고통을 받고 나아가 원죄 위에 자신이 지은 죄까지 덧씌워 순례길을 통해 참회하고 통회한다. 한 걸음 한 걸음에 묵은 죄를 버린다. 한 발자국 한 발자국에 미움과 분노를 버린다. 한 걸음 한 걸음에 사랑을, 용서를 간구한다. '신이여, 내가 내게 죄지은 자를 용서한 것 같이 내 죄를 용서하소서!' 하는 간곡한 기도의 발걸음으로 지평선을 걸어간다. 카미노를 걸으면서 비로소 카미노의 세계로 들어간다. 카미노를 앞서 걸었던 순례자들, 오늘 걷고 있는 순례자들과 공유한다. 일상에서 벗어나 전에는 한 번도 밟아본 적이 없는 땅 위의 새로운 길을 걸으면서 오직 상상 속에서만 만나던 사람들과 카미노에서 호흡을 나누며 경이롭고 신비한 느낌을 받는다. 카미노에서 느끼는 깨달음을 세심하고 소중하게 갈고 닦자고 다짐해본다. 인생 최고의 선택 가운데 하나를 추구하고 있다는 기쁨이 밀려온다.

순례의 길, 카미노에 열풍이 불고 있다. 카미노에는 열정이 있다. 길을 걷는 모든 사람들의 열망이 있다. 카미노를 따라 긍정적인 도피행각을 하는 사람들이 늘어나고 있다. 카미노는 종교적이며 영성적 행위이다. 종교가 예식, 설교 등 외적인 형식이라면, 영성은 각자의 마음속에서 일어나는 영혼의 성장과 성숙 등의 내적인 활동이다. 신에 대한 믿음, 의례의 실천은 꼭 성당이 아니라도 걸으면서, 길 위에서 할 수 있다. 영적 동기란 정통 종교적 교리를 거부하는 것. 개인적 혹은 초월적 영성을 강조하는 것. 이것 또한 다양한 종교적 표현 형식이다. 정통 종교가 불편하게 느껴지는 사람, 교회에 대한 환상이 깨진 사람, 성찰할 시간과 방랑할 장소가 필요한 사람, 카미노에서 멋과 낭만, 풍류를 즐기려는 사람에게 산티아고는 대안으로 적합하다.

옛날 순례자는 독실한 가톨릭교도였지만, 요즘 순례자는 모험과 고독, 자연에 더 관심이 있다. 카미노의 많은 순례자는 모험과 고독 사이에서 뭔가를 찾는다. 여행을 통한 탐색, 외부의 길을 걸으면서 내면의 길을 찾으려 한다. 카미노는 모두의 길이기 때문에 신앙은 중요치 않다. 전통적 의미의 순례나 순례자의 의미는 큰 의미가 없다. 보통 순례는 종교적 여행, 신앙, 독실한 구도자 등과 결부된다. '유럽이지만 유럽답지 않은 나라' 스페인은 외국인 관광객을 끌어들이길 원했고, 관광산업의 발전은 카미노의 부활에 주요한 역할을 했다. 오늘날 카미노 순례는 엄격한 의미로 봤을 때 종교 여행으로 부활한 게 아니다. 오히려 '의미 있는 여가'를 즐기려는 사람들이 더 많이 모여들고 있다. 순례는 이제 개인적·사회적 목표를 실현하는 이상적인 방법이 되었다.

무어인의 샘을 지나간다. 13세기 고딕풍의 샘으로 이제는 샘으로 사용하지는 않는다. 마을을 벗어나 한적한 길을 걸어간다. 길을 잘못 들었을까? 화살표가 한동안 보이지 않는다. 돌아갈까 하다가 그냥 나아간다. 다른 길은 없었던 것 같다. 순간, 화살표가 나타난다. 노란 화살표! 반갑다. 장거리 트레일에서 길을 잘못 들어 여태까지 걸어온 길을 되돌아가지 않아도 된다는 사실을 아는 순간 느끼는 안도감은 걷기 여행의 또 다른 비밀스러운 기쁨이다. 노란 화살표가 마치 '길이요, 진리요, 생명.'처럼 느껴진다.

카미노의 가장 신비로운 인물은 사실상 야고보가 아닌 그의 스승인 예수 그리스도이다. 과연 그는 누구인가. 십자가에서 죽은 예수에게 실망하고 배교를 해야 하건만, 오히려 제자들은 목숨을 버려가며 머나먼 고행의 길, 죽음의 길을 나섰다. 그들이 진정 예수의 부활을 목격한 것일까? 믿음으로 믿을 수밖에 없는, 풀릴 수 없는 의문이다. 야고보는 헤롯의 명령으로 칼에 찔려 죽었다. 이후 야고보의 전설은 시대의 정신이요, 상상력의 산물이었다. 야고보의 전설은 이슬람에 의해 정복당한 시대에 아스투리아스 왕국이 기독교 국가로 살아남기 위해 전쟁을 하던 바로 그때 이베리아반도에 나타났다. 9세기 갈리시아의 들판에서 천사들과 별빛이 빛나는 하늘로 시작해서 클라비호 전투를 이끄는 백마 탄 기사의 모습으로 이어지기까지, 이 전설을 이용하고자 하는 사람들의 야심이 사람들의 욕망과 순수한 신앙심에 투영되었다. 야고보는 순례자, 그리고 무어인의 처단자라는 상반된 이미지로 공존했다. 카미노의 전설은 역사적 사실로 인식되어 천 년이 넘는 세월 동안 순례자들이 믿음과 희망으로 걷도록 인도했다. 17세기에도 스페인에서는 콤포스텔라에 실제로 성 야고보의 시신이 있는지에 대한 아주 활발하고 격렬하게 논쟁이 진행되었다. 교황 칼리스토 2

세가 산티아고 무덤이 진짜라고 공인하면서 유해의 진위를 둘러싼 논란은 일단락되었다. 무덤의 진위와 상관없이 한 가지 확실한 사실은, 산티아고의 전설이 레콩키스타, 곧 국토 수복 전쟁에 실질적인 도움이 되었다는 것이다.

로스 아르코스로 들어선다. 마을 입구의 바(Bar)에서 순례자들이 더위를 식힌다. 이라체에서 마시지 못한 와인을 주문하여 갈증을 해소한다. 예수에게 영생수를 받은 사마리아 여인처럼 다시는 목마르지 않는 영생의 와인이기를 바라며 달콤하게 그 맛을 즐긴다. 조선 시대 선교 초기, 선교사들은 빵과 포도주를 가지고 들어왔다. 가

톨릭 의식 때문이었다. 그러다 붙잡혀 박해를 당할 때 포졸들에게 포도주를 주었다. 포졸들이 신기해하며 마시고 좋아하는 사이 십자가와 성상을 몰래 숨겼다. 포졸들은 포도주가 무엇인지 제대로 알지 못하고 이상한 술로 알고 그냥 마시고 먹으며 취했다.

사랑과 죽음이 서양 문학의 양대 주제라면, 중국 문학은 단연 그 위에 술이 있다. 모든 술꾼이 다 문인은 아니지만, 모든 문인은 다 술꾼이라 해도 지나치지 않을 정도였다. 특히 이백이나 백낙천, 소동파는 혼자 마시는 독작을 좋아했다. 술은 멋과 여유를 주는 활력소라, 자연 속에서 마시는 술 한 잔은 온갖 시름을 덜어주고 풍류의 세계로 이끈다. 풍류는 흥을 바탕으로 한다. 술을 마시고 풍류를 즐기는 것은 흥취 때문이다.

최치원은 가히 풍류가객의 원조였다. 유불선에 통달했던 최치원은 '풍류는 현묘한 도'라 했다. 유교의 본질은 아욕(我慾)에 찬 자신을 버리고 인간 본성인 예(禮)로 돌아가는 데 있고(克己復禮), 불교의 본질은 아집(我執)을 버리고 인간의 본성인 한 마음, 곧 불심(佛心)으로 돌아가는 데 있으며, 도교의 본질은 인간의 거짓된 언행심사를 떠나 자연의 대법도를 따라 사는 데(無爲自然) 있으니, 삼교(三敎)의 본질은 결국 욕망에 사로잡힌 자신을 없애고 참 마음으로 돌아가는데 있다는 것이 현묘한 도요, 풍류도였다. 상고 시대의 우리 조상들은 봄과 가을에 하늘에 제사를 드렸는데, 술과 노래와 춤으로 하였다. 여기에서 강신(降神)한 하늘과 함께 하고 융합하는 체험이 풍류도였다. 신과 하나가 된 풍류객은 자기중심의 세계에서 벗어나 사람과의 관계를 홍익인간으로 넓혀갔다. 이러한 풍류도를 몸에 지닌 사람을 화랑(花郎)이라 했고, 화랑은 세 가지를 배우고 실천했다. 바로 도의로써 서로 몸을 닦고, 노래와 춤으로써 서로 즐기며, 아무리 멀어도 명산대천을 찾아 노니는 것이었다.

순례자가 스페인 하늘 아래 끝없는 지평선을 걸으며 풍류의 길을 간다. 풍류가객이 되어 현묘한 도를 즐긴다. '풍류'란 바람 풍(風)에 흐를 유(流)자를 쓰니, 바람이 부는 대로 흘러흘러 자연을 벗 삼아 떠다니는 멋스러운 유랑이다. 지구별에 귀양을 온 신선 이백이 스페인의 아름다운 정취를 보았다면 포도주 한 잔에 감흥을 느끼며 읊었을 시를 상상하며 순례자가 '지금, 여기' 신과 자연이 펼치는 하나의 세계를 걸어간다. 순례자는 카미노에서 신의 숨결, 자연의 정신을 맛본다. 카미노에서 만나는 하늘과 바람, 나무와 새들은 풍류의 벗이다.

순례자는 자연 속에서 자아의 망각이나 확장, 모든 것과 하나 되는 느낌, 자신과 세계의 경계가 허물어지는 경험을 한다. 자연의 모든 경관이 순례자의 몸과 마음에 체화된다. 순례자도 대지와 하나, 자연의 일부분, 신의 피조물 중 한 조각이다. 순례자가 나무가 되고, 나무가 순례자가 된다. 하늘과 대지가 인간 속에서 만나는 마법의 순간에 초월의 감각, 신의 은총과 사랑을 느낀다. '지금, 여기'에서의 경험은 자연 속의 행복이다. 순례자는 자연과 하나 되는 느낌 속에 자연이라는 대성당에서 신을 만나고 신을 찬미한다. 시간을 벗어난 듯한 스페인의 시골 풍경에 감탄하다가 도시의 일상에서는 맛볼 수 없는 자연과의 합일을 경험하고 시간을 벗어난 시간을 통해 인간의 유한성을 사색한다.

갈 길이 먼 지친 순례자가 느릿느릿, 천천히 걸어간다. 링컨은 "나는 천천히 가는 사람입니다. 하지만 뒤로 가지는 않습니다."라고 했다. 사르트르 사후 유럽의 지성을 대표한다는 귄터 그라스는 장편소설『달팽이 일기』를 남겼는데, 이 소설의 주제는 "사회적 진보는 천천히 기어가는 달팽이의 속도와 같은 것인데, 그것은 결국 인내와 끈기로 달성될 수 있다."라는 것이다. 인내와 끈기로 앞으로, 앞으로 나아간다.

카미노에서는 하루하루가 기적이다. 카미노의 힘은 하루하루 변화를 준다. 카미노는 깨달음의 길이다. 하루하루 순례는 새롭게 시작되고, 깨달음도 하루하루 새롭게 다가온다. '세상은 멋진 곳이고 싸워서 지킬만한 가치가 있는 곳'이라고 헤밍웨이는 말하지 않았던가. 카미노 는 멋진 곳이고 걸을 만한 길이다.

걷기 여행을 할 때면 한 걸음의 변화가 자신에게 이른다는 사실을 깨닫는 순간 짜릿한 쾌감이 스쳐 간다. 걷고자 의도했던 상태로 점점 변해가고 있다는 것을 느끼며 한 걸음에 취해 즐거워한다. 자신도 모 르는 사이에 한 걸음 한 걸음마다 한 꺼풀씩 한 꺼풀씩 영혼과 육체 의 껍질을 벗는다. 마지막 한 걸음의 순간이 기다려지고, 진화한 자신 을 미리 즐긴다. 걷기 여행의 모든 한 걸음이 '나 자신을 찾아가는 신 성한 의식'이 된다. 한 걸음의 미학은 '어제의 나'와 '오늘의 나'가 다르 고, '오늘의 나'와 '내일의 나'가 달라지는 일신우일신의 기쁨을 준다.

'무거운 짐을 지고 가는 자는 아무 곳에서나 휴식한다.'고 했으니 한 그루 나무 그늘에 의지하여 휴식을 취한다. 일모도원(日暮途遠)이라, 날 은 저물고 갈 길은 멀다. 해야 할 의무, 하고 싶은 즐거운 일은 많은데 생에 남은 시간이 별로 없다. 촌음을 아껴 쓰고 열정으로 정진해야 한다. 순례자가 다시 일어나 부지런히 걸어간다.

드디어 안식이 주어지는 마을 토레스에 도착했다. 높은 담장으로 둘 러싸인 자그마한 공동묘지가 나타난다. 철창 사이로 공동묘지를 둘러 본다. 입구에 적힌 "나는 현재의 당신이었다. 당신은 현재의 내가 될 것이다."라는 문구가 마음에 다가온다. "80년 전에는 내가 그대였는 데, 80년이 지난 오늘 그대가 내가 되었구나!"라고 하는 서산대사의 시가 떠오른다. '탄생은 한 조각의 구름이 일어나는 것, 삶은 구름이 흘러가는 것, 죽음은 구름이 스러지는 것'이라는 서산대사의 가르침이 순례자에게 새삼 의미심장하게 다가온다. "59년 전 내가 그대였는데 59년이 지나 그대가 내가 되었다." 하니 마을 옆에 있는 죽음이 친근하게 다가온다. 고타미에게 '집 안에 죽지 않는 사람이 있는 집의 칼라시 씨앗을 가져오라.'라고 한 부처의 설법이 스쳐 간다. 죽음의 비밀을 깨달은 고타미는 최초의 비구니가 되었다. 사람들은 모두 죽는다. 망각이 축복이듯 죽음 또한 축복이다. 죽음이 있기에 삶이 아름답다.

하늘을 스쳐서 구름이 지나고 지평선을 스쳐서 바람이 지나간다. 꽃잎이 바람에 날려간다. 젊음이 세월에 날려가고 방랑에 날려간다. 나의 방랑은 언제까지 계속될 것인가? 정처 없이 갈 데가 있다는 이 축복을 언제까지 누릴 수 있을까? 유한하기에 더욱 소중하게 다가온다. 순례자의 경건함을 벗어던지고 방랑자의 풍류를 즐긴다. 목적만을 추구하면 유랑의 재미를 느낄 수 없다. 마음의 동경을 좇아서 즐기는 유랑의 재미가 카미노에서 손짓을 한다. 인생은 모두 하늘나라에서 소풍 온 나그네요 순례자다. 어차피 걸어야 할 길이라면, 피할 수 없는 고통이라면, 유쾌하고 상쾌하고 재미있고 의미 있게, 멋과 낭만을 즐기며 풍류의 길을 걸어갈 일이다.

'태양이여, 나의 어둠을 태워버려라! 바람이여, 나의 번뇌를 날려버려라!' 외치며 순례자가 토레스에서 평온한 잠을 청한다. 하루의 은총에 감사하면서.

08

욕망의 길

"으뜸이 되고자 하는 자는 먼저 종이 되어야 하리라."

토레스 델 리오에서 나바레테까지 30.1㎞
토레스~비아나~로그로뇨~그라헤라 저수지~나바레테

헬리오스가 끄는 태양 마차가 아침의 대지 위를 달리기 시작한다. 눈부신 광채가 나는 황금 머리칼을 지닌 태양신 헬리오스가 네 마리의 날개 달린 천마(天馬)가 끄는 활활 불타는 마차를 타고 매일 새벽의 여신 에오스와 함께 동쪽 인도 땅에서 출발하여 하루 종일 하늘을 가로지르는 여행을 한 뒤 서쪽 오케아노스로 내려가서 지친 말들에게 물을 먹이고 휴식을 취한다. 그리고 세계의 주위를 흐르는 오케아노스 강물 위에 커다란 황금 술잔을 띄우고 밤사이 서쪽에서 다시 동쪽으로 이동한다. 그 사이에 순례자는 안온한 휴식을 취하고 태양 마차를 탄 헬리오스와 함께 하루를 시작한다.

어둠을 밀어내고 아침 해가 눈부시게 밝아온다. 오늘은 어제 죽은 이들이 가장 부러워하는 날, 살아있는 모든 존재에게 남은 생애의 첫 날, 남은 인생에서 가장 젊은 날이다. 살아가는 모든 날이 새날이요, 보물로 꿰어야 할 새 시간이다. 순례자가 '지금 여기' 카미노에서 누구에게도 방해받지 않고 그동안 잃어버렸던 자신을 만난다. 그리고 카미노에서 누릴 수 있는 침묵의 축제, 생명의 축제를 누린 다음, 사랑하는 이들을 이 축제의 길 위로 초대하고 싶은 욕망을 맛본다.

한 걸음 두 걸음, 걸음마다 새로운 세상이 펼쳐진다. 추억이 많은 어른은 아이들에게 들려주고 싶은 이야기가 많다. 추억이 많은 어른이 되려면 다양한 길을 걸어야 한다. 문명과 지성의 참 얼굴인 카미노의 대자연 앞에서 오늘 만날 새로운 인연들에 대한 상상의 나래를 펼치며 길을 간다. "나는 인도의 마누, 이스라엘의 모세, 고대 그리스의 호메로스, 혹은 영국의 초서와 같은 옛 선지자나 시인들처럼 자연 속으로 걸어 들어갑니다."라고 한 데이비드 소로처럼 순례자가 "마라나타! 주 예수여, 어서 오시옵소서. 아멘."이라고 기도하며 예수와 성 야고보

를 만나기 위해 산티아고 가는 길을 걸어간다.

성경은 세계 모든 말로 번역된 유일한 책이다. 하지만 '아멘'이라는 말은 어느 시대 어느 나라 사람도 번역하지 않고 히브리어를 그대로 옮겼다. 가톨릭이든 개신교든 교파가 무엇이든 기독교인은 모두 아멘이라는 말로 기도를 마무리한다. '신성한 말, 진실'이라는 뜻을 지닌 신비한 울림이 바로 아멘이다.

산티아고 가는 길은 13세기 최고의 전성기를 맞았다. 당시 십자군 전쟁이 한창이었기에 예루살렘을 순례할 수 없게 된 순례자들은 콤포스텔라로 순례길의 방향을 돌렸다. 십자군이 무너지고 예루살렘 순례가 위험해지면서 더욱 주목을 받게 되었다. 중세시대 수만 명의 순례자들이 매년 이 위험하고 고통스러운 여정을 감내한 것은 실로 놀라운 일이 아닐 수 없었다. 갈리시아 지방으로 가는 카미노는 중세 유럽 전역에 영적 활기와 각성을 불러일으켰다. 순례자들이 서로 간의 친교를 통하여 철학, 의학, 과학 등 다양한 지식을 나누며 각자의 정신적 충만과 문화적 소양을 쌓는 놀라운 일이 카미노에서 벌어지고, 산티아고 가는 길이 활성화되자 그 길이 지나는 지역마다 순례자들을 위해 순례길 곳곳에 있는 성당을 개방했고, 새로이 성당이 건립되어 순례자들의 숙식을 해결해주었으며, 나아가 도로를 정비하고 자선병원을 지어 순례길에 병든 자들이나 강도 만난 자들을 치료했다. 이런 노력은 결국 이슬람교도를 이베리아반도에서 추방하기 위한 가톨릭 세력의 결집과 무장으로 이어졌다. 타리크 장군이 지브롤터 해협을 건넌 711년부터 그라나다 왕국이 이세벨 여왕에게 이베리아반도에서 쫓겨난 1492년까지 782년간 진행된 가톨릭교도들의 국토 회복 운동은 가톨릭 세력과 이슬람 세력이 때로는 싸우기도 하고 때로는 왕래도 하면서 공존했다.

토레스에서 나와 마을 흙길 오르막을 홀로 오른다. 대자연만이 순례자의 길벗이구나 하는 순간 야고보가, 예수가 길벗으로 다가온다. 순례 여행은 혼자가 좋다. '여자 친구와 헤어지려면 산티아고를 가라.'라는 우스개처럼, 힘든 순례길은 사랑하는 사람과도 이별하게 한다. 하페 케르켈링은 "순례 여행을 하면서 많은 사람이 잘못된 속도로 칭얼대며 함께 걷다가 서로를 증오하게 된다."고 말한다. 비단 순례 여행뿐만 아니라 사람들은 일상 속에서 산행을 하거나 산책을 할 때도 걷는 속도가 다르다. 자신의 속도로 걸어야지 그렇지 않으면 과민반응을 보이게 된다. 진정한 순례자는 고독을 추구한다. 순례의 의미는 길을 걸으며 경험하는 과거와 미래, 내면을 향한 움직임에서 생겨난다. 순례는 내면의 탐색이다. 한시도 떨어질 틈이 없는 여행의 형식은 오랜 친구 사이에도 마찰이나 단절을 만들어낸다. 이동 속도의 차이나 몸 상태도 마찰의 원인이 된다. 이때는 한 사람이 결단해야 한다. 자기 속도대로 갈지, 아니면 동료를 기다릴지. 상이한 리듬, 모험에 대한 욕망 때문에 우정이 흔들린다. 카미노에서는 흔한 일이다. 스페인 젊은이는 5~15명씩 무리를 지어 순례에 나선다. 하지만 유럽이나 미국인은 보통 혼자 순례하거나 친구 한 명 혹은 배우자 정도만 동반한다. 이들은 길에서 만난 순례자들도 좋아하지만, 고독, 그리고 사람들과 떨어져 자립적으로 움직이는 것을 좋아한다. 카미노에서 자연과 접촉하고 느긋하게 고요한 경험을 하고 싶어 한다.

여명의 길을 신비하고 경이롭게 걸어간다. 누릴 수 있는 자만이 누릴진저. 아름다운 카미노 세상이다. 코르나바 유적지를 지나서 오르막길을 올라간다. 멀리 비아나 마을이 다가온다. 데이비드 소로는 "마을이란 강줄기가 모여 큰 호수를 이루듯, 길이 모여 이루어진 곳이다. 마을을 중심으로 여러 갈래로 퍼진 길이 팔과 다리라면, 마을은 몸통."이라고 한다. 마을이란 뜻을 가진 단어 '빌리지'(village)는 라틴어의 '빌라'(villa)에서 파생된 것으로, 빌라는 물건이 들어오고 나가는 장소를 뜻한다.

비아나의 중심지로 들어간다. 아름다운 외부 조각상과 함께 성 야고보 장식으로 유명하고 일명 비아나 성당으로 불리는 산타 마리아 성당으로 들어간다. 비아나의 이름은 길을 의미하는 비아(via)와 그리스 신화의 디아나(Diana)에서 유래했다. 디아나를 영어식으로 발음하면 다이애나가 된다. 길의 신인 비아나와 그리스 신화의 디아나는 순례자와 성모 마리아로 자연스럽게 맞아떨어진다. 순례자들은 성모 마리아를 보면서 누구나 자신의 어머니를 떠올린다. 중세 스페인에서 성모 마리아는 어머니의 상징이었다. 목숨 걸고 길을 나섰던 중세 순례자들은 성모 마리아에게서 위로받기를 좋아했다. 성당 옆에는 마키아벨리가 『군주론』의 모델로 삼았던 체사레 보르자의 동상이 서 있다. 체사레 보르자는 원래 스페인 혈통이었고, 15세기 이 근처에서 벌어진 전투에서 사망해 산다 마리아 성당에 유해가 묻혀 있다.

비아나를 나와 발데아리스 천을 건너 흙길을 걸어간다. 평탄한 길이 펼쳐진다. 한 걸음 한 걸음 걸을 때 마다에 기도의 마음을 담는다. 살아있는 모든 존재에게 행복이 깃들기를, 생명이 없는 존재들에게도 미소가 있기를, 원수들에게도 평안이 있기를 기도한다. 그들을 향한

기도와 선행을 그들이 받아들이지 않으면 결국 그 기도는 나의 것이
된다. 나의 행복이, 나의 미소가, 나의 평안이 된다. 기도의 길이 욕망
의 길이 된다.

라브라사 천을 지나서 나바라 주와 라 리오하 주의 경계선이자 교차점인 공업단지를 걸어간다. 포도밭 사이로 난 내리막길을 따라 에브로강변에 이르러 신발을 벗고 강변 수로에 발을 담근다. 발이 인사를 한다.

'주인님! 정말 고맙습니다.'

'발아! 무슨 소리니! 정말 네가 고맙다. 주인 잘못 만나 고생한다고 투덜대지도 않고 묵묵히 걸어주어서 항상 감사하단다.'라며 답례를 한다. 다른 지체들과도 대화를 나눈다. 내 몸은 내가 아니다. 내 생각도 내가 아니다. 내 몸을 위로해 주고 내 마음을 위로해 준다. '순례를 떠난 그대를 위해 기꺼이 함께 하겠노라.'라며 몸과 마음이 오히려 순례자를 위로해 준다. 강물이 이를 보고 미소를 지으며 흘러간다. 국토 회복 운동에 지대한 영향을 미쳤던 산티아고 가는 길이 이제는 순례자의 몸과 마음과 영성의 회복 운동에 지대한 영향을 미친다. 산티아고 데 콤포스텔라에 도착하면, 마지막 무어인이 지브롤터를 건너 북아프리카로 쫓겨 가서 국토 회복 운동이 완성되듯 순례자의 영성 회복 운동이 완성되어 영혼의 찌꺼기를 모두 씻어내고 순수한 피조물로 거듭 태어나기를 욕망해본다.

국토 회복 운동은 8세기 북부 아스투리아스 지방에서 시작되었다. 10세기에는 아스투리아스 왕국에 레온 왕국이 세워졌고, 11세기에는 레온 왕국에서 카스티야 왕국이 분리되었고, 이어서 카스티야 왕국이 레온을 병합하였다. 그리고 나바라 왕국에서 아라곤 왕국이 분리되었다. 이들 가톨릭 왕국의 남진으로 이슬람 세력이 남쪽으로 쫓겨난 지역에 레온, 카스티야, 나바라, 아라곤, 카탈루냐 등의 가톨릭 왕국이 탄생했다. 13세기에는 코르도바와 세비야까지 되찾았고, 이슬람의 중심지는 이때 코르도바에서 그라나다로 옮겨졌다.

아스투리아스 지방의 코바동가는 레콩키스타를 처음 시작한 곳이다. 스페인어로 정복이라는 콩키스타(conquista)에 '다시'의 의미가 있는 're'를 붙여 재정복을 뜻하는 레콩키스타가 태어났다. 722년 펠라요는 이슬람교도가 침공하자 코바동가의 수많은 동굴에 주민들과 병사들을 피난시켰다. 그런데 이 동굴에 감춰진 성모 마리아상을 발견하고 기도하자, 소나기가 내려 이슬람 기병이 진흙에 빠지게 되었다. 펠라요는 승전고를 울렸고, 이후 800여 년에 걸친 국토 회복 운동이 시작되었다. 가톨릭교도들은 이 승리로 인해 신께서 자신들의 편에 서 있다는 믿음을 갖게 되었다. 이 기적적인 승리를 기념하여 아스투리아스의 알폰소 1세(재위 739-757)가 코바동가에 성당을 짓도록 하였다.

사람들은 국토 회복 운동에서 중요한 전투 가운데 하나인 1064년 코임브라 전투에서 성 야고보가 실제로 백마를 타고 용맹하게 싸웠다는 사실을 추호도 의심하지 않았다. 그들은 성 야고보가 자신들의 편이면, 성 야고보의 하느님이 자신들의 편이기에 그와 함께 싸우는 한 절대 패배하지 않는다고 굳게 믿었다. 흰 바탕에 칼 모양의 붉은 십자가가 그려진 깃발은 성 야고보의 군대를 상징했다. 성 야고보가 없었다면 스페인의 운명은 달라졌을 것이며, 성 야고보가 스페인의 기독교화와 위대함의 근원이라고 많은 사람이 믿었다. 성 야고보가 스페인 국민들의 희망과 야망에 끼친 영향력은 실로 대단했다. 성 야고보는 국토 회복 운동 기간에 일어난 여러 전투에 등장하고, 훗날 신세계에서 토착 원주민인 인디언들을 죽이는 싸움에도 계속 등장한다. 프

산티아고 가는 길, 나는 순례자다!

랑코 총통이 지배한 40년 동안, 스페인 정부는 정권의 정통성을 선전하기 위해 성 야고보를 적극적으로 활용했다. 스페인 국민들이 성 야고보에 대한 고마움으로 콤포스텔라에 있는 성당에 세금을 바치는 '성 야고보에게 바치는 봉헌'은 오랜 세월 동안 계속해서 이름만 바뀌다가 19세기에 폐지되었는데, 프랑코는 20세기에 이 제도를 부활시켰다. 스페인 사람들은 역사적으로 자신들의 희망과 환상을 위해 성 야고보를 형상화하고 이용해왔다.

드디어 스페인의 기원이 됐던 에브로강을 길게 가로질러 라 리오하주의 중심도시이자 수도인 로그로뇨에 도착했다. 에브로강(Ebro River)은 탐험가들이 '죽기 전에 가봐야 할 자연 절경 1,001'에 뽑힐 정도로 장관이다. 길이 928㎞의 스페인에서 가장 긴 강으로, 스페인 북부의 칸타브리아산맥에서 발원해서 남동부로 굽어들어 지중해 해변에서 삼각주를 형성한다. 에브로강은 스페인 내전의 마지막 격전이 벌어졌던 그날을 알고 있다. 또한 로그로뇨를 흐르는 에브로강은 옛날 기독교와 이슬람 세력이 연합하거나 서로 뒤엉켜 싸웠던 역사를 알고 있다. 로그로뇨는 바르셀로나에서 출발한 아라곤 길이 사라고사를 거쳐 프랑스 길과 만나는 곳으로, 에브로강을 끼고 펼쳐진 타원형의 역사 지구는 작고 아담하다.

나바라 왕국과 카스티야 왕국 사이에 로그로뇨가 건설된 이후, 두 왕국은 끊임없이 싸웠다. 1076년, 카스티야의 왕 알폰소 6세는 이 지역 라 리오하를 자기 나라의 지배하에 두었다. 그리고 군사적인 목적과 순례자들의 여행을 돕기 위한 목적으로 에브로강에 다리를 놓았다. 알폰소 6세는 카미노를 널리 알리고 발전시킨 사람 중 한 명이었다. 카미노에 대한 그의 헌신은 "여자 혼자서도 주머니에 스페인 금화를 가득 넣은 채 낮이건 밤이건 아무 걱정 없이 카미노를 여행할 수 있도록 노력했다."라는 다소 과장이 섞인 말을 들을 정도였다.

알폰소 6세는 1085년 톨레도를 탈환했다. 톨레도는 서고트 왕국 때의 수도로, 톨레도의 탈환은 상징적인 의미가 컸다. 이때 이베리아반도에 있는 기독교 국가들은 자기들끼리 싸우고 있었다. 역사에 가정은 없다지만, 이때 그들이 협력했다면 알 안달루시아 정복, 나아가 이베리아반도에서 이슬람 세력을 몰아내는 일이 매우 쉬웠을 것이다. 1094년, 신화적 영웅인 엘 시드가 이슬람인들에게서 발렌시아를 탈환했다. 후에 엘 시드 또한 이슬람의 도움을 받아 오랜 세월 다른 기독교 국가들과 싸웠고, 반면에 이슬람 국가의 왕들은 기독교 세력의 도움을 받아 다른 이슬람 국가들과 싸웠다.

산티아고 레알 성당 서쪽에는 중세에 로그로뇨를 떠나는 순례자들을 축복했던 레벨린의 성문이 앙상한 골격을 드러낸 채 서 있다. 로그로뇨는 품질 좋은 와인과 함께 카에 데 산 후안 거리의 타파스 요리로도 유명하다는데, 갈 길이 먼 순례자는 로그로뇨 구시가지를 나와서 산 미겔 공원을 가로질러 철길 위 다리와 공원 다리를 건너서 알폰소 6세 도로에 다다른다. 평화로운 포도밭 사이를 걸으면서 시골 풍치를 즐기고 그라헤라 저수지를 지나 고개를 올라간다. 낡은 담장으로 둘러싸인 공동묘지 철문에 '인생은 연극. 서막은 태어나기. 삶은 고통 겪기. 결말은 죽기.'라고 적혀 있다. 불가에서야 '인생은 고해(苦海)'라고 하지만, 산티아고 순례길에서는 왠지 어울리지 않는 표현이라는 느낌이 스쳐 간다. 허무한 생각이 밀려온다. '나는 콤포스텔라에 왜 가는

가? 신을 만나기 위해서? 성 야고보를 만나기 위해서? 은총을 받기 위
해서? 죄 사함을 받기 위해서? 건강을 위해서? 자신을 찾아서? 자연을
찬양하기 위해서? 예수의 제자 야고보가 예루살렘에서 순교한 뒤 두
제자가 그의 시신을 태운 배가 천사들의 인도로 갈리시아까지 와서
마침내 산티아고 된 것이 나와 무슨 상관이 있지?'라는 생각이 꼬리를
물고 다가온다.

순례는 도상의 영성이다. 길 위의 깨달음이다. 예수는 강에서 요한
에게 세례를 받고 성령이 비둘기 같이 쏟아지는 성령 체험을 했다. 부
처는 보리수나무 아래에서 성불 체험을 했다. 예수는, 부처는, 공자는
모두 길 위의 성인이었다. 내가 왔던 길, 내가 가야 할 길을 내가 가는
길 위에서 돌아보고 찾고 깨닫는 것이 순례길이다. 산티아고 데 콤포
스텔라가 목표가 아니라, 순례의 길 그 자체가 목표이고 목적지이다.
길 위에서는 순간순간이 영원이다. 순간은 영원으로 이어진다. 카미노
에서의 경험은 죽는 날까지 잊지 못할 아름답고 멋있고 낭만적인 추억
이 될 것이다. 죽은 후에도 글로 남은 미라가 되어 영원으로 인도할
것이다. 월트 휘트먼(1819-1892)은 "당신의 현재 생활은 책 속의 한 장
에 지나지 않는다. 당신은 지나간 장들을 썼고, 뒤의 장들을 써나갈
것이다. 당신은 당신 자신의 저자이다."라고 말한다. 사람은 누구나 세
권의 책을 쓴다. 이미 적은 과거의 책, 쓰고 있는 현재의 책, 그리고 앞
으로 써나갈 미래의 책이다. 산티아고 순례길에서 발로 쓰고, 온몸으
로 쓰고, 온 마음으로 쓰는 현재의 책은 순례자의 영원한 미라로 남
을 것이다.

태양의 제국 스페인은 한낮의 햇살이 뜨겁다. 폴란드 사람들은 계절을 여인에 비유해서 봄은 처녀, 여름은 어머니, 가을은 미망인, 겨울은 계모라고 한다. 강렬한 햇볕이 어머니의 사랑처럼 활활 타오른다. 순례자의 동행자인 그림자는 새까맣게 타버렸다.

서쪽으로 가는 순례의 길에 아침마다 앞으로 그림자가 찾아온다. 고개를 돌리면 그림자도 돌린다. 내가 춤을 추면 그림자도 춤을 춘다. 그림자는 태양 아래에서 길동무, 벗과 가족이 떠나도 늘 내 곁을 지켰다. 잊고 지낸 자신이 부끄러워 머리를 긁으면 그림자도 머리를 쓰다듬는다. 그림자가 말한다.

"여보게 순례자! 나 여기 있네. 자네에겐 내가 안 보여도 나는 자네를 늘 지켜보고 있었지. 정말 애쓰고 있네. 한편으론 부럽기도 하다네. 우리 기운 내자고. 허망한데 마음 두지 말고 순례자의 길을 가세나."

순례자가 겸연쩍게 대답한다.

"그래, 그림자 친구! 자네도 수고가 많네. 참 고마우이. 언제나 곁에 있어 주게나."

고개를 끄덕이자 그림자도 따라서 끄덕인다. 발걸음을 멈추자 그림자도 멈춘다. 순례길의 고독과 적막 속에서 그림자와 맞대면하는 동안 마음의 밑자락을 살펴본다.

오늘은 이만 발걸음을 멈추어야겠다. 지지지지(知止止止)라. 그칠 데를 알고 그쳐야 할 때 그쳐야 한다. 노자는 도덕경에서 '족함을 알면 욕되지 않고, 그침을 알면 위태롭지 않다. 그리함으로써 오래 갈 수가 있다.'고 했다. 고려의 이규보는 '지지라는 말은 그칠 곳을 알고 그치는 것이다. 그치지 말아야 할 때 그치면 지지가 아니다.'라고 했다. 그침을 아는 지지도 중요하지만, 이를 실행에 옮기는 지지는 더 중요하다. 그칠 수 있을 때 그쳐야지, 나중에는 그치고 싶어도 그칠 수가 없다. 해가 지면 걸음을 멈추는 것도 살아가는 지혜로운 방법이다.

순례자들은 각자 생활하는 방식이 다르듯 카미노를 보는 느낌도 다르다. 같은 카미노를 걸었지만, 카미노에서의 경험은 각자 다르다. 같은 사건을 다르게 겪는다. 같은 시대에 사는 사람들이 서로 다른 인생을 사는 것과 마찬가지다. 자기가 보고 싶은 것만 본다. 카미노는 모든 순례자에게 고유한 경험이 된다. 카미노는 순례자가 각자의 그림을 그려 넣을 수 있는 새하얀 도화지다. 순례자가 시공간 속을 이동할 때 풍경은 진화하고 모습을 바꾼다.

드디어 나바레테에 도착했다. 오늘은 호스텔에서 묶는다. 와인을 곁들인 양고기와 샐러드 요리로, 저녁 식사가 풍요롭다. 와인에 비치는 햇빛의 영롱한 빛깔이 영혼을 어루만지며 와인과 함께 입으로 들어간다. 와인 향기가 눈을 사로잡고, 코를 적시고, 혀끝의 감각이 태양과 대지의 열정을 안고 목구멍으로 흘러내린다.

에덴동산에서 벌어진 태초의 먹고 마시는 행위는 숭고하고 소박한 즐거움이었다. 아담과 이브가 탐욕의 열매를 베어 문 후, 인류는 먹기 위해 일하고 땀 흘려야 했다. 하지만 아담과 이브가 아니었다면 어찌 요즘처럼 다양하고 영양가 있는 음식을 먹을 수 있었을까. 몸도 마음도 영양 과잉으로 문제가 되는 세상이다. 과식 습관은 영혼의 허기에서 비롯된다. 과음 또한 영혼의 장애 혹은 영혼의 질환이다. '알코올 중독자는 다른 사람에 비해 정신에 훨씬 목마른 사람'이라고 칼 융은 말한다. 신은 세상에 속한 것이라 버리라고 하건만, 인간들의 욕망은 이를 받아들이지 않는다. 욕망에서 근심이 생기고, 욕망에서 두려움이 생긴다. 사람의 욕망은 다 채울 수 없다. 육신의 정욕, 안목의 정욕, 이 생의 자랑이란 욕망에는 짧은 쾌락에 많은 고통이 따른다. 욕망의 길에서 한 잔의 와인 속에 욕망을 채우고 욕망을 비운다.

침낭 속으로 살며시 미끄러져 들어간다. 오늘 하루도 함께 하신 은총에 감사의 기도를 드린다. 내일 새벽에도 낯선 이국땅에서 깨어날 수 있도록 기도한다. 순례자가 오욕 가운데 하나인 수면욕 속으로 들어간다.

09

인간의 길

"걸음아 날 살려라!"

나바레테에서 산토도밍고까지 38㎞
나바레테~벤토사~나헤라~아소프라~시루에냐~산토도밍고 데 칼사다

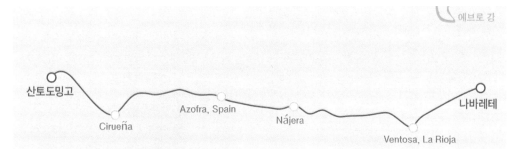

에브로 강

산토도밍고

Cirueña

Azofra, Spain

Nájera

Ventosa, La Rioja

나바레테

산티아고 가는 길, 나는 순례자다!

새벽하늘에 별들이 반짝인다. 수많은 별이 '순례자를 별이 빛나는 들판의 산티아고', 산티아고 데 콤포스텔라로 인도한다. 천상의 꽃들이 반짝일 때마다 가슴에는 신선한 떨림이 요동을 친다. 새로운 날의 감각이 순례자의 발걸음을 가볍게 한다.

순례는 믿음이나 신앙에 근거한 종교적 여행을 의미한다. 순례는 육체적인 희생을 통한 참회이며, 죄와 용서, 영혼의 구원이라는 가톨릭교회에 뿌리를 둔다. 순례는 뭔가 진지하며 진정성 있고, 정당한 것으로 이해하지만, 관광은 피상적이다. 순례와 다른 여행의 가장 큰 차이는, 순례는 사람을 바꾼다는 것이다. 여행은 바깥의 풍경에 집중하지만, 순례는 외적이면서도 내면적인 여행이다. 기도하고 명상하고 사색한다. 카미노 순례라는 희귀한 경험은 사람의 깊숙한 내면까지도 변화시킨다. 거기다 카미노는 자연과의 합일, 휴가, 명상, 육체적 훈련 등 다양하게 이용된다.

나바레테에서 나와 공동묘지를 지나 포도밭 길 사이의 시골길을 걸어간다. 새는 하늘을 날고, 물고기는 물속을 헤엄치고, 사람은 땅 위를 걷는다. 사람은 태어나는 순간 시간의 길과 공간의 길이 씨줄과 날줄로 얽혀 있는 인간의 길을 간다. 자신의 의지와는 무관하게 부모의 쾌락으로 태어났지만, 태어난 순간 인간의 길을 가야 한다.

인간을 이해하려면 먼저 신화를 이해해야 한다. 고대 그리스 신화에는 괴물 스핑크스가 등장한다. 테바이 왕국에 들어가기 위해서는 반드시 통과해야 하는 계곡이 있는데, 그 계곡에는 수수께끼를 내고 그것을 맞힌 사람만 지나가도록 허락하는 스핑크스가 살고 있었다.

스핑크스는 매혹적인 여자의 얼굴에 사자의 몸통을 하고 새의 날개로 날아다니는 괴물이었다. 많은 사람이 그곳을 통과하기 위해 갔지만, 모두 스핑크스의 먹이가 되어버렸다. 하지만 젊은 오이디푸스는 무시무시한 스핑크스의 질문에 막힘없이 대답했다.

"아침에는 네 발로 다니고 낮에는 두 발로, 저녁에는 세 발로 다니는 짐승이 무엇이냐?"

"그것은 사람이다. 아침은 어린 시절을 뜻하는 것으로 네 발로 기어 다니는 어린아이를 말한다. 낮은 젊은 시절을 뜻하는 것으로 두 발로 걸어 다니는 젊은이다. 저녁은 노년 시절을 뜻하며 지팡이를 짚고 다니는 노인의 고단한 삶을 말하는 것이다."

괴물 스핑크스의 유일한 수수께끼를 푼 오이디푸스는 테바이 왕국으로 들어가 왕이 되었고, 스핑크스는 화가 나서 죽었다. 아름다운 왕비를 얻은 오이디푸스는 그 왕비가 자신을 낳아준 어머니라는 사실을 알고 아주 고통스러워했다.

현대의 스핑크스 수수께끼 패러디 버전은 '아침에는 네 발, 점심에도 네 발, 저녁에는 여섯 발로 걷는 짐승은 무엇인가?'라는 질문이다. 정답은 역시 사람이다. 아침에 네 발은 유모차에 타고 다니는 어린아이, 낮에 네 발은 자동차를 타고 다니는 성인, 저녁에 여섯 발은 유모차를 밀고 다니는 노인의 모습이다.

사람은 천상천하에 홀로 존재하며 땅 위를 걸어가야 하는 숙명을 지닌 존재이다. 인간은 태어나서 몸을 뒤집고, 기고, 일어나 앉고, 걷는 과정을 거쳐 자연스럽게 성장한다. 사람이 동물과 다른 점은 꼿꼿이 서서 두 발로 걷는다는 것. 두 발로 걷자 두 손이 해방되어 유용한 도구가 되었고, 그 손은 믿을 수 없을 만큼 풍부한 3,000여 개의 표현을 할 수 있는 표현력을 가지게 되었다. 손을 사용하면서 지적 능력이 더욱 향상되어 오늘날의 문명을 이뤄냈으니, 직립보행은 인간에게 큰 축복이었다.

의학의 아버지라 불리는 고대 그리스의 의성(醫聖) 히포크라테스는 걷는 것이 최고의 건강법이라며 찾아오는 웬만한 환자들에게 약 대신 걷기 처방전을 주었다. '걸음아 날 살려라!'이다. '너의 엉덩이를 들어라!', '걸으면 살고, 누우면 죽는다.', '아이처럼 걸어라!' 등 걷기와 관련된 좋은 명언이 많다. 예로부터 건강법에는 약으로 몸을 보호하는 약보, 음식으로 몸을 보호하는 식보, 걷기를 통하여 몸을 보호하는 행보가 있었다. 건강하고 행복한 삶을 위해서는 행보를 소중히 여기는 것이 좋다. 이것이 바로 삶의 지혜다.

순례자는 걷기 보약을 통해 영혼은 물론 육신의 보약까지 챙기며 붕새가 되어 붕정만리를 날아간다. 걸으면서 '살아있다'는 존재의 기쁨을 누린다. 거친 숨을 내쉬고 때로는 휴식을 취하며 바라보는 하늘과 구름, 새와 포도밭, 꽃과 나무, 불어오는 바람의 향기까지 전부 축복이다. 걷기에서 만나는 자연은 최고의 기쁨 중 하나다. 토마스 아 켐피스는 『그리스도를 본받아』에서 '우선 내 마음속에 평화가 있어야 남에게도 평화를 가져다줄 수 있다.'고 한다. 내 마음속에 깃든 멋과 여유가 없는데 어떻게 남을 도울 수 있겠는가. 내 눈의 눈물도 닦지 못하면서 어떻게 남의 눈물을 닦아 준다는 말인가. 먼저 홀로서기를 해야 한다. 홀로서기 위해, 홀로 걷는 외로운 순례자가 외로운 인간의 길을 걸어간다. 인간의 길은 고독의 길. 고독한 자만이 자신만의 위업을 이룰 수 있다.

아침 햇살을 등지고 싱그러운 들판을 가로질러 걸어간다. 모든 순례
자는 아침이면 그림자를 앞세우고 걷다가 낮에는 그림자를 머리에 이
고, 오후에는 그림자를 등지며 하루를 마감한다. 매일 같이 그림자를
따라 서쪽으로, 서쪽으로 가다 보면 어느 날 산티아고 대성당에 도착
한다. 달콤한 햇살이 가슴으로 스며든다. 향기로운 바람이 불어온다.
바람은 땅이 토해내는 숨결이다. 바람이 일면 땅 위의 모든 구멍은 소
리를 낸다. 큰바람이 한 번 지나가면 모든 구멍은 일제히 울음을 그친
다. 보이지 않는 공기 바람은 상반된 두 얼굴을 지니고 있다. 괴력의
화신인 듯 폭풍우로 돌변할 땐 파괴적인 재해가 되지만, 산마루에서
풍력 발전기를 돌리는 바람은 인간에게 혜택을 가져다준다.

벤토사 마을을 나와 포도밭 사이로 난 길을 따라 안톤 고개와 롤단
언덕 사이의 골짜기로 올라가 고갯길을 따라 걷는다. 출렁이는 초원을
가로질러 로마 시대에 건설한 나헤라를 향해 내리막길을 내려간다.
11~12세기 나바라 왕국의 옛 수도인 라 리오하의 나헤라에 도착했다.
나헤라는 중세 부르고스와 팜플로나 사이에 있는 중요한 도시였다.
'나헤라'라는 지명은 이슬람어로 '바위 사이의 마을'이라는 뜻인 '나사
라'에서 유래했다. 이슬람의 지배를 받던 나헤라를 923년 나바라의 왕
오르드뇨 2세가 정복했다. 이후 나헤라는 1054년 카스티야 왕국에게
정복당할 때까지 나바라 왕국의 수도였다. 10~11세기 나바라 왕국의
지배자들은 이곳에 왕실을 지었다. 나바로인들은 카미노의 열렬한 지
지자들이었다. 그들은 가난한 순례자들을 위해 알베르게를 짓고 묵
을 수 있게 했다.

나헤라 마을을 가로지르는 나헤리야강과 마을 뒤의 암벽이 멋진 경치를 보여준다. 구시가지의 나바라 광장과 산초 3세의 아들 가르시아 6세가 1052년 세운 마리아 데 라 레알 수도원을 둘러본다. 1076년 나헤라를 정복한 카스티야 왕국의 알폰소 6세가 레알 수도원을 클뤼니 수도원에 양도했다. 30여 명의 나바라 왕실 가족이 묻혀 있는 수도원은 오늘날 박물관으로 사용되고 있다.

매일처럼 만나는 프랑스 순례자와 반가운 인사를 나눈다. 순례자의 표식으로 자신의 키보다 길고 커다란 지팡이를 들고 다닌다. 산티아고 순례자는 가리비 껍데기와 지팡이를 가지고 길을 걸으며, 이 상징은 과거, 카미노, 순례자 공동체와 연결시킨다. 순례자들이 카미노에서 맨 처음 배우는 스페인 낱말은 페레그리노(peregrino), 곧 순례자다. 길을 가며 모르는 길 위의 역사나 문화를 조금씩 배워가듯, 순례자도 길 위에서 순례자가 무엇인지 조금씩 배워간다. 종교적인 의미로 길을 걷든 혹은 스포츠나 문화적인 의미로 길을 걷든 카미노 위에 있는 모든 사람은 페레그리노다. 스스로 순례자의 표식을 달고 순례자 여권, 즉 크레덴시알을 가지고 길을 걷는다. 순례자들은 자신이 순례자임을 표시하려고 종종 가리비 껍데기를 목에 걸거나 모자, 배낭에 꿰맨다. 자전거 순례자는 핸들이나 바구니에 붙이고 다니기도 한다. 가리비는 종종 순례자의 정체성 형성에 중요한 역할을 한다.

산티아고에서 묵시아, 피스테라에 이르는 카미노 순례를 마친 후 땅끝 피스테라 해변에서 수십 개의 가리비를 주웠다. 집안 서재에 놓여 있는 가리비를 볼 때마다 피스테라의 하늘과 바다, 파도와 물거품, 어린아이가 뛰어노는 풍경이 뇌리를 스쳐 가고, 귓가에 파도 소리가 들

려온다. 옛 순례자들이 무덤 속까지 순례의 상징인 가리비를 가져가 듯, 죽어서 무덤 속까지 가리비를 가져갈까나? 알 수 없다.

순례자들은 가리비처럼 소중한 표식인 지팡이를 가지고 다니는 전통을 또한 배운다. 지팡이는 순례자를 보호하는 의미이며, 순례자의 세 번째 발로 언급된다. 중세 순례자들은 늑대나 개와 같은 카미노 위의 맹수에게서 자신을 지키고 험한 지역을 가로지르기 위해 지팡이를 썼다. 지팡이는 승천의 재현, 예수의 십자가, 남근의 상징 등으로도 해석되었다. 발걸음마다 중심을 찾게 도와주고 하늘과 땅의 연결고리처럼 느껴져 평안을 주는 지팡이는, 길을 안내할 뿐만 아니라 하늘이 순례자를 내리누르지 못하도록 일정한 공간을 만들어준다. 지팡이는 동료이자 보조자이며, 걷는 속도를 유지하고 리듬을 만드는 악기이기도 하다. 단체로 걸을 때는 지팡이로 땅을 치며 그 리듬으로 소통하기도 한다. 지팡이에는 순례자의 사연이 깃들어 있고, 정교한 조각까지 새겨진다. 순례자는 길을 가다가 가끔씩 지팡이에 순례 중 기억할 만한 순간을 새긴다.

순례자들은 순례의 상징으로서 자신에게 의미가 있는 지팡이를 소유한다. 자신의 키보다 더 큰 지팡이, 허리까지 오는 지팡이, 조각이 새겨진 지팡이, '나는 길이요~'라는 영문이 새겨진 지팡이 등 다양하다. 동방의 순례자는 평소 정든 등산용 스틱에게 산티아고 가는 길을 관광시켜주려고 지팡이로 사용하고 있다.

나헤라를 나와서 아소프라를 향해 걸어간다. 길은 대지의 주름 사이로 중세의 시간을 타고 흐른다. 멀리서 바라보는 길은 한없이 서정적이고 낭만적이지만, 그 길을 걸어가는 순례자는 길의 표정을 한순간도 외면할 수 없다. 붉은 흙길을 따라 오르막길 정상에 오른다. 길고 긴 태양의 길을 걸어간다.

만물유도(萬物有道)라 했다. 만물에는 길이 있다. 인간은 인간의 길을 간다. 인간은 광활한 우주 공간과 영원한 시간 속에서 생의 길을 걸어간다. 작은 지구에서 백 년을 살지도 못하는 인간의 삶은 미세한 한 점에도 미치지 못할 정도로 지극히 짧다. 그러면서도 천하를 가진 것처럼 오만하고, 영원히 살 것처럼 욕심을 부린다. 와각지쟁(蝸角之爭), 달팽이 뿔 위에서 부귀공명을 다투고 좁은 공간에서 아등바등 살아가는 삶의 허무함을 느낄 때, 진정한 인연의 소중함과 삶의 의미를 깨닫게 된다.

세상에는 수많은 길이 있다. 사람들은 모두 태어난 뒤에 자신의 길을 걸어간다. 매일같이 자신이 선택한 길을 걸어간다. 인간의 길은 결국 자신이 선택한 마음의 길이다. 중국의 사상가 루쉰은 소설 「고향」에서 말한다.

"희망이란 것은 있다고도 할 수 없고, 없다고도 할 수 없다. 그것은 마치 땅 위의 길이나 마찬가지다. 원래 땅 위에는 길이란 게 없었다. 걸어가는 사람이 많아지면 그게 곧 길이 되는 것이다."

사람에게는 누구에게나 자신만의 보물이 있고, 자신만의 보물 지도가 있다. 내가 걷는 그 길에는 마음의 보물이 있다. 거기에는 자유와 평화가 있고, 멋과 낭만이 있고, 희망이 있다. 진정한 발견은 새로운 땅을 찾는 것이 아니라 새로운 눈으로 바라보는 것.

바다를 항해하는 배에는 오직 하나의 올바른 길이 있을 뿐이다. 나침반의 다른 모든 방향은 그 배가 가려는 항구로부터 먼 곳을 가리킨다.

마음의 길을 가는 것! 순례자가 선택한 산티아고 가는 길에는 자유와 평안, 사랑과 희망이 있다. 시인 앤 섹스턴은 "귀를 영혼 옆에 내려놓고 열심히 들어라."라고 조언한다. 순례자가 영혼의 소리에 살며시 귀를 기울인다. 현자란 모든 것에 경탄하는 사람이라고 했던가. 찬란한 태양 아래 새롭게 들려오는 희망의 보물 지도가 순례자를 경탄하게 한다. 스쳐 가는 바람 한 점, 구름 한 조각, 돌 하나, 풀 한 포기에서 역사와 문화의 흔적과 옛사람의 정취와 애환을 맛본다. 문명의 이기 속에 달려온 순간들에 대한 아쉬움과 자아를 상실하고 "빨리빨리!"라고만 외치며 살아왔던 삶에 대한 반성의 기회를 가진다. 순례여행은 감성의 과소비가 아니라 아름다운 스페인의 대지와 함께 하는 재충전의 기회이다.

오르막 언덕길을 오르고 올라 시루에나 마을에 도착한다. 땀 흘린 자만이 달콤하게 누릴 자격이 있기에 바(Bar)에서 쉼표(,)의 여유를 즐긴다. 시원한 한 잔의 레드와인이 탄성을 주는 느낌표(!)의 피가 되어 혈기를 왕성하게 한다. 말줄임표(…)의 고독과 침묵 속에 사색에 잠긴다. '나는 왜 카미노를 걷는가?'라는 물음표가 내면 깊은 데서 솟아오른다. 길에서 길을 묻는다. 땀 흘리며 올라간 자만이 누릴 수 있는 내리막길의 탁 트인 멋진 경치를 즐기며 산토도밍고 데 칼사다를 향해 걸어간다. 고풍스러운 철제 조각상 순례자에게 인사를 한다.

"올라(안녕하세요)!"

철제 조각상 순례자가 답례를 한다.

'부엔 카미노(행복한 길 되세요)!'

산토도밍고 데 라 칼사다에 도착해서 타원형 모양의 중세 마을을 가로지르며 걸어간다. 건축가의 성인으로 알려진 산토도밍고는 다리·숙소·병원 등을 지으면서 순례길의 가장 아름다운 도시를 건설했다. 모처럼 우아하고 화려한 국영 호텔 파라도르로 숙소를 정했다. 전국에 90여 개가 있는 국영 호텔은 스페인 정부가 전국을 조사한 뒤 문화유산이 있어 일급 호텔이 반드시 있어야 할 곳이라고 지정한 곳에 세웠다. 여장을 풀고 파라도르 호텔 바로 옆에 있는 산토도밍고 성당을 둘러본다. 대성당 남쪽 아치문 위에는 산토도밍고 조각상을 가운데 두고 순교한 로마 장군 에메테리우스와 셀레도니우스 조각상이 좌우로 서 있다. 입구에 산토도밍고의 묘비가 있고 묘비 위에 실물 크기의 산토도밍고상이 서 있다.

산토도밍고는 카미노에서 가장 잘 알려진 친근한 성인이다. 본디 목

동이었던 산토도밍고는 젊었을 때 수사가 되려고 했지만, 두 번이나 수도원에서 거절을 당하고 숲속에서 은둔자로 살았다. 그가 은거 생활을 한 곳이 바로 그의 이름을 딴 이 마을이다. 콤포스텔라로 가는 순례자들은 산토도밍고가 사는 집 근처를 지나야 했기에, 산토도밍고는 순례자들의 고통을 잘 알고 있었다. 숲 근처에는 강도들도 있었고, 인근의 강을 건너기도 어려웠기에 산토도밍고는 순례자들을 돕는 일에 헌신하기로 마음먹고 카미노를 넓히고 다리를 놓으며 자신의 집을 오스피탈로 개조했다. 1076년, 때마침 알폰소 6세 왕이 이곳을 지나가다가 산토도밍고가 해놓은 일을 보고 더 많은 일을 할 수 있도록 땅을 하사했다. 산토도밍고는 1109년 죽어서 이 마을의 가장 큰 성당에 묻혔다.

길을 사이에 두고 종탑이 대성당 출입구를 바라보고 있다. 높이 70m에 일곱 개의 종이 걸려있는 종탑은 일곱 천국을 암시하며 일주일을 상징한다. 대성당은 12세기에 세워져 13, 15, 18세기에 증축을 거쳤다. 15세기 고딕 양식으로 세워진 '수탉과 암탉의 기적' 전설이 있는 성당 내부의 닭장에서 흰 닭 한 쌍이 놀고 있다. 닭들은 3주마다 교체한다. 카미노 데 산티아고의 마을들은 저마다의 전설을 품고 있다. 산토도밍고 데 라 칼사다의 전설은 젊고 잘생긴 독일 청년의 이야기다.

15세기 독일 윈넴뎀 출신의 우고넬이라는 청년이 부모와 순례를 떠나기로 했다. 프랑스를 거쳐 피레네산맥을 넘어가는 여정이기에 부모는 생애 마지막 순례길이 될 수 있었다. 살아서 돌아올지 알 수 없는 여행이었기에, 길을 떠나기 전 마을에서 잔치를 했다. 그리고 청년은 부모님이 미리 준비한 유언장을 읽었다. 자신들 중 누구 한 사람도 살아 돌아오지 않는다면 재산을 누구에게 얼마나 분배할지에 대한 내용이었다. 마을 사람들은 그들에게 가리비와 지팡이를 선물했다.

머나먼 길을 걸어 이곳 칼사다에 도착했을 때, 성당에는 이미 자리가 없어 여관에 숙소를 정했다. 여관 주인에게는 딸이 하나 있었는데, 청년의 외모에 반한 처녀는 청년을 은밀하게 유혹했다. 청년은 야고보 성인을 알현하기 위해 산티아고로 가는 순례길이었기에 욕정을 뿌리치고 돌아섰다. 처녀는 청년에게 복수를 계획했다. 처녀의 사랑이 마녀의 증오가 되었다. 깊은 밤, 처녀는 성당에 들어가 미사 때 포도주를 담는 성작(聖爵)을 훔쳐 가슴에 품고 청년이 잠든 방에 들어가서 소지품 깊숙한 곳에 성작을 넣었다.

다음 날 길을 떠나는 청년은 처녀의 모습을 찾아 살펴보았으나 보이지 않았다. 여관을 나서 한참을 걸어가는데, 붉은 십자가가 표시된 흰색 망토를 걸친 기사 두 명이 다가왔다. 템플기사단이었다. 성작을 훔친 순례객을 찾고 있는 중이라며 몸과 소지품을 수색했다. 청년은 자신의 소지품에서 햇살에 빛나는 성작이 나오는 순간 경악했다. 청년도 부모도 영문을 몰랐지만 기사단에 끌려가 재판관 앞에 섰다. 심문을 받았고 범행을 부인했지만 재판관은 교수형을 선고했다.

청년은 억울함을 호소하고 부모님은 제발 교수형을 면하게 해달라고 눈물로 간청했지만 판결을 뒤집을 수는 없었다. 형장이 마련되고 사람들이 몰려들었다. 청년은 자기는 여기서 순례를 멈춰야 하지만 부모님은 자신의 몫까지 순례를 마쳐주기를 바란다며 작별 인사를 했다. 부모는 아들의 죽음 앞에 좌절하고 절망했지만, 아들의 뜻을 받들어 순례를 계속했다. 또한 자신들이 알지 못하는 하느님의 뜻이 있을 것이라 믿었다.

마침내 산티아고에 도착해 야고보 성인을 알현했을 때, 참았던 눈물이 한없이 쏟아졌다. 이제는 왔던 길을 되돌아가며 아들의 시신을 수습해 고향에서 장례를 치러줄 생각뿐이었다. 그날 밤, 야고보 성인이 꿈에 나타났다.

"아들을 곧 만나게 될 것이다."

부모는 날아가는 듯한 걸음으로 몇 날 며칠을 걸어 칼사다 마을에 도착해 광장으로 달려갔다. 형장에 다다랐을 때 어둠 속에서 매달려 있는 아들의 모습이 시야에 들어왔다. 죽은 아들을 껴안은 부모는 깜짝 놀랐다. 아들에게서 온기가 느껴졌기 때문이다. 순간, 아들이 말했다.

"어머니, 아버지 저 좀 내려주세요."

놀란 부모는 즉시 재판관에게 달려가서 아들이 살아있으니 풀어달라고 간청했다. 재판관은 저녁을 먹으려다 말고 부모를 쳐다보며 말했다.

"만약 당신 아들이 아직 살아 있으면 이 식탁의 구운 닭 두 마리도 살아 있겠구려."

그 순간, 암탉과 수탉이 눈을 뜨고 깃털이 돋아나더니 날개를 퍼덕이며 식탁에서 내려와 요란하게 노래를 불렀다. 놀란 재판관은 즉시 병사들을 데리고 광장으로 달려가 살아있는 청년을 형장에서 내렸다. 재판관은 청년에게 물었다.

"도대체 무슨 일이 있었는가?"

"목이 달릴 때 야고보 성인이 나타나 제 목이 눌리지 않도록 해주셨고, 성모 마리아님이 매일 먹을 것을 가져다주셨습니다."

이후 산토도밍고의 재판관들은 청년 우고넬의 결백을 믿지 않은 것에 대한 사죄로 수백 년 동안 목에 굵은 밧줄을 매고 재판을 하는 전통을 만들었다고 한다. 이 전설로 인하여 산토도밍고 칼사다는 청년우고넬이 살았던 독일의 윈넨덤과 1993년 자매결연을 맺었다. 교수형 당한 어린 청년을 성 야고보가 붙잡고 있고 교수대 옆에 그 청년의 부모가 서 있는 장면을 그린 그림들이 많지만, 영국 작가 로버트 사우디는 1829년 이 이야기를 한 편의 긴 시로 남겼다. 아래는 시 내용의 일부다.

여관집 주인의 사악한 딸은
자신이 한 일을 고백했다네.
그래서 사람들은 그녀를 수녀원에 보냈다네.
그리고 그녀는 수녀가 되었다네.

순례자는 과거, 현재, 미래가 섞여 공존하는 시간을 경험한다. 순례자는 걷고, 쉬고, 숙소를 찾고, 다리를 건너고, 교회에서 기도할 때 과거의 순례자와 함께 있다고 느낀다. 나아가 과거의 순례자뿐만 아니라 미래의 순례자들과도 교감한다. 옛 순례자의 넋과 미래 순례자들의 발걸음과 함께 여행한다. 순례자들은 카미노의 망자(亡者)와 함께 걷는다. 많은 중세 순례자처럼, 지금도 산티아고로 가다가 사망한 이들이 있다. 그들은 헤어지는 슬픔은 크지만 산티아고로 걸어가는 도중에 맞이하는 죽음을 기독교도의 위안이라 여겼다. 순례자는 자신의 기억을 더듬으며 이중의 여행을 한다. 시간의 측면에서는 뒤로 가고, 공간의 측면에서는 앞으로 간다. 그러다가 고요한 순간에 설명할 수 없는 눈물이 갑자기 터진다.

어둠이 서서히 다가오고 거리의 조명이 하나둘 켜지는 시각, 시가지를 산책하다가 벤치에 앉았다. 수많은 사람이 오가는 거리. 손을 잡고, 팔짱을 끼고 걸어가는 사람들을 보고 시선이 멈췄다. 그들의 정겨운 모습에 부러움과 외로움이 밀려왔다. '부러우면 지는 건데…' 하면서도 몰래카메라로 촬영했다. 한 컷, 두 컷….

'지금 내가 무엇을 하고 있지?'

슬머시 눈물이 흘러내렸다. 공원 관리인이 불을 밝히고 다가와서 물었다.

"누구시지요?"

"어디서 오셨지요?"

"어디로 갈 거지요?"

늦은 밤 공원 벤치에 앉아 있던 쇼펜하우어는 이렇게 대답했다.

"내가 그걸 알면 왜 여기에 이러고 있겠는가?"

'나는 누구인가? 어디에서 왔는가? 지금 어디에 있는가? 어느 방향으로 가고 있는가? 어떻게 살아야 잘 사는가? 나는 왜 혼자서 이러고 있는가?'라는 거대한 의문부호의 그늘이 밀려왔다. 인간의 인(人)은 두 사람이 의지하고 있고, 간(間)은 사람과 사람 사이다. 사막을 걷던 한 사람이 너무 외로워 자기 그림자와 발자국을 보며 뒤로 걸었다던가? 독불장군은 없다. 인간은 걷는다. 걸어야 인간이다. 인간은 홀로 길을 걷지만, 이는 함께 걷는 길이기도 하다. 또한 함께 걷지만 홀로 걷는 길이다. 쾌락과 방종의 길, 무지와 흑암의 길이 아닌 긍정의 길, 희망의 길을 걸어야 한다.

시간과 공간 속에서 씨줄과 날줄로 얽혀 살아가고 있는 인간은 100년도 못 되는 시간의 길을 걸어간다. 무한한 우주 공간 속에서 지구 하나도 다 가보지 못하는 공간의 길을 걸어간다. 하지만 영원한 시간과 무한한 공간 속에서 인간은 주인공이다. 생각하는 갈대이기에 한 사람 한 사람이 곧 우주이다. 산티아고 가는 길의 순례자가 우주의 주인공이 되어 인간의 길, 고독의 길을 걸어간다.

국영 호텔에서 호화롭게 숙박하는 축복의 밤. 와인 한 병과 과일을 앞에 두고 살아있음을, 순례자 신분으로 걷고 있음을 누리는 향연을 펼친다. 산토도밍고가 벗이 되어 위로해준다.

'걸음아 날 살려라!' 하면서 순례 여정 중 가장 많이 걸은 날.

낯선 곳에서의 또 하룻밤이 깊어간다.

10

유랑의 길

"수고하고 무거운 짐 진 자들아
다 내게로 오라. 내가 너희를 쉬게 하리라."

산토도밍고 데 칼사다에서 토산토스까지 28.9㎞

산토도밍고~그라뇽~레데시야~빌로리아~비야마요르~벨로라도~토산토스

캄캄한 새벽, 길을 떠난다. 국영 호텔 파라도르의 아침 식사가 좋다는 사실을 모르는 바는 아니지만, 조급한 순례자는 일찍 길을 나선다. 사람은 저마다 자기의 십자가를 짊어지고 자신의 길을 간다. 고난의 십자가를 지지 않고 가는 인생은 없다. 뜻대로 되는 일보다 뜻대로 되지 않는 아픔이 더 많은 인생에서 행복과 불행, 길흉화복은 언제나 함께 온다. 행운의 여신은 맞아들이면서 불행의

여신에게 문을 닫는다면, 행운의 여신 또한 이내 뒷문으로 나가버린다. 순례자는 어차피 떠돌이. 진종일 길에서 길을 찾아 방황해야 한다. 그러면 눈앞에 펼쳐지는 삼라만상이 스승이요, 벗이요, 포근한 어머니의 품이다. 오늘도 상쾌한 이른 아침의 공기를 마시며 새로운 카미노를 찾아가는 열망으로 하루를 시작한다.

조명 불빛이 환하게 밝혀주는 길을 걸어 구시가지의 거리를 벗어난다. 달도 별도 없는 들판이 어둠으로 물결친다. 새벽 불빛 아래 다가오는 작은 성당의 자태가 경건하고 아름답다. 문이 열려 있다. 살며시 들어가 무릎을 꿇는다. 오늘 하루도 순례길에서 주님을, 자신을 만날 수 있기를 기도한다.

오하강의 다리를 건너간다. 한참을 걸어가다 이상하다는 느낌을 받는다. 노란 화살표와 가리비가 나타나지 않는다. 먼 데서 사람들이 웅성웅성 뒤따라오는 소리가 들린다. 조금 더 걷다가 되돌아선다. 어둠 속에서 길을 잃었다는 확신을 하고 돌아가며 겸연쩍게 미소를 짓는다. 데이비드 소로우는 "우리는 버려지고 나서야 비로소, 다른 말로 말하면 세상을 잃고 나서야 비로소 우리 자신을 찾기 시작하고, 우리가 지금 어디에 있는지, 우리의 관계가 얼마나 영원한지 깨닫기 시작한다."라고 말한다. 절망의 순간에 희망이 다가오고 평안을 경험한다. 뒤를 따라오던 외국 여성 두 명도 돌아선다. 소경이 소경을 인도했으니 함께 구덩이에 빠질 수밖에.

"올라, 부엔 카미노!"

미안한 마음을 담아 손을 들었다. 2㎞ 정도는 되돌아왔으니 왕복 4㎞의 길이다. 날이 서서히 밝아온다. 길을 잘못 든 지점의 갈림길에 순례자들이 지나간다. 길가의 집에 빨간 줄장미가 만발하다. 고향의 옛집에는 줄장미가 많았다. 어머니가 특히 좋아했다. 영원히 살아계실 것만 같았던 어머니. 어머니가 세상을 떠나신 지도 벌써 5년이나 지났다. 그리운 어머니. 산티아고 가는 길에 순례자가 되어 어머니를 만난다. 이내 눈시울이 붉어진다. 내 인생의 신이었던 어머니, 인생에 가장 소중한 인연이었다. 살아오면서 만나고 스쳤던 모든 인연을 되돌아본다. 한 사람 두 사람, 좋은 인연 나쁜 인연, 과거에서부터 현재에 이르기까지, 산 자에서 죽은 자에 이르기까지 이런저런 인연들이 스쳐 간다. 모든 인연이 오늘의 나를 만들었다. 모든 것이 합력하여 선을 이루었다.

길 잃은 새벽, 인생에서 길을 잃고 헤맸던 날들이 스쳐 간다. 지나고 보면 길 아닌 길이 없다. 방황한 길 또한 길이었다. 힘들었지만 더욱 강렬한 추억으로 남는 아름다운 길이었다. 쉬운 길이 아니라 의미 있는 길을 가야 한다. 인생은 짧은 쾌락에 긴 고통의 카미노다. 불가에서 '인생은 고해(苦海)'라고 하지 않던가. 고통은 길고 쾌락은 짧다. 주어진 시간에 의미 있는 길을 가야 한다. 묵묵히 제 몸을 불태우는 촛불처럼 살아야 한다. 길에서 길을 물어 몸을 바른길에 세운다. 몸을 바로 세우면 정신도 바로 선다. 몸의 중심을 잡아야 삶의 중심을 잡고, 나아가 세상의 중심을 잡는다. 중심을 바로잡고 섰을 때 비로소 주변에 휘둘리지 않고 전체를 바라볼 수 있음이 세상 사는 이치다. 지평선에 펼쳐진 흙길을 몸을 바로 세워 밟으며 순례의 길, 나그네의 길, 유랑의 길을 간다.

평범한 일상 속에서 늘 어디론가 가고 싶었다. 길을 떠나 길에서 길을 떠나고 싶었다. 언제나 어디론가 떠나고 싶었다. 일상 밖으로, 세상 밖으로 훨훨 떠나고 싶었다. 일상은 늘 즐거움으로 가득 차 있지만, 새로운 즐거움을 추구하기 위해 언제나 여행을 욕망했다. 인생은 하늘나라에서 온 소풍. 그런 인생에서 다시 여행을 꿈꾼다. 똥개가 똥을 끊을 수 없는 것과 마찬가지로 사람은 희망을, 욕망을 끊을 수 없다. 인간은 흙에서 와서 흙으로 돌아가는 디아스포라다. '창세기'에 나오는 최초의 인간 '아담'의 이름은 히브리어로 '흙'이라는 뜻을 지닌 단어 '아담아'에서 나왔다. 영어의 'human'이라는 말의 어근인 라틴어 'homo'가 흙을 의미하는 라틴어 'humas'에서 나온 것과 같다. 인간은 흙에서 와서 흙으로 돌아간다는 동양사상과 같은 맥락이기도 하다. 아스팔트나 시멘트 포장도로가 아닌 흙길을 걷노라면 평안해지는 이유다.

순례의 아버지이자 믿음의 조상 아브라함은 노아의 10대손에 해당하는 사람이다. 야훼 신은 아브라함을 불러 '지시할 땅'으로 가면 장차 거기에서 그를 통해 큰 민족이 일어나게 하겠다고 약속했다. 그때 아브라함의 나이는 75세였다. 아브라함은 이 약속을 믿고 65세인 부인 사라와 함께 알지 못하는 곳으로 향했는데, 그곳이 지금의 팔레스타인, 바로 젖과 꿀이 흐르는 가나안 땅이었다. 아브라함은 사라와의 사이에 아이가 없었다. 그래서 사라의 권유로 하녀인 하갈과의 사이에서 이스마엘을 낳았다. 그런데 사라가 늙은 나이임에도 불구하고 아이를 가져 이삭을 낳았다. 오늘날 문명의 충돌, 비극의 시작이었다. 아브라함의 적자라 할 수 있는 이삭은 이후 이스라엘 민족의 조상이 되었고, 서자인 이스마엘은 아랍 민족의 조상이 되었다. 하지만 이슬람 문화에는 서자의 개념이 없으므로 이스마엘을 아브라함의 장남으로 여기고 유대인들도 모두 형제로 여겼다. 아브라함의 진정한 상속자는 기독교인가 이슬람인가? 하나님과 알라는 같은 신인가 다른 신인가? 아마 이는 신만이 알 것이다.

이삭은 아버지의 고향 메소포타미아에 있던 친척 처녀 리브가를 아내로 삼고, 그 사이에서 에서와 야곱이라는 쌍둥이를 얻었다. 눈이 어두운 아버지 이삭을 속여 형 대신 아버지의 축복을 받은 야곱은 형의 분노를 피해 메소포타미아에 있는 외삼촌 라반의 집으로 도망갔다. 야곱은 외삼촌의 두 딸 레아와 라헬을 위하여 각각 7년, 그리고 양 떼를 위하여 6년, 총 20년을 외삼촌의 집에 살면서 아내가 된 사촌 동생들과 이들의 몸종들에게서 총 열두 명의 아들을 얻었다. 다시 고향으로 돌아오는 길에 얍복강 기슭에서 천사와 씨름하고 그를 이기므로

'하나님과 겨루어 이김'이라는 뜻을 가진 '이스라엘'이라는 이름을 얻었다. 오늘날의 '이스라엘'이란 국가의 이름이 탄생하게 된 기원이다.

야곱의 열두 아들에게서 열두 지파가 생겼고, 이들이 이집트에 정착한 후 400년이 흘러 이스라엘 백성을 노예로 삼고 고역을 시킬 때 모세가 등장했다. 야훼 신이 떨기나무 불꽃 가운데서 나타나 모세에게 이집트에서 고통받는 히브리 백성을 구출하여 '아름답고 광대한 땅, 젖과 꿀이 흐르는 땅'으로 인도할 것을 명하였다. 홍해를 건넜지만 가나안으로 곧장 들어가지 못하고 광야에서 40년간을 유랑하며 시련을 통해 노예근성을 씻어내고 자주 민족으로 살아가는 훈련을 쌓았다. 모세가 시내 산에서 십계명을 받아오고 야훼 신과 맺은 언약을 통하여 '택한 백성'이라는 정체성을 더욱 공고히 하였다.

서양 정신사를 지배해 온 기독교 사상의 근원은 유대교와 그리스 철학이다. 종교적으로는 예루살렘에서, 철학적으로는 아테네에서 흘러나온 두 줄기의 강이 합류하여 기독교라는 종교가 이루어졌다. 유대교는 기독교뿐만이 아니라 이슬람교의 근원이 되므로 유대교를 이해하는 것은 이들 종교를 이해하는데 아주 중요하다. 유대인에게 유대교의 시발점이며 동시에 중심점이 되는 사건이 무엇이냐고 물으면, 두말할 것도 없이 '출애굽'이라고 대답한다. 애굽에서 노예로 살던 유대인들이 모세를 지도자로 하여 애굽에서 나와 자유로운 민족이 된 사건이다. 세계의 모든 민족국가 가운데 본국보다 해외에 더 많은 동포가 나가 살고 있는 민족이 딱 하나 있으니, 바로 유대민족이다. 2,000년 가까이 디아스포라로 전 세계 방방곡곡을 떠돌던 유대민족이었지만, 대한민국에서만큼은 유대인이 뿌리를 내리지 못했으니 어찌 보면 두 민족은 전 세계에서 가장 지독한 민족일는지도 모른다.

유대인들은 디아스포라가 되어 뿔뿔이 흩어져 살게 되었고, 이때 등장한 것이 '시나고그'로서, 지난 2,000년 동안 유대교의 중심이 되었다. '시나고그'는 그리스어로 '모임'이라는 뜻으로 '회당'이라 번역된다. 시나고그의 지도자는 '랍비'로, '나의 선생'이라는 뜻이다. 랍비는 제사장이나 목사가 아니라 '토라'를 읽고 가르치는 선생이었다. 랍비는 유대교를 이끄는 중심인물로 실질적으로는 신부나 목사 같은 역할을 한다. 세계적인 개방의 물결을 따라 다른 민족과의 결혼이 늘어났는데, 유대인의 약 20~30%가 여기에 해당한다. 이와 함께 시나고그에 참석하는 비율이 현저하게 줄어들고 있다. 미국의 경우, 유대인이지만 유대교와 상관없이 사는 이들이 거의 반 이상이 될 것으로 본다. 유대인은 미국을 움직이는 막강한 세력으로, 유대인을 알아야 미국이 보인다고 할 수 있다. 한국인들이 미국에 건너가 그 특유의 근면함과 승부 근성으로 많은 성공을 거두지만 마지막에 가서 번번이 부딪히는 것은 바로 유대인이라는 장벽이다.

미국 전체 인구에서 유대인의 비중은 약 2%에 불과하지만, 이들은 미국의 금융을 장악하여 미국 경제는 물론 세계 경제를 쥐었다 풀었다 한다. 일찍이 토지 소유가 금지되어 농사짓는 게 금지됐을 뿐만 아니라 장사를 하거나 공장도 운영할 수 없었던 유대인들은 결국 돈놀이, 금융업이나 고리대금업밖에 할 수 있는 일이 없었다. 기독교인들은 성경의 가르침으로 믿음의 형제인 같은 교인들을 형제로 생각했으므로 이자 받고 돈을 빌려주는 것을 죄악으로 생각했고, 가장 더러운 직업으로 생각하였으니 결국 고리대금업은 유대인의 차지였다. 유대인은 유대인 끼리만 형제로 생각하기 때문이다. 하지만 이러한 행태는 셰익스피어의 「베니스의 상인」에도 나타나듯이 유대인에 대한 혐오감을 더욱 높여 19세기 말 반유대주의가 거세졌고, 결국은 히틀러의 유대인 학살로 이어졌다. 이처럼 유대민족의 역사는 피눈물로 얼룩진 것이었고, 불에 달군 쇠는 두들겨 때릴수록 더욱 강해지듯 시련과 고통이 크면 클수록 그들은 더욱 단결하고 속으로 강해졌다. 2000년 가까이 디아스포라로 떠돌면서 온갖 핍박과 탄압을 받은 유대민족은 유대교라는 단단한 종교로 뭉쳐 그 어떤 다른 민족도 이겨내기 어려울 만큼 무서운 저력을 지니게 되었다. 유대교는 유랑의 길을 걸으면서 유대민족을 하나로 묶는 종교를 넘어 정신적인 고리이자 정체성 그 자체가 되었다.

기원후 70년경 예루살렘 성전이 무너지고 세계 각지로 흩어져 디아스포라가 된 유대인들은 스페인에 평화롭게 정착하였으나, 1391년에 군중들이 세비야에 있는 유대인들을 미친 듯이 공격하였고, 이러한 광기는 스페인 전역으로 퍼져나갔다. 알폰소 10세(1252~1284)는 유대인들을 보호하려고 했지만, 성직자들은 유대인들에게 반감을 품은 기독교인들을 자극했다. 때문에 포르투갈과 그라나다에 있는 유대인들만이 목숨을 보전할 수 있었다. 1492년 1월 2일, 그라나다가 멸망하자 이사벨 여왕은 알람브라 칙령으로 제일 먼저 유대인들을 추방하였다. 그 결과 스페인에서 유대교인들이 완전히 자취를 감추게 되었고, 유대인들은 스페인을 떠나 다시 유랑의 길을 떠나게 되었다.

유랑의 길, 한적한 시골길의 지평선에 새날이 밝아온다. 구름이 많

아서 잔뜩 흐린 날이다. 자연의 생기가 온몸과 마음에 충만하다. 대형 철 십자가, '용자들의 십자가'가 순례자를 반겨준다. 옆에는 긴 의자가 두 개 있다. "수고하고 무거운 짐 진 자들아, 다 내게로 오라. 내가 너희를 쉬게 하리라. 나는 마음이 온유하고 겸손하니 나의 멍에를 메고 내게 배우라. 그리하면 너희 마음이 쉼을 얻으리니, 이는 내 멍에는 쉬고 내 짐은 가벼움이라."라고 했으니, 그 의자에 앉아서 잠시 꿀맛 같은 휴식을 맛본다.

휴식은 좋지만 마냥 쉬어갈 수는 없다. 언제나 좋기만 한 세월은 없다. 역경 없이 순탄하기만 한 삶은 단조롭고 무료하다. 유랑의 길에서는 눈앞에 펼쳐지는 삼라만상이 스승이요, 벗이요, 자애로운 어머니의 품이다.

카미노를 걸어간다. 심신을 단련하는 특효약인 걷기는 행복의 열쇠다. 특히 홀로 걷기는 온갖 마음의 찌꺼기를 버리고 좋은 생각으로, 용기로, 희망으로 자신을 가득 채울 수 있다. 자신을 잊어버리고 순례자는 오직 걷는 데만 열중한다. 마치 그것이 가야 할 숙명의 길인 것처럼. 마치 그것이 건강한 삶인 것처럼. 세상 속에서 흐르는 물이 되고, 바람이 되고, 풀잎이 되고, 햇살이 되고, 구름이 되고, 자연이 되어 자신의 존재를 잊어버리고 유랑의 길을 간다. 무념무상 속에서 위대한 혼을 일깨우려 시도하지만, 그 사체가 교만의 극치가 되어 번민의 씨앗이 된다. 인간의 삶은 자기 자신으로 향하는 하나의 길을 가는 것. 살아있는 것만으로도 충분히 행복하다. 한 사람 한 사람의 가슴 속에는 귀를 기울일 필요가 있는 자기 자신의 새가 단 한 마리 존재한다. 인간은 대개 바람에 날려서 빙글빙글 춤추고 방황하고 비틀거리며 땅에 떨어지는 나뭇잎과 비슷하다. 하지만 별을 닮은 인간은 자신의 내부에 자기만의 법칙과 궤도를 가지고 있다. 인간은 자기 자신에게만 주어지는 재능과 결점을 가진 채 인생을 걸어간다.

나는 걷는다. 내 영혼을 들여다보고 세척하기 위해, 보다 나은 내일을 위해 유랑의 길을 걸어간다. 육신의 고행을 통해 정신의 순결을 이루려는 구도자가 되어 길을 걷는다. 세상에 존재하는 모든 중독 가운데 가장 무서운 중독이 바로 성취 중독이다. 성취의 독 기운이 영혼을 잠식하면 해독을 해야 한다. 술을 깨려면 해장국을 먹어야 하듯, 정신 해독제인 여행을 떠나야 한다. 주관자가 아닌 객관자가 되어, 달리는 성취 열차에서 내려 처음부터 다시 돌아보아야 한다. 물속의 고기가 물 밖으로 나와야 자신의 참모습을 보듯, 인간은 여행을 통해 자신을 객관화시키고 성찰해야 한다.

문 하나를 확실히 닫은 뒤에야 비로소 새로운 문이 열린다. 순례 여행은 속세에 살면서 영혼에 낀 기름기를 제거하는 순화의 과정이자 재충전의 기회다. 사람은 누구나 나답게 살다가 나답게 죽을 수 있기를 바란다. 나 또한 '인생 한 판 잘 놀았다!', '엄마 심부름 잘 하고 이제 만나러 간다!'는 기쁜 마음으로 이야기할 수 있기를 희망하며 살아간다. 그래서 오늘도 행복한 마음으로 걷는다.

앞에도 뒤에도 아무도 없는 무인지경의 순례길.

천상천하 유아독존이다.

홀로 세상의 주인공이 되어 흙길을 따라 걷다가 오르막길을 올라 그라뇽으로 들어간다. 바(Bar)에서 간단한 요기를 하고 다시 길을 나선다. 끝없이 펼쳐지는 들판 한가운데 라 리오하 주와 카스티야이레온 주의 경계를 알리는 표지판이 기다린다. 표지판에 인쇄된 카스티야이레온 주의 마을들을 호기심 어린 눈으로 쳐다보고 빌로리아 데 라 리오하로 들어간다. 이곳에는 산토도밍고의 출생지가 있지만, 현재 부서져 버린 생가만이 남아 있다. 순례자들을 보호해주고 지켜준 수호성인인 산토도밍고의 출생지가 허름하다는 사실에 쓸쓸함이 스쳐 간다. 가난하고 배운 것은 없지만 오두막을 짓고 순례자들을 위해 다리를 놓고 길을 닦아 지금의 순례길을 개척하고, 병든 이를 위해 집을 짓고 보살펴주어서 후세 사람들이 그를 추앙하고자 마을 이름도 산토도밍고 데 칼사다(길을 닦다)라고 하였건만. 산토도밍고의 전설이 순례자들과 더불어 세월 속으로 흘러간다.

길가의 표지판이 산티아고까지 남은 거리가 576㎞라고 안내한다. 800㎞에서 꽤 많은 거리를 걸어왔다. 남은 거리 표시는 힘을 준다. 갈수록 처음보다 더 힘이 나고, 하루하루 희망과 평안이 밀려온다. 기다리고 있는 새로운 유혹에 대한 설렘을 안고 걸어간다. 편한 길이 반드시 좋은 길은 아니다. 삶을 최선의 길로 인도한 야고보와 하느님에게 감사한다. 하루의 가장 중요한 부분은 기도와 감사다. 순례의 목적은 산티아고까지 가는 것이 아니라 누군가와 만나는 것이다. 신을 찾아, 자신을 찾아 떠나는 길이다. 자기 내면을 바라보고 자기에게 집중하는 시간이다. 매일 기도하면서 자신을 만나고 신을 만나는 시간이다. 순례 중에 일어난 많은 일을 훗날 잊겠지만, 기도했던 일은 잊지 못할 것이다. 새벽에, 길에서, 성당에서, 잠자리에서… 기도는 영혼의 비타민이다.

비야마요르 마을에 들어선다. 세월의 흔적이 묻어나는 작고 소박한 성당이 그 앞에 서 있는 나무와 어우러져 한 폭의 성화가 된다. 끝없이 펼쳐지는 들판을 지나간다. 밀밭을 지나자 이번에는 해바라기밭이 펼쳐진다. 해바라기밭에 수많은 해바라기가 사랑의 볕에 굶주려 순례자처럼 해를 바라보고 있다.

벽화들이 기분 좋게 반겨주는 벨로라도 입구에 여러 나라의 국기가 걸려 있는 알베르게가 특별하게 다가온다. 태극기도 보인다. 가슴 짠하게 반갑다. 목가적인 분위기를 간직한, 약 2천 명의 인구를 가진 도시. 타론 강의 가파른 계곡에 건설된 벨로라도에 도착한다. 대부분의 순례자는 산토도밍고에서 출발하여 벨로라도에서 여장을 풀지만, 까칠한 순례자는 5㎞ 거리를 더 걸어 토산토스까지 나아간다. 시원한 와인 생각에 마트를 찾았건만, 시에스타로 문이 잠겨 있다. 할 수 없이 바(Bar)를 찾아간다.

점심 식사 후 낮잠을 즐기기 위해 문을 닫는 우아한 시에스타(siesta) 관습은 작은 마을에서는 반드시 지켜지지만, 대도시에서는 그렇지 않다. 흔히 시에스타는 낮잠이라는 말로 잘못 해석되곤 하며 스페인이나 중남미 사람들이 '게으르다'는 그릇된 편견을 불러일으키는 원인이 되기도 한다. 그러나 시에스타는 태평한 사람들이 즐기는 한낮의 오수가 아니라 고온의 기후가 빚은 풍습이며, 오히려 생산성을 향상시키기 위한 삶의 지혜이기도 하다. 시에스타는 '6번째 시간(hora sexta)'이라는 라틴어에서 비롯되었으며, 이는 스페인이나 남미만의 풍습이 아니라 중동, 그리스, 북아프리카 등 지중해 지역에 널리 퍼져 있다.

한여름 최고 기온이 40도를 넘나드는 스페인에서는 점심 식사 후에 30분 정도 잠을 자두는 것이 혈액 순환을 원활하게 하고 탈진을 예방하며 기억력을 향상시키는 등 건강에 이롭고 오후 늦게까지 활동할 수 있는 에너지를 축적하게 해준다. 아인슈타인은 시에스타 예찬론자였으며, 윈스턴 처칠도 쿠바에서 시에스타 문화를 배운 후 이를 즐기곤 했다. 그가 제2차 세계대전 중 새벽까지 왕성하게 일할 수 있었던 것도 한낮의 시에스타 덕분이었다. 현대에 이르러 에어컨이 보편화됨에 따라 마드리드, 바르셀로나, 발렌시아 등과 같은 대도시에서는 상대적으로 시에스타 문화가 사라지는 추세다. 대도시 백화점이나 하이퍼마켓은 점심시간에도 문을 닫지 않지만, 변두리나 주택가, 대부분의 중소도시에는 아직도 시에스타 문화가 그대로 남아 있다. 낮 시간에는 카페테리아와 같은 요식업소를 제외하면 대부분의 상점과 개인 업소가 잠시 문을 닫는다. 대신에 저녁시간 활용도는 높다. 철시했던 가게들이 오후 4시를 전후로 하여 다시 문을 열고 광장과 거리는 인파들로 붐비기 시작한다. 주말 밤 자정이 넘은 시간에 교통 체증이 있는 나라는 스페인밖에 없을 것이다. 그 수많은 차는 귀가하는 것이 아니라, 늦은 저녁 식사 후에 주말 밤을 즐기러 나가는 행렬이다. 시에스타는 분명 일과 여과를 모두 소중히 여기는 스페인 사람들의 삶의 에너지이다.

벨로라도를 벗어나 다시 스페인의 시골길을 걸어간다. 산티아고 가는 길은 역사와 문화와 예술이 있는 시골길 걷기와 다르지 않다. 대부분 자연과 함께 한다. 생장 피드포르에서부터 날이면 날마다 새로운 하늘을 보고 새로운 땅을 걸으면서 사색에 잠기며, 자연을 벗하며 성지로 가는 순례는 자연스럽게 마음을 정화하고 신앙의 세계로 다가가게 한다. 길은 사람들이 다니고 그 이름을 불러주기 전에는 한낱 버려진 존재지만, 사람들이 그 길을 걷고 그 이름을 불러줄 때 다가와 길이 된다. 사람들은 저마다 선택한 마음의 길을 간다. 그리고 자신이 걸어온 그 길 위에 존재한다. 사람들은 저마다 몸과 마음을 바쳐 사랑하고, 일하는 것에 비추어 인생을 바라본다. 등산가에게 인생은 등산이요, 요리사에게 인생은 요리이며, 무용가에게 인생은 무용이다. 건축가에게 인생은 건축이고, 도박사에게 인생은 도박이다.

마음의 길을 가는 여행은 일상에서 벗어나 사물을 관찰하며 기쁨을 찾고 침묵 속에서 자신을 바라보게 한다. 하지만 여행자들은 객체는 관찰하면서 자신은 잘 성찰하지 않는다. 나 홀로 여행 속에는 침묵이 살아있다. 자발적 침묵이 자신을 지켜보고 있다. 허나 침묵으로도 관찰되지 않는 뭔가가 있으니, 바로 자신의 감정과 이성이다. 생각을 성찰해야 한다. 감정과 이성은 자신이 아니다. 그것을 바라보는 자신이 따로 있다. 여행을 통한 관찰과 성찰, 그리고 관찰과 성찰을 통과한 삶은 통찰로 흘러간다. 찰찰찰 인생의 중심부를 관통하며 유랑의 길을 흘러간다. 카미노 위에서 관찰, 성찰, 통찰의 여정을 기대하며 순례의 길을 걸어간다.

인생은 우주 공간에서 한 점이 되어 잠시 스쳐 가는 순례다. 점은 선이 되고 면이 되어 그 모습을 갖춘다. 짧은 인생 순례 중에 더욱 특별한 장소를 찾아 떠나는 유랑의 길은 아름답다. 순례는 인생에서 취할 수 있는 최고의 아름다움이다. 순수한 영혼으로 신에게 향하고, 자신의 내면에게 향한다. 주변의 풍경과 자신의 삶을 돌아보고, 가로 등 불빛에 비친 나뭇가지, 밤하늘에 반짝이는 별들, 환히 밝혀주는 달님, 이른 아침의 아름다운 풍경 등으로 떠나는 유랑, 순례는 분명 신의 은총이다.

토산토스에 도착한다. 성당의 탑 꼭대기에 황새의 둥지가 있다. 천상의 전령인 커다란 황새가 기품 있게 앉아 있다. 새끼들이 서로 고개를 내밀며 순례자에게 인사를 한다. 아파치 인디언 남자가 아침에 일어나 하늘을 나는 매를 보고 집을 나가더니 다시는 돌아오지 않았다. 죽은 뒤 저승에서 만난 아내가 물었을 때 남자는 대답했다. "매가 계속 날아서."라고.

항상 그 무엇인가가 있다. 남자를 떠나게 하는.

순례자에게도 인디언의 피가 흐르고 있다. 자연의 신성한 목소리가 들려온다. 하늘 저 멀리서 들려오는 어떤 영혼의 가르침처럼. 커다란 황새가 엄숙한 모습으로 순례자에게 '종교는 다른 시각의 종교를 모두 가슴으로 받아내고 다시 제 갈 길로 흘려보낼 수 있어야 한다. 깊고 넓은 종교일수록, 사상일수록 다른 종교와 사상에 관대하다.'라고 하늘의 메시지를 전한다.

스페인의 작은 시골 마을 토산토스의 저녁노을이 아름답고 붉게 물든다. 지구는 돌고 또 돌아가고, 낮과 밤, 밤과 낮은 끝없이 윤회한다. 인생 여정도 흙에서 와서 흙으로 돌아가듯, 하루하루의 삶도 아침에 나가서 저녁에 돌아오는 즐겁고 신나는 소풍이다. 날마다 새롭고 신선함으로 하루를 맞이하고 또 보낸다.

밤이 깊어간다. 순례자들의 코 고는 소리, 발 냄새와 땀 냄새가 진동을 한다. 마음의 길을 걸어온 순례자의 침대에서 들려오는 코골이가 오케스트라로, 땀에 찌든 냄새가 향긋한 기운으로 변하는 천국의 향연이 펼쳐진다. 깊은 밤 높은 하늘에서 반짝이는 별들이 소리 없이 웃는다.

유랑의 길에 든 순례자에게 "수고하고 무거운 짐 진 자들아, 다 내게로 오라. 내가 너희를 쉬게 하리라."라는 예수의 사랑이 들려온다.

CAMINO DE
SANTIAGO

11

역사의 길

"사람이 양보다 얼마나 더 귀하냐!"

토산토스에서 아헤스까지 22.7㎞
토산토스~에스피노사 델 카미노~비야프랑카 몬테스 데 오카
~죽은 자를 위한 기념비~산 후안 데 오르테가~아헤스

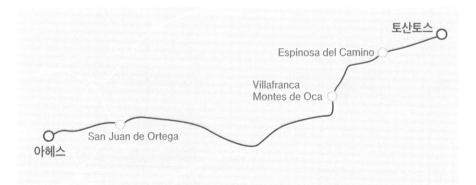

25일. 일요일이다. 어린 시절 일요일을 공일, 토요일을 반공일이라 불렀다. 공일(空日)은 텅 빈 날이다. 서양에서는 쉬는 날을 홀리데이, 곧 성스러운 날이라 부르고 토요일처럼 반공일은 하프 홀리데이라 부른다. 주의 날, 성스러운 날, 기도를 한다. 젊은 날에는 새벽마다 무릎 꿇고 기도를 올렸다. 때로는 눈물로 간구했다. 하지만 신은 언제나 무심했다. 때로는 신을 원망했고 항의하기도 했다. 하지만 신은 언제나 묵묵부답이었다. 그래서 자신을 믿기로 했다. 열심히 살았다. 눈물겹게 열심히 살았다. 그런데 이제 와서 신은 내게 말한다. "그것이 내가 너를 돕는 방법이었다. 내가 무심한 게 아니었다."라고.

순례는 신에게 향하는 여정이다. 카미노는 신, 신에게 가는 통로인 예수, 예수의 제자 성 야고보를 찾아가는 길이다. 카미노는 내적으로 깨닫고, 영적으로 거듭날 기회를 제공한다. 순례자는 지팡이, 망토, 가리비, 펠트 모자, 작은 배낭을 멘 중세 순례자의 모습을 연출하며 카미노를 걸으면서 자족, 겸허, 품위, 관대함, 자신과 타인, 자연에 대한 존중이라는 가치를 체화한다. 신에게 오늘 하루도 카미노에서 용기를 주고 동행하기를 기도하며 시골 마을의 소박한 궁전을 나선다. 시선이 하늘에서 땅으로, 땅에서 하늘로 왔다 갔다 하기를 반복한다. 하늘에는 영광, 땅에는 평화! 하늘의 신에게는 영광을 드리고 땅의 순례자에게는 오늘 하루도 평화가 깃들기를 소망하며 한 걸음 한 걸음 천천히 나아간다.

일요일에 예배를 드리지 않고 길을 나선다는 것은 청교도 선교사들이 전해준 가르침을 받은 유년의 신앙생활에서는 상상도 할 수 없는 일이었다. 어릴 적 일요일에 교회를 가지 않거나, 공부를 하거나, 돈을 주고 물건을 사거나, 다른 곳으로 차를 타고 가는 것 등등은 십계명 중 '안식일을 기억하여 그날을 거룩하게 하라'는 제4계명을 위반해 큰 죄를 범하는 것이라 배웠다.

안식일에 예수의 제자들이 밀밭 사이로 지나갈 때 이삭을 잘라 먹었다. 이는 일종의 추수 행위로 안식일을 범한 것이었다. 바리새인들은 이를 두고 예수를 공격했다. 예수는 다윗이 부하들과 안식일에 진설병을 먹은 일을 예로 들며 반박했다. 바리새인의 법에 따르면 안식일에는 죽음에 직면한 병자들만 고칠 수 있었다. 그러나 예수는 안식일에 손 마른 자를 고치려고 했다. 바리새인들이 이를 공격하려고 예수에게 '안식일에 병을 고치는 게 옳습니까?'라고 질문했다. 예수는 '안식일에 양 한 마리가 구덩이에 빠졌으면 구해내지 않겠느냐?' 하며, 이어서 '사람이 양보다 얼마나 더 귀하냐. 그러므로 안식일에 선을 행하는 것이 옳으니라.' 하고는 그 즉시 '손을 내밀라.' 하고 말한 뒤 병자의 손을 고쳐주었다. 이로써 예수는 자신이 안식일의 주인임을 계시했다. 바리새인들은 이후 예수를 죽이려고 더욱 혈안이 되었다.

안식일은 하느님 사랑과 이웃 사랑을 실천하는 날이다. 하지만 안식일은 안식일을 위해 존재하는 것이 아니라 사람을 위해 존재한다. 산티아고 순례길을 걸으며 안식일에 육신의 고행을 통한 영혼의 안식을 취한다.

세상에는 강한 것이 열두 가지가 있다고 탈무드에 기록되어 있다. 첫째는 돌이다. 그러나 돌은 쇠로 파괴된다. 쇠는 불에 녹는다. 불은 물에 꺼진다. 물은 구름 속에 흡수된다. 그 구름은 바람에 날려간다. 그런데 바람은 결코 사람의 존재를 날려버릴 수 없다. 사람은 공포에

떤다. 공포는 술로 없앨 수 있다. 술은 잠에 의해 깬다. 잠은 죽음만큼 지속적이고 강하지 못하다. 죽음보다 강한 것은 사랑이다.

예수는 십자가에 못 박혀 "다 이루었다." 하고는 숨을 거두었다. 인간의 죄를 대속하기 위해 어린 양으로서 세상에 와서 자신의 죽음으로 인류를 구원했다. 독생자 예수를 죽이면서까지 인간을 향한 사랑을 증명한 하느님이었다. 기독교의 핵심 교리는 사랑이다. 사랑은 부처의 자비이고, 공자의 인이고, 맹자의 측은지심이다. 사람 인(人)은 두 사람이 서로 기대고 있고, 어질 인(仁)은 두(二) 사람(人)이 나란히 동행하고 있다. 교회에만 구원이 있는 것이 아니기에, 안식일에 산티아고 가는 길은 기도하고 예배하고 찬송하는 길 위의 교회요 학교다.

토산토스를 나와서 경작지와 산림 숲 사이로 난 시골길을 걸어간다. 에스피노사 델 카미노를 지나고 비야프랑카 몬테스 데 오카에 도착한다. 오카산(山)은 '도둑질하고 싶으면 오카산으로 가라.'는 말이 회자될 정도로 험준했다. 그래서 스페인에서도 오지 중의 오지인 포르투갈의 산악지대 에스투레마두라와 비교된다. 아즈텍 왕국을 정복한 에르난 코르테스와 잉카 제국을 정복한 프란시스코 피사로. 악명 높은 이 두 정복자가 험준한 에스트레마두라 출신이다.

비야프랑카에서 산 후안 오르테가까지의 12.2㎞ 구간에는 마을이나 휴식처가 없다. 달팽이가 줄을 지어 간다. 길 위에 있는 달팽이들이 순례자에게 커다란 영감을 준다. 천천히 가라고. 달팽이 뿔 위에서 부귀공명을 추구하는 인생을 살지 말라고. 여행을 떠나면 대개 매력 있는 친구가 꼭 곁에 있다. 어느 때는 흰 구름이 함께 있고, 어는 때는 작은 새가, 또 어느 때는 꽃과 나비가 함께 있다. 그리고 다양한 친구들이 끝없이 반갑게 인사를 하고 간다.

태양이 붉게 떠오른다. 아이들에게 해를 그려보라고 하면 한국과 일본 아이들은 대체로 빨갛게 그린다. 서양 아이들은 오렌지빛이나 노랗게 그린다. 중국에서는 청천백일기처럼 하얗게 그린다. 해는 하나인데 그것을 그리는 빛깔은 모두 다르다. 국기에 초승달을 그리는 열사의 이슬람 문화권에서 해는 생명을 위협하는 부정적인 존재로 인식된다. 붉은 태양이 하얗게 변하며 열기를 더해간다.

산이 하늘을 향해 높이 솟아 있다. 새가 줄지어 창공을 날아간다. 카미노를 걸으며 날마다 느끼는 진정한 즐거움 가운데 하나가 자연과의 교감이다. 인간들은 때로는 경외하는 마음으로 자연을 대하지만, 어떤 때는 아무 생각도 없다는 듯 혐오스러울 정도로 자연을 파괴한다. 자연은 자신을 발견한 자에게만이 가슴 가득 선물을 준다. 그자는 자연을 고향으로 여기고 자연을 향유한다.

흰 구름이 창공을 표표히 흘러간다. 오오, 보라, 구름이여! 하늘을 나는 유랑자 구름이여! 저 구름의 마음을 그 누가 알까. 저 구름의 마음을 신은 알리라. 카미노를 걸어가는 순례자의 고독을 그 누가 알까. 단지 자신만이 알면 그뿐. 무엇을 더 바랄까. 하지만 신이 알아준다면 그 얼마나 감사할까.

오르막을 올라 소나무 숲 사이로 난 넓고 평평한 길을 따라 걸어간다. 한참 동안 숲길을 걸어 산으로 올라간다. 마치 병사들이 사열을 받듯 길가에 나무들이 도열하여 순례자를 반긴다. 숲은 글자도 숲(林)처럼 생겼다. 산 또한 글자도 산(山)처럼 생겼다. 산은 언제나 경이로운 대상이다. 정상에서 들려오는 유혹의 속삭임이, 목적지가 초대하는 환희의 잔치가 산을 오르게 한다. 정상에서 성취감에 젖어 웃고 있을 자신의 모습을 생각하면 절로 힘이 난다. 다리가 춤을 추고 어깨에 힘이 들어간다. 산은 오르기 전에는 시야에 들어오는 몇 그루의 나무와 풀이 전부다. 하지만 높이 올라갈수록 시야가 점점 넓어져서 저 너머에 있는 산도, 마을도, 강도, 호수도, 바다도 보인다. 높이 올라갈수록 새로운 세상이 보인다. 진리의 길은 산을 오르는 것과 같다. 산을 올라 산 너머의 산을 바라보고, 꿈 너머의 꿈을 바라본다. 정상은 하나지만 오르는 길은 여러 갈래가 있다.

정상에 오르니 작은 기념비가 있다. 스페인 내전(1936~1939) 당시 전사한 이들을 기리는 '죽은 자를 위한 기념비'다. 숙연한 마음으로 머리를 숙인다. 비문에는 "그들의 죽음은 헛되지 않았다. 하지만 그들의 살인 행위는 헛된 짓이었다."라고 적혀 있다.

1936년 선거에서 좌익 세력은 인민 전선을 결성해 연합작전을 편 결과 결국 선거에 승리를 거두고 스페인은 극도의 혼란기를 맞았다. 인민 전선 정부는 대대적인 개혁을 추진하려 했고, 극우 보수주의자들은 기득권을 빼앗길 처지에 놓여 테러를 일으켰다. 군부가 마침내 프란시스코 프랑코(1892~1975) 장군을 중심으로 1936년 7월 17일 쿠데타를 일으킴으로써 동족상잔의 내전(1936~1939)이 발발하였다.

프랑코는 인민 전선 정부가 들어서자마자 쿠데타를 꾸미기 시작했다. 프랑코는 군대와 함께 아프리카의 모로코로 이동한 뒤 쿠데타를 선언했다. 교회, 군부, 경찰 등 보수 세력이 프랑코를 지지했고, 특히 가톨릭교회는 이 쿠데타를 십자군 전쟁으로 치켜세웠다. 이에 대항해 인민 전선 정부군은 노동자, 농민, 무정부주의자, 자유주의 지식인 등으로부터 지지를 받았다.

독일과 이탈리아의 도움을 받은 프랑코가 8월, 스페인 본국에 상륙했다. 바로 이 내전에서 파시스트의 국제 협력이 처음 이뤄졌다. 독일과 이탈리아는 프랑코에게 수만 명의 병사뿐만 아니라 전쟁 자금까지 지원했다.

스페인 내전에는 정의감에 불타는 전 세계의 많은 지식인과 작가가 의용군으로 참전했다. 프랑스의 문화부 장관을 지냈던 앙드레 말로, 미국의 대문호 어니스트 헤밍웨이, 영국의 조지 오웰 등이 대표적인 인물이었다. 게리 쿠퍼와 잉글리드 버그만이 주인공으로 출연하는 〈누구를 위하여 종은 울리나〉(1943)는 스페인 내전을 배경으로 한 헤밍웨이의 동명 소설을 영화화한 유명한 작품이며, 트로츠키주의자였던 조지 오웰의 「카탈루냐 찬가」(1938)는 의용군으로 참전한 작가 자신의 경험담을 바탕으로 쓰인 것이었다.

프랑코의 군대는 1939년 1월 바르셀로나를 함락시켰고, 3월에는 수도 마드리드를 점령했다. 약 백만 명이 전사했고, 후방에서도 약 20만 명이 살해되었다. 전쟁 후에도 20만 명 정도가 처형되고 투옥되었다. 50만 명 정도의 전문직 인재들이 프랑스 등으로 망명하여 전후 국가 경쟁력이 급격히 약화되었다. 이로써 스페인 내전은 파시스트의 승리로 끝났고, 프랑코는 8월에 국가 원수인 통령에 취임했다.

스페인 내전이 진행되고 있을 때인 1936년 10월에 이탈리아와 독일은 베를린-로마 추축 협정을 맺었고, 독일과 일본은 11월에 소련에 공동 대응하기 위해 방공협정을 체결했다. 이듬해 11월에는 이탈리아가 이 협정에 동참했다. 이로써 세 파시즘 국가가 한자리에 모였고, 2차 세계대전의 전운이 서서히 싹 트기 시작했다. 결국 다섯 달 후에 제2

차 세계대전이 발발했다.

'무어인의 학살자'라는 '산티아고 마타모로스'는 스페인의 파시스트 지도자 프랑코의 민족주의 정책을 견인하는 정치적 상징이었다. 프랑코는 의식적으로 자신을 산티아고 마타모로스와 연관 짓고, 자신을 스페인의 구원자이자 통합자로 여겼다.

흔히 프랑코와 박정희 대통령을 비교한다. 박정희와 프랑코 시대는 사회 혼란을 잠재우고 경제 성장에 박차를 가하는 시기로 규정할 수 있으나, 독재정권이라는 비판에서는 자유로울 수 없다. 하지만 박정희 대통령의 업적은 결코 프랑코와 비교될 수 없다. '내 무덤에 침을 뱉어라!'라며 한강의 기적을 이룬 박정희 대통령은 세계에서 가장 가난한 대한민국을 오늘의 대한민국으로 만든, 아시아를 넘어 세계 으뜸가는 지도자이기 때문이다. 옛사람들은 '임금의 하늘은 백성이고 백성의 하늘은 밥'이라고 했다. 맹자는 무항산무항심(無恒産無恒心), 곧 밥이 없으면 바른 마음을 견지할 수 없다고 했다. 박정희 대통령은 어지럽고 혼란스러운 나라를 하나로 모아서 세계에서 가장 가난한 나라를 세계에서 가장 부유한 나라의 대열에 이르게 한 위대한 독재자였다. 박정희 대통령의 독재는 가난에서 탈출해 오늘의 번영을 구축하는 구국(救國)의 길이었다. 이순신 장군과 박정희 대통령은 우리 민족에게 보낸 신의 축복이었다.

오늘날까지도 높이 평가받고 있는 프랑코의 외교는 임진왜란 때 조선을 도와주었던 명나라와 명나라를 침공하고 있는 청나라 사이에서 실용주의 노선을 추구하던 광해군의 외교와 비교된다. 프랑코는 내전에서 자신을 지원했던 히틀러나 무솔리니 편에 가담하지 않고 제2차 세계대전에서 중립을 지켰다.

1969년에는 제2공화국이 성립(1931년)되면서 쫓겨났던 알폰소 13세 왕의 손자인 후안 카를로스가 프랑코의 공식 후계자로 지명되어 후계 구도가 완성되었다. 이미 10살 때 스페인으로 와서 프랑코의 후원 아래 후계자 수업을 받고 있던 후안 카를로스에게 프랑코는 사실상 아버지와 같은 존재였다. 1975년 프랑코가 죽은 후 후안 카를로스가 즉위하였고, 이어서 2014년 즉위한 아들 필립 6세가 즉위했다. 현재 스페인의 왕은 스페인 헌법에 명시된 '국가 통합과 존속의 상징'이다.

프랑코가 죽은 지 31년이 지난 2006년, 스페인에서는 과거사 규명을 둘러싼 뜨거운 논란에 휩싸였다. 하지만 프랑코는 행운아였다. 20세기 최고의 독재자 중 한 명이었던 그는 천수를 누리고 사망하였으며, 프랑코 정권의 충복들도 대부분 처벌을 면했다. 이는 좌파와 우파 모두의 동의하에 통과된 '사면법' 덕분이었다. 과거 내전과 독재의 어두운 기억에 대한 것은 더 이상 묻지 말고 오로지 미래의 민주 스페인 건설에만 전념하자는 취지였다. 이는 역사적 과오를 덮고 넘어가자는 것이었으므로, 흔히 '망각의 협약'이라고 일컬어진다. 하지만 진실이 규명되지 않은 어두운 과거는 언제나 현재 진행형일 수밖에 없다.

'죽은 자를 위한 기념비' 앞에서 게르니카의 비극이 스쳐 간다. 스페인의 작은 시골 마을 게르니카의 장날이었던 1937년의 어느 날, 독일 비행기가 게르니카를 향해 포탄을 퍼부었다. 무차별적인 폭격에 도시는 쑥대밭이 되고 1,600여 명이 사망했고 900여 명이 다쳤다. 독일 나치 정권이 스페인 정부와 내전 중이던 프랑코 반란군 편에 서서 자행한 만행이었다. 나치 독일은 자신들의 전쟁을 준비하고 있었는데, 단지 비행기와 폭탄의 성능을 테스트하기 위해 폭격을 가했다. 이 충격적인 소식을 접한 피카소는 그림을 그리기 시작했고, 한 달 반 뒤에 폭 7.8m, 높이 3.5m의 거대한 그림 「게르니카」를 완성했다. 1939년에 스페인 내전은 결국 프랑코 장군의 승리로 끝났고, 파시즘 독재 체제가 수립되면서 피카소는 죽을 때까지 조국인 스페인으로 돌아가지 않았다.

제2차 세계대전 중 나치 게슈타포 장교가 피카소에게 물었다.

"「게르니카」를 그린 것이 당신이오?"

피카소는 대답했다.

"내가 아니라 당신들이오."

피카소는 또한 「한국에서의 학살」이라는 그림을 남겼다. 한국전쟁 당시 일어난 황해도 신천의 학살 사건을 담은 그림이었다. 피카소가 주목한 신천 학살은 1950년 10월 17일부터 12월 7일까지 52일 동안 황해도 신천군 주민 35,383명이 죽은 대참사였다. 로봇처럼 아무 감정 없이 잔인하게 학살하는 군인과 연약한 희생자를 좌우로 대비시킨 피카소의 「한국에서의 학살」에 쓰인 아이디어와 구도는 프랑스 나폴레옹의 군대가 스페인 마드리드에서 무고한 시민들을 총으로 학살하는 고야의 「1808년 5월 3일」과 똑같다. 피카소 스스로가 "유능한 예술가는 모방하고, 위대한 예술가는 훔친다."라고 했듯이 고야의 형식을 그대로 가져왔다. 반공이 국시인 한국에서 공산주의자 피카소는 금기어였으며, 그를 찬양하거나 그와 관련된 것을 상표로 사용하면 법의 심판대에 올랐다. 한반도의 한국과 이베리아반도의 스페인은 역사적으로 너무나 닮았다.

하느님은 교회에만 계시는 걸까. 교회에 계신다면 왜 교회 안에서 나쁜 일이, 세상에 계신다면 세상에서 나쁜 일이 이렇게나 많이 일어나는 걸까. 하느님은 도대체 어디에 계시는 걸까. '죽은 자를 위한 기념비'를 지나 가파른 내리막길을 따라 내려와 패로하 천을 건너간다. 다시 오르막길을 따라 패드라하 고개(고도 1,100m)를 오르면서 소나무 숲을 만난다. 소나무 숲 사이로 난 넓고 평평한 길을 따라 오르테가로 걸어간다.

누구나 역사를 공부한다. 지나온 길이 히스토리라면, 오늘 하루는 히스토리를 만들어 가는 스토리다. 미스터리한 내일을 어떻게 자신의 스토리로 만들어 갈 것인가를 알기 위해서는 역사를 알아야 한다. 역사를 모르는 민족에게 미래가 없다면, 역사가 없는 개인의 삶에도 미래가 없다. 고통과 눈물로 얼룩진 역사는 슬픈 역사 이전에 보다 나은 내일을 위한 터전이요, 밑거름이다. 이를 아는 자만이 고난과 시련 속에서도 즐거워하며 웃을 수 있다. 진정한 승자는 마지막에 웃는 자다. 내일, 보다 먼 훗날 웃기 위해 오늘의 역경을 웃으며 행복하게 받아들인다. 눈물 속에 빛이 보인다. 미래를 향한 아름다운 피와 땀과 눈물의 향연이 펼쳐진다. 순례길이 야고보를 통해서 새로운 경지로 업그레이드된다. 고난을 통해 새로운 역사를 쓰는 신의 섭리가 가슴으로 다가온다. 유대인들에게 그렇게 가혹했던 신이 자신의 역사에 간섭하고 주장하는, 보이지 않는 손길이 느껴진다. 역사의 길은 지나온 과거의 길 위에서 현재를 비추고 미래를 밝혀주는 등불이다.

카미노는 여러모로 삶에 영향을 준다. 순례자는 혼자 걷고 명상하고 사색하는 동안 크게 성장한다. 순례는 과거를 정리하고, 실제 삶에서는 쉽게 찾을 수 없는 중심과 목표를 제공하며, 결정되지 않은 새로운 미래를 향하여 움직일 수 있게 한다. 두 발로 걷는 산티아고 순례길은 변화를 위한 인내의 장이자 기회이기도 하다.

도보 여행은 느림의 미학을 깨우쳐 준다. 길을 걸어가는 것은 시간이나 돈을 좇는 행위가 아니라 오히려 시간을 버리고 돈을 버리면서 하는 행위다. 하지만 스쳐 가는 바람 한 점, 구름 한 조각, 돌 하나, 풀 한 포기에 관심을 가지게 되고, 길 위에 펼쳐진 역사와 문화의 흔적과 옛사람의 정취와 애환을 맛볼 수 있다. 문명의 이기 속에 앞만 보고 달려온 순간들에 대한 아쉬움, 자아를 상실하고 "빨리빨리!" 만 외치며 살아왔던 삶에 대한 자기반성의 기회를 가질 수 있다. 걷기는 스스로 철학을 갖게 하며 인간을 가장 인간답게, 인간을 가장 행복하게 만드는 수단이고 방법이다. 걷기는 마음의 상처를 치유하고 상상력을 키우고 생각을 튼튼하게 한다. 자신을 돌아보게 하고 건강한 자존감을 세우게 한다. 자신을 믿게 만들고 세계와 자신과의 관계, 자연과의 친분과 자연의 건강까지도 생각하게 한다. 순례는 감성을 과소비하는 행위가 아니라 신을 만나고, 자신을 만나고, 신이 창조한 가장 위대한 자연과 동행 하는 재충전의 기회다.

드디어 산 후안 데 오르테가에 도착했다. 이곳의 지명은 산토도밍고 데 칼사다와 마찬가지로 평생을 카미노를 걸으며 순례자들을 도왔던 후안의 이름을 딴 것이다. 후안은 1080년에 태어나서 젊었을 때 사제 서품을 받았다. 함께 일하기 위해 산토도밍고에 갔던 후안은, 산토도

밍고가 죽자 예루살렘으로 성지순례를 떠났다. 성지순례를 끝내고 돌아오는 길에 배가 난파되었지만, 기적 같이 살아남은 후안은 현재 자리에 성당을 짓고 순례자들을 도왔다.

12세기에 지어진 로마네스크 양식의 성당에는 세상에서 가장 아름답다고 칭송받는 고딕 양식의 천개와 오르테가 성인의 석관이 놓여 있다. 성당을 둘러본 후 교차로를 건너 소나무 숲 사이로 난 흙길을 따라 걸어간다. 호젓한 숲을 벗어나니 먼발치에 오늘의 목적지 아헤스가 구릉 속에 보인다. 11세기 중엽 카스티야 왕국과 나바라 왕국이 기름진 땅을 차지하기 위해 이 아름다운 아헤스와 아타푸에르카 사이의 평원에서 치열한 전투를 벌였다. 길 좌측 들판의 자연석은 이곳에서 전사한 나바라 왕국의 가르시아 왕을 기리기 위해 세운 비석이다. 매년 8월 페르난도 왕과 가르시아 왕의 전투 장면을 재현하는 축제가 아헤스에서 벌어지고 있다.

산티아고까지 가는 길이 518㎞ 남았다는 표시판이 반겨준다. 마을 주민에게 인사를 한다.

"올라!"

마음의 문을 여는 손잡이는 마음 안에 있다. 이 세상은 거울과 같다. 내가 미소를 지으면 거울도 미소를 짓는다. 내가 얼굴을 찡그리면 거울도 얼굴을 찡그린다. 빨간 유리를 통해서 세상을 보면 세상은 빨갛게 보이고, 파란 유리를 통해서 보면 세상은 파랗게 보인다. 내 집 유리창이 더러우면 이웃집 빨래도 더럽게 보인다. 그러므로 행복하기를 원한다면 항상 긍정적이고 사물의 밝은 면을 보도록 노력해야 한다. 선해지려고 노력해야 한다.

소박한 에우랄리아 성당의 종탑에서는 황새들이 둥지를 지어놓고 순례자를 반기고, 성당에 들어서니 성모 마리아가 반겨준다. 내가 평화로우니 모두가 평화롭게 반겨준다.

바람이 불어온다. 거칠고 사납게 불어온다. 바람을 타야 한다. 순풍에 돛을 달듯 이 바람을 이겨야 나의 바람을 이룰 수 있다. "바람아 비켜라!"라고 외치며 아헤스의 알베르게에서 레드와인으로 축제를 벌인다. 위대한 독재자인 내 아버지의 노래이며 고(故) 박정희 대통령의 애창곡인 '황성옛터'가 산티아고 가는 길에 바람에 날려 온다. 역사의 길에 새 역사의 바람이 불어온다.

영웅의 길

"네 마음의 길을 걸어라."

아헤스에서 타르다호스까지 31.3㎞

아헤스~아타푸에르카~카르데누엘라~비아프리아~부르고스~타르다호스

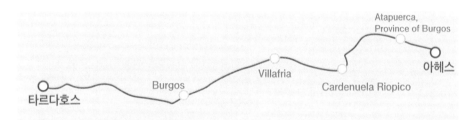

산골 마을에 여명이 밝아온다. 해발 1,000m에 위치한 아헤스의 상쾌한 정적이 순례자의 발걸음에 깜짝 놀란다. 새들도 놀라 잠에서 깨어나 순례자를 위해 노래를 부른다. 순례자가 반갑게 인사한다.

"올라, 버드(birds)!"

"올라, 페레그리노!"

새들도 화답한다. 활기차게 하루가 시작된다. 오늘은 순례자에게 어떤 여행자들이 찾아올까 기대된다. 즐거움, 기쁨, 감사, 외로움, 그리움, 깨달음 등 예기치 않은 손님들. 어떤 손님이든, 설령 불쾌하고 불편한 손님이라도 모두 반갑게 맞이하리라 생각한다. 홀로 걷는 산티아고 길에 자유와 평안이 밀려온다.

유럽 제일의 역사박물관이자 문화 탐방지를 머나먼 동양의 순례자가 홀로 걷는다. 지난날 국경을 초월한 자연문화유산 카미노가 스페인의 종교적, 사회적, 정치적 구세주 역할을 했다면, 오늘날 카미노는 자연과 문화가 어우러지는 유럽 제일의 걷고 싶은 길이 되었다.

아헤스를 나와 아스팔트길 옆을 걸어 산 후안 데 오르테가가 만든 중세 돌다리를 지나간다. 멀리 고고학 공원을 바라보며 아타푸에르카 마을로 들어선다. 유네스코는 2,000년에 아타푸에르카의 유적을 인류문화유산으로 지정했다. 1976년 이래 아타푸에르카의 여러 동굴에서는 유럽에서 가장 오래된 인류 화석과 도구가 발견되었다. 선사시대 인류를 시작으로 청동기와 그 이후 시대의 것까지 많은 유골이 발굴되었는데, 그 가운데에는 78만 년에서 100만 년 전의 것으로 추정되는 유골도 있었다. '유골의 언덕'에서는 네안데르탈인의 직계선조인 호모 하이델베르겐시스의 유골도 발견되었다. 50만 년 전 네안데르탈인들이 남하하는 유럽의 코끼리 떼를 따라 이베리아반도로 남하했음이 뼈와 무기의 발굴을 통해서 입증되었다. 네안데르탈인은 약 3만 년 전쯤, 오늘날의 지브롤터 해협 근방에서 멸종된 것으로 알려져 있다. 반면 네안데르탈인과 약 2만 년간 공존하며 경쟁 관계에 있던 크로마뇽인은 결국 추위를 이겨내고 살아남아 현생 인류의 시조가 되었다. 크로마뇽인이 살아남은 이유는 바늘을 발명하여 옷을 만듦으로써 체온을 유지했기 때문이라고 한다.

아프리카에 첫 인류 오스트랄로피테쿠스가 등장한 것은 약 300만 년 전. 그 후 인류는 다른 대륙으로 이동했고, 유럽에 인류가 등장한 것은 약 200만 년 전으로 추정된다. 현대인의 조상은 약 4만 년 전에 등장한 호모사피엔스사피엔스로, 프랑스 도르도뉴강 유역에서 남자 세 명, 여자 한 명, 아기 한 명의 뼈가 발견되었다. 이들이 발견된 크로마뇽 동굴의 이름을 따서 이들을 크로마뇽인이라 부른다. 이 크로마뇽인의 흔적은 에스파냐에서도 발견되었는데, 바로 에스파냐의 알타미라 동굴 벽화다.

1879년 11월의 어느 날, 스페인 북쪽 칸타브리아 지방의 도시 산탄데르에서 서쪽으로 30㎞쯤 떨어진 곳에 동굴을 살펴보고 있는 아버지와 딸이 있었다. 취미로 고고학을 연구하는 마르셀리노 사우투올라 자작과 여덟 살 난 딸 마리아였다. 어느 순간, 마리아가 "알타 미라! 알타 미라!"라고 외쳤다. 알타 미라(Alta mira)는 '위를 보라'는 말이었다. 동굴 천장과 벽에는 소들이 그려져 있었다. 이것이 바로 그 유명한 구석기 시대 동굴벽화의 발견이며, 동굴의 이름은 '알타미라'가 되었다. 알타미라동굴은 수만 년 전에 구석기인이 살던 동굴로, 이곳에 인류 최초의 예술작품이 있다. 알타미라 동굴의 벽화와 아타푸에르카 유적은 이베리아반도에 이미 오래전부터 사람들이 살았다는 사실을 증명해주었다.

스페인은 이베리아반도를 거쳐 간 수많은 종족, 즉 이베로족, 셀따(켈트)족, 페니키아인, 그리스인, 카르타고인, 로마인, 유대인, 게르만족, 아랍인 등이 섞이면서 형성되었다. 그렇기에 스페인의 정체성은 실로 다면적이다. 기원전 1600년경 이베리아반도의 이름의 기원이 된 이베로 부족이 아프리카 대륙에서 지브롤터 해협을 건너 이주했다. 이베리아반도란 이름은 아프리카 북쪽에서 바다를 건너온 '이베리아인들이 사는 땅'이라는 뜻을 지니고 있으며, 이들이 이베리아반도의 최초 주민이었다. 온순하고 평화로운 농경 부족인 이베로 부족은 주로 반도 남부와 지중해변에 거주했다. 한편 기원전 900년경에는 프랑스 남동부와 다뉴브강 유역에 살던 셀따인들이 피레네산맥을 넘어 따뜻한 땅을 찾아 반도의 서북쪽에 정착했다. 호전적인 셀따인들은 반도에 철기문화를 도입했다. 로마의 지배가 시작되기 이전에 존재했던 이베로와 셀따 두 부족은 반도 중앙의 메세타 지역에서 조우했고, 이들의 피가 섞이면서 첫 스페인 사람인 셀띠베로 부족을 낳았다. 이들은 이베리아반도에서 태어난 최초의 토착 부족으로 오늘날 스페인 인종의 모태가 되었다. 오늘날 스페인 사람들의 싱격인 우아한 것도, 친절한 것도, 자존심이 강해 남의 간섭을 받는 것이나 간섭하는 것을 싫어하게 된 것도, 훗날 로마제국이 침범했을 때 목숨 걸고 끈질기게 저항하여 로마 군대를 곤경에 빠트린 것도 결코 우연이 아니었다.

로마제국은 이베리아반도를 '멀리 있는 땅'이란 의미로 '히스파니아(Hispania)'라고 불렀다. 기원전 19년 아우구스투스 황제는 아스투리아스, 갈리시아 등을 포함한 스페인의 모든 영토를 장악한 후 정식으로 스페인의 로마제국 편입을 공포했다. 이제 스페인은 로마 식민지 시대에서 로마제국의 동등한 구성원이 되었다. 서기 73~74년에는 이베리아반도의 모든 주민에게 로마 시민권이 부여되었다. 이베리아반도가 단일한 권력 체계 아래 통일된 것은 역사상 처음 있는 일이었다. 로마제국에 편입된 스페인 원주민들은 차츰 로마인이 되어갔으며, 많은 사람이 로마 시민 자격을 얻었다. 로마의 속주 출신이라는 이유로 어떠한 차별 대우도 받지 않았다. 이후 스페인은 트라야누스, 테오도시우스 등의 유능한 황제와 네로의 스승이었던 세네카, 시인 루카노 등을 배출했다. 트라야누스(AD 53~117)는 속주에서 태어나 최초의 이방인 출신 로마 황제가 된 인물이며, 오현제 중 한 명인 마르쿠스 아우렐리우스, 기독교를 로마의 국교로 승인했던 테오도시우스 1세(AD 347~395) 또한 스페인 출신의 황제였다.

　이베리아반도는 로마 문명에 흡수되면서 정치, 법률, 행정적으로 로마화 작업이 이루어졌고, 언어적으로는 라틴어를 기반으로 카스티야어, 갈리시아어, 카탈루냐어 등이 생겨났다. 로마 군대와 함께 그리스도교가 전파되면서 이베리아반도의 사상과 신앙도 통일되었다. 특히 그리스도교는 라틴어와 함께 스페인의 로마화에 결정적으로 기여했다. 이후 그리스도교는 사상 통합의 열쇠로서 스페인을 세계에서 가장 가톨릭적인 국가로 변모시켰다. 로마 문명이 스페인에 끼친 영향은 건축 분야에서 특히 두드러졌다. 많은 수로, 다리, 아치, 도로, 성벽 등이 건설되었고, 아직도 그 유적이 남아있다. 결국 멀리 있는 땅 '히스파니아'는 로마 본토보다도 더욱 로마화 되기에 이르렀다. 그래서 스페인을 로마의 발명품이라고도 한다.

초강대국 로마는 스페인 출신의 테오도시우스 황제에 의해 395년 동·서 제국으로 분열되었고, 476년에는 서로마제국이 멸망했다. 유목 민족인 훈족의 압박에 떠밀려 5세기 초부터 라인강과 다뉴브강, 그리고 알프스 이남으로 남하하는 게르만족이 로마제국의 멸망을 초래한 것이다. 그 와중에 이베리아반도에도 게르만 민족이 침범했다. 게르만족의 일파인 고트족은 415년경 이베리아반도에 침입하여 507년 톨레도에 도읍을 정하고 서고트 왕국을 세웠다. 서고트 왕국은 로마의 문화와 관습을 존중하였고, 지배 계급인 서고트족 모두 로마 가톨릭으로 개종하여 종교적인 통일을 이룩했다. 그로 인해 정교일치의 전통이 시작되었고 '제2차 로마화'가 이루어졌다.

그리스 신화에는 지브롤터 해협과 관련하여 헤라클레스의 기둥 이야기가 있다. 헤라클레스는 열두 가지의 시험을 당하는데, 그중 하나가 지금의 스페인에 가서 '게리온의 황소'를 데려오는 것이었다. 헤라클레스는 이를 위해 아틀라스산맥을 건너가야 했는데, 그는 거대한 산을 오르는 대신 아예 산줄기를 없애버렸다. 이때 바다를 막고 있던 아틀라스산맥이 갈라지면서 대서양과 지중해가 생겨났고, 그 사이에 지브롤터 해협이 생겨났다. 부서진 산의 부분 중 유럽 쪽이 지브롤터이고 북아프리카 쪽이 세우타나 에벨 무사라고 알려져 있다. 두 산줄기는 이후 헤라클레스의 기둥이라 불리기 시작했는데, 두 개의 기둥은 스페인 국기의 문장에서 볼 수 있다.

지브롤터는 이베리아반도 남단에 튀어나온 6.5㎢의 땅으로, 지중해와 대서양을 잇는 관문이며 유럽과 아프리카 대륙 사이에 위치하고 있다. 이곳에는 약 32,000명의 주민이 살고 있다.

226 산티아고 가는 길, 나는 순례자다!

백만 년 전에 살았던 화석 인류의 가옥들을 둘러보고 아타푸에르카 마을을 나와 거친 돌산을 오른다. 정상(고도 1,080m)에 있는 커다란 십자가가 어두운 하늘을 배경으로 신비롭게 다가온다. 구름 속에서 신의 사자가 나타날 것 같은 기분이 스쳐 간다. 하늘이 아닌 땅에서, 멀리 카스티야 평원의 부르고스 시내를 둘러본다. 뒤를 돌아본다. 걸어온 방향의 경치를 뒤돌아본다.

중세 수도원 영지였던 마을을 지나 산타 마리아 다리를 통해 부르고스의 젖줄인 아를란손강을 건너간다. 아를라손 강이 동맥처럼 흐르는 부르고스는 로마 시대부터 교통의 요충지였다. 부르고스는 1074년까지 카스티야 왕국의 수도였으며, 곳곳에 고도의 흔적이 서려 있다. 산타 마리아 대성당으로 불리는 부르고스 대성당에 들어가는 출입구인 산타마리아 아치가 순례자를 반긴다. 아치를 통과하면 이내 부르고스 대성당이 자태를 뽐낸다. 프랑스 영향을 받은 고딕 양식의 건축물로 1221년 알폰소 10세와 마우리시오 주교의 후원으로 건립됐다.

1984년 세계문화유산으로 등재된 부르고스 대성당은 스페인 3대 대성당으로 세비야, 톨레도에 이어 세 번째로 큰 규모를 자랑한다. 중세 부르고스는 대성당을 중심으로 성벽을 두른 요새였다. 성 혹은 요새를 뜻하는 카스티야의 어원은 돌로 쌓아 올린 부르고스 성과 대성당에서 나왔다. 니코스 카잔자키스는 『스페인 기행』에서 "그곳은 포탑과 총구멍과 뜨거운 냄비의 흔적이 있는 어두운 군사 요새였다. 바로 여기서 그들은 끓는 물과 기름을 쏟아붓고는 했다. 사랑스러운 그리스도는 무자비하고 비타협적인 야훼가 됐다. 그는 다시 갑옷을 입고 온통 돌밭인 여기서 이단자들과 싸우기 위해 전선으로 나갔다."라며 부르고스 대성당을 묘사했다. 부르고스 산타마리아 대성당은 13세기의 건물로 엘 시드와 그의 부인인 히메나가 안장되어 있다. 발렌시아 전투에서 사망한 스페인의 국민 영웅 엘 시드는 원래 부르고스 동남쪽 8㎞ 거리의 산 페드로 데 카르데냐 수도원에 안치됐으나, 나폴레옹 군의 훼손으로 부르고스 대성당에 새로이 안치됐다.

부르고스는 스페인의 국민 영웅 엘 시드(1043~1099)의 본고장이다. 아랍어로 '주군', '나의 군주'라는 뜻의 엘 시드(El Cid)의 본명은 '로드리고 디아스 데 비바르'로, 부르고스 근처 비바르에서 태어나 이슬람교도와의 전쟁으로 명성을 떨쳤다. 엘 시드는 전투에서 사로잡은 무어인 족장들을 같은 스페인 백성이라며 풀어준 뒤 얻은 칭호였다. 국토회복 운동 기간 동안 산티아고에 버금갈 정도로 유명했던 엘 시드는 가장 뛰어난 용사이자 경건한 신앙인이었다. 우리의 이순신 장군처럼 스페인 사람들의 사랑과 존경을 받는 인물이다. 자신을 몰아낸 왕에게 끝까지 충성을 바치고, 죽은 뒤에도 자신의 죽음을 적에게 알리지 않고 자신의 주검을 말 위에 앉혀 적군을 향해 돌진하도록 했다는 전설적인 인물이다.

스페인의 철학자이자 문필가인 우나무노(1864~1936)는 엘 시드를 '에스파냐의 얼'이라고 칭송했다. 군주에 대한 충성, 약자에 대한 자비, 가족에 대한 사랑, 적에 대한 포용을 상징하는 엘 시드는 가톨릭과 스페인을 되찾기 위한 레콘키스타 정신의 상징이었으며, 단결과 합심이 어렵고 지역별로 나누어진 스페인 국민을 하나로 결집시키는 정신적 구심점이기도 하다. 하지만 리처드 플레처는 『스페인사』에서 "엘 시드는 무슬림을 쫓아내기 위해 싸운 기독교도의 영웅이 아니라, 무슬림 군대와 기독교 군대 사이의 혼탁한 상황에서 자유계약 용병으로서 한 몫 챙긴 우두머리에 불과하다."라고 폄하했다.

1065년, 카스티야·레온 통합 왕국의 최초 군주인 페르난도 1세는 죽으면서 첫째인 산초 2세에게 카스티야를, 둘째인 알폰소 6세에게 레온을, 그리고 셋째인 가르시아에게 갈리시아와 포르투갈을 물려주었다. 그러나 형제지간인 산초 2세와 알폰소 6세가 서로 싸웠고, 이 과정에 등장한 인물이 중세 기사의 전형으로 평가받는 엘 시드이다. 엘 시드는 산초 2세의 무장 기사였다. 주군인 산초 2세가 암살당하는 사건이 일어나고, 산초 2세의 카스티야 왕권이 동생 알폰소 6세(1065~1109)에게 돌아갔지만, 엘 시드는 알폰소 6세의 신하가 되어 임무를 충실히 수행했다. 그러나 엘 시드는 알폰소 6세에게 자신의 주군이었던 산초 2세 암살 사건의 진상을 밝힐 것을 공개적으로 요구했고, 새 군주인 알폰소 6세는 이를 모욕으로 여겼다. 또한 귀족들은 용맹스럽고 강직한 엘 시드를 시기하여 그가 받은 공물 중 일부를 횡령했다고 모함했다. 알폰소 6세는 이 기회를 이용하여 엘 시드에게 추방령을 내렸다.

1081년, 300명의 친지와 부하들을 거느리고 카스티야를 떠났던 엘 시드는 북상해 오는 이슬람교도들과 싸워 여러 전투에서 승리를 거두었고, 1094년에는 이슬람의 발렌시아까지 정복했다. 비록 자기를 버렸지만, 충성을 맹세했기에 카스티야의 알폰소 6세에게 발렌시아의 왕관을 바침으로써 엘 시드는 변함없는 충성심을 표현했다.

용맹과 탁월한 지휘능력, 가족에 대한 사랑, 종교를 넘어선 행보 등으로 주목을 받은 엘 시드. 1207년경 발표된 그의 무용담을 담은 서사시 「엘 시드의 노래」는 스페인어로 된 최초의 작품이자 스페인 문학의 효시이며 중세 문학의 백미이다. 익명의 작가가 쓴 이 작품은 프랑스 문학의 「롤랑의 노래」와 같은 영웅 서사시이지만, 다소 환상적이고 과장이 심한 「롤랑의 노래」와 달리 매우 사실적이고 영웅의 인간적인 면모를 잘 그려냈으며 역사적 사실에도 충실한 걸작이다. 영화 '엘 시드'는 찰턴 헤스턴과 소피아 로렌 주연으로 1964년 개봉되었다. 할리우드는 이에 앞서 1959년 찰턴 헤스턴 주연의 '벤허'가 큰 히트를 치자 스페인의 전설적인 영웅을 다룬 '엘 시드'로 사극 영화의 대세를 이어 갔다. 영화감독 마틴 스콜리지는 영화 '엘 시드'를 '영화 역사상 가장 위대한 역사물 가운데 하나'라고 극찬했다.

이슬람의 침략을 받은 스페인과 전설적인 영웅 엘 시드, 일본의 침략을 받은 조선과 전설적인 영웅 이순신은 많은 면에서 비슷하다. 역사에 가정은 없다지만, 만약 조선에 이순신 장군이 없었다면 조선은 그때 없어졌다. 일본이 조선을 멸망시키고 조선 전체를 차지했거나, 명나라와 일본의 협상으로 한강을 경계로 한 국경선이 지금의 휴전선처럼 생겨나 반반씩 명나라와 일본의 땅이 되었을 것이다. 하지만 이순신은 이를 용납하지 않았다. 한 명의 적도 살려서 돌려보낼 수 없다며 노량해전에서 전투를 지휘하다가 "나의 죽음을 알리지 말라."는 말을 남기고 숨을 거두었다. 이순신은 하늘이 준 조선의 축복이었고, 대한민국의 축복이었다. 이순신의 삶과 죽음은 엘 시드와 비교될 수 없을 정도로 외롭고 처절했다. 이순신 장군의 발자취를 찾아서 백의종군의 길을 걷고, 한산도를 비롯한 남해안 일대를 샅샅이 여행했던 순간들이 스쳐 간다. 삶이 힘들고 고달플 때면 찾아갔던 아산 현충사와 장군의 무덤이 대성당과 겹쳐진다. 산티아고 가는 길에 '세상에서 가장 존경하는 이순신 장군님'을 만난 순례자의 발걸음이 힘차게 나아간다. 이순신과 엘 시드는 모두 구국의 영웅이었다. 약 500년의 시차를 두고 동방의 끝에서, 서방의 끝에서 그들은 영웅의 길을 갔다.

아를란손강을 따라 이어진 부르고스의 역사 지구를 걸어간다. 비가 오기 시작한다. 비 오는 날의 순례. 비를 좋아하는 순례자가 깊은 감흥에 빠진다. 묵은 죄에 새로운 죄가 더해져 어깨를 짓누르고 있던 죄와 허물을 씻어낸다. 순례자는 자발적으로 현실 세계에서 카미노로 추방된 자다. 순례자는 이 카미노에서 죄의 무게를 벗어야 한다.

부르고스의 중심인 마요르 광장을 지나 광장의 북쪽 '밧줄의 집'이라는 고풍스러운 중세 건물 앞에 선다. 1497년 이사벨 여왕이 신대륙을 발견하고 귀환한 콜럼버스를 맞이했던 장소다. 이사벨 여왕이 부르고스에서 콜럼버스를 맞이했던 이유는, 이곳이 카스티야 왕국의 초기 수도였기 때문이었다. 콜럼버스가 타고 온 함선의 밧줄 조각이 뱃머리 모양으로 장식돼 있고, 그 아래 장식과 문장이 새겨져 있는 출입구를 지나자 1497년 12월 23일 콜럼버스가 이곳에 도착했다는 명문이 새겨져 있다. 문화센터에는 콜럼버스의 진상품들이 산더미처럼 쌓여 있다.

9세기 말에 건설된 부르고스는 카미노의 중심도시다. 프랑스에서 카미노로 연결된 길은 두 갈래인데 그 두 개의 길이 만나는 곳이기도 하다. 두 길 중 하나는 프랑스 길이고, 다른 하나는 바욘에서 연결된 길이다. 부르고스에는 일찍이 순례자들을 환대하는 전통이 있었다. 카미노가 널리 알려지기 시작하던 초기, 이곳 궁궐에서 생활하던 카스티야 왕국의 왕들은 순례자들을 위해 오스피탈을 짓고 무상으로 숙박을 제공했다. 그중 가장 유명한 오스피탈은 1195년에 알폰소 8세가 지은 '델 레이'였다. 델 레이는 훌륭한 물질적, 정신적 서비스로 유럽 전역에 최고의 명성을 떨쳤다. 16세기에는 모든 유럽 나라의 말을 할 줄 아는 고해 신부들이 있었다. 이러한 역할은 19세기까지 지속되었고, 지금은 법학대학원 건물 안에 있다. 그 어느 지역보다 가장 후하게 순례자를 대하는 부르고스에서 나온 역설적인 이야기가 있다. 15세기에 한 순례자가 부르고스의 한 선술집에 들어서며 여주인에게 말했다.

"와인 한 잔 주세요. 문밖에 말을 지키고 있는 친구에게 갖다주게요. 그리고 제 지팡이를 좀 봐주세요."

술잔에 와인을 가득 채운 순례자는 그 길로 사라졌다. 이런 이야기들이 부르고스의 가장 큰 매력 중 하나다.

한 성당에는 '그리스도의 십자가'가 있는데, 이 십자가를 신약성서의 니고데모가 만들었다는 전설이 내려온다. 중세 말, 한 상인이 바다에 떠다니는 상자 안에서 발견하여 이 수도원에 기증했다고 한다. 십자가상은 많은 순례자에게 강한 감동을 주었고, '비록 돌이라 해도 감정이 있다면 이 성상을 보고 연민의 정을 느끼지 않을 수 없을 것이다.'라고까지 했다. 이사벨 여왕이 이 성당을 방문했을 때, 거룩한 성물이 탐이 나 "십자가에 박혀있는 못들 가운데 하나를 갖고 싶다."라고 말했다. 여왕의 요청을 거부할 수 없어서 십자가에서 못을 빼는 순간, 십자가에 박힌 예수의 팔이 마치 진짜 사람의 팔처럼 아래로 툭 떨어졌다. 이를 본 여왕은 기절하고 말았다. 여왕을 호위하던 장군이 여왕을 회복시키고는 말했다.

"우리는 하느님을 시험하고자 하는 것이 아닙니다."

십자가에 달린 예수를 보며 순례자들은 카미노의 경건함과 경외감을 느꼈다.

스페인 내전 당시 프랑코 반군의 본거지였던 부르고스를 나와 휴식 공원을 지나쳐 시골길을 걸어간다. 해발 800m를 넘는 지평선이 끝없이 이어진다. 생리현상을 해결하고자 숲 사이로 들어간다. 아뿔싸! 하얀 휴지가 널려 있고 똥이 널려 있다. 화장실이 없는 순례의 길은 곳곳이 자연 화장실이었다. 똥의 한자인 '분(糞)'은 쌀 미(米)와 다를 이(異)로 구성된다. 똥은 쌀의 다른 모습이다. 거름에서 곡식을 거쳐, 다시 밥에서 거름으로 돌아가는 끝없는 순환은 하찮은 사물들의 존재 가치를 깨닫게 하고 장자의 '쓸모없음의 쓸모 있음'을 가르쳐준다.

입에서 똥구멍까지의 거리는 대략 9m. 하나의 관으로 길게 뚫려 있다. 위장관이다. 입으로 먹은 음식은 위장에서 소화 작용을 거쳐 체내로 진입한다. 똥은 위장관에서 체내 진입에 실패한 것들이 모여 똥구멍을 통하여 배출되는 것이다. 하지만 오줌은 체내로 진입하여 체내의 신진대사를 거친 체내 산물이다. 건강의 비결에는 3쾌가 있으니, 바로 잘 먹고 잘 싸고 잘 자야 한다는 쾌식, 쾌변, 쾌면이다.

시원하게 버리고 나니 상쾌하다. 순례자는 자꾸자꾸 버리고 비워야 한다. 비워야 채울 수 있다. 그릇의 핵심은 밥을 담을 수 있는 빈 공간이다. 집의 핵심은 사람이 들어갈 수 있는 빈 공간이다. 바퀴의 핵심은 바큇살이 바퀴통에 들어갈 수 있도록 한 빈 공간이다. 반지의 핵심은 손가락이 들어갈 수 있는 빈 공간이다. 피리는 속의 빈 공간이 있기 때문에 연주자의 호흡이 들어간 아름다운 소리를 낸다. 파스칼은 "인간의 마음속에는 세상 그 무엇으로도 채울 수 없는 빈 공간이 있다."라고 한다. 인간은 그 빈 공간을 돈과 명예와 권력으로 채우려고 한다. 그럴수록 빈 공간은 더욱 넓어지고 허무와 고독이 밀려온다. 심령이 가난한 자는 복이 있나니, 순례자는 그곳을 하늘의 보화로 채운다.

지평선에 구름이 한가로이 떠 있다. 온화한 창공 높은 곳에서 구름의 배가 떠다닌다. 한 조각의 구름, 하나의 꽃잎에서도 신의 은총을 삶의 의미를 깨달아보자는 생각을 한다. 때로는 현미경으로, 때로는 망원경으로 주어진 사물을 바라본다. 때로는 치열하게, 때로는 무심의 경지로 카미노를 걸어간다. 순례자는 세계 어디를 가도 자연을 집으로 삼고, 자연을 벗으로 삼고, 자연과 손에 손잡고 길을 간다. 순례자의 영혼은 바람이 되고, 구름이 되고, 새가 되고, 나무가 된다. 인간은 자연의 한 조각. 자연은 인간의 영원한 스승이다.

고독한 한 명의 영웅이 한적한 시골 마을 타르다호스에서 발길을 멈춘다. 영웅이란 자기의 마음, 자기의 숭고한 자연의 천성을 자기의 운명으로 삼은 자이다. 자기의 운명을 걸머지고 마음의 길을 걷는 자만이 영웅인 것이다.

죽음의 길

"죽을 운명이라는 것, 그래서 인생은 아름답다."

타르다호스에서 카스트로헤리스까지 31.2㎞
타르다호스~라베 데 라스 칼사다스~오르니요스 델 카미노~산 볼~온타나스
~산 안톤 아치~카스트로헤리스

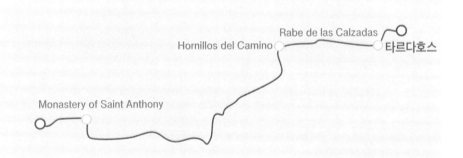

이른 새벽, 기도로 하루를 시작한다. 해답은 기도에 있다. 사랑하고 용서해야 한다. 그리고 감사해야 한다.

"생명을 주시고, 호흡하게 하시고, 잠에서 깨어나 또 하루를 시작할 수 있도록 허락하신 자비와 사랑에 감사드립니다. 오늘도 카미노에서 순례자로서의 신비함을 맛볼 수 있기를 소망합니다. 아멘."

어두운 거리를 나선다. 여명이 밝아온다. 빛과 더불어 대지에 숨었던 새로운 손님들이 찾아온다. 오늘도 카미노에서 혼자 걷는 것이 아니라 위대한 신이 옆에서 함께 걷고 있다는 사실을 느끼고 감사한다. 지구상에서 가장 아름다운 영혼을 가진 종족, 인디언들은 영원히 신비의 땅에서 살았다. 그들의 삶은 결코 끝나지 않는 하나의 긴 종교의식 같은 것이었다. 그들은 자연을 통해 눈에 보이지 않는 것을 보았으며, 그들만이 들을 수 있는 목소리를 들었다. 매일 삶에서 일어나는 단순한 일들조차도 그들에 의해 기도와 의식으로 바뀌었다. 인디언은 기도할 때 책에 적힌 여러 말을 외지 않았다. 인디언은 아주 간단한 말로 기도한다. 긴말을 늘어놓으면 자신이 무엇을 말하고 있는지 모르게 되기 때문이다. 수수족 치료사 '절름발이 사슴'은 이렇게 기도한다.

"위대한 정령이여, 저를 불쌍히 여기소서. 나의 부족 사람들이 살아남을 수 있도록."

모든 생명은 신비하다. 따라서 모든 존재하는 것은 힘을 갖고 있다. 흘러 다니는 바람과 구름처럼 행동 속에 힘을 가진 것도 있고, 물가의 바위처럼 모든 것을 받아들이는 인내심 속에 힘을 가진 것도 있다. 가장 평범한 막대나 돌조차도 영적인 본질을 갖고 있다. 따라서 그것들은 우주를 가득 채우고 있는 신비한 힘의 표현으로서 존중받아야

한다. 하지만 인간은 인간을 죽이고 대지를 파괴한다. 이 세상에서 인간을 죽이고 대지를 파괴하는 동물은 인간뿐이다. 인간은 영리해질수록 더욱더 신을 필요로 한다. 자신이 모든 걸 알고 있다는 자만심에 빠지지 않기 위해.

1492년 1월 2일. 이사벨 여왕이 이슬람교도들을 이베리아반도에서 완전히 축출했고, 그해 10월 12일 콜럼버스가 아메리카 신대륙을 발견한 후 인종 학살이 시작되었다. 이후 19세기 후반까지 400년간 인디언과 침략자 간의 전쟁이 이어졌고, 수천만 명의 인디언이 처참하게 죽임을 당했다. 인디언들은 하느님의 피조물이 아니라는 믿음 때문이었다.

타르다호스에서 나와 우르벨 강을 건너 라베 데 칼사다스에 들어선다. 메세타(Meseta)가 시작되는 마을이다. '메마르다', '건조하다'라는 뜻을 지닌 메세타는 광활한 황무지가 끝없이 펼쳐지는 지역이다. 메세타는 이베리아반도 중앙부에 있는 평균 고도 600m의 고원 지역으로, 면적이 약 21만 600㎢에 달하며 이베리아반도의 2/3 이상을 차지한다. 연중 강수량은 200㎜가 조금 넘는다. 메세타의 중앙에 있는 과다라마산맥은 카스티야를 남북으로 양분한다. 메세타의 중심도시는 수도 마드리드이며, 마드리드는 해발 635m로 유럽의 수도 중 가장 높은 곳에 위치하고 있다.

피레네산맥을 넘어 부르고스를 지나 메세타에 이르는 탄생의 길이 끝나고, 메세타에서 시작하는 죽음의 길로 들어선다. 그리고 이후 갈리시아로 들어가면 그곳에서 산티아고에 이르는 부활의 길을 가게 된다. 라베 데 칼사다스에서 본격적으로 죽음의 길로 들어선다.

인간은 죽을 운명이라는 것. 그래서 인생은 아름답다. 신처럼 영원히 사는 것은 아름답지 않다. 영원히 사는 것은 현재를 무너뜨린다. 영원한 삶에서 지금은 소중하지 않다. 언젠가 죽을 운명이므로 지금이 소중하고 인생이 아름답다. 아킬레우스는 싸우지 않았으면 불멸의 삶을 누렸겠지만, 죽을 운명임을 알면서도 전쟁터에 뛰어들었고, 결국 죽어서 불멸의 영웅이 되었다. 한 생이 끝나면 다음 생으로 이어진다. 죽으면 육체는 사라지지만 영혼은 계속 살아있기 때문이다. 죽음은 끝이 아니라 그냥 통과하는 것이라는 생각은 모든 종교가 가진 전설이다. 죽음은 새로운 곳으로 가는 문을 지나는 것, '내가 그 문을 지나면 멀리 간 게 아니라 다른 쪽에서 너를 기다리는 것'이다. 마찬가지로 길은 길과 이어져 있어 하나의 길이 끝나는 곳은 항상 또 다른 길로 연결되어 있다

꽃을 버려야 열매를 얻을 수 있다. 어차피 모든 것은 사라져간다. 기억만 남는다. 망각으로 흘러갈 기억 또한 잊지 못할 추억이 되도록 해야 한다. 죽어서 가는 여행길이 무료하지 않도록. 인생은 아름다운 추억을 얼마나 많이 남겼느냐가 관건이다. 죽도록 일만 하다가 죽는다면 정말 슬프지 않은가? '지금 여기' 죽음의 길 앞에서 '카르페 디엠!'을 힘껏 외친다.

스페인 중앙 평원인 메세타 코스에서 길은 단조로워진다. 다음 대도시 레온까지는 181㎞. 순례자들 사이에서 난코스로 꼽힌다. 10세기부터 순례자들은 몸으로 이 길을 내며 걸어갔다. 해발 950m의 봉우리로 올라갔다가 다시 '노새 죽이는 내리막길'을 내려가서 오르마수엘라강을 건너면 양귀비 꽃송이가 붉게 타들어 가는 오르니요스 델 카

미노에 도착한다. 16세기 고딕 양식의 산 로만 성당이 수탉 조각을 앞세우고 서 있다. 산타마리아 성당과 널찍한 광장이 시골의 편안한 분위기를 자아내는 순례자 마을이다. 10.8㎞에 이르는 남은 길에는 마땅한 휴식처가 없다. 오르막길을 올라 평원 지역을 걸어간다. 내리막이 있으면 오르막이, 오르막이 있으면 내리막이 있다. 인생길과 다르지 않다. 다시 나타난 끝없이 펼쳐진 망망대해가 아닌 망망대지, 대평원이 펼쳐진다. 그늘이 없고 끝이 없는 길. 마치 다른 행성의 지표면을 걷고 있는 것처럼 생경한 느낌이다. 몇 그루의 나무가 망망대해 위에 떠 있는 쪽배처럼 보인다. 한 번도 경험해 보지 못한 새롭고 기묘한 세상에서 순례자가 21세기의 돈키호테가 되어 멋진 자유의 길, 편력의 길, 죽음의 길을 걸어간다.

『돈키호테』의 배경인 라만차 지방은 일명 메세타 지역으로 불린다. 세상의 부정과 비리를 척결하고 학대받는 백성들을 구하러 모험을 떠나는 돈키호테는 스스로 중세 기사가 되어 로시안테를 타고 라만차의 황야를 달리며 정의를 구현했다. 『돈키호테』는 400년이 지난 지금도 '인류의 책'으로 남아 '책의 날'을 만들었으며, '인간으로서의 인간을 그린 최초의 소설이자 최고의 소설'이란 극찬을 받고 있다. 세르반테스는 왜 메세타 지역을 돈키호테의 배경으로 삼았을까, 하는 물음에 황량한 메세타야말로 돈키호테의 기사도 정신이 가리키는 '바로 그곳'이라는 답이 절로 나온다. 어느 날 밤, 산초 판사를 데리고 길을 떠난 돈키호테. 두 사람은 까마득한 지평선을 걸었다. 인적 없는 황무지, 불타는 태양 아래 길 없는 길을 걷고 또 걸은 돈키호테와 산초 판사는 해 질 무렵 드디어 주막에 들어섰다. 주막의 기둥과 외벽에는 '돈키

호테의 여관'이라는 옥호가 붙어 있었다. 그렇듯이 21세기의 돈키호테가 자신의 '돈키호테 알베르게'를 찾아 해발 800m의 메세타 지역을 걸어간다. 다양한 숙소, 다양한 먹거리, 다양한 풍경, 다양한 길, 다양한 사람들, 다양한 마을들, 다양한 자연의 모습, 다양한 날씨까지. 다양성이 살아서 움직이는 산티아고 가는 길이지만, 메세타 고원의 길은 길고도 긴 단순한 길이다. 마을 간의 거리는 멀고 식사를 하거나 화장실 가기도 힘이 든다. 대부분 평지. 탁 트인 평원의 지평선. 뜨거운 여름의 직사광선. 간간이 구름 조각의 악명 높은 메세타 평원. 하지만 돈키호테 같은 21세기의 순례자에게는 천국의 평원이다. 걸어도 걸어도, 아무리 걸어도 평원밖에 보이지 않는 하느님의 나라이다.

인생의 세 가지 축복은 탄생과 죽음, 그리고 만남이다. 메세타와의 기묘한 만남은 축복이었다. 뒤를 돌아보아도 부르고스는 이제 더 이상 보이지 않고 지평선만 드러난다. 지평선이 모든 것을 삼켜버렸다. 태양의 제국답게 태양이 불을 내린다. 태양이 지구와 가까워서 뜨거운 것일까, 아니면 멀어서일까. 태양의 고도가 가장 낮은 동지(冬至)를 두고 사람들은 일 년 중 산 자들의 세계와 죽은 자들의 세계가 서로 소통하는 날이라 생각했다. 해가 바뀔 때쯤 산 자들 곁으로 죽은 자들이 돌아온다는 이러한 믿음은 여러 사회에 존재했다.

세상에 하나밖에 없는 고유한 모습, 신비한 경험을 만끽한다. 저 지평선의 끝에 정말 마을이 있는 것일까 하는 생각이 스쳐 간다. 오른쪽이나 왼쪽이나 앞이나 뒤나 모두 지평선이다. 대한민국의 김제 평야를 뛰어넘는, 스페인만의 순례 공간이다. 카미노의 모든 공간은 자기 고유의 모습을 가진 채 순례자들을 맞이한다. 매일 미지의 새로운 세계를 향해 걸어가고 있고, 그 세계와 만난다는 생각에 가슴은 여전히 콩닥콩닥 설렌다.

경작지 사이로 난, 수평선까지 뻗은 길을 따라 산 볼강과 산 볼 알베르게를 바라보며 좁은 산 볼 계곡의 내리막길을 걸어 다시 오르막길을 오른다. '아로요 산 볼'의 '아로요'는 스페인어로 '작은 개울'이라는 뜻이다. 중세 메세타 고원을 걸어가는 순례자들에게 마을에서 주는 물 한 모금은 신의 은총이었다. 이 마을에 살던 사람들이 갑자기 사라진 것에는 전염병 때문이라는 설과 유대인 추방 정책 때문이라는 설이 있다. 산 볼에는 돌무더기로 버려진 황량한 수도원 유적지가 남아 있다.

다시 끝없이 펼쳐진 평원 사이로 난 길을 따라 걷는다. 스페인의 등짝으로 불리는 메세타에 정착한 사람들은 처음에는 중세 프랑스 사람들이었으며, 그다음 이슬람 치하에서 빠져나온 스페인 남부의 기독교인들이 차례로 정착했다. 이들이 집을 짓거나 땔감을 장만하기 위해 나무들을 베면서 메세타는 유럽의 곡창지대로 변했다.

황량한 대지가 열기를 뿜어내는 뜨거운 태양 아래 고독한 순례자가 잠시 휴식을 취한다. 배낭을 내려놓고, 신발을 벗고 앉아서 전날 마시다 남은 포도주를 꺼내서 목을 축인다. 십자가에서 포도주로 목을 축인 예수의 갈증이 스쳐 간다. 달콤하다. 산초 판사가 라만차에서 마신 포도주도 이런 맛이었을 거라 상상해본다. 태양에 빛나는 붉은 포도주병을 신발에 꽂으니 야외 '와인 바'처럼 한결 품위가 있어 보인다. 악마에게 있어 천국은 지옥이다. 순례자에게 있어 천국은 고통과 고행의 길이다. 고행(苦行)이 고행(鼓行)이 되고, 나아가 고행(高行)이 되니 그

곳이 곧 천국이다.

오늘은 아직까지 순례자를 한 사람도 만나지 못했다 생각하는 순간 멀리서 한 사람이 시야에 들어온다. 사람이 그리워서일까. 사람이 나타나자 가슴이 설렌다. 일어나서 걸어간다. "부엔 카미노!" 하며 인사를 나누고 유럽인 사내가 나를 추월한다. 순간, 자존심이 상한다. 추월당하다니. 서둘러 따라간다. 갈수록 나와 그 사람의 거리가 멀어진다. '나보다 빠르다고?' 사내의 걸음에 나의 걸음을 맞춘다. 그럼에도 점점 멀어진다. 아하, 사내의 다리가 나보다 훨씬 길었다. 같은 발걸음이지만 보폭이 달랐다. 속도는 내가 빠른데 거리는 점점 멀어진다. '같지만 서로 다른 길 가는데 다툴 것 뭐 있나!' 하고 나니 좌절감이 위안으로 바뀐다.

다시 나의 속도로, 자신의 발걸음으로 걸어간다. 부지런히 걸어간다. 다산은 어린 제자 황상에게 공부에 있어 '삼근계'를 주었다. 첫째도 둘째도 셋째도 '부지런함'이었다. 큰 부자는 하늘이, 작은 부자는 부지런함이 만든다고 하지 않는가. 토끼와 거북이가 같은 알베르게에서 만난다. 거북이는 더 많이 걸어서 앞서간다. 달팽이가 느리다고 채찍질하면 안 되고, 강물이 느리다고 등을 밀어서도 안 된다. 모두가 자신의 속도로 간다. 나는 나의 속도로 걸어간다. '조선의 숨은 왕' 송익필이 "가는 곳 서로 다른데 다툴 것 뭐 있는가."리며 '산행(山行)'을 노래한다.

끝없이 펼쳐진 평원 저 멀리 성당의 탑 꼭대기가 신기루처럼 비쳤다 사라졌다 하며 언뜻언뜻 보인다. 마치 바닷길을 밝히는 등대처럼, 희망처럼 길을 밝혀주며 다가온다. 갑자기 내리막길이 나타나며 아담한

순례자 마을 온타나스가 모습을 드러낸다. 바(Bar)에서 휴식의 즐거움을 만끽한다. 성모 승천 성당에 들어가서 어머니의 품에 안긴 예수의 평온을 느낀다.

온타나스 마을을 벗어나 차도를 멀리 두고 흙길을 걸어가다가 다시 차도로 내려간다. 부부와 장성한 남매. 한국인 가족이다. 온 가족이 함께 떠나기에는 쉽지 않은 여정이라 "대단하다!" 하며 반갑게 인사를 나누고 앞서간다. 산티아고 순례길은 시간과 체력과 열정과 경제력 등 여러 가지를 갖춰야 떠날 수 있는 길이다.

카미노를 걷는 사람들은 다양하다. 하지만 국적이나 나이, 성별, 직업에 관계없이 모두가 동등한 신분인 순례자가 된다. 한 가족이 걸어가지만, 개개인이 순례자인 만큼 보고 듣고 느끼고 깨닫는 것은 매일 바뀌는 카미노의 경치만큼이나 다르다.

신작로가 부드럽게 휘어지는 모퉁이에 산 안톤 병원 겸 수도원의 잔해가 있는 뼈만 앙상한 아치에 다다른다. 이 건물은 1095년 프랑스 출신 귀족이 세웠는데, 그 건축양식은 금방 유럽으로 퍼졌다. 성 안톤 (256~356)은 357년 아나타시우스가 쓴 일대기로 유럽 전역에 알려졌는데, 수도원 제도를 만든 사람 가운데 한 명으로 특히 은둔 생활을 강조했다.

산 안톤 수도원은 중세 북유럽 사람들이 자주 걸렸던 '산 안톤의 불'(피부가 썩어들어가는 균에 의해 생기는 피부병)로 알려진 중세의 피부병을 치료하는 병원으로 유명했다. 중세 때부터 순례자들을 위한 안식처를 제공했던 곳으로 현재도 소규모 알베르게가 운영된다. 비록 건물은 폐허가 되었지만, 뭉그러진 몸뚱이로 고통받는 사람들을 위해 깊은 연민이 가득했던 고결한 정신이 마음으로 스며든다. 마을 입구의 토굴집을 지나고 마을 중앙의 수도원을 지나간다. 수도원 벽에는 해골 모양의 부조가 새겨져 있고, 그 위에는 라틴어로 '죽음'과 '영원'이라고 새겨져 있다. 벽면에는 중세 시대의 검이 걸려 있다. 파울로 코엘료가 이 마을에서 머물며 『순례자』에서 검을 찾는 이야기를 썼다.

수도원을 지나서 골목에 들어서자 입구에 '영혼을 위한 병원'이라 적힌 집이 나타났다. 순례길에서 만난 이탈리아 남성과 스페인 여성이 이 공간을 만들었다고 한다. 명상을 위한 공간과 차, 비스킷 등이 준비되어 있다. 벽은 그들이 찍은 사진이 걸려있는 갤러리 공간이었다.

아스팔트 길을 따라 걸어간다. 발을 딛고 걸어가는 대지에게 감사의 마음을 표시한다. 태양에게도, 달과 별에게도, 숲의 나무들에게도, 새와 양들에게도, 큰 바람과 작은 바람에게도, 흰 구름과 먹구름에게도 감사의 마음을 전한다. 앞서간 순례자들, 뒤에 오는 순례자들, 바의 주인들, 알베르게 자원봉사자들, 순례길에서 만난 사람들 등 모든 인연에게 감사의 마음을 전한다.

뜨거운 햇볕 아래 땀이 솟구친다. 땀을 흘리는 것은 신체의 중요한 기능이다. 땀구멍이 막히면 사람은 금방 생명을 잃는다. 신체는 이 땀구멍을 통해 몸속의 독소를 밖으로 내보낸다. 따라서 땀구멍은 제3의 간이라고도 불린다. 땀을 흘림으로써 높은 온도에서는 살아남을 수 없는 박테리아들을 말 그대로 태워 버리는 것이다.

멀리 평원 위에 우뚝 솟은 산 정상 주변에 폐허가 된 성채가 신비스

럽게 위용을 자랑한다. 카스트로헤리스의 장엄한 풍경이다. 카스트로헤리스에는 로마와 서고트 왕국의 유적이 있으며, 9~10세기 이슬람과 가톨릭 간의 무수한 전투가 벌어진 요새로 유명하다. 언덕 위에 허물어진 성곽 잔해가 마을을 내려다본다. 이 성곽은 중요한 방어 진지로서 세워졌는데, 882년에 이슬람 세력이 카스트로헤리스를 침략하고 정복했다. 그들은 이곳을 차지한 뒤 바로 떠나고, 1년 뒤 기독교 세력이 다시 성곽을 탈환하고 방어를 강화했다.

국토 회복 전쟁은 크게 3단계로 나누어진다. 제1단계는 그리스도 군의 핵심 저항군이 형성되는 8~10세기의 기간이다. 북서쪽으로 도망친 가톨릭교도들은 이교도를 몰아내기 위해 전투를 벌였는데, 722년 이베리아반도 북쪽 아스투리아스 지방인 코바동가에서 돈 펠라요 장군이 이끄는 서고트 왕국의 가톨릭 군이 처음으로 이슬람 군을 격파했다. 이 전투는 코바동가의 동굴에서 벌어졌고, 성모 마리아의 보호로 이슬람군을 격퇴할 수 있었다고 가톨릭교도들은 믿었다. 그래서 이 동굴은 순례자들이 찾는 성지가 되었고, 지금도 성모 마리아가 그곳의 수호성인이다.

코르도바(알안달루스 혹은 후 옴미아드) 왕국이 멸망한 뒤 이슬람 왕국은 몇 개의 작은 왕국으로 쪼개져 옛날에 비해 힘도 크게 약해져 가톨릭교도들의 레콘키스타는 더욱 격렬해졌다.

국토 회복 전쟁의 제2단계는 11~13세기의 기간으로, 난립했던 그리스도교 왕국들이 소수로 정리되고 국토 회복 전쟁에서 승리를 연이어 거두면서 아랍인들의 영토가 남부로 축소되는 시기이다.

국토 회복 전쟁의 마지막인 제3단계는 14~15세기로, 이베리아반도에 4개의 그리스도교 왕국(카스티야, 아라곤, 나바라, 포르투갈)과 이슬람 그라나다의 나사리 왕국이 공존하던 시기이다. 1238년에 세워진 나사리 왕국은 1246년 페르난도 3세와 협정을 체결하여 독립을 인정받고 카스티야에 매년 금과 은을 조공으로 바쳤다. 나사리 왕국은 능란한 외교술과 그리스도교 왕국들의 내분과 상호분열 등을 이용해 1492년까지 존속하였다. 1212년 톨로사 전투로 가톨릭교도들이 결정적인 승리를 거둔 이후 이슬람의 소왕국들은 레콘키스타에 의해 멸망해 사라져 갔다. 1238년 그라나다에 세워진 나사리 왕국은 1492년 멸망할 때까지 계속 국가의 위세가 쪼그라들었지만, 알람브라 궁전에서 보듯 이슬람 문화의 꽃을 활짝 피웠다.

1492년 1월 2일, 나사리 왕국의 마지막 술탄인 무함마드 12세가 카스티야의 이사벨 1세와 아라곤의 페르난도 2세에게 항복함으로써 이베리아반도의 마지막 이슬람 왕국이 멸망했다. 711년 타리크가 지브롤터를 건너 이베리아반도를 침공한 후 782년 만에 이슬람 세력은 영원히 이곳에서 그 영향력을 잃게 되었다. 그라나다를 떠나 모로코로 망명의 길에 나선 무함마드 12세 보압딜은 그라나다가 보이는 마지막 언덕길에서 멀리 보이는 그라나다를 바라보며 하염없이 눈물을 흘렸다. 아들과 함께 가톨릭 군과 맞서 싸웠던 어머니가 그런 아들을 꾸짖었다.

"여자처럼 울지 마라. 남자답게 그라나다를 끝까지 지키지 못한 너일진대…!"

이 고개의 이름은 '엘수스피로 델 모로', 즉 '무어인의 탄식'이라 불린다. 나사리 왕조는 알람브라에서, 그라나다에서, 이베리아반도에서 쫓겨났다. 몰락은 분열로부터 시작된다는 역사의 진리는 서고트 왕국에서도 어김없이 증명됐다. 당시 카스티야와 아라곤의 군대 규모와 공성(攻城) 기술로는 알람브라 궁전을 정복하기 어려웠다. 이사벨 여왕의 강력한 레콘키스타 의지에 행운의 여신이 화답한 것일까? 그라나다 왕국에서 내분이 일어났다. 당시 술탄이었던 물라이 하산의 장남 보압딜이 삼촌과 손을 잡고 어머니와 함께 반란을 일으켰다. 보압딜의 찬탈과 그에 따른 내전, 이후 삼촌과의 싸움은 그라나다 왕국의 힘을 소진시켰다. 그동안 이사벨의 군대는 그라나다의 영토를 잠식해 들어갔다. 1491년에 들어서자 그라나다 왕국의 대부분은 그녀의 손에 떨어졌다. 그리고 1월 2일 보압딜은 알람브라의 열쇠를 이사벨에게 전달했다. 스페인의 수백 년간 숙원이었던 레콘키스타가 완성되는 순간이었다. 또한 '무어인의 학살자'인 산티아고의 성전(聖戰)이 끝나는 순간이었다. 그리고 산티아고 순례길은 서서히 역사의 뒤안길로 잊혀 갔다.

알람브라는 '붉은 성(城)'이라는 의미이다. 너무 아름다워서 슬픈 성이다. 알람브라는 요새와 별궁을 포함한 거대한 권력과 문화의 중심이다. 크고 작은 정원이 건물을 잇고 대리석 바닥 사이를 흐르는 물길이 다양한 분수에 생명을 불어넣는다. 건물의 외부와 내관은 화려하고 정교한 문양과 색색의 타일로 장식돼 있다. 하지만 오리지널은 별로 없다. 대부분이 부서진 탓에 복원한 것이다. 특히 궁정의 내밀한 곳에 있는 '사자의 정원'은 말을 잊게 한다. 궁궐 뒤편에 보이는 '눈으로 덮인 산자락'이란 의미의 시에라네바다산맥을 보압딜은 눈물을 흘리며 넘어갔다. 그래서 그 고개를 '탄식의 고개'라 부른다. 그날을 기억하는 스페인의 최고봉 무라센(해발 3,479m)이 오늘도 알라브라 궁전을 바라보고 있다.

국토 회복 전쟁이 완료된 해인 1492년, 동로마제국의 멸망(1453년)에 허탈했던 가톨릭 세계는 이베리아반도에서 이사벨 여왕이 이슬람 세력을 몰아내자 환호했다. 그리고 바다 건너편에서 또 다른 거대한 전쟁이 시작되었다. 콜럼버스라 불리는 이탈리아인이 대서양을 건너 미지의 땅에 도착한 것이다. 국토 회복 전쟁이 종결되면서 실업 상태가 된 많은 군인이 새로운 모험을 찾아 신대륙으로 향하게 되었고, 국토 회복 전쟁이 신대륙 정복 전쟁이 되면서 바야흐로 역사는 중세 시대를 마감하고 근대로 넘어갔다. 중세란 보통 서기 476년 서로마제국의 멸망부터 1453년의 동로마제국의 멸망, 혹은 1492년의 아메리카 대륙 발견 사이의 1천 년 동안을 지칭한다.

1492년은 스페인 역사상 가장 드라마틱하고 중요한 해였다. 1492년 1월 2일 이사벨 여왕의 지휘 아래 그라나다가 함락되면서 국토 수복 전쟁이 막을 내렸고, 3월 31일에는 유대인 추방령이 내려졌다. 8월 18일에는 안토니오 데 네브리하라는 언어학자가 최초의 스페인어 문법서를 출판하여 카스티야 왕국의 언어를 오늘날의 스페인어로 만드는 데 결정적인 기여를 했다. 그리고 8월 3일 새벽, 제독으로 임명된 콜럼버스는 산타마리아호 등 세 척의 배를 이끌고 역사적인 항해를 떠나 10월 12일, 오늘날 바하마 군도의 사마나카이라는 섬이라 추정되는 육지에 상륙했다. 콜럼버스는 이 섬에 '산살바도르(구세주)'라는 이름을 붙이고 스페인 왕실의 영토로 선언했다. 1492년의 스페인은 국토와 언어를 통일하고 나아가 제국으로 도약하기 위한 기반을 닦은 것이다.

이베리아반도에서 이슬람 군대를 완전히 축출한 이사벨 여왕은 3

월 31일 '알람브라 칙령'을 반포했다. 이는 가톨릭으로 개종하지 않은 모든 유대인에게 7월 31일까지 '모든 재산은 그대로 두고 몸만 나가라'는 추방 명령이었다. 당시 700만 명의 인구를 가지고 있던 스페인이었는데 이 칙령으로 대략 10만 명 내외의 유대인이 빠져나갔을 거라고 역사가들은 추산한다. 이들은 지중해 연안으로 흩어졌고, 일부는 영국, 북유럽 등으로 이주하여 훗날 네덜란드의 황금기를 이끌었다. 결국 이사벨 여왕은 유럽 최초의 강력한 국가를 건설하였으나, 그 안에서 이미 몰락의 씨앗을 뿌렸던 것이었다. 도시 인구의 3분의 1을 차지하던 유대인들이 갑자기 쫓겨나자 집값은 폭락하고 은행이 파산했으며, 거의 모든 의사가 사라지는 등, 스페인이 가난한 농업 국가로 전락하는 큰 정치적인 실수를 한 것이다. 이어서 이교도 없는 순결한 가톨릭 세계를 추구하며 이슬람교도들도 추방했다. 이사벨 여왕의 '알람브라 칙령'은 스페인의 몰락을 부른 결정적 계기로 평가받고 있다. 스페인의 금융·유통망을 장악하고 있던 유대인들이 한꺼번에 빠져나가자 스페인의 경제는 급속히 붕괴했고, 칙령이 발포(發布)되고 60년 뒤인 1557년, 스페인 왕국은 파산했다.

500여 년이 흐른 2019년, 아이러니하게도 그 당시 내려진 유대인 추방령이 그 후손인 스페인계 영국 유대인들에게는 축복이 되고 있다. 브렉시트(영국의 EU 탈퇴)가 되더라도 EU 국가와의 자유로운 왕래와 경제활동에 아무런 지장이 없기 때문이다. 스페인과 포르투갈은 2015년 알람브라 칙령에 대한 역사적 반성 차원에서 당시 추방된 유대인 후손들에 대한 국적 회복법을 제정했다. 영국은 이중국적을 허용하기 때문에, 스페인이나 포르투갈 국적을 취득해 놓은 영국인들은 브렉시트 이후에도 EU 시민권과 여권을 가지고 유럽을 자유롭게 통행할 수 있다.

파울로 코엘료가 좋아했다는 카스트로헤리스가 점점 다가온다. 한국인이 운영한다는 오리온 알베르게를 찾아간다. 한국인 여성과 스페인 남성이 운영하는 알베르게다. 산티아고 순례길을 걷던 여인이 산티아고 순례길에 정착해서 한국인 순례자를 위해 한국 음식을 제공한다. 죽음의 길을 걸어가는 순례자에게 천국의 문이 활짝 열렸다. 비빔밥에, 라면, 라면 국물에 식은 밥까지 말았다. 게다가 한국을 떠나 처음으로 접한 소주도 한 병 곁들인 저녁 식사는 그야말로 황홀경이었다. 와인과의 사랑에 빠진 순례자가 순례 기간 중에 마신 유일한 소주였다. 소주 한 병에 6유로. 순례가 끝나고 바르셀로나에 갔을 때 본 소주는 한 병에 20유로였다.

빨래와 샤워를 마치고 그늘에서 사색에 잠긴다. 죽음의 길을 가는 노신이 묘비에 글을 남겼다.

"나는 하나의 종착점을 알고 있다. 그것은 무덤이다. 이것은 누구나 알고 있으며, 길잡이가 필요하지 않다. 문제는 그곳까지 가는 길에 있다. 물론 길은 한 가닥이 아니다."

중세의 유적이 있는 전설 같은 카스트로헤리스의 밤. 하루하루 죽음의 길을 가는 순례자가 신에게 기도한다.

"자비로운 신이시여, 당신이 원하는 것을 병하시고, 명하신 것을 제가 이루도록 허락하소서!"

CAMINO DE
SANTIAGO

14

문명의 길

"칼이냐, 코란이냐!", "칼이냐, 성경이냐!"

카스트로헤리스에서 프로미스타까지 25.5㎞
카스트로헤리스~모스텔라레스~피오호 샘~이테로~보아디야~프로미스타

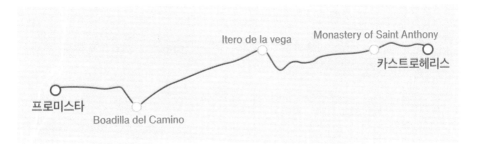

이른 새벽. 오리온 알베르게를 나와서 카스트로헤리스의 중심지를 관통해 걸어간다. 산티아고 순례길에서 마을의 길이가 가장 긴 마을이다. 중세의 유럽을 지나가는 순례자가 되어 산토 도밍고 성당 겸 박물관, 시청사, 산 후안 성당을 지난다. 마치 영화의 무대, 전설의 무대 같은 전혀 다른 세상을 걸어간다. 산티아고 길도 어느덧 중반에 접어들었다.

여명의 카스트로헤리스를 벗어나서 흙길을 따라 오드리야강을 건너 해발 900m에 이르는 거대한 모스텔라레스 고개로 올라간다. 신선한 기운을 마시며 정상에 올라서 뒤돌아본다. 잔뜩 흐린 날씨로 하늘에는 구름이 많다. 오늘은 비가 올까 기대해본다. 멀리 카스트로헤리스 아래로 보이는 경치가 평온하다. 카미노에서 만난 창조주의 위대함에 순례자의 머리가 저절로 숙여진다. 발걸음이 떨어지지 않는다. 하루, 이틀, 사흘… 여행을 시작하고 펼쳐지는 하루하루가 생경하고 전혀 다른 시공간으로 이동하는 즐거움이 있다. 새벽 별빛과 여명의 아침에 때로는 태양의 불기둥으로, 때로는 구름 기둥으로 안내하는 카미노를 걸어가는 순례자의 고행과 다가오는 행복을 누가 알겠는가. 멋진 하루하루, 잊지 못할 추억의 순례길이 날이면 날마다 펼쳐진다. 카미노는 자전거와 말보다는 두 발로 걷는 자가 기쁨을 마음껏 누리는 공간이다. 오직 자기 발만으로 순례의 땅을 밟고 걷는 기쁨. 땀 흘리며 걸었을 때 그 기쁨은 배가 된다. 그 길은 산티아고에 이르고 예수 그리스도에게 이르는 길이 된다.

카스트로헤리스산 위에는 9세기에 방어 진지로 세워진 성곽이 있다. 이슬람 세력은 882년에 카스트로헤리스를 침략하고 정복했다. 산

정상의 폐허가 된 성채 아래로 멀리서 기독교와 이슬람교의 전쟁의 함성이 들려온다. 문명의 만남은 파괴의 길, 충돌의 길뿐인가. 서로 다른 가치관을 가진 이들의 대화와 공존은 과연 어떠해야 하는가? 산티아고 가는 길, 순례자는 지난 천 년간의 문명을 만난다.

다 같은 신의 아들인 그들의 전쟁은 도대체 무엇 때문인가? 예수도 마호메트도 종교 간의 전쟁을 가르친 적은 없다. 무한 사랑의 예수와 완전 평등의 마호메트는 하느님과 알라라는 보이지 않는 한 분의 신을 노래했다. 하지만 예수와 마호메트의 백성들은 오직 자신의 신앙을 앞세워 서로를 박해하고 살육했다. 국토 회복 전쟁은 기독교와 이슬람교도 간에 벌어진 문명의 충돌로, 스페인은 이슬람 세력으로부터 유럽의 기독교 세계를 지키는 보루 역할을 했다. 십자군 전쟁으로 유럽의 여러 나라가 예루살렘 성지 탈환을 위해 십자군을 파견할 때 스페인은 군대를 보내지 않았는데, 이는 자신들 역시 이슬람교도에 맞서 싸우고 있는 서방의 십자군이라 자부했기 때문이다. 성전(聖戰) 개념은 9세기 초 갈리시아 지방에서 예수의 제자인 성 야고보의 무덤이 발견되면서 더욱 부각되었다.

진정한 문명의 충돌은 십자군 전쟁에서 비롯되었다. 유대교와 기독교, 이슬람교 세 종교의 성지는 기원전 586년에 바빌론의 침입으로 허물어졌던 예루살렘이다. 그리고 기원후 70년, '너희 보는 이것들이 날이 이르면 돌 하나도 돌 위에 남지 않고 무너뜨려 지리라.'(누가 21:6)라는 예수의 예언처럼 로마의 티투스 장군에게 아예 초토화되어 흔적마저 지워질 정도로 예루살렘은 파괴되었다. 예루살렘은 신앙심이 깊은 사람들이 먼저 순례하기 시작했고, 이후 기독교인들의 가장 중요한 순례지가 되었다.

로마제국은 마호메트가 등장하기까지 아라비아반도를 사실상 방치했다. 아라비아반도의 유목민인 베두인족의 문명은 여전히 부족 단계에 머물고 있었고, 종교는 물신숭배 수준에 머물러 있었다. 그들은 서로 전쟁을 하거나 메카와 메디나를 거쳐 주변을 여행하는 카라반을 습격하는 것에 전념하여 전혀 두려운 존재가 아니었다. 그런 가운데 마호메트가 장차 전 세계에 영향을 끼칠 종교와 그 자신의 지배를 확립하고 있었다. 다마스쿠스의 신학자 요한네스는 이슬람교를 기독교에서 떨어져 나온 이단과 유사한 것으로 여겼고, 로마제국도 그러했다. 632년 마호메트가 죽고 난 이후 유럽과 아시아에 혼란을 불러일으킨 아라비아인의 정복은 일찍이 유례가 없었다. 그 승리의 신속함은 아틸라의 훈족, 칭기즈칸과 티무르의 몽골인 제국이 건설될 때 거둔 신속한 승리에 필적하는 것이었다. 그러나 이런 제국들이 단명했던 것에 비해 이슬람의 정복 활동은 영속적인 것이었다. 오늘날까지도 초기 칼리프들이 이슬람교를 도입한 대부분의 지역에 이슬람교도가 있다. 이슬람교의 번개 같은 확산은 기독교의 완만한 전파에 비하면 기적이라 할 만했다.

아라비아인들은 쇠퇴하고 있던 로마제국의 핵심 지역인 요르단, 다마스쿠스, 시리아 등을 정복했으며, 637년에는 마침내 예루살렘을 함락시키기에 이르렀다. 이 모든 전쟁의 성과는 이슬람 침공이 예기치 못한 것이었다는 점에 있었다. 아라비아인들은 정복한 지역의 문명이 자신들의 문명보다 뛰어났음에도 불구하고, 게르만족이 서로마를 지배하고 동화되어 버린 것과 달리 동화되지 않았다. 아라비아인들은 종교 말고는 다른 분야에서 피정복민의 문명에 대해 게르만족과 달리 편견을 가지지 않았기 때문이다. 오히려 그 반대로 놀랄 만큼이나 빠르게 아라비아인들은 피정복민의 문명을 받아들였다. 그들은 그리스인들로부터 과학을, 그리스인들과 페르시아인들로부터 예술을 배웠다. 그들은 처음에는 광신적이지도 않았고, 피정복민들에게 개종을 요구하지도 않았다. 그러나 그들은 점차 유일신 알라와 선지자인 마호메트에게 복종할 것을 피정복민들에게 요구했고, 마호메트가 아라비아인이기 때문에 아라비아에도 복종할 것을 요구했다. 그들은 신의 종복이었다. '이슬람'이란 말은 신에 대한 '복종'을 의미하고, '무슬림'은 '복종하는 사람들'을 뜻한다. 따라서 이교도들에게 복종을 강요하는 것은 신앙을 가진 자들의 당연한 의무였다.

아라비아인들이 요구한 것은 개종이 아니라 복종이었다. 그들은 정복지에서 배운 과학과 예술이라는 전리품을 알라의 영광을 위해 발전시켰으며, 가는 곳마다 지배자가 되었다. 정복당한 자들은 그들의 종속민이 되었고, 이들에게도 세금은 부과되었지만, 이슬람 공동체에서는 배제되었다. 종속민과 이슬람교도 사이는 넘어설 수 없는 벽이 있었다. 정복당한 자들이 정복자들에게 다가가려면 정복자들이 알라를 섬기기 때문에 알라를 섬겨야만 했고, 신성한 언어이자 주인의 언어인 아리비아어를 배워 정복자들처럼 코란을 읽어야만 했다. 종교적 선전은 없었고, 기독교의 승리 이후 행사한 압력 같은 것도 없었다. 코란에는 "신이 원했다면 모든 인간을 한 나라의 백성으로 만들었을 것이다."라고 기록되어 있다. 그리고 코란은 잘못을 다룰 때 폭력을 사용해서는 안 된다고 분명히 적고 있다. 코란은 단지 타락하고 경멸스럽고 열등한 자들이 알라에게 외형적으로 복종할 것만을 요구했다. 비이슬람교도들의 신앙은 공격받지 않았고 그저 무시되었다. 이것은 비이슬람교도들로 하여금 자신의 종교를 버리고 알라에게 귀의하도록 하는 데 가장 효과적인 방법이었다. 로마제국이 기독교화되었을 때 영혼의 변화를 겪었다고 한다면, 로마제국이 이슬람화되었을 때는 로마제국의 영혼과 육체 모두가 변했다. 세속 사회도 종교 사회만큼이나 변했다.

1099년 6월, 1차 십자군 원정대는 예루살렘 성안으로 진입하여 이틀 동안 유대인, 이슬람교도는 물론 동방교회 기독교인들까지 무차별 학살하고 약탈했다. 살육의 규모가 너무 커서 병사들이 발목까지 찬 핏속을 걸어갔다는 기록도 있다. 900여 년이 지난 2001년 교황 바오로 2세는 십자군 전쟁 때 저지른 학살을 사과했다.

1187년 7월, 시리아의 맹주 살라딘은 예루살렘을 점령하고 십자군을 궤멸시키지만, 살육과 파괴를 철저히 금지했다. 예루살렘 왕국의 항복 조건대로 일정한 돈을 내면 포로를 풀어줬고, 그나마도 가난한 이들에게는 받지 않았다. 살라딘은 1차 십자군의 학살을 우아한 방법으로 복수했다. 영화 '킹덤 오브 헤븐'은 그때를 실감 나게 그렸다.

1219년, 이집트 카이로 북쪽 항구 도시 다미에타에서 점령하려는 십자군과 지키려는 이슬람 아이유브 왕조의 병사들이 대치하고 있었다. 나일강이 보호하는 요새 다미에타를 둘러싼 전투는 처절했고, 질병마저 군사들과 백성들을 집어삼켰다. 휴전 중이던 그해 9월, 허름한 수도복을 입은 한 가톨릭 수사가 술탄을 만나기 위해 이슬람 진영으로 향했다. 눈에 띄자마자 목을 베어도 전혀 이상할 것이 없는 상황. 그러나 술탄은 그 수사를 환대했을 뿐만 아니라 예루살렘 성지를 순례하고 설교하는 것까지 허락해줬다. 이 일화의 주인공은 성 프란시스코와 살라흐 알 딘의 조카인 술탄 알 카밀이다. 성 프란시스코와 술탄의 만남은 이후 가톨릭 역사에 이교도 배척과는 또 다른 유산을 남겼다.

1986년, 교황 요한 바오로 2세는 세계의 각 종교 지도자를 프란치스코회의 고향인 이탈리아 아시시로 초대해서 평화를 위해 함께 기도했다. 성 프란시스코의 삶은 누구나 하느님의 자녀라고 하는 사실에 눈을 뜨게 한다. 다원성을 인정하지 않는 종교에게 미래는 없다. 교리를 갖고 부딪히기 시작하면 내가 옳다는 것을 밝히기 위해서 상대가 틀렸다는 것을 증명할 수밖에 없다. 그러면 서로 죽일 일만 남는다. 2019년은 성 프란시스코와 술탄 알 카밀이 만난 지 800년이 되는 해다.

"칼이냐, 코란이냐!"

이슬람을 믿던가, 그게 아니라면 죽음을 택하라는 말이다. 이슬람교도들이 종교의 탈을 쓰고 그렇게 잔인했다는 것이다. 그러나 역사 속에서 실상을 찾아보면 차라리 "코란이냐 세금이냐!"에 더 부합된다. 오히려 "칼이냐 성경이냐!"가 역사의 진실에 가깝다. 십자군 전쟁 당시 예루살렘을 점령한 십자군은 그곳 주민들을 유례가 없는 잔혹한 방법으로 죽였지만, 그 후 이슬람교도가 점령했을 때는 그저 항복만 받았다. 서양의 정복자들은 새로 발견한 땅의 주인을 모조리 죽이고 그 땅을 차지했지만, 중세 이슬람교도는 점령한 지역에 선정을 베풀었기에 많은 유대인과 기독교도들이 개종을 했다. 기독교인에 의해 적힌 왜곡된 서양의 역사를 배운 결과, 잘못 알고 있는 사실이다.

아크람에 따르면 이슬람 원리주의는 마호메트가 전한 신의 계시와는 많은 면에서 다르고, 자살 폭탄 테러 역시 '알라의 뜻'과는 무관하다. 폭력은 코란이 아니라 인간의 율법이 낳았다. 수니파 IS를 통해 보듯, 이슬람 근본주의는 세계의 고통을 유발하는 끔찍한 주체다. 하지만 코란 어디에도 지하드 성전을 강요하거나 옹호하는 문장은 없다. 지하드 성전은 독실한 코란의 실천이 아니라 단지 폭력을 이슬람화하여 세속적인 욕망을 충족시키는 것이다. 코란은 당시 메카와 메디나의 아랍인에게 새로운 신앙을 가져다주었을 뿐만 아니라 재창조된 사회에 질서를 부여해주었다. 거기에는 창조주에 대한 완전한 복종만이 있었다.

> 자애로우신 분, 자비로우신 분, 알라의 이름으로
> 온 세상의 주님 신께 찬미를 바칩니다.
> 자애로우신 분, 자비로우신 분,
> 심판의 날을 주재하시는 분,
> 우리가 섬기는 분은 당신입니다. 우리가 도움을 청하는 분은 당신입니다.
> 우리를 바른길로 이끌어주소서.
> 당신께서 은총을 내려주신 이들의 길로 이끌어주소서.
> 노여움을 산 이들이나 길 잃고 헤매는 이들의 길로 이끌지 마옵소서.
>
> (제1장 17절)

코란은 7세기 카라반 대상이었던 마호메트에게 전해진 신의 계시로 시작되었다. 세상의 절반, 이슬람의 코란 자체가 그 안에 무한한 가능성이 있다고 선언하고 있다.

말해주어라, 바다가 주님의 말씀을 기록하기 위한

잉크라 해도

주님의 말씀이 끝나기 전에

바다가 마를 것이다.

설령 우리가 거기에 또 다른 바다를 더한다고 해도 그러하리라.

이슬람 수니파 신학의 총본산인 이집트 알아즈하르 사원의 대이맘(최고지도자) 타예브는 2019년 프란치스코 교황이 이슬람 발상지 아라비아반도를 찾았을 때 이슬람 수니파의 대표자로서 교황과 함께 '종교적 극단주의를 반대하는 인류 박애'를 담은 공동 성명에 서명했다.

광신도는 어디에 있는가, 무슬림 과격분자는 과연 무슬림을 대변하는가, 억압과 테러를 알라로부터 주문받은 적이 없는 16억 명의 이슬람을 비이슬람은 악의에 찬 눈으로 바라보는 것은 과연 온당한가, 똑같은 질문을 받은 기독교인들은 어떻게 대답할까, 하느님의 뜻은 과연 무엇인가, 알라의 뜻은 과연 무엇인가?

신을 빙자한 인간의 욕망이 끝이 없다. 인간은 신에게 속해 있으며 신에게로 돌아간다. 하지만 인간은 신의 뜻을 알 수 없다. 알라의 예언자 마호메트가 알라의 뜻을 전했건만, 알라도 마호메트도 지금은 어디에 있는가.

마호메트는 서기 570년 아라비아반도의 사막에서 태어나서 632년 사망했다. 그의 나이 62세였다. 마호메트는 이슬람의 창시자인 동시에 전통 사회의 악습과 부도덕한 관행을 폐지하고자 노력했던 사회운동가였으며, 평등주의를 주창한 박애주의자였다. 인품은 인자, 중용, 인내, 용맹 등으로 묘사되는데, 이는 신의 사도로서뿐만 아니라 정치가·행정가·군인으로서 모든 무슬림이 본받아야 할 인생의 표본이었다. 마호메트는 평범한 인간이기를 자처했으며, 왕관을 쓰지 않았고, 옥좌 대신 마룻바닥에 앉아 통치했다. 스스로 옷과 신발을 고쳐 입었으며, 대추야자와 보리빵을 즐겨 먹는 소박하고 겸손한 인간으로 남기를 원했다.

마호메트가 죽은 후 이슬람교도들은 급속히 팽창해 나갔다. 동쪽으로는 메소포타미아와 페르시아, 서쪽으로는 이집트, 북쪽으로는 시리아와 팔레스타인까지 나아갔으며, 북아프리카의 트리폴리, 680년에는 모리타니아를 정복했다. 아라비아인들은 698년 아프리카의 카르타고를 영원히 점령했고, 새로운 도시 튀니스의 항구에 함대를 조직하여 비잔티움 함대를 격파하면서 바다를 지배하게 되었다. 무싸 이븐 누사르는 모로코를 굴복시키고 베르베르인들을 이슬람교로 개종시켰다. 그리고 이 개종자들이 곧 에스파냐를 정복했다. 675년 아라비아인들은 바다로 에스파냐를 공격했으나 서고트족 함대에 의해 격퇴됐다. 711년, 타리크 장군의 이슬람 군대가 북아프리카를 떠나 손에 잡힐 듯 바라보이는 폭 14㎞의 지브롤터 해협을 건너 이베리아반도에 상륙했다. 지브롤터는 '타리크의 산'이란 뜻으로 당시 이슬람 군대를 이끌었던 타리크 장군의 이름을 빌려 지브롤터해협이라 불렀다. 드디어 이베리아반도에 무어인의 역사가 시작되었다.

당시 지중해변의 북아프리카에는 여러 민족이 살고 있었는데, 북아프리카 전체에 퍼져 살던 유목민족인 베르베르족과 이슬람의 전파와 함께 서쪽으로 옮겨온 아랍인들이 중심이었다. 이들을 통틀어 '무어인'

이라 불렀는데, 이는 '검다, 어둡다'라는 뜻을 지닌 말로 이들의 피부색에서 비롯되었다. 이 말은 점차 이베리아반도와 북아프리카에 사는 사람들을 일컫는 말이 되었고, 이베리아반도가 이슬람 지배를 받게 된 뒤에는 이슬람교도인 아랍인들을 의미했다.

이베리아반도에 들어온 이슬람교의 지배층과 상인들은 아랍의 체제를 그대로 옮겨왔다. 이베리아반도 거의 전체가 이슬람교도와 아랍인들의 지배 아래 들어가면서 이 지방의 인종 구성은 이베리아인, 켈트인, 바스크족, 서고트족, 로마인, 무어인, 유대인, 아랍인 등으로 더욱 복잡해졌다. 우선 가장 높은 지배계층은 당연히 정복자인 아랍인으로 그 수는 아주 적었다. 아랍의 남성은 이베리아 귀족 출신의 여성과 결혼할 수 있었으나, 아랍 여성은 이베리아 남성과 결혼할 수 없고 아랍 남성과의 결혼만이 허용되었다. 절대다수를 차지하는 것은 원래 살던 백인계 가톨릭교도들이었으며, 여기에 적지 않은 수의 유대인이 살고 있었다.

이베리아반도 정복 초기에는 아랍 본토에서 파견된 총독에 의해 통치되었다. 마호메트가 죽은 뒤 네 명의 칼리프(후계자) 시대를 지나서 661년 옴미아드 가문의 무아위아는 옴미아드 왕조를 세웠다. 그로부터 약 90년 뒤인 749년 이란에서 일어난 아불 아바스는 단숨에 옴미아드 왕조를 쓰러뜨리고, 750년 다마스쿠스에 아바스 왕조를 세웠다. 아불 아바스는 옴미아드 가문의 핏줄을 모조리 죽여 후환을 없애려 했지만, 옴미아드 왕가의 왕자 아브드 알라흐만이 기적적으로 살아서 도망쳤다. 아바스 왕조의 추격을 피해 서쪽으로, 서쪽으로 도망을 친 알라흐만은 결국 이베리아반도에서 후 옴미아드 왕조를 세웠다.

이슬람이 이베리아반도에 들어오면서 아랍인, 이베리아인, 유대인 등 복잡한 민족구성은 또다시 이슬람교, 가톨릭교, 유대교로 나뉘어 정복자의 종교로 개종하느냐 마느냐에 따라 사회적 지위도 달라졌다. 이슬람 지배자들은 다른 종교를 인정하고 개종을 강요하지는 않았으나 이슬람으로 개종하면 혜택을 주었다. 이런 상황에서 "굳이 개종 안 해도 된다. 섬기는 신은 같은데 섬기는 방법만 다를 뿐이다."라며 유대교를 인정하고 신앙의 자유를 허용한 이슬람 군대가 들어오자 유대인들은 이슬람세력에 적극 협조했다. 그래서 코르도바 왕국에서 유대인들의 활약은 눈부셨고, 왕국의 전성기를 이루는데 크게 기여했다. 유대인들은 플라톤, 아리스토텔레스, 카이사르, 마르쿠스 아우렐리우스 등 고대 그리스, 로마의 고전을 번역해서 이베리아반도에 소개했고, 코르도바 금융에서도 가장 핵심적인 역할을 했다.

로마제국에 맞서 2백 년이나 항전했던 스페인은 불과 7년 만에 무슬림에게 점령당했다. 이는 이슬람군이 펼친 점령지 정책의 능수능란함에 있었다. 현지 주민들의 민심을 확보하는 능력은 종교적인 면에서 더욱 두드러졌다. 이슬람교도들은 전쟁 포로를 죽이지 않았을 뿐만 아니라 종교의 자유를 인정하고 그리스도교 성전도 파괴하지 않았다. 이러한 종교적 관용은 '가톨릭과는 같은 조상 아브라함을 가지고 있고 같은 신을 믿는다.'라는 이슬람 신학에 바탕을 둔 것이었다. 이슬람교도들은 이스마엘이 아브라함의 합법적인 장남이라고 주장한다. 중요한 것은 유대교를 신봉하는 이스라엘 민족, 유대교에 뿌리를 둔 그리스도교, 그리고 이슬람교를 신봉하는 아랍 민족이 같은 조상 아브라함을 가지고 있고 같은 신을 믿는다는 사실이다. 그리스도교도들과 자신들이 혈연관계를 맺고 있다는 무슬림들의 믿음은 종교적 포용을 낳았고, 이는 아랍인들이 어떻게 그토록 빠른 시간에 이베리아반도를 점령할 수 있었는지를 설명해준다. 이를 바탕으로 스페인은 그리스도교, 이슬람교, 유대교가 공존하는 보기 드문 복합 문화 지역으로 발전했고, 풍요롭고 다양한 문화유산을 남겼다.

스페인에서 볼 수 있었던 그리스도교, 이슬람교, 유대교의 평화로운 공존은 1492년 국토 회복 운동을 완성한 이사벨 여왕으로 인해 더 이상 불가능해지고 말았다. 이사벨 여왕은 알람브라 칙령으로 제일 먼저 유대인들을 추방하였고, 이어서 무어인들을 추방했다. 문명의 융합이 문명의 충돌로 급격히 선회하고 있었다. 융합하는 문명의 만남이 충돌하는 문명의 길을 따라 21세기 흑암의 세계로 가고 있다.

하느님과 알라, 신은 과연 어디에서 무엇을 하고 있는 것일까.

순례자가 아침의 환상에서 깨어나 모스텔라레스 고개의 정상에 펼쳐진 평지를 걸어간다. 사방팔방 훤히 바라보다 내리막길을 걸어간다. 길게 펼쳐진 평원의 흙길을 밟으며, 살아있음에 감사하며 생의 찬가를 부른다.

앞에서 한 여성이 걸어온다. 유럽인 순례자다. 역방향으로 걷는 순례자? 카스트로헤리스에 두고 온 물건이 있어 찾으러 간단다. 갈 길이 멀건만 되돌아가는 발걸음과 마음이 얼마나 무거울까. 측은지심이 스쳐 간다. 피오호 샘에 도착해 쉼터에서 그늘을 찾아 휴식을 취한다. 다시 아스팔트 길을 따라가다가 산 니콜라스 성당에서 크레덴시알에 세요를 받은 후 부르고스 주와 팔렌시아 주의 경계 표지판이 있는 피수에르강을 건너간다. 날이 몹시 흐리다. 비가 오면 좋겠다. 마음으로

기우제를 지낸다. 인디언들이 기우제를 지내면 반드시 비가 온다. 비가 올 때까지 기우제를 지내니까. 비를 기다리는 인디언이 노래를 부른다.

저 산 가장자리에 구름이 걸려 있네.
그곳에 구름과 함께 내 가슴도 걸려 있네.
저 산 가장자리에 구름이 떨고 있네.
그곳에 구름과 함께 내 가슴도 떨고 있네.

갑자기 비바람이 몰아친다. 커다란 나무 밑에서 우의를 꺼내 입고 배낭에 커버를 씌운다. 비가 온다. 바람이 분다. 비바람이 순례자의 몸과 마음을 적신다. 끝없는 지평선, 비를 맞으며 춤을 춘다. 덩실덩실 춤을 춘다. 불광불급. 미치지 않으면 미칠 수 없는 길에서 신바람이 나서 눈물까지 난다. 빗물이 눈물을 씻는다. 빗물은 육신을 세척하고 눈물은 영혼을 세척한다. 비가 온다. 비는 영혼의 여행을 가능케 한다. 비가 감각에 기분 좋게 미친다. 데이비드 소로는 비가 식물에 좋다면 나에게도 좋다고 했다. 스탕달은 '영원히 내릴 것처럼 계속되는 질척하고 고약하고 밉살스러운 비'를 격렬하게 싫어했다. 나는 비가 좋다. 로마의 어느 집정관은 '비가 올 때면 자신의 침대를 잎이 무성한 나무 아래 갖다 놓고 빗방울의 아스라한 속삭임을 들으며 잠이 들곤' 했다고 한다. 나도 비가 오면 넋을 놓고 비에 취하고 감성에 취하고 때로는 기분 좋게 술에 취한다. 비가 오는 동안에는 모든 사물을 과장되게 보이게 하는 어떤 어둠이 있다. 하늘은 지상과 더 가깝게 낮아지고, 모든 사물은 더 좁아진 지평 안에 갇혀 더 많은 자리를 차지하고 더 커진다. 비는 세상 전체에 깊이 침잠하는 느낌을 준다. 또한 비는 하늘에서 내려오는 수정 구슬이다. 비에게 물었다.

"비여, 그대는 누구인가?"

비가 대답했다.

"나는 대지를 적시는 시라오. 나는 지구의 메마름과 미물들, 그리고 먼지를 적시러 내려온다오. 나 없이는 모든 것이 미생의 숨어 있는 씨앗일 뿐. 나는 언제나 밤낮으로 나의 근원에 생명을 돌려주어 맑고 아름답게 만든다오."

비가 오락가락, 지평선 저 멀리 무지개가 아름답다. 무지개가 더욱 선명하게 다가온다. 신의 전령이 기쁨의 소식을 가져온다. 인간을 사랑한 신의 약속이 들려온다. 무지개의 색깔은 몇 개인가. 아프리카의 바자어에서는 무지개의 색깔이 두 가지라 하고, 그리스의 철학자 크세노폰은 무지개의 색깔이 세 가지라 하고, 아리스토텔레스는 네 가지라고 한다. 세네카는 오색이라 하고, 패티김이 부른 노래 가사에도 '오색 무지개'라고 한다. 마르겟리누스에 이르러서는 여섯 색깔이라고 한다. 그래서 한동안 서양 문화권에서는 대체로 여섯 색깔로 생각해 왔다. 그런데 뉴턴에 이르러 스펙트럼을 통해 7색으로 굳어진다. 그래서 세계의 어린아이들은 과학 시간에 스펙트럼을 하면서 무지개는 7색이라 외운다. 그런데 놀랍게도 뉴턴이 일곱 색깔로 본 것은 그가 기독교 신자였기 때문이었다. 성서에는 하느님이 이 세상을 7일 만에 창조하셨다고 되어 있다. 그래서 일주일도 일곱 요일로 나누어져 있고, 음도 도, 레, 미, 파, 솔, 라, 시의 일곱 음계로 분할되어 있다.

비가 그쳤다. 무지개도 사라졌다. 비가 와야 무지개가 돋는 것처럼,

눈물이 흘러야 영혼에 무지개가 생긴다. 신기루처럼 멀리 마을이 시야에 들어온다. 보아디야 델 카미노 마을 초입 오른쪽에 있는 마당 넓은 바(Bar)에서 우의를 벗고 휴식을 취한다. 한국인 순례자 세 명이 맥주를 마시고 있다. 처음 보는 얼굴들이다. 매일같이 한국인 순례자들을 만난다. 마을 중앙에 성모승천 성당이 둔탁한 부벽을 두르고 서 있다. 성당 앞에 7m 높이의 심판의 기둥이 있다. 투박하게 쌓아 올린 5단의 기단은 인간 세상을 상징하고, 그 위에 장식을 두른 기둥은 천국으로 인도하는 사다리를 상징하고, 그 위에 원형으로 장식된 탑은 천국을 상징한다. 원형 탑의 아랫부분은 세 겹의 원이 확장되며 악마들이 천국으로 오르는 영혼을 심판하고 있다. 프랑스 길에서 가장 아름답고 심판의 기둥이라 불리는 이 기둥에, 중세시대에는 공개재판이 열리기 전 중죄인을 끌고 나와 쇠사슬로 묶었다.

다시 길을 나섰다. 18세기 후반 농업용수 공급을 목적으로 건설된 피수에르가 수로를 건너 시골길을 따라 걸어가다가 중세부터 순례자 마을로 이어져 온 보아디야 델 카미노에 이른다. 산타 마리아 성당과 광장에 위치한 중세 사법권의 상징인 로요를 돌아본다. 마을을 벗어나 시골길을 걷다가 카스티요 수로에 닿는다. 1753년에서 1859년 사이에 만들어진 수로다. 총 길이 207㎞의 수로를 따라 대서양까지 곡물과 물품을 수송했다. 로마가 스페인에 지은 수로 중 가장 잘 알려신 수로는 기원전 1세기에 만들어진 세고비아의 수로인데, 최고 30m에 달하는 2층의 아치 구조를 가지고 있고 길이는 700m에 달한다. 나바세라다산맥의 물을 20세기 초까지 시민들에게 제공했다는 사실은, 튼튼하고 실용적인 로마 건축의 진면목을 보여준다. 바르셀로나 남쪽의 타라고나에는 3층의 아치로 된 로마 수로와 원형극장이 잘 보존되어 있다.

　수로변 흙길을 따라 걸어간다. 카스티야 수로는 팔렌시아 평원에서 생산되는 곡물의 수송을 위해 만들어졌지만, 현재는 관개용수의 공급에 이용되고 있다. 발원지가 어디인지 거대한 양의 물이 출렁이며 흘러간다.

　한 여성 순례자가 걸어간다. 뚱뚱한 체격에 힘겹게 걷는 모습이 안쓰럽다. 배낭이 한쪽으로 쏠려있다. "부엔 카미노!" 하고 바라보니 완연히 지쳐있다. 융합의 문명으로 배낭을 바로 잡아준다. "그라시아스!"라고 인사하는 모습이 천진하다. 선한 일을 했다는 기쁨이 스쳐간다. 수로의 수문을 지나서 아스팔트 길에 접어들어 프로미스타로 들어간다. 마을 초입에서 오늘 일용할 양식을 구입한다.

　문명의 만남이 선한 길로 갈 수는 없는 것인가? 신의 뜻은 무엇인가? 문명의 길을 떠나 중세의 순례를 자처하는 순례자에게 신이 베푸는 안식의 밤이 깊어간다.

15

통찰의 길

"관찰의 길이 성찰의 길로,
성찰의 길이 통찰의 길로 찰찰찰 나아간다."

프로미스타에서 칼사디야 데 라 케사까지 36.8㎞

프로미스타~포블라시온 데 캄포스~비야르멘테로 데 캄포스~비알카사르 데 시르가

~카리온 데 로스 콘데스~칼사다 로마나~칼사디야 데 라 케사

칼사디야 데 라 케사

Carrión de los Condes

Villalcázar de Sirga

Villarmentero de Campos

Población de Campos

프로미스타

새벽 미명, 꿈결에 경상도 안동의 성당에서 아이들 목소리가 들려온다. 선교사가 초딩들에게 열심히 설교를 하고 있는데 갑자기 한 아이가 선교사에게 물었다.

"선교사님요, 하나님 하고 예수님 하고 부자지간이 맞지예?"

"응 그렇지."

"그란디 우째서 하느님은 하 씨이고 예수님은 예 씨인교? 재혼 했는교?"

갑작스런 질문에 선교사는 답변을 못한 채 난감해하며 어쩔 줄을 몰랐다. 그런데 바로 그때, 질문을 한 아이 바로 옆에 있던 여자아이가 그 아이의 뒤통수를 쥐어박으며 말했다.

"야, 임마야! 서양 사람들은 성이 뒤에 붙잖여! 하나님과 예수님의 성씨가 모두 다 '님 씨'잖여! 이 바보야! 질문을 하려믄 질문 같은 질문을 해라. 이 문디 같은 자슥아!"

돈키호테 같은 엉뚱한 상상으로 하루를 시작한다. 돈키호테(Don Quijote)의 '돈'은 사람을 높이 부를 때 붙이는 님(씨)이고, '키호테'는 '말 엉덩이'를 뜻하니, 돈키호테는 '키호테 님', 즉 '말 엉덩이 님'이라는 조롱 섞인 별명이다. 모나리자가 리자 아가씨(모나), 칭기즈칸이 부족회의(칭기즈)의 지도자(칸)를 가리키는 것과 같다.

돈키호테의 정식 표제는 '영리한 지방 귀족 라만차의 키호테 님'이다. 기사도 이야기를 패러디한 돈키호테는 대박을 터트렸다. 당시 황제인 펠리페 3세가 길가에서 책을 들고 웃고 우는 사람을 보면서 "저게 미친 사람이 아니라면 돈키호테를 읽고 있는 것이 틀림없다."라고 한 유명한 일화도 있다.

세금 징수원으로 일했던 세르반테스는 자신이 징수한 돈을 맡겼던 은행이 파산하는 바람에 3개월 동안 옥살이를 하게 된다. 도망자로, 군인으로, 포로로, 노예로, 옥살이를 하는 죄수로 파란만장을 살아온 세르반테스는 감옥에서 돈키호테를 탄생시킨다. 자신이 쓴 돈키호테가 '진정으로 인간을 그린 최초, 최고의 소설', '인류의 책'이라는 찬사를 받는 줄도 모르고, 계약을 잘못해 큰돈도 벌지 못한 세르반테스는 1616년에 쓸쓸하게 숨을 거둔다. 그리고 같은 날 영국의 셰익스피어도 죽는다. 그날이 바로 4월 23일이며, 유네스코는 1995년에 이날을 '책의 날'로 지정했다.

전직 국세 공무원이었던 순례자가 세금 징수원이었던 세르반테스, 세리장 삭개오, 세리 마태와 친숙한 것은 당연지사. 최초의 도보 여행으로 고향 안동으로 걸어가는 '청산으로 가는 길'은 세리였고, 죄인이었던 순례자가 멋진 자유의 길, 편력의 길을 걸어가는 돈키호테의 길이었다. 이후 두 발로 천하를 주유하는 순례자의 엉뚱함은 돈키호테와 다르지 않으리라.

순례자의 길 15일째. 21세기의 돈키호테가 이른 새벽 알베르게에서 멀리 떨어진 카미노를 찾아가며 프로미스타를 둘러본다. 프로미스타는 로마네스크 양식의 대표적인 건물인 성 마르틴 성당으로 유명하다. 이 건물은 카스티야 왕국의 백작 부인이며 나바르 왕국의 산초 3세 대왕의 미망인인 도냐 왕비가 1066년 세운 수도원이다. 이 수도원은 10세기에 무어족에게서 탈환하고 방어한 지역에 다시 사람들을 이주시키기 위한 왕실의 노력 가운데 일부이다. 15세기 순례자 병원이 있을 정도로 번성했던 이 마을의 치즈 박물관에서는 치즈 제조과정

을 볼 수 있다. 프로미스타 치즈는 알폰소 12세에게 치즈를 공급하면서 유명해졌다.

프로미스타를 벗어나서 고가다리를 지나 순례자를 위한 흙길에 접어든다. 해발 800m의 끝없는 평원의 메세타, 유럽 문화의 탐방로 산티아고 가는 길을 걸어간다. 별이 동방박사 세 사람을 아기 예수에게 인도했던 것처럼 순례자들의 가슴 속 소망으로 인도하는 은하수의 길. 성인들과 죄인들을 가리지 않고 모두 스페인으로 끌어들이는 강인한 흡입력을 가지고 있는 카미노를 간다. 순례길은 좁은 문으로 가는 좁은 길이다. 믿음의 선조들과 예언자들, 예수와 그의 제자들이 닦아놓은 길이다. 그 길에는 샛길이 무수히 많다. 오히려 샛길이 가야 할 길보다 너 넓다. 순례길은 바다가 모든 물을 받아들여 바다가 된 것처럼 모두를 받아들인다. 아무도 물리치지 않는다. 길 위에 오르기까지 그가 무슨 일을 했는지, 무슨 죄를 지었는지 신경 쓰지 않는다. 오히려 죄가 많고, 허물이 많고, 짐이 무거운 사람들을 더 반기는지도 모른다. 짐이 무겁겠지만 구원받는 자리까지는 고통을 인내하며 짊어지고 가야 한다. 중세 카미노에는 성스러운 순례자, 귀족과 왕, 거짓 순례자와 이상한 성직자, 온갖 잡상인, 걸인, 마술사, 부랑자, 사기꾼, 탈영병, 떠돌이 모험가, 방탕한 여인, 도망자, 죄수, 순례를 하도록 판결을 받은 자 등등이 넘쳐났다. 그리고 모든 죄와 허물은 이 카미노에서의 그 발걸음을 통해 땅 위에 흩어졌다. 21세기의 순례자들의 죄와 허물이 다시 그 위에 흩어진다.

마을 초입의 산 미겔 성당을 지나서 포블라시온 데 캄포스로 들어

간다. 여기에서 길은 두 루트로 나뉜다. 다리를 건너 도로 옆의 흙길을 따라 걷는 길과 다리를 건너지 않고 도로에서 벗어난 시골길을 따라 걷는 길이다. 길은 더 멀지만 차 소음이 없는 한적한 시골길을 선택하여 걸어간다. 한적한 시골길을 걸으면 외부의 사물들이 말을 걸어온다. 또한 내면의 자신이 살며시 미소를 지으며 다가온다. 복잡했던 머리가 단순해지고 알 수 없었던 수수께끼들이 하나씩 풀린다. 삶이 단순화되고 풍요로워진다. 마음은 과거와 미래로, 추억에서 계획으로, 계획에서 추억으로 여행을 한다. 정처 없는 발걸음은 사유를 낳고, 사유는 굴레의 틀을 벗어나 자유를 준다. 눈으로 풍경을 관찰하는 것은 마음의 세계를 성찰하도록 이끌어준다. 새롭게 떠오르는 사유는 걷기를 통한 외부 존재의 도움으로 창조되고 발견된다. 내가 나를 만나고, 사물들이 나와 소통하면서 성숙하고 팽창한다. 걸어가면서 만나는 모든 것은 살아있는 생명체가 되어 가슴속에 밀고 들어와 자리를 잡는다. 이윽고 통찰의 세계가 열린다. 관찰의 길이 성찰의 길에 들어서고, 이윽고 통찰의 길이 열린다. 통찰의 길이 된 산티아고 길에서 드디어 신을 만나고 자신을 만나고 소풍 같은 인생의 즐거움을 만난다.

인내와 용기를 시험하는 황량한 고원길을 따라 템플기사단의 본거지였던 비알카사르 데 시르가에 이르러 마을 중앙, 템플기사단이 13세기에 세운 산타 마리아 라 블랑카 성당에 도착한다. 오늘날 많은 성당이 폐허가 된 상태이거나 비어 있다. 성당은 있지만 사제들이 없는 성당이 많다. 오늘날 가톨릭 국가에는 하느님을 섬길 사제들이 부족한 실정이다. 결혼을 할 수 없는 것이 이유이다. 투박한 성당 안에는 템플기사단의 무덤과 매우 명성이 높았던 왕족과 귀족들의 무덤이 놓여 있다. 모든 길은 무덤으로 간다. 무덤은 죽음의 길을 가는 자들의 휴식처다.

로마에는 예수의 가장 중요한 사도인 베드로와 바울의 무덤이 있어 기독교인이라면 누구나 반드시 돌아봐야 할 순례지가 되었다. 갈리시아의 콤포스텔라에 성 야고보의 무덤이 있다고 믿는 사람들은 새로운 순례지를 창조해냈다. 무덤의 실재를 확인하기 위해 순례자들은 유럽 전역에서 대륙의 끝으로 걸었다. 하느님에 대한 믿음을 표현하는 새로운 역사의 장이 열린 것이다. 성 야고보의 무덤은 그곳을 찾아 걸어가는 사람들의 신앙 속에 살아있다. 카미노는 성 야고보에게 인도하는 길이지만, 그리스도에게 이르는 길이기도 하다. 산티아고 가는 길에 야고보는 있고 예수가 없을 수는 없다. 홀로 걸으며 음미하는 고독과 침묵은 카미노가 숨기고 있는 진실의 실체를 깨닫게 한다.

실내 제단의 아름다운 장식 속에서 순백의 성모 마리아상이 반겨준다. 콤포스텔라를 오가는 순례자들은 이 성당에 들러 성모 마리아에게 기도했다. 순례자들은 성모 마리아상을 직접 손으로 만질 수 있다. 전설에 따르면, 어떤 순례자가 꿈에 성 야고보로 변신한 사탄이 나타나 "네가 순례를 떠나기 전에 간음을 했으니 거세를 하고 자살하라."라고 말하며 음모에 빠트린다. 그러나 그때 성모 마리아가 나타나 순례자를 구하고 생명을 되살린다.

또 다른 이야기가 있다. 홀로 사는 어머니를 도우며 동정을 지키며 살던 총각이 콤포스텔라로 떠나기 전날 밤에 육신의 쾌락을 이기지 못하고 여인과 간음을 한다. 순례를 떠나서 못 돌아올지도 모른다는 미지의 세계에 대한 두려움과 위기감을 잊어버리기 위해 욕정의 세계로 도피한 것이다. 순례를 떠난 청년은 꿈속에 성 야고보로 나타난 사탄의 흉계에 속아 거세를 하고 자살을 한다. 사탄은 한 무리의 악마를 이끌고 청년을 지옥으로 끌고 가기 위해 온다. 로마의 길을 따라 지옥으로 가는 이들 앞에 성 야고보가 나타나 '내 순례자'라고 하면서 청년을 구해냈다. 로마의 성 베드로 성당 앞 풀밭에는 성모 마리아가 주재하는 하늘의 법정이 마련되어 있었다. 성 야고보는 청년을 변호했고, 성모 마리아는 청년을 '나의 하느님과 아들 예수, 성 야고보의 진정한 순례자'임을 인정하고 다시 살리도록 명령했다. 따사로운 성모의 정이 가슴으로 다가온다.

지평선이 끝도 없이 펼쳐지는 메세타 길에서 드디어 카리온 데 로스 콘데스로 들어간다. 이 마을은 순례길의 중심이라는 이유로 순례길의 심장이라 불렸다. 카리온 백작이 통치했던 마을로 중세 분위기를 유지하고 있다. 중세 초, 이 마을의 이름은 본디 산타 마리아 데 카리온이었으나, 카리온 백작의 명성을 기리기 위해 마을 이름을 바꾸었다.

산티아고 성당을 지나 중세 건물의 숲을 지나서 카리온강의 다리를 건너간다. 16세기부터 18세기에 걸쳐 개축되어 현재는 국영 호텔 파라도르와 박물관으로 이용되는 산 소일로 왕립수도원이 나타난다. 중세 역사가 잠들어 있는 수도원을 호텔로 꾸며 놓았다. 산 소일로는 옛날 로마의 기독교 박해 시절 순교한 인물이며, 이 수도원은 여러 가지 이적을 일으키는 곳으로 유명했다. 중세 시대, 산티아고 길을 여행하는 수많은 순례자가 반드시 머물다가는 수도원으로 번성했다. 1931년 스페인 정부는 이 수도원을 예술적 역사기념물로 지정했다.

이 수도원에는 엘 시드의 사위들이 묻혀있다. 「엘 시드의 노래」 후반

부에서는 엘 시드가 자신의 두 사위가 딸들을 폭행한 후 버리고 달아난 만행을 바로 잡고 가족의 명예를 회복하는 모습을 보여준다. 스페인 문학의 효시인 「엘 시드의 노래」는 엘 시드의 용맹함과 충성심, 애끓는 가족애와 적까지 포용하는 덕목 등 중세 기사의 전형을 보여준 무용담을 노래한다. 구전으로만 전해지던 엘 시드의 무용담은 1140년에 메디나셀리의 한 방랑시인에 의해 최초로 카스티아어로 기록되었다. 20세기 스페인의 대표적 사상가인 우나무노는 「엘 시드의 노래」를 통해서 '스페인인들의 시기심'을 언급했다. 그는 "모든 사람이 엘 시드를 시기하고, 왕도 엘 시드의 재능을 지혜롭게 이용하는 대신 그의 재산을 압류하고 그를 추방함으로써 그에 대한 시기심을 극대화했다."라고 했다. 엘 시드는 시련을 맞아 특유의 강인함과 지혜를 발휘하여 이를 극복해냈다.

산 소일로 수도원을 지나 교차로에서 화살표 방향을 따라 아스팔트 순례길을 걸어가다가 이내 단단한 흙길을 마주한다. 그늘이 거의 없는 평탄한 흙길. 칼사다 로마나, 로마 길의 시작점이다. 이제부터 16.3km 거리에 있는 칼사디야 데 라케사까지 바(Bar)가 없는 길을 걸어야 한다. 고대 로마 때부터 있었던 흙길을 따라 걸어간다. 바람, 하늘, 태양, 흰 구름, 대평원, 끝이 없는 길. 해발 800m 메세타 고원의 로마 가도. 직선으로 뻗어 있는 길은 끝이 보이지 않는다. 지평선의 하늘과 땅이 맞닿는 곳에 천국의 향연이 있으리라 기대하며 로마 가도에서 로마제국으로 들어간다.

'모든 길은 로마로 통한다.'라고 하듯, 로마는 전쟁을 통해 영토를 넓

　산티아고 가는 길, 나는 순례자다!

혀가면서 '로마 가도'를 건설했다. 로마를 복음화하면서 기독교는 로마 가도를 따라 세계로 번져나갔다. 로마는 원래 다신교였으며, 정복한 속국의 종교와 신을 인정했다. 신이 많을 때는 이십만이나 되었다. 하지만 스페인 출신의 테오도시우스 황제는 서기 392년에 기독교를 로마제국의 국교로 선포했다. 콘스탄티누스 대제가 313년 밀라노 칙령으로 기독교를 공인하고 80년 만에 기독교가 로마의 국교가 된 것이다.

테오도시우스는 원래 무력한 황제가 아니었다. 한때는 게르만족을 격파할 정도로 용맹이 대단했다. 그러나 그는 곧 기독교에 푹 빠져 살게 되었고, 기독교를 로마제국의 국교로 선포한 이듬해, 그리스의 올림피아 제전도 기독교 행사가 아니라는 이유로 금지시켜 버렸다. 이제 기독교가 아닌 다른 모든 종교는 불법이 되었다. 테오도시우스 황제는 원래 동방 황제였지만, 서방 황제가 사망하자 단독 황제가 되었다. 그러나 그가 죽은 다음 로마는 다시 두 제국으로 분리되었다. 그냥 경계를 나눈 정도가 아니라 법적으로 완전히 분리된 두 제국을 만들었다. 395년, 테오도시우스는 로마제국을 동로마제국과 서로마제국으로 분리해 두 아들에게 물려준 것이다.

기원전 20세기부터 기원전 4세기까지 유럽 역사의 중심은 그리스였다. 이후 기원전 3세기부터 로마가 그리스의 뒤를 잇는다. 유럽의 정신적 고향은 그리스이며, 유럽의 어원 또한 그리스에서 나왔다. 지중해에 인접한 소아시아의 페니키아 땅에 에우로페(Europe)라는 이름의 공주가 살고 있었는데, 공주를 처음 보고 한눈에 반해버린 제우스는 황소로 변해 공주에게 다가가서 공주를 그리스 남부 크레타섬으로 납치해 갔다. 바로 이 에우로페 공주의 이름에서 유럽이란 이름이 나왔다. 이 신화는 문명이 어떻게 이동했는지를 가르쳐준다. 페니키아는 오늘날의 레바논으로, 바로 오리엔트 문명이 발생한 곳이다. 제우스가 공주를 데리고 간 크레타는 유럽의 첫 문명이 탄생한 곳이다. 결국 유럽 문명은 아시아에서 넘어왔다는 것을 알려준다. 언어학적으로는 인도·유럽어인 셈어의 '에레브(Ereb)'에서 유럽이란 말이 탄생했다. 에레브는 '저녁'이란 뜻인데, 서양을 '해가 지는 곳'이라 부르는 것도 이 때문이다.

역사적으로 반도 국가는 인류 문명을 이끌어왔는데, 소크라테스와 플라톤, 아리스토텔레스를 배출한 그리스는 이집트 문명과 메소포타미아 문명을 수용하고 창조적으로 재해석해 헬레니즘 문명을 탄생시켰다. 이탈리아의 작은 도시국가로 출발했던 로마는 지중해를 중심으로 그리스의 도시국가들을 뛰어넘는 정치 실험에 성공하며 세계적인 로마제국으로 발돋움을 했다.

로마의 정복 전쟁은 기원전 3세기부터 본격적으로 시작되었다. 기원전 146년에는 지중해 일대를 장악했고, 머지않아 알렉산더의 헬레니즘 왕국들까지 모두 정복해 버렸다. 알렉산더는 서쪽이 아닌 동쪽에 관심이 많아 동방 원정을 했다. 오리엔트 지역의 문명이 훨씬 발달했기 때문이다. 그래서 서쪽의 로마는 무사할 수 있었고, 급성장할 수 있었다. 기원전 270년경, 로마는 북쪽의 루비콘강에서 남쪽의 메시나 해협에 이르는 이탈리아반도를 모두 정복했다. 이탈리아를 통일한 것이다. 이탈리아반도의 끝은 바다였고, 로마는 바다 건너 지중해 서부를 차지하기로 했다. 이때 지중해 동부는 알렉산더가 건설한 헬레니즘 세계가 건재해 있었는데, 로마의 덩치로는 아직까지 그들을 이길 수 없었다. 지중해 서부에는 카르타고라는 막강한 해상 강국이 버티고 있었다. 카르타고는 기원전 9세기 중반 페니키아가 아프리카 북부, 오늘날 튀니지에 건설한 식민지였다. 페니키아는 알렉산더의 동방 원정 때 사라져버렸지만, 카르타고는 오히려 더 성장했다. 기원전 264년 카르타고의 용병들이 시칠리아의 메시나를 침략하면서 로마와의 전쟁이 시작되었다. 로마인들은 카르타고를 경멸적인 의미를 담아 '포에니'라고 불렀는데, 그래서 80여 년간 계속된 이 전쟁도 포에니 전쟁(기원전 264년~기원전 146)이라 불린다.

기원전 201년, 카르타고는 에스파냐를 포함한 해외의 모든 식민지를 로마에게 넘겨주었다. 에스파냐는 이때 로마의 속주가 되었다.

4세기까지만 해도 유럽의 중심은 로마제국이었다. 하지만 게르만족의 이동으로 변방에 있던 게르만족이 유럽의 중심으로 떠올랐다. 376년, 훈족에 쫓긴 서고트족과 동고트족의 여러 무리가 도나우강을 건너 로마의 영토로 집단 이주했다. 일부는 바로 콘스탄티노플이 있는 남쪽으로 향했고, 일부는 내륙을 거쳐 에스파냐 쪽으로 향했다. 이 이동을 시작으로 여러 민족이 마치 도미노처럼 이동하게 되어 이 사건을 '게르만족의 대이동'이라고 부른다. 서로마제국은 476년에 게르만족에게 멸망했고, 동로마제국은 1453년에 오스만 튀르크에게 멸망했다. 로마제국은 하루아침에 건설되지 않았지만, 몰락에는 긴 시간이 필요하지 않았다.

지평선에 끝없이 펼쳐진 로마 가도, 작열하는 태양을 벗 삼아 직선 길을 걸어간다. '신은 곡선을 만들고, 인간은 직선을 만들었다.'는 말을 남긴 가우디(1852~1926)는 어떠한 직선도 사용하지 않고 곡선민으로 건축을 하였다. 26세에 가우디가 바르셀로나 건축 학교를 졸업할 때 엘리에스 교장은 "오늘 우리는 미친놈 아니면 천재에게 졸업장을 수여했다. 시간이 지나면 그 해답을 알 것."이라고 했다. 다행히도 가우디는 카탈루냐 모더니즘을 대표하는 세계적인 예술가로 성장했다. 가우디는 건축, 조각, 디자인 등 예술 장르를 즐겨 혼합하였고, 장르 사이에 어떠한 위계질서도 설정하지 않았다. 깨진 타일이나 도기, 혹은 컵 조각들을 모아 즉석에서 자연스럽게 모자이크하는 트렌카디스 기법으로 재료 사용에서도 독창성을 발휘했다. 이는 구엘 공원에서 잘 볼 수 있다. 구엘 공원은 전체가 가우디의 영감 어린 창조물인 종합예술로서의 건축물이다.

가우디의 작품 가운데 가장 화젯거리는 단연 아직도 공사를 계속하고 있는 사그라다 파밀리야 성당으로, 이 성당은 그의 역작이다. '성가족 성당'은 그의 사망 100주년이 되는 2026년에 공사를 마치고 문을 열 것이라 한다. 가우디의 작품 가운데 7개가 유네스코의 인류문화유산으로 지정되어 있고, 그가 활동했던 바르셀로나는 훨씬 더 풍요롭고 세련된 문화도시가 될 수 있었다. 항상 경건하고 겸손하며 인간적이었던 가우디는 평생 독신으로 살았으며, "신앙이 없는 사람은 정신적으로 쇠약한 인간이며 손상된 인간."이란 말을 남기기도 했다. 자신의 재능을 신을 위해 사용한나는 소명 의식을 갖고 있었던 가우디는 말년에 건축을 제외한 모든 것을 멀리하고 수도자처럼 살았다. 바르셀로나 시내에서 전차에 치었으나, 허름한 행색으로 인해 아무도 그가 가우디라는 사실을 알아차리지 못해서 병원에서 허망하게 세상을 떠나고 말았다.

길을 간다. 살아 있다는 것은 길을 가는 것, 끊임없이 새로운 길을 가는 것이다. 자신의 길, 마음이 담긴 길을 간다. 길에서 길을 만나고, 길에서 온갖 사물이 공존하는 세계를 만나면서 바람같이, 구름같이, 강물같이, 세월같이 유유자적 흘러가는 이치를 배운다. '짐이 무겁고 갈 길이 먼 사람은 장소를 가리지 않고 쉬어가며, 집이 가난하고 늙은 어버이를 모신 사람은 지위를 가리지 않고 벼슬을 산다.'고 했던가. 갈 길 먼 순례자가 작은 나무 그늘 아래에서 휴식을 취한다. 신발을 벗고, 발을 어루만져준다. '발아, 고맙다. 신발아, 고맙다.' 하고 감사를 표한다.

옛날 옛적에 사람이 아직 신발을 신고 생활하기 이전, 한 왕이 자신의 영토를 순회하는 중이었다. 왕은 자신의 땅이 얼마나 넓은지, 얼마나 비옥한지 확인하고 싶었다. 며칠을 맨발로 돌아다니던 왕은 발바닥에 돌이 밟히고 물집이 생기자 신하들에게 명령했다.

"내 영토의 모든 길을 쇠가죽으로 덮도록 하라. 내가 가는 길은 어디든지 부드러운 가죽 길이 되도록 해야 한다."

이 말을 들은 신하들이 그 많은 쇠가죽을 어디서 구할 것인지를 두고 고민했다. 그때 지혜로운 한 신하가 왕에게 자신의 의견을 말했다.

"폐하, 세상의 모든 땅을 쇠가죽으로 덮지 말고, 폐하의 발에 쇠가죽을 입히는 것이 나을 듯합니다."

그 말을 들은 왕은 신하의 생각을 받아들여 발싸개를 만들게 하였는데, 그것이 신발의 기원이 되었다고 한다.

세상에는 두 종류의 인간이 있다. 하나는 정욕이란 인간이고 다른 하나는 인내라는 인간이다. 정욕은 '덤불 속에 새 두 마리보다 손에 쥔 한 마리가 낫다.'는 속담을 퍼트리며 세상에 속한 이들인데, 이들은 장차 다가올 세상에서 큰 복을 누리기보다는 여기서 당장 이뤄지길 바란다. 하지만 인내는 장차 다가올 나라의 백성이다. 먼저 된 자가 나중 되고, 나중 된 자가 먼저 된다고 믿는다. 인내는 마지막에 가장 좋은 선물을 받게 된다. 부자와 나사로에 비유된다.

'나는 누구인가? 나는 어떤 사람으로 살아가야 하는가? 예수는 나에게 누구인가? 교회에만 구원이 있는가? 대한민국에는 지나치게 교회도 많고 목사도 많은데, 나도 목사가 되어야 하는가? 그러면 어떤 목사가 되어야 하는가?'라는 상념이 스쳐 간다.

'세상에서 가장 작은 교회, 십일조가 없고 새벽 기도도 없고 수요 예배도 없고 오직 주일 오전 예배만 보면서, 예배 후에는 열 명 내외의 성도들과 최후의 만찬을 의식해 삼겹살에 와인을 마시면서 주님을 찬양하며 성도 간 교제를 하는 교회. 그런 교회는 꿈같은 교회일까? 그런 교회에도 주님은 오시고 구원은 있는 것일까? 순례길에서 주님이 답을 해주셨으면…' 하는 기대감을 가져본다.

드디어 저 멀리 성당의 종탑이 보인다. 기쁨의 탄성이 쏟아지고 자비로운 신의 창조물인 곡선으로 된 내리막길을 흥겹게 내려간다. 뒤를 돌아본다. 먼 길을 걸어왔다. 멀리 돌아보아야 멀리 내다볼 수 있다. 역사를 모르는 민족에게 미래는 없다고 하던가. 길 위에서 자신의 역사는 물론 인류의 역사를 더듬어본다. 그 길은 미래로 이어진다. 자기 자신에 대한 것도 넓고 깊게 성찰해 본다. 현재를 살펴보고 가야 할 방향을 설정한다. 과거를 검색하고 현재를 사색하고 미래를 탐색한다. 드디어 나의 태양은 지고 나의 낮은 저물었다. 칼사디야 데 라케사

의 알베르게에서 관찰, 성찰, 통찰의 길을 걸은 지친 순례자가 찰찰찰
흐르는 꿀맛 같은 안식의 밤을 보낸다.

참회의 길

"내 형제 중에 지극히 작은 자에게 한 것이
곧 내게 한 것이니라."

칼사디야 데 라 케사에서 베르시아노스 델 레알 카미노까지 32.7㎞

칼사디야~레디고스~템플라리오스~모리티노스~산 니콜라스~사아군~베르시아노스

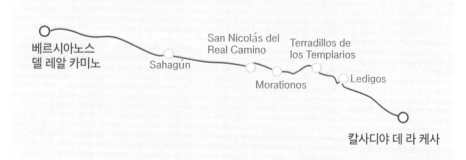

6월의 마지막 날. 바람처럼, 구름처럼, 독수리처럼 자유로운 영혼의 순례자가 길을 나선다. 천상의 꽃들이 화사하게 반짝거리며 미소를 짓는다. 순례자도 어두운 하늘을 향해 반갑게 인사를 한다.

"별들아, 올라!"

시원한 새벽바람에게도 인사를 한다.

"올라, 어디로 가니? 반가워!"

카미노에 또 정겨운 벗들이 하나, 둘 다가온다. 오늘도 유라시아 대륙의 동쪽 끝 대한민국에서 온 순례자가 유라시아 대륙 서쪽 끝 스페인의 산티아고 데 콤포스텔라를 향해, 피스테라를 향해 걸어간다. 인류의 위대한 모험은 대부분 동쪽에서 서쪽으로 이루어졌다. 예부터 사람들은 불덩어리가 잠기는 곳이 어디인가 궁금해하면서 동에서 서로 흘러가는 태양의 운행을 좇았다. 순례자는 무엇을 얻기 위해 서쪽으로 걸어가는가? 중국의 노자가 서쪽으로 간 까닭은 무엇일까? 시저나 콜럼버스, 아틸라 등 모두가 서쪽에 그 답이 있다고 믿었다. 서쪽으로 떠나는 것, 그것은 미래를 알고자 하는 것이었다.

태양이 어디로 가는지 궁금해하는 사람들이 있었던 반면, 태양이 어디로부터 오는지 알고 싶어 하는 사람들도 있었다. 인도의 달마가 동쪽으로 간 까닭? 마르코 폴로, 나폴레옹 등은 동쪽으로 갔다. 이들은 모든 것이 시작되는 동방이야말로 발견할 거리가 가장 많은 곳이라 믿었다. 하지만 모험가들에게는 두 개의 방향 모두 탐험의 대상이었다. 태양이 잠든 북쪽으로 가는 것은 자신의 힘을 시험하기 위한 장애물을 찾아가는 것이요, 태양이 중천에 떠 있는 남쪽으로 가는 것은 휴식과 평온을 찾아 나서는 것이었다. 인디언들은 다섯 방향의 이름을 동쪽은 태양이 항상 비추는 곳, 서쪽은 천둥의 정령들이 사는 곳, 남쪽은 우리가 항상 바라보는 곳, 북쪽은 거대하고 하얀 거인들이 사는 곳이라 하면서 사후세계는 행복한 사냥터라고 했다. 그러면서 "미타쿠에 오야신.", "우리 모두는 연결되어 있다."라고 했다.

카미노는 양방향의 길이 아니다. 노란 화살표는 분명한 목적지를 가리킨다. 화살표는 서쪽으로 가는 순례자를 위한 것이다. 언젠가 도착할 종점을 향해 배열된 시간을, 다른 한편으로는 목적지를 향한 공간적 움직임을 나타낸다. 산티아고 여행자는 단순한 여행자가 아니라 순례자다. 카미노에서의 하루하루는 목적지를 향한 작은 성취가 된다. 순례자는 날마다 '카르페 디엠'의 경험을 한다. 카미노에서 예수와 성 야고보가 함께 한다는 느낌을 경험한다. 스페인의 자연과 사람들 속에서 신의 손길을 느낀다. 신의 사랑 속에서 믿음을 새롭게 하는 계기가 된다. 순례자에게 고독과 침묵은 순례 여행의 핵심이다. 카미노는 고독과 침묵을 통해 생명의 성찬식이 된다. 기도와 명상, 자아 탐색, 감사 같은 영성 훈련은 고독과 침묵 속에서 이루어진다. 고독은 자아를 탐색하는데 필요하다. 모든 위대한 성취에는 고독이 존재한다. 그것이 고독의 가치다. 고독한 순례자가 카미노를 걸어간다.

새가 날아간다. 자유롭게 창공을 날아간다. 살찐 새는 날지 못한다. 신선처럼 날기 위해서는 육신의 찌꺼기를 버리고 또 버려야 한다. 레오나르도 다빈치가 그린 최후의 만찬에 등장한 12제자들의 모습도 하나같이 여위었다. 유다도 마찬가지다. 십자가에 못 박힌 예수는 너무 안타깝게도 갈비뼈가 드러나 보인다. 역사상 예수만큼 많이 버린 사

산티아고 가는 길, 나는 순례자다!

람은 없다. 예수도, 제자들도 육신의 찌꺼기를 모두 버렸다. 바울이 말했듯이 믿음은 모든 것을 벗고 가벼운 몸으로 목표점을 향해 달려가는 것이다. 믿음의 경주를 하기 위해서는 가진 것을 버리고 나가야 한다.

연일 뜨거운 태양이 동행한다. 태양이 지구에게 말한다.

"내가 조금만 더 가까이 가면 지구에 있는 모든 것은 죽어버려. 지금처럼 떨어진 채 사랑해야 해. 만물에게 생명과 온기를 주고 만물을 기쁘게 바라보는 마음, 그것이 나의 마음이야."

마을을 나와서 다시 평탄한 길을 따라 레디고스를 지나서 템플라리오스로 향한다. 이슬람 무어인들의 손길이 남아 있는, 흙벽돌이 허물어져 가는 템플라리오스는 이름에서 느껴지듯 과거 템플기사단의 근거지가 있던 곳이다. 하지만 현재는 그 흔적이 남아 있지 않고 메세타 시골 마을의 한적함만이 느껴진다.

어떤 순례자는 자신이 현대의 템플기사단이라 믿는다. 템플기사단의 정체는 신비에 싸여 있다. 기사단원은 자신의 성, 사원, 교회에 내장되었다고 여겨진 비밀스러운 지식을 절대 발설할 수 없었다. 20대와 30대 초반의 파울로 코엘료도 이런 운동에 이끌리는 경향이 있었다.

템플기사단(성전기사단)은 예루살렘을 지키기 위하여 십자군 전쟁 중에 조직되었다. '예루살렘'은 평화라는 뜻이지만, 오래전부터 분쟁의 씨앗이었고 중동의 화약고였다. 십자군의 산물인 기사단은 수사(修士)와 기사(騎士)가 결합한 하느님의 전사였다. 그들은 결혼도 하지 않은 채 수사처럼 집단생활을 했다. 교황과 기사단장의 명령에만 복종했고, 하느님의 적과 싸우는 것만이 삶의 이유였다. 템플기사단은 1차 십자군의 결과로 예루살렘 왕국이 세워진 직후인 1119년에 출범했다. 예루살렘 수호와 순례자들의 보호가 목적이었다. 유럽의 많은 왕과 귀족의 대규모 기부를 통해 템플기사단은 막강한 국제 조직으로 성장했다. 유럽 주요 지역과 도시에 지부를 두었다.

그렇게 막강한 무력과 막대한 재산으로 기독교 세계 위에 군림하던 템플기사단에도 종말이 찾아왔다. 프랑스 왕 필리프 4세(재위 1285-1314)가 앞장섰다. 프랑스 왕은 템플기사단에게 이단의 혐의를 씌웠다. 힘없는 교황 클레멘트 5세는 프랑스 왕의 주장에 맞서지 못했고, 템플기사단은 1312년 해체됐다. 주요 인물들은 불타 죽었고, 템플기사단의 막대한 재산은 그들의 가장 큰 채무자였던 프랑스 왕이 차지했다.

이베리아반도의 포르투갈은 레콘키스타, 국토 회복 운동에 의해 건국된 나라다. 당시 포르투갈 왕이었던 디니스(Dinis 재위 1279~1325년)는 템플기사단을 해체하되 그들을 새롭게 창단하는 '그리스도 기사단'에 통합할 수 있도록 해달라고 교황청에 요청했고, 교황은 허락했다. 프랑스는 기사단이 필요하지 않았지만, 포르투갈은 동쪽에서 포르투갈을 위협해 오는 카스티야 때문에 여전히 기사단이 필요했다. 템플기사단의 후예들은 이후 자신들의 필요성을 전쟁에서 충분히 입증했다.

1497년 7월 9일 토요일 아침, 바스코 다 가마의 기함(旗艦) 가브리엘호를 필두로 150여 명이 승선한 4척의 배가 테주강을 따라 대서양으로 나아갔다. 이때 바스코 다 가마는 아프리카 서해안을 따라 내려가던 기존의 항해 루트를 버리고 먼 대서양을 향해 서남쪽으로 기수를 돌렸다. '미쳤다!'는 표현으로도 부족한 과감한 시도였다. 목적지는 남아프리카 남단의 희망봉. 그렇게 망망대해를 93일간 항해한 끝에 희망봉에서 멀지 않은 세인트헬레나 만(灣)에 도착했다. 이는 콜럼버스의 대서양 횡단(30일)을 압도하는 항해였다. 포르투갈은 자신들의 항해술, 조선술, 관측기술이 획기적으로 발전했음을 증명했다. 그리고 드디어 1498년 5월 20일, 폭풍을 뚫고 희망봉을 돌아 최종목적지인 인도 코지코드에 도착했다. 북아프리카에 최초의 해외 영토인 세우타를 정복한 1415년 이래, 모두의 꿈이었던 인도로 가는 길을 개척한 것이다. 남부 인도의 교역 중심지인 코지코드는 신천지였다. 후추를 비롯한 고가의 아시아 물산이 넘쳐났다. 하지만 코지코드의 상권을 장악하고 있던 무슬림 상인들의 노골적인 적의(敵意)로 인해 코지코드와 무역협정을 맺는 것에 실패한 바스코 다 가마는 급하게 귀환길에 올랐다. 1499년 9월 9일, 아프리카를 돌아 리스본에 도착한 바스코 다 가마의 배에는 후추를 비롯한 동양의 물품이 가득 실려 있었다. 온 포르투갈이 환호하고 전 유럽이 경악했다. 1492년 10월 콜럼버스의 신대륙 발견에 이은 바스코 다 가마의 인도 항로 개척은 구세계의 종말로 가는 길이었다.

템플기사단의 후예인 그리스도 기사단은 강력하고 부유했다. 항해왕 엔히크 이후 포르투갈의 왕들은 기사단에 대한 통제의 끈을 놓지 않았다. 포르투갈의 전성기에 군림했던 마누엘 1세도 마찬가지로 직접 기사단장을 맡았다. 마누엘 1세는 바스코 다 가마의 업적을 기려, 그가 인도를 향해 출발했던 벨렝 해변에 제로니무스 수도원을 세우라 했다. 이 건물은 100년에 걸쳐 건설됐고, 1755년 포르투갈 대지진의 재앙에서도 살아남았다. 제로니무스 수도원의 입구에는 기도하는 모습의 위대한 뱃사람 바스코 다 가마의 관이 있다.

산티아고 가는 길, 나는 순례자다!

템플라리오스 마을을 나와서 모라티노스로 향한다. 흙길을 따라 팔렌시아 주의 마지막 마을인 산 니콜라스를 지나 사아군으로 향한다. 팔렌시아 주와의 경계선인 카라스코봉에 이른다. 이제 콤포스텔라까지 거의 절반 가까이 왔다. 두 다리는 씩씩하고 발걸음은 가볍다. 날은 언제나 뜨겁고 화창하다. 토마스 아퀴나스는 인간의 모든 감각은 촉감 위에서 만들어진다고 한다. 촉감은 가장 기본이 되는 감각이다. 섹스의 쾌감도 촉감을 통해 이루어진다. 토마스 아퀴나스는 그런 열락의 쾌감을 이겨내도록 이성을 작동시키고, 그 목적대로 감각을 통제하는 미덕을 순결이라 불렀다. 순결의 극단적이고 근본적인 형태가 바로 동정녀이다.

땀이 빗물처럼 흘러내린다. 흐르는 땀으로 죄와 허물로 물든 영혼을 씻어낸다. 순례자는 카미노에서 크고 작은 고통을 경험한다. 고통은 신에게 다가가는 하나의 방편이다. 길 위의 고통과 시련은 신을 발견하고 믿음을 강화하는 계기가 된다. 고통을 극복하면 자신의 몸에 대해 더 많은 지식을 얻고 몸을 존중하게 되며, 엄청난 성취감과 만족감, 그리고 살아있다는 느낌을 받을 수 있다. 자신이 느낀 모든 고통에 감사한다. 순례자의 눈물은 고통과 기쁨의 감격이 뒤섞인 영혼의 세척제다.

카미노는 더럽혀진 몸과 마음을 순결하고 순수하게 정화해 나가는 여정이다. 카미노는 세상 그 어느 곳보다도 속박받지 않고 자유로움을 누릴 수 있는 공간이다. 무슨 일이 일어나고 있는 걸까. 그 옛날 순례자들의 마음이 내 영혼 속에 스며들어 온다. 그들이 걸었던 흙을 밟으며 그들과 동행한다. 그들 가운데 일부의 유해는 내 발아래에 있다. 나 홀로 걷는 즐거움을 아무에게도 방해를 받지 않는다는 것이다. 고독이 깊어지면 깊어질수록 옛 순례자들과는 더욱 깊은 교감이 이루어진다. 발은 정직한 여행의 징표이자 힘의 상징이다. 순례자는 카미노에서 발의 힘과 긍정성을 깨닫는다.

지평선에는 해만 바라보는 해바라기가 끝이 없다. '주'만 바라보는 주바라기, '북'만 바라보는 북바라기도 있다. 순례자는 엄마만 바라보는 '엄바라기'였다. 엄마는 신이었고 우상이었다. 세상 모든 엄마가 다음 세상으로 가듯, 엄마도 별이 되어 먼 길 떠나갔다. 하느님께서 아기천사에게 지상으로 내려가라고 명령하자 겁에 질린 아기천사가 말했다.

"지상에는 도둑도 많고 위험한 차도 많이 다니고 전쟁도 있다는데, 제가 어떻게 그런 인간 세상에서 살 수 있겠습니까?"

하느님이 대답하셨다.

"너는 혼자가 아니다. 너에게는 항상 너를 지켜주는 수호천사가 기다리고 있을 것이다."

그런데 벌써 아기천사는 하늘에서 땅으로 떨어지고 있었다. 아기천사는 다급하게 소리쳤다.

"하느님, 하느님! 수호천사의 이름을 가르쳐주셔야 만날 수 있지요!"

하느님은 크게 웃으면서 말씀하셨다.

"수호천사의 이름은 '엄마'라고 한단다."

해만 바라보는 애모(愛慕)의 상징인 해바라기. 그리운 얼굴들이 해바라기마다 박혀있다. 악양루에 올라 동정호를 바라보며 고향 생각에 눈물짓던 두보의 심정이 스쳐 간다. 중세 순례자들은 모두 본향을 그리며 꿈을 안고 돌아가는 해바라기였다. 들판의 해바라기 위에 스프링클러에서 뿌려주는 물이 무지개를 만들며 순례자의 목마름도 시원하게 한다.

순례의 본질은 믿음의 정신으로 이동하는 것. 핵심은 믿음, 신앙, 헌신이다. 순례는 속죄의 고통과 감사의 표현이자, 예수가 겪은 십자가의 시련과 동일시된다. 전통적 산티아고 순례는 단순히 아름다운 자연 속을 걷는 관광이나 스포츠 여행이 아니다. 그 모든 것을 넘어선다. 하지만 현대의 모든 순례자가 희생이나 헌신을 위해 순례를 떠나지는 않는다. 산티아고 순례는 유럽의 종교적·역사적 루트에서 자신을 발견하고 내적 변화를 추구하며, 지난 세기의 리듬 속을 걷는 행위이자 방랑이다. 순례는 유럽의 역사·종교·자연·문화·예술과 관련되는 여행이다.

몸은 비록 힘들지라도 마음은 새로운 투지로 한 걸음 또 한 걸음 산티아고로 내디딘다. 나의 경쟁자는 언제나 어제의 나, 오늘의 나다. 나를 이기기 위해 일신우일신의 각오로 한 걸음 한 걸음 걷는다. 한 걸음을 걸어도 나답게, 내 마음의 길을 걸어간다. 나를 찾아 떠나는 여행. 길을 가면 땅 위에 길이 생겨나듯 마음에 희망이 생겨난다. 희망이 없는 절망은 없다. 희망이 생기면 의욕이 나고, 의욕이 나면 힘이 나고, 힘이 나면 재미가 나고, 재미가 나면 인생이 즐거워진다. 그래서 희망은 가난한 자의 양식이다. 등대는 밤의 바닷길을 밝혀주고, 희망은 험한 세상을 밝혀준다. 새로운 하늘, 새로운 땅은 언제나 마음에 있다. 카프카는 말한다. "절망하지 말라. 네가 절망하지 않는다는 것에도 절망하지 말라. 이미 모든 것이 파국에 이르렀다고 보일 때에도 새로운 힘을 불러일으키는 것, 그것이야말로 네가 살았다는 것을 의미하는 것."이라고. 순례자의 산티아고 가는 길은 어느덧 소풍이 된다. '나 하늘로 돌아가리라' 하는 시인의 노래가 운율이 되어 발걸음이

한결 가벼워진다.

홀로 걷는 길. 온전히 자신에게 집중하고 자신의 삶을 돌아본다. 자신을 사랑하고 자신의 삶을 더욱 사랑하리라는 깨달음이 밀려온다. 타인을 사랑하기 위해, 이웃 사랑을 실천하기 위해서는 먼저 자기 자신을 사랑해야 한다. 내가 나 자신에게도 주지 않는 사랑을 어떻게 남에게 준단 말인가? 내 가족에게도 주지 않는 사랑을 어떻게 타인에게 준단 말인가? 니코스 카잔자키스는 "내 마음에 평화가 있어야 남에게 평화를 나누어 줄 수 있다."라고 하지 않았던가. 내가 타인에게 사랑을 주지 않고, 줄 수도 없는데 어떻게 타인이 나를 사랑해 주기를 기대하겠는가. 이기주의가 아닌 애기애타의 마음으로 먼저 자신을 사랑해야 한다.

드디어 유서 깊은 중세 도시 사아군의 입구에 도착했다. 오른쪽으로 난 세키요강을 따라 버드나무 길 끝에 푸엔테 성모 소성당이 낮게 서 있고, 그 앞으로 로마 다리가 허리를 둥글게 접고 놓여 있다. 로마 다리를 건너자 그리스 신상처럼 생긴 조각이 쌍으로 서서 반기고, 허물어지다 남은 푸엔테 성모 소성당이 종탑을 세우고 서 있다. 이곳 소성당에서 매년 4월 25일 축제가 열린다.

철길을 가로질러 사아군으로 들어간다. 사아군의 트리니다드 성당, 산후안 성당, 산 베니토 아치문 등을 둘러본다. 도시의 매력은 오래된 건물들이 자아내는 기억의 합창이다. 중세 도시를 방문하면서 현대 도시에서는 발견할 수 없는 특별한 감정을 느낀다. 기억을 잃어버린 사람들이 인생의 소중한 추억을 잃어버린 것처럼, 기억을 상실한 도시는 황량함만 자아낸다. 사아군의 중세 역사는 수도원의 역사라고 할 수 있다.

이곳은 처음에 디오 클레티안 시대(284~305)에 순교한 수많은 사람이 묻힌 장소로 지정되었는데, 이슬람 세력이 지배하고 있던 사아군을 샤를마뉴 대제가 격퇴한 것을 기념하기 위해 수도원을 세웠다고 한다.

사아군은 11세기 말 스페인 클뤼니 수도원의 도시로 성장했다. 프랑스에서 건너온 클뤼니 수도사들이 이곳 황량한 메세타 고원에 수도원을 세웠다. 1079년, 클뤼니의 이상과 실천에 따라 개혁할 수 있는 수도사 두 명이 사아군에 왔고, 마침내 사아군 수도원은 스페인에서 가장 중요한 클뤼니 운동의 중심지가 되어 그 산하에 50개가 넘는 작은 수도원을 두었다. 스페인의 역대 왕들은 클뤼니 수도원에 정기적으로 헌금을 보내 클뤼니의 교회 개혁 운동을 적극 지지했다. 스페인의 왕들 또한 자신의 영혼이 구원받기를 원했다. 왕들은 돈과 땅을 수도원에 제공하고, 수도원의 수사들은 왕들의 영혼을 구제해 달라는 기도를 했다. 스페인의 왕들은 교회 개혁 운동을 하는 수사가 다른 수사들보다 더 신성하며, 그런 수사가 있는 수도원은 다른 수도원들보다 하느님 앞에서 더 큰 중재 권한을 가지고 있다고 믿었다.

14세기에 대학이 있을 정도로 사아군은 번성했지만, 권력의 중심이 남쪽으로 이동하면서 19세기에 수도원이 해체되고 수도원 건물들은 파괴됐다. 화려한 산 베니토 아치는 당시 찬란했던 왕립수도원의 규모를 짐작케 한다. 하지만 지금은 옛 수도원이 사라진 자리에 아치만이 남아있다.

사아군은 오스피탈로도 유명했다. 알폰소 6세 때 사아군의 수도원은 순례자들을 위한 숙소를 많이 지었고, 순례자들에게 매우 잘 대접해주기로 소문이 나 있었다. 유명한 프란체스코회 수도사인 프라이 베르나르디노 데 사아군(1499~1590)이 태어난 곳이기도 하다.

목동이 한 무리의 양 떼를 몰고 온다. 양치기 개들이 주변을 어슬렁거린다. 개는 사람과 가장 친근한 벗이다. 하지만 개는 자기 주인에게만 가장 친근한 벗이 된다. 목동과 양치기 개, 그리고 양 떼들이 어우러져 아름다운 풍경이다. 중세 초, 이 지역에서는 농사를 짓지 못할 정도로 엄청나게 많은 양 떼가 여기저기 있었다. 스페인은 이곳에서 생산한 양모를 잔 다르크가 참전한 백년전쟁의 도화선이 되었던 플랑드르 지방으로 수출했다. 영국에서 엔클로저 운동이 일어났듯, 스페인에서도 당시에는 양이 사람을 잡아먹었다. 양 떼를 키우느라 사람이 먹고살아야 할 식량을 재배할 곳이 없었기 때문이다.

성경에 양은 항상 착한 사람으로 비유된다. 사도 요한은 '예수는 인간의 죄를 대속하여 죽은, 세상의 죄를 지고 가는 하나님의 어린 양'이라고 기록했다. 예수는 제자들에게 "나는 선한 목자라. 나는 내 양을 알고 양도 나를 아는 것이 아버지께서 나를 아시고 내가 아버지를 아는 것 같으니, 나는 양을 위하여 목숨을 버리노라."라고 했다. 그리고 "너희 생각에는 어떠하냐. 만일 어떤 사람에게 양 백 마리가 있는데 그중 하나가 길을 잃었다면 그 아흔아홉 마리를 산에 두고 가서 길 잃은 양을 찾지 않겠느냐. 진실로 너희에게 이르노니, 만일 찾으면 길을 잃지 아니한 아흔아홉 마리보다 이것을 더 기뻐하리라. 이와 같이 이 작은 자 중 하나라도 잃는 것은 하늘에 계신 너희 아버지의 뜻이 아니니라."라고 했다.

아버지를 떠난 탕자는 아흔아홉 마리 양이 아니라 잃어버린 한 마리 양이었다. 그리고 예수는 "목자가 양과 염소를 구분하여 양은 그 오른편에, 염소는 그 왼편에 두리라."라고 했다. 그리고 그 오른편에 있는 자들에게 "내가 주릴 때에 너희가 먹을 것을 주었고, 목마를 때에 마시게 하였고, 나그네 되었을 때에 영접하였고, 헐벗었을 때에 옷을 입혔고, 병 들었을 때에 돌보았고, 옥에 갇혔을 때에 와서 보았느니라."라고 했다. 하지만 오른편에 있는 양들은 "주여, 어느 때에 그리하였나이까?"라며 되물었다. 그때 예수는 말했다. "너희가 여기 내 형제 중에 지극히 작은 자에게 한 것이 곧 내게 한 것이니라." 그리고 왼편에 있는 염소들에게는 "저주를 받은 자들아, 나를 떠나 마귀와 그 사자들을 위하여 예비된 영원한 불에 들어가라."라고 외쳤다.

신약 성경에서 양은 천국으로 가는 착한 사람들을 비유하는 동물, 염소는 그렇지 못한 악한 동물로 묘사되었다. 골리앗을 돌팔매로 죽이고 백성의 인기를 모았던 유대의 2대 왕 다윗은 베들레헴의 양치기 목동 출신이었다. 양 떼를 몰고 가는 진풍경을 바라보다가 발걸음을 옮긴다.

사아군을 나와 아스팔트 길을 걷는다. 뜨거운 복사열이 더위를 배가시킨다. 중세의 순례자들은 고행 속에서 영혼이 구원받기를 원했다. 그렇다면 현재의 순례자들에게 산티아고 가는 순례길의 참된 의미는 무엇일까? 고통스러운 고행 속에서 성 야고보의 동생인 사도 요한이 말한 육신의 정욕, 안목의 정욕, 이생의 자랑을 참회하고 정결한 몸과 마음으로 예수에게 나아가는 길인가? 아니면 단순한 관광이나 스포츠인가?

순례는 정욕과 자랑을 불태우고, 참회하고, 화해하고, 이해하고, 용서하고, 동정하며, 사랑하는 체험이요 예술이다. 옛사람들은 선비의 참된 몸가짐과 마음가짐을 위해 일일삼성(一日三省), 삼성오신(三省吾身)을 했다. 삶의 성찰은 참다운 자기 인식에서 출발한다. 몸과 마음으로 덮여 있는 표피적 자아가 아니라 더 깊이 숨어있는 '참나'를 발견하고 실현하여 참사람으로 사는 것이 인생 최고의 행복이다. 죄는 신의 뜻을 어기는 것이기도 하지만, 자기 자신에 대한 배신이다. 구원은 인간으로서 자기 본성을 온전히 실현하는 자기실현이다. 자기 자신과의 대면이 곧 신과의 대면이며, 자기 인식이 곧 신에 대한 인식이다. 산티아고 가는 길이 참회의 길로 의미를 더한다. 한 걸음 한 걸음에 참회의 땀방울이 흘러내린다.

성 어거스틴의 『참회록』은 어거스틴이 개종한 후 11년 되던 해인 397년, 그가 43세 때 쓴 영혼의 자서전이다. 인간을 상대로 쓴 글이라기보다는 하느님을 상대로 쓴 '신앙고백서'였다. 8월의 어느 날, 어거스틴은 무화과나무 밑에 주저앉아 참담한 고통의 눈물을 쏟아내고 있었다. 때마침 이웃에서 들려오는 소리가 있었는데, "집어라, 읽어라! 집어라, 읽어라!"라는 소리였다. 어거스틴은 그 소리를 듣고 울음을 뚝 그치고는 일어섰다. 그리고 사도 바울의 서신을 펴들었는데, "낮처럼 단정히 행하고, 방탕과 술 취하지 말며, 음란과 호색하지 말며, 쟁투와 시기하지 말고, 오직 주 예수 그리스도로 옷 입고 정욕을 위하여 육신을 도모하지 말라."(로마서 13:13)라는 성구였다. 이후 어거스틴의 사상은 기독교 세계를 가혹하리만큼 지나치게 지배했다.

길이 두 갈래로 갈라지는 교차점이다. 직진해서 오른쪽 흙길과 나란히 나아가 엘 부르고 라네로로 가는 루트가 있지만, 우측에 있는 고가 다리를 건너 칼사다 델 코토를 거쳐 칼사디야 데 로스 에로마니요스로 가는 루트를 선택한다. 교차점에서 5.7㎞를 걸어 한적한 시골 마을 베르시아노스로 들어간다.

오늘의 알베르게를 찾아서 저녁 식사를 위해 바(Bar)로 간다. 한국인 대학생들이 식사를 하고 있다. 자리에 앉아서 레드와인 한 병을 건네준다. 고맙다는 인사를 한다. 손짓으로 화답한다. 주는 것은 받는 것보다 행복하다. 사랑하는 것은 사랑받는 것보다 아름답고 사람을 행복하게 해준다.

참회의 길을 가는 순례자를 위해 신은 천상의 아름다운 보석들로 길을 인도한다. 양고기와 샐러드에 와인을 곁들인 만찬을 즐긴다. 양고기와 샐러드와 와인의 조합은 카미노 여정에서 늘 별미였다.

기적의 길

"세상에는 두 부류의 사람이 있다.
기적을 믿는 사람, 기적은 없다는 사람."

베르시아노스 델 알 카미노에서 만시야 데 라스 물라스까지 26.6㎞

베르시아노스 델 알 카미노~엘 부르고 라네로~렐리에고스~만시야 데 라스 물라스

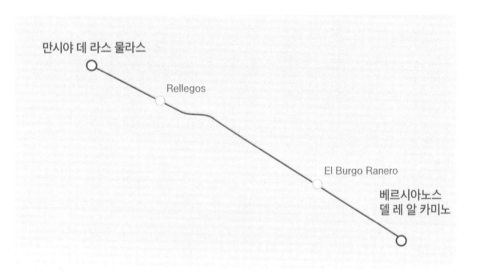

7월의 첫날, 아침이 오고 또 하루가 시작된다. 아메리카 대륙에는 2천 개가 넘는 독립된 인디언 부족들이 살고 있었는데, 그들은 달력을 만들 때 주위에 있는 풍경의 변화나 마음의 움직임을 주제로 그달의 명칭을 정했다. 인디언의 달력으로 더위가 시작되는 달, 황소가 짝짓기하는 달, 산딸기가 익어가는 달 6월이 지나고, 이제 한여름의 달, 연어가 떼 지어 강으로 올라오는 달, 말(馬)의 달인 7월의 첫날이다. 몽테뉴는 인디언을 원시 상태의 순수함을 지닌 사람들로 묘사하면서 인디언들을 야만으로 부르는 편견에 반대했다. 인디언의 사회에는 거짓, 허위, 배신, 탐욕, 시기, 욕설을 의미하는 단어 자체가 존재하지 않는다. 에라스무스는 『우신예찬』에서 인디언을 지상에서 가장 행복한 종족으로 묘사했다.

인디언들은 신을 발견하는 가장 순수한 장소로 자연을 선택했다. 위대한 정령은 책이나 경전이 아니라 자연의 순결을 통해 인디언들과 대화했다. 동물을 보내 자신의 메시지를 전했고, 평원에 흩어진 샛강들이 그의 노래였다. 자연에서 행하는 모든 일이 인디언들에게는 신에 대한 예배이며 기도였다. 인디언들은 문자로 적힌 책을 단 한 권도 갖고 있지 않았지만, 그들에겐 대지 전체가 살아있는 경전이었다. 그 경전 속에선 강이 흐르고, 바람이 불고, 새벽의 미명과 저녁의 석양과 노을이 각각의 페이지를 장식했다. 우뚝 솟은 바위, 중얼거리는 샛강, 멀리 펼쳐진 평원이 신의 사원을 구성하는 살아있는 풍경이었다. 한 생명의 탄생은 위대한 정령이 연출한 기적이었다.

콜럼버스의 신대륙 발견은 그런 인디언들에게 너무나 커다란 재앙이었다.

새벽의 찬가를 부르면서 베르시아노스에서 나와 아스팔트 옆길을 따라 걸어간다. 휴일인 토요일, 한국에서 업무로 전화 올 일이 없어 괜히 기분이 좋다. 총 43일간의 여정이니 가장 오랫동안 회사를 비운다. 돌아보면 참으로 많은 국내외 도보 여행을 했다. 숨 가쁘게 바쁜 세상임에도 걸어서 용인에서 고향 안동을 왕복하고, 마라도에서 고성의 통일전망대까지 국토를 종주하고, 동해안 해파랑길을 걷고, 우보(又步)라 걷고 또 걷고 또 걸었다. 도보 여행은 육체를 단련해주는 것은 물론 세상을 다시 바라볼 수 있는 혜안을 주었다. 열정적인 움직임이 느림의 미학으로 승화되면서 삶을 관조하고 인생을 노래할 수 있는 여유를 가지게 되었다. 쓸데없이 버리는 시간과 돈과 정력의 낭비가 아니라 가장 멋진 놀이였다. 기회비용을 훨씬 능가하는 인생의 최고의 효익을 창출했다.

"인생을 바꾸려면 공간을 바꿔야 한다."라고 철학자 앙리 르페브르는 말한다. 그동안 '시간(time)'에 밀려 시답잖게 여겨졌던 '공간(space)'에 대하여 학자들은 문화적 기능을 적극적으로 탐색한다. 순례자는 새로운 공간에서 지나온 시간과 공간, 인간을 탐색한다. 순례길의 하루하루가 기적 같은 날들로 이어진다.

아인슈타인은 "인생을 살아가는 데는 두 가지 삶이 있다. 하나는 인생에는 기적이 없다고 생각하는 삶이고, 또 하나는 인생의 모든 것이 기적이라고 생각하는 삶이다."라고 말한다. 세상을 보는 데는 모든 만남을 우연으로 보는 삶이 있고, 기적으로 보는 삶이 있다. 하루하루가 기적이라고 생각하면 얼마나 감사할까. 산티아고 순례길에서의 하루하루의 여정은 말 그대로 기적이다.

기적을 믿는 순례자가 낯선 이국의 산골 마을에서 기적을 체험한다. 몸은 '지금 여기'에 있지만 마음은 과거와 미래의 '그때 거기'에 있다. '그때 거기'는 소중하다. 하지만 카미노에서는 '지금 여기'를 더욱 소중하게 여겨야 한다. '지금 여기'와 연결된 '그때 거기'를 생각해야 한다. '지금 여기' 카미노는 온전히 자연스러운 자신으로 존재할 수 있기 때문이다. 생각 속의 생각을 하면서 걷는 순례길에서 다리의 근력도 중요하지만 마음의 근력도 중요하다. 순례가 깊어질수록 육체의 힘은 물론 좋은 생각의 힘, 좋은 습관의 힘이 점점 길러진다. 이는 카미노가 선물하는 기적 중 하나다. 카미노는 연속되는 기적의 길이다. 신앙심이 깊으면 세상에 기적이 아닌 것은 없다. 지금 이 순간도 모든 현상이 기적이다. 눈 부신 햇살, 이름 모를 들꽃, 모두가 신의 아름다움을 찬미하는 기적의 증표다. 들에 핀 백합화, 공중에 나는 새, 선한 사람, 악한 사람 가리지 않고 내리는 비와 햇살. 모두 하느님의 무차별적 사랑을 보여준다. 살아서 하늘의 별을 보고, 지상의 꽃을 보고, 사람의 가슴에 사랑을 보는 것은 기적이다. 매일매일 신이 내려주는 기적 속에 살아가고 있다. 그러니 그 기적을 거두어가지 말기를 감사하며 기도한다. 살아 있다는 것, 사랑한다는 것, 서로 마주 보며 오늘을 이야기한다는 것, 나무와 새들을 비롯한 신선한 우주 속에 하루를 보내고 있다는 것이 바로 기적이다. 지구라는 우주의 오아시스에 살고 있다는 사실 하나만으로도 날마다 기적 중의 기적 속에서 살고 있는 것이다. 예수와 부처 같은 위대한 분들이 이 세상에 살아서 삶을 인도한다는 사실이 위대한 기적이다. 기적을 보고 믿는 '신앙 아닌 신앙'이 아니라, 테레사 성녀처럼 하느님의 부재를 느끼는 캄캄한 밤을 지나면서도 하느님을 놓지 않는 참 신앙이 위대하다. 신앙이 기적을 만들지, 기

적이 신앙을 만들지 않는다. 기복 신앙이 아니라 기적 신앙을 믿으면 참 행복을 누릴 수 있다.

　자신이 선택한 고행의 길, 엘 부르고 라네로 마을에 들어서서 신라면에 햇반을 파는 바(Bar)를 찾아갔다. '얼큰한 신라면·햇반'이라고 한글로 적혀 있는 'La Casta del Adobe'에 들어가서 모처럼 혀가 호강을 하고 맛의 절정을 느껴본다. 바(Bar) 앞에 세워둔 '340.5㎞ ≪ Santigo de Compostela'라는 표지판이 정겹게 다가온다. 내리막길을 걸어가니 몸도 마음도 가볍다.

　렐리에고스까지 13㎞. 끝없는 지평선이 펼쳐진다. 간간이 나무 그늘이 시원한 느낌을 제공한다. 가장 자연을 사랑한 위대한 종족 아메리카 인디언들의 노래가 들려온다.

　"나무처럼 높이 걸어라. 산처럼 강하게 살아라. 봄바람처럼 부드러워라. 네 심장에 여름날의 온기를 간직해라. 그러면 위

대한 혼이 언제나 너와 함께 있으리라."

콜럼버스의 아메리카 신대륙 '발견'은 인디언들에게는 비극의 시작이었다.

콜럼버스가 유명인사가 되자 그를 고깝게 보는 사람들이 생겨났다. 어느 파티에서 한 사람이 빈정대며 말했다.

"서쪽으로 항해하다 보니 대륙이 나타난 걸 가지고 대단한 발견이라고 할 수 있을까요?"

콜럼버스는 속이 상했다. 그러나 화를 내는 대신 조용히 달걀을 집어 들고 말했다.

"이 달걀을 탁자 위에 세우는 사람에게 1억 달러를 드리겠습니다."

사람들은 '우와!' 외치며 시도했다. 하지만 불가능했고, 당연히 모두 실패했다. 그러자 콜럼버스는 뾰족한 부분을 톡 깨고 탁자 위에 세웠다. 사람들은 항의했다.

"그렇게 하면 누구나 할 수 있잖소!"

그러자 콜럼버스는 웃으며 말했다.

"다른 사람이 하고 난 뒤에는 누구에게나 쉽죠. 항해도 마찬가지입니다."

사람들은 그제야 입을 다물었다. 이렇게 '콜럼버스의 달걀'은 새로운 발상을 시도할 때 쓰는 표현이 됐다.

알렉산더의 고르디우스의 매듭도 이와 유사한 전설이다. 고르디우스의 매듭은 고대 소아시아의 프리기아 왕국의 고르디온에 있었다는 전설의 매듭이다. 프리기아 왕국의 신탁에 따라 이륜마차를 타고 와 왕이 된 고르디우스가 마차를 복잡한 매듭으로 묶어 신전에 바치며 "이 매듭을 푸는 사람이 아시아의 지배자가 되리라."라고 예언을 했다. 이후 수많은 사람이 도전했지만 아무도 풀지 못했다. 오랜 시간이 지나 프리기아에 도착한 알렉산더가 이 이야기를 들었다. 알렉산더는 생각 끝에 고르디우스의 매듭을 칼로 잘라버렸다. 고르디우스의 예언처럼 알렉산더는 페르시아를 지나 인도까지 이르는 아시아를 정복했다.

스페인의 국토 회복 전쟁이 완료되던 1492년, 대서양 건너편에서는 또 다른 거대한 전쟁이 시작되는 해였다. 콜럼버스가 미지의 땅에 도착한 것이다. 아메리카 대륙의 등장으로 인해 세계사의 축이 지중해에서 대서양으로 옮겨갔고, 아메리카 대륙이 포함된 온전한 의미의 세계사가 시작되었다. 아울러 지구가 둥글다는 사실도 입증이 되었다. 양 대륙 간 교역 및 문물 교류로 생긴 변화도 많았다. 아메리카의 감자, 고구마, 옥수수 등 구황식물의 전파는 유럽과 아시아에서 기근에 시달리는 수많은 사람을 살리기도 했고,

담배, 사탕수수, 토마토 고추 등도 전파되었다. 아메리카의 은(銀)이 유럽으로 전파되었고, '은행(銀行)'이라는 이름에서 짐작할 수 있듯이 훗날 유럽 금융자본주의의 젖줄이 되었다. 그 대가로 아메리카가 받은 것은 제국주의적 침탈이었다. 콜럼버스의 항해는 유럽인들에게는 축복이었

고, 아메리카 인디언들에게는 재앙의 시작이었다. 역사적으로 중세가 가고 근대의 막이 올랐다.

1492년 10월 12일 아침, 이탈리아 제노바 출신의 크리스토퍼 콜럼버스는 니나호(60톤급), 핀타호(55톤급), 산타마리아호(120톤급)를 몰고 떠난 지 70일 만에 신대륙 아메리카에 첫발을 디뎠다. 이곳은 오늘날 바하마 군도의 사마나카이라는 섬이며, 그는 이 땅을 '구세주의 섬'이라는 뜻의 '산살바도르'라 칭하며 스페인 왕실의 땅이라 선언했다. 콜럼버스는 그 섬이 그가 가고자 했던 인도라 믿고 원주민을 '인디언'이라 칭하였다. 이는 수만 년 전부터 살아오던 원주민의 땅에 유럽인의 첫발이 닿은 사건이었다. 콜럼버스는 왜 서쪽으로 갔을까? 콜럼버스는 서쪽에 인도가 있을 것이라고 믿었다. 15세기에 갓 알려진 인도의 향료, 생강, 후추 등은 부르는 게 값이었고 없어서 못 파는 귀중품이었다. 배 10척을 띄워 단 1척만 돌아와도 그 이익이 투자액의 무려 50배. 그 엄청난 이익을 지중해를 장악하고 있던 이탈리아의 도시국가들이 동방과의 무역을 독점하여 떼돈을 벌고 있었다. 그런데 지중해를 통한 이탈리아의 동방무역에 빨간 등이 켜지고 말았으니, 오스만투르크 제국의 이슬람 세력이 1453년 콘스탄티노플을 함락시켜 동로마 제국을 멸망시키고 기독교도들의 동방 출입을 가로막은 것이다.

1451년 이탈리아 제노바에서 태어난 콜럼버스는 오랜 선원 경력을 가지고 있었는데, 일찌감치 포르투갈 시민이 되어 수도 리스본에서 동생과 지도 가게를 운영했다. 그는 아프리카를 돌아가지 않고 대서양 서쪽으로 가면 반드시 인도로 갈 수 있다고 확신했고, 배와 물자를 지원해 줄 후원자를 찾아 나섰다. 콜럼버스는 포르투갈 왕에게 후원을 요청했지만 거절당하고, 스페인의 이사벨 여왕을 찾아갔다. 콜럼버스의 제의는 해양으로 뻗어 나가던 포르투갈을 샘내던 이사벨 여왕에게 솔깃했다. 이사벨 여왕이 내준 3척의 배로 대서양을 건넌 콜럼버스는 오늘날의 바하마 제도를 발견하였고, 신대륙 아메리카는 이제 새로운 역사의 막을 열게 되었다.

콜럼버스가 서쪽으로 항해해 신대륙을 발견한 것은 포르투갈에게 큰 충격이었다. 포르투갈은 스페인이 이제부터 아프리카에 손을 뻗을까, 스페인은 스페인대로 포르투갈이 신대륙에 얼씬거릴까, 하는 와중에 두 나라의 이해관계가 맞아떨어졌다. 아프리카는 포르투갈, 신대륙은 스페인이 나눠 먹기로 하고 1494년 두 나라는 교황 알렉산드르 6세에게 중재를 부탁했다. 교황은 대서양에 세로로 선을 그었다. 이 조약이 이른바 토르데시아스 조약으로 뒷날 서쪽으로 더 조정되는데, 토르데시아스의 선이 오늘의 브라질을 지났기 때문에 브라질은 남미에서 유일하게 포르투갈의 식민지가 되었다. 콜럼버스 이후 유럽인들의 신대륙 탐험은 봇물을 이루어 포르투갈의 카브랄은 1500년에 브라질을 발견했고, 발보아는 1513년 지금의 파나마를 가로질러 최초로 태평양에 도착했다.

아메리카 대륙을 독점하게 된 스페인은 본격적인 신대륙 진출을 시작하였다. 스페인의 신대륙 지배 방식은 한 마디로 '약탈'이었다. 이른바 콘키스타도레스라고 불리는 직업 군인들을 보내 반항하는 원주민들을 무자비하게 살육하고 황금과 보물을 닥치는 대로 약탈하여 본국으로 실어 왔다. 착하고 순진했던 원주민들은 하얀 피부, 금발에 파란 눈의 이방인들을 보고 신이 보낸 성자로 여겨 온갖 정성을 다해 맞았고 옥수수와 감자를 기르는 법도 가르쳐주었지만, 정복자들이 돌려준 것은 무참한 살육과 천연두, 홍역이라는 몹쓸 병이었다. 콜럼버스 이전의 아메리카 대륙은 원주민들이 평화롭게 살던 땅이었으나, 탐욕스러운 유럽인들이 건너오기 시작하면서 원주민들의 비극의 역사도 시작되었다. 스페인을 비롯한 백인들의 원주민 살육은 상상을 초월하여 1492년 콜럼버스가 아메리카를 발견한 이후 불과 200년도 안 되어 남북 아메리카에서 무려 5,000만 명이 이상의 원주민이 목숨을 잃었다. 그 원인은 전쟁과 학살, 노예화, 그리고 특히 백인들이 옮겨온 천연두였는데, 한 역사학자는 이를 "인류 역사에서 가장 크고 잔혹한 홀로코스트(집단 살육)였다."라고 기록하고 있다. 특히 멕시코의 아즈텍 문명을 파괴한 코르테스, 페루의 잉카문명을 말살한 피사로의 만행은 영원히 잊지 못할 백인들의 만행이었다.

1502년 5월, 콜럼버스는 이사벨 여왕의 후원으로 대규모 선단을 이끌고 네 번째이자 마지막 항해에 나섰다. 그는 마침내 중앙아메리카 동해안에 도달했으나 끝내 아시아로 통하는 서쪽 항로를 발견하지 못하고 뱃머리를 돌릴 수밖에 없었다. 위대한 항해는 15년 후 포르투갈 출신의 마젤란에 의해 이루어지게 된다. 콜럼버스는 세인의 무관심 속에 재기를 위해 노력했으나, 1504년 자신의 든든한 후원자였던 이사벨 여왕이 세상을 떠나자 결정적으로 버림을 받고 1506년에 자신도 쓸쓸히 세상을 떠났다. 역사가들은 콜럼버스에 대해 영웅에서 파렴치한 장사꾼에 이르기까지 극단적으로 엇갈리는 평가를 내린다. 콜럼버스는 역사상 가장 위대한 항해자였지만, 다른 한편으로 탐욕스러운 제국주의자였다. 또한 경건한 신앙인인 동시에 원주민들의 인권을 유린한 침략자였다. 그는 최선을 다하는 노력가였으나, 그의 집념은 많은 적을 만들었고 결국 불행한 말년을 보냈다.

기찻길을 지나고 숲길을 지나서 흙길을 걸어간다. 오른쪽 언덕에 와인 창고가 늘어서 있는 렐리에고스로 들어간다. 길가에 있는 상점에 들어가 휴식을 취하며 기념품을 둘러본다. 마을을 나와서 다시 국도 옆 흙길을 걸어 만시야를 향해 걸어간다.

산티아고 순례길은 신을 만나고 자신을 만나는 길이다. 신을 만나서 신의 사랑과 용서로 죄 사함을 얻고 영혼의 자유로움을 누리는 길이다. 또한 진정한 자신을 만나서 존재의 의미를 깨닫고 이전의 모든 허물과 어리석음과 탐욕, 자신을 구속하던 모든 짐을 내려놓고 자유인으로 거듭나는 성찰의 길이다. 그런데 그 신은 과연 누구의 신인가? 온 인류의 신인가? 얼굴 흰 사람들의 신인가? 한 인디언이 부르짖는다.

"당신들의 신은 우리들의 신이 아니다. 당신들의 신은 당신들만을 사랑하고 우리는 미워한다. 그 신은 강한 두 팔로 얼굴 흰 사람들을 사랑스럽게 감싸 안으며, 마치 아버지가 어린 아들을 인도하듯 그들을 인도한다. 하지만 자신의 얼굴 붉은 자식들에 대해서는 잊어버리기로 한 것 같다. 정말로 우리가 그의 자식인지는 모르지만, 우리의 신 위대한 정령조차도 우리를 버리고 떠난 듯하다. 당신들의 신은 당신들을 날마다 더욱 강하게 만들며, 머지않아 당신들은 이 땅을 다 뒤덮을 것이다. 우리 부족은 서둘러 물러나는 썰물처럼 급격히 줄어들고 있다. 그들은 다시는 옛날처럼 이곳으로 돌아오지 않을 것이다. 얼굴 흰 사람들의 신은 그의 얼굴 붉은 자식들을 사랑하지도, 보호하지도 않는다. 만일 서로가 같은 신을 갖고 있다면, 그 신은 우리의 눈으로 보기엔 어느 한쪽만을 편애하는 신이다. 그는 얼굴 흰 사람들에게만 왔다."

인디언은 자연과 하나 된 삶을 살았다. 아침마다 물가로 나가 몸을 정결하게 씻고 떠오르는 태양 앞에 마주 섰다. 새롭고 부드러운 대지, 그 위대한 침묵 앞에 홀로 서 있었다. 그들에게 종교는 홀로 있음과 침묵 속에서 이루어지는 신성한 것이었다. 그들은 그들을 구원해줄 메시아를 기다리지 않았다. 그들에게는 구세주가 필요 없었다. 대지 위에서 인디언들은 행복했다. 그들은 늘 고마움을 전하며 살았다. 밤과 낮을 쉬지 않고 운항하는 어머니 대지에게, 숨결이 되어주고 새의 날개를 지탱해 주는 공기에게, 자연의 비밀과 자유를 일깨워주는 형제인 동물들에게, 머물렀다가 또 여행해 가는 순결한 물에게, 그리고 잠에서 깨어나게 하는 태양에게 고마움을 전하며 살았다. 하지만 콜럼버스의 신, 얼굴 흰 사람들의 신은 인디언들을 사랑하지 않았다.

만시야에 도착해 마을 입구의 광장에 솟아있는 대리석 피라미드 밑에 앉아 휴식을 취한다. 옆에는 배낭을 뒤지는 순례자 조각상과 턱을 괴고 고개를 하늘로 세운 사람, 망연자실 엎드려 있는 조각상이 제각각으로 놓여 있어 흉내를 내본다. 사람들은 저녁이 되면 새들처럼 둥지를 찾아간다. 귀소본능은 카미노의 순례자도 마찬가지. 알베르게를 찾아간다. 산타 마리아 아치문을 통과해 중세의 벽으로 둘러싸인 만시야의 아기자기한 구시가지를 걸어간다. 노새 시장이 열렸던 포소 광장, 레냐 광장을 지나서 골목길의 공립 알베르게에 들어갔다. 공립 알

베르게는 시립이나 국립으로 무니시팔(Municipal)이라 하며, 가격은 5~7유로로 아주 저렴했다. 흔히 산티아고 가는 길 800㎞의 경비가 얼마나 소요되느냐 할 때, 순례자 여권으로 무니시팔이나 수도원에서 숙박을 하고 순례자 식사를 하면 1㎞당 1유로로 계산하여 전체적으로 800유로라고 말한다. 고행과 여행의 양과 질에 따라 경비는 각각 달라진다.

아직은 순례자들이 없어 텅 빈 2층의 방에 2층 침대가 10여 개 놓여 있다. 구석진 1층에 자리를 잡고 빨래와 샤워를 하기 위해 뒷마당으로 가니, 50대 초반으로 보이는 한국인 남자 두 명이 먼저 자리를 잡고 있다. 처음 보는 얼굴이다. 인사를 하고 좁은 샤워장에서 시원한 물에 몸을 맡긴다. 짜릿한 기분이 환상적이다. 폭포 냉각수를 뒤집어쓰는 기분이다. 빨래를 널고 뜨거운 태양 볕을 피해 시원한 그늘의 탁자에서 책을 펼친다. 한 사람이 다가와서 저녁을 함께하자고 한다. 이런저런 진부한 대화. 반가움이 산만함으로 바뀌어 불편하다. 일찍 잠자리에 들기 위해 2층으로 올라가니 이게 웬일인가. 방이 백인 여성들로 가득 찼다. 세상에 이런 일이. 알베르게에서는 남녀가 함께 잠을 자지만, 아무래도 배치에 혼선이 있다는 생각이 든다. 싫지는 않았으니 순례자도 남자는 남자였다. 카미노에서 아무리 버리고 버려도 하루 치의 생의 찌꺼기들이 쌓인다.

전통적으로 유대교도 일부다처제가 허용되었으나, 기독교는 일부일처제였다. 이슬람에선 남성이 최대 4명의 부인을 둘 수 있도록 허용한다. 만약 아내를 여러 명 뒀다면 경제적인 대우뿐만 아니라 사랑의 감정도 모든 아내에게 공평하게 대해야 한다고 규정하고 있다. 이슬람교

의 일부다처제는 단순히 성적인 욕망을 채우기 위해서가 아니라, 전쟁에서 부모나 남편을 잃은 뒤 보호가 필요한 여성과 아이들을 지원하기 위해 제한적으로 허용됐다. 현재 수니파의 최고 지도자인 이집트의 대이맘 타예브는 "이슬람도 일부일처제가 원칙"이라며 "여성과 아이들에게 불공정한 처사"인 부인을 4명까지 허용하는 일부다처제의 부작용을 비판했다. 이는 코란에 대한 이해가 부족하고 왜곡된 탓이라고 했다. 그의 발언이 큰 파장을 일으키자 알하즈아르 사원은 "일부다처제를 폐지하자는 뜻은 아니다."라고 해명했다. 반면 이를 옹호하는 이집트 수니파 지도자 중의 한 명인 왈리드 이스마일은 "남편의 두 번째 결혼 때문에 이혼을 요구하는 아내라면 천국의 향기를 맡을 자격이 없다. 결혼 사실을 굳이 첫 번째 아내에게 알릴 필요가 없다."고 주장한다. 최근 이슬람권에서도 일부다처제는 점점 사라지는 추세다. 터키와 튀니지에서는 일부다처제가 법적으로 금지됐고, 이집트에서는 첫 번째 부인의 동의를 받아야만 두 번째 결혼이 가능하다. 코란에서는 이혼을 피하라고 가르치지만, 이슬람 국가에서도 이혼율이 증가하고 있다. 남편이 두 번째 결혼을 한 뒤 첫 번째 부인과 낳은 자녀를 부양하지 않는 등 분쟁이 적지 않기 때문이다. 코란 속 여성의 삶은 현대의 무슬림 풍경과는 다르다. 무함마드의 삶과 코란은 천부적 인권을 강조했다. 무함마드의 세 번째 아내 아이샤는 당대 이슬람 학자였으며, 낙타의 등에서 군을 통솔하는 지휘관이자 여성의 권리를 옹호하는 지도자였다. '아내의 순종'과 '어머니의 헌신'이란 공동체 상상력은 가부장적 문화 때문이며 코란과는 거리가 멀다. 초기 이슬람교는 여성을 존중했을 뿐만 아니라 오히려 여성의 자유를 인정했다. 이슬람 여성이 몸을 감싸는 베일 역시 알리의 가르침과는 무관한 중동, 근동의 문화에 불과하다.

구중궁궐에서 수많은 여인과 함께 향락을 누렸던 유대 왕국의 솔로몬의 영화가 스쳐 간다. 세상의 부귀영화, 권세, 쾌락을 다 누려본 솔로몬은 인생의 부질없음을 깨닫고 "헛되고 헛되며 헛되고 헛되니 모든 것이 헛되도다."라고 탄식을 한다. 그리고 "내가 해 아래에서 행하는 모든 일을 보았노라. 보라, 모두 다 헛되어 바람을 잡으려는 것이로다."라고 반복한다. 그러면서 솔로몬은 젊은이들에게 "너는 청년일 때에 창조주를 기억하라. 곧 곤고한 날이 이르기 전에, 나는 아무 낙이 없다고 할 해들이 가깝기 전에, 해와 빛과 달과 별들이 어둡기 전에, 비 뒤에 구름이 다시 일어나기 전에 그리하라."라고 충고한다.

고독은 세계를 여행하는 사람들한테 전염병처럼 달라붙는다고 하던가. 헛된 꿈을 꾸던 외로운 순례자가 평온한 단잠을 이룬다. 지상의 천국인 무니시팔에서, 순례자가 청산에서 꽃을 찾아다니는 나비가 되어 훨훨 날아다니는 사랑의 꿈을 꾼다. 침대는 꿈을 꾸게 하고 의자는 꿈을 이루게 한다. 하지만 결코 기적은 일어나지 않았다.

정열의 길

"세계의 어떠한 위대한 것도
정열 없이는 성취되지 않았다."

만시야 데 라스 물라스에서 레온까지 18.6㎞
만시야 데 라스 물라스~비야렌데~아르카우헤아~다리~레온

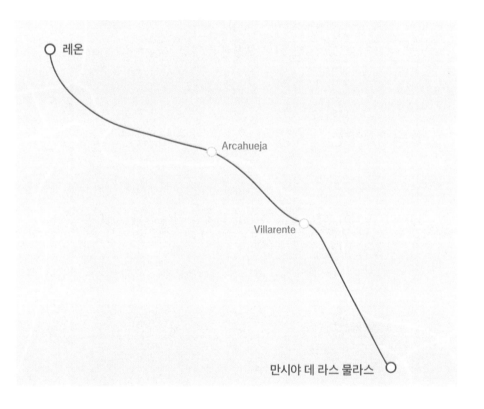

7월 2일 일요일. 대도시 레온까지 가는, 순례길 전 여정에서 가장 짧은 거리를 걷는 날이다. '하등 인간은 혀를 사랑하고, 중등 인간은 몸을 사랑하고, 상등 인간은 마음을 사랑한다.'고 하던가. 오늘 하루도 카미노에서 마음의 천국을 누릴 수 있기를 기원하며 알베르게에서 나와 하루의 여정을 시작한다. 거리는 아직 캄캄하다. 에슬라강을 건너 포장도로와 나란히 나 있는 흙길을 따라 걸어간다. 어두운 새벽, 어디선가 시끄러운 소음이 들려온다. 노랫소리, 악기의 소리다. 적막을 깨트리는 실체가 무엇일까. 특별한 새벽이다. 소음과 번잡함이 점점 가까워지고 시끄러워진다. 술에 취한 청년들이 다가온다. 청춘 남녀들이 야외에서 불을 밝히고 축제의 밤, 축제의 새벽을 보내고 있다. 여기저기 삼삼오오 술에 취해 흩어져 있고, 무리는 여명이 밝아오건만 노래하고 춤을 춘다. 축제의 나라, 정열의 나라 스페인의 모습이다.

스페인은 축제의 나라다. 세계에서 가장 독실한 가톨릭 국가였으므로 축제의 대부분은 종교적인 유래를 지닌다. 스페인은 크고 작은 축제로 일 년 내내 밤하늘에 폭죽이 터지고 있다고 해도 과언이 아닐 정도로 모든 것은 축제로 귀결된다.

스페인을 '정열의 나라'라고 부르는 데는 투우와 플라멩코의 이미지가 한몫을 한다. 정열은 가슴속에 맹렬히 일어나는 적극적인 감정이다. 헤겔은 "세계에서의 어떠한 위대한 것도 정열 없이는 성취되지 않았다."고 말한다. 우람한 황소의 숨통을 단숨에 끊어버리는 투우사의 과감하고 날랜 동작, 무아지경에 이른 플라멩코 무희의 격정적인 리듬에서 신비와 우수에 찬 스페인의 정열을 실감할 수 있다.

스페인 사람들의 인생 철학을 엿볼 수 있는 것이 바로 투우이다. 너무나 잔혹하고 유혈이 낭자한 장면에 동물을 사랑하는 전 세계 사람들의 격렬한 비난을 받으며 투우를 없애라는 빗발치는 요구에도 불구하고, 바르셀로나를 중심으로 한 카탈루냐 지방에서 금지한 것을 제외하고 스페인 사람들이 그렇게까지 투우에 열광하는 것을 보면, 투우는 스페인 문화의 상징이자 정체성이다. 투우는 그들에게 하나의 의식(儀式)이다. 투우는 가장 남성적인 인간과 가장 감성적인 동물의 대결이며, 수소는 동물일 수도, 재앙일 수도, 불행일 수도 있고, 인생을 살아가며 부딪힐 수 있는 모든 불행과 난관을 상징할 수도 있다. 투우사는 혼자서 죽음과 불행 등 고난과 맞서 당당히 싸워 이겨야 할 인생, 그 자체이기도 하다. '빛의 옷'이라는 가장 화려하고 남성적인 투우복을 입고, 자신을 향해 돌진해오는 수소를 마주하여, 절대 두 발을 땅에서 떼지 않고 가급적 소와 가장 가까운 곳에서 아슬아슬하게 피해야 한다. 마지막 순서는 소의 등에 묶어둔 리본을 찌르는 것인데, 그곳은 소의 숨골이 있는 곳으로 꼭 우표 크기만 한 그 급소에 장검을 꽂아 넣지 못하면 등뼈에 튕겨 칼이 꽂히지 않게 되고, 이런 실수가 반복되면 관중들은 야유를 보내게 된다. 단번에 장검을 꽂아 넣어야만 소가 가장 적은 고통을 느끼고 죽음을 맛볼 수 있는데, 이는 바로 자비를 베푸는 것으로 적을 사랑하는 정신이다. 투우의 정신은 곧 삶과 적을 사랑하는 것이다. 생명을 걸고 싸우되, 적을 사랑하는 마음으로 가장 적은 고통을 주고 적을 쓰러뜨려야 한다는 철학, 투우의 철학이다.

투우의 기원에 대해서 이야기해 보자. 황소와의 싸움이 제례적인 성

격에서 벗어나 볼거리로서 처음으로 자리 잡게 된 것은 원형경기장이 만들어진 로마 시대에 이르러서다. 이때는 기독교인의 처형이나 검투사와의 대결에 황소를 이용하기도 했다. 313년 기독교를 공인하였던 콘스탄티누스 황제의 명 이후 맹수와 검투사의 대결을 금지하면서 로마에서는 투우마저 사라졌지만, 용맹한 이베리아 황소의 서식지였던 스페인에서는 계속 존속되었다. 중세로 접어들어 투우는 주로 전쟁의 승리를 기념하는 행사나 축제 때 행해졌으며, 11세기 스페인의 영웅이었던 엘 시드는 투우 애호가였다. 16세기 이후 투우는 귀족들의 스포츠로서 자리 잡게 되는데, 18세기에 이르러 투우는 귀족들의 전유물에서 일반 민중들의 관심사로 바뀌며 그 형식 또한 말을 타고 하던 투우에서 투우사가 땅으로 내려와 직접 소와 대결하는 오늘날의 형식으로 전환된다.

스페인의 철학자인 호세 오르테가 이 가세트는 "투우를 배제하고 스페인의 역사를 안다는 것은 생각할 수 없는 일."이라고 하며, 투우의 모티브는 피카소나 고야의 그림에서도 여전히 사랑받고 있다. 그러나 스페인 국민의 70% 이상이 투우에 전혀 관심이 없다는 통계는, 2010년 카탈루냐 의회가 투우 금지 법안을 통과시킨 사실 등과 어우러져 동물 학대 이미지 속 투우의 미래를 짐작하게 한다.

남부 안달루시아에서 비롯된 플라멩코의 격렬한 춤과 노래는 스페인의 정서를 드러낸다. 플라멩코의 독특한 선율과 분위기는 스페인 남부지방을 거쳐 갔던 여러 민족들의 정서가 농축되어 빚어진 것이다. 그 기원에 대해서는 다양한 주장이 있지만, 이슬람교도들의 스페인 정복 시절 북아프리카 이슬람 문화의 영향을 받은 안달루시아 음악에 기독교도와 유대인들의 음악적 요소가 가미되어 생성되었을 것이라는 주장이 가장 신빙성 있다. 그리고 여기에 플라멩코의 춤 동작이나 음악적인 리듬이 원래 집시들의 고향이었던 인도의 그것과 유사하다는 점을 들어 15세기를 전후로 스페인에 유입된 집시의 영향이 가미된 것으로 여겨지고 있다. 플라멩코의 중심지는 여전히 안달루시아이지만, 이제는 전 대륙으로 확산되어 지역적 색채를 넘어 국제화되었다.

포르마 강에 놓인 인도교를 건너 오른쪽의 돌다리 아래를 통과해 비야렌테로 들어간다. 서서히 날이 밝아온다. 태양이 지평선과 입을 맞추는 여명의 아침, 온 세상에 붉은 기운이 서린다. 육지의 일출, 울긋불긋 지평선 위에 아침노을이 물들면서 서서히 붉은 알이 탄생한다. 마침내 지평선이 알 하나를 낳았다. 태양이 그 모습을 드러냈다. 솟아오른 태양이 반짝이며 인사를 한다.

"좋은 아침!"

순례자도 태양을 향해 인사한다.

"좋은 친구, 좋은 아침!"

장난기 있는 새들이 여기저기에서 '좋은 아침'이라며 따라 한다. '새벽에 일찍 일어나서 밤이 낮으로 바뀌는 가슴 떨리는 기적을 보고 싶어 했던', '사흘 동안만이라도 볼 수 있게 해주신 하느님께 감사의 기도를 드리고 영원히 암흑의 세계로 돌아가겠다.'는 헬렌 켈러의 기도를 생각하며, 볼 수 있고, 들을 수 있고, 말할 수 있고, 맡을 수 있고, 느낄 수 있는 감각과 영혼이 있음에 새삼 감사한다.

하늘길을 떠나는 태양의 붉은 빛깔이 차츰 하얗게 변하고 고요한 아침의 지평선에 활기가 살아난다. 선글라스를 찾으니 없다. 무니시팔에 두고 왔다. 다시 돌아가기에는 이미 먼 길을 걸어왔다. 태양을 팔아먹는 나라, 태양의 제국에서 선글라스가 없는 불편함을 겪어야 하겠지만, 정든 선글라스를 두고 온 미안함이 앞선다. '우리는 이렇게 헤어져야 하나 보다.'라고 자신을 위로한다.

해발 900m의 포르티요 언덕의 공동묘지 옆에서 휴식을 취한다. 철망에 각양각색의 수많은 십자가가 걸려 있다. 마을마다 있는 수많은 공동묘지를 보았다. 이들에게 죽음은 항상 곁에 있다. 이들의 무덤에는 모두 십자가가 있다.

스페인은 전통적으로 돈독한 가톨릭 신앙의 국가였다. 스페인이 이슬람 세력을 몰아낸 15세기 후반부터 가톨릭은 스페인의 국가 정체성 형성과정에 가장 중요한 DNA 역할을 수행해 왔다. 1492년 가톨릭 공동 왕의 유대인 추방령과 17세기 초 펠리페 3세 시대의 가톨릭으로 강제 개종한 이슬람인 추방 정책, 트리엔트 공의회(1545~1563) 이후 30년 전쟁(1618~1648)까지 백 년 동안 프로테스탄트 종교 개혁에 맞서 가톨릭을 수호하고자 했던 가톨릭 종교 개혁을 통해 스페인에서는 '가톨릭=국가'라는 믿음이 확고해졌다. 이러한 인식은 19세기와 20세기 초 자유주의와 사회주의 사상의 유입으로 다소 부침을 겪었지만, 가톨릭교회의 지지를 받은 프랑코 시대에 이르기까지 꾸준히 지속되었다. 하지만 민주화 이행기에 제정된 1978년 헌법에서 종교의 자유가 인정되었으며, 이후 스페인 사회의 현대화와 물질적 성장 과정에서 가톨릭의 독점적인 위상은 서서히 부식되어 갔다.

21세기에 들어서서 스페인의 탈 가톨릭화 현상은 급속히 진행되었다. 특히 중도좌파인 스페인 사회노동당 집권 시기(2004~2011)에는 가톨릭

교회와 보수층의 반대에도 불구하고 동성결혼 허용, 이혼 절차 간소화, 낙태요건 완화 등의 법안을 통과시켜 스페인의 세속화에 큰 영향을 미쳤다.

2015년 스페인의 가톨릭 신자는 70.7%인데, 신자 중 13.9%만이 매주 주일 미사에 참석하는 진성 신자들이며, 무려 절반이 넘는 60.2%는 일 년에 성당 문턱을 한 번도 밟아본 적이 없는 무늬만 신자들인 것으로 밝혀졌다. 예전부터 스페인 사람들은 일생에 단 세 번만 성당에 나간다는 우스갯소리가 있다. 출생 후 유아 세례를 받을 때와 성인이 되어 결혼할 때, 그리고 죽은 뒤 장례식을 할 때다. 이는 스페인 사람들에게 가톨릭이란 예전처럼 국교 차원의 종교라기보다는 오랜 전통이나 풍습에 가깝다는 의미로 회자되었다. 스페인 전체 인구로 볼 때 매주 미사에 참석하는 사람은 결국 열 명에 한 명꼴에 불과하니 더 이상 스페인을 '가톨릭 국가'라 부르기는 쉽지 않아 보인다.

신자 수의 감소도 문제지만, 진짜 심각한 문제는 가톨릭을 수호하고 복음을 전파할 사제들이 부족하다는 점에 있다. 현재 스페인에는 대략 23,000개의 성당이 있는데 신부의 숫자는 18,000명에 불과해 한 명의 신부가 여러 개의 성당을 담당하는 경우가 드물지 않다. 한 개의 교구에 95명의 신부가 405개의 성당을 맡고 있어 시골 지역에서는 신부 한 명이 8~10개의 성당을 돌아다니는 경우도 적지 않다고 한다. 그나마 있는 신부들도 대부분 고령이라 스페인 사제들의 평균 연령은 65세에 달한다. 반면 사제 지망생은 턱없이 부족해서 요즘은 중남미와 아프리카, 심지어 아시아에서 온 외국인 신부들로 자리를 메우고 있다. 산티아고 대성당에서도 사목하는 외국인 신부를 볼 수 있다.

2015년 현재 약 500명의 외국인 사제가 스페인에서 사목활동을 하고 있는데, 과거 정복자들과 함께 전 세계에 복음을 전파했던 스페인 가톨릭교회를 떠올리면 참으로 격세지감을 느끼지 않을 수 없다.

오늘날 교황청이 사제 구인난을 해결하기 위해 기혼자를 가톨릭 사제로 임명하는 방안을 검토하고 있다. 교황청은 사제가 부족한 아마존 일부 외곽 지역에 신앙심이 검증된 기혼자를 사제로 임명하려는 것이다. 교황청이 그동안 금기에 가깝던 사제의 독신주의를 깨트리려는 이유는, 결혼 때문에 사제를 포기하는 사제 지망자가 많기 때문이다. 사제가 줄면서 아마존 일부 지역에서 신자들이 몇 달 동안 미사에 참여하지 못하는 사례가 나타났고, 사제 한 명이 담당해야 할 신자가 만 명에 달할 정도가 되었다. 역사상 가톨릭 교단에서 기혼자가 사제 서품을 받은 사례가 전혀 없는 것은 아니다. 2011년 교황청은 영국 성공회의 일부 기혼 성직자들이 가톨릭으로 개종할 때 예외적으로 사제로 임명했다. 종교적 뿌리는 같지만 종파가 다른 동방정교회, 성공회 등에서는 오래전부터 기혼 사제를 인정해 왔다.

우리나라의 천주교 수용의 역사는 세계에 유래가 없다. 1984년 교황 요한 바오로 2세는 말했다.

"한국에 천주교 신앙이 시작된 것은 세계 교회 역사상 유일한 경우로, 한국인 스스로에 의해 자발적으로 된 것입니다. 신앙을 향한 한국인들의 줄기찬 노력은 정말 고맙게도 몇몇 평신도에 의해 시작되었습니다. …(중략)… 이 남녀 평신도들은 마땅히 '한국 천주교회의 창립자들'이라고 해야 하며 1779년부터 1835년까지 56년간이나 저들은 사제들의 도움 없이 자기들의 조국에 복음의 씨를 뿌렸으며, 1836년 프랑스 선교사들이 처음으로 한국에 도착할 때까지 성직자 없이 자기들끼리 교회를 세우고 발전시켰고 그리스도에 대한 신앙을 위해 목숨까지 바쳤습니다."

조선에 천주교가 소개된 것은 이수광이 『천주실의』 등 천주교 문헌을 가지고 명나라에서 귀국한 덕이다. 선교사와 성경 대신 『천주실의』가 들어왔다. 『천주실의』는 중국에 온 신부 마테오리치가 1603년 출간한 책으로, 중국말로 중국 철학의 개념들을 빌어 천주교 교리를 설파한 책이다. 1614년(광해군 6년) 이수광이 편찬한 백과사전 『지봉유설』에 『천주실의』가 소개되어 있었다. 조선의 유학자들은 천주학(서학)을 기독교가 아닌 유학의 새로운 형태로 논의를 시작했다. 한국의 천주교는 바티칸 선교 사상 유례없는 자생적이고 자체적인 결단이었다. 외부에서 전도된 것이 아니라 우리 사회의 내면을 고민하던 지식인들에 의해 시작되었다. 이승훈이 중국에 가서 처음으로 세례(1784년)를 받았고, 김대건이 최초의 신부(1845년)가 되었다. 이후 1885년 아펜젤러에 의해 개신교가 들어왔다. 대한민국은 종교 시장, 종교 백화점으로 불릴 정도로 많은 종교가 공존하는 가운데, 기독교와 천주교 신도가 급속히 늘어났다. 하지만 최근 대한민국에도 "나는 교회에 나가지 않습니다. 하지만 나는 크리스천입니다."라고 하는 '가나안 교인'이 많아지는 추세다. '가나안'은 '안 나가'를 뒤집은 말이다. 소속 없는 신앙, 교회 없는 기독교인이 늘고 있다. 희망을 못 준 교회로 인해 벽에 막힌 신앙인들이다. 통계에 의하면 이런 사람들의 비율은 대략 50%이며 언젠가는 교회에 나갈 것이라 기대한다. 하지만 무교회주의자들이 늘어나는 것은 세계적인 흐름이다. 문제로는 신학생 과다 배출, 목회자의 자질, 소명의 변질, 리더십을 갖춘 지도자 부족, 세속화, 물질주의와 성장주의 등 여러 가지가 있다. 목회자들의 영적 각성과 본질적 복음의 실천을 통한 의식개혁이 필요하다.

오래전부터 대부분의 그리스도인은 '교회밖에는 구원이 없다.'고 믿었다. 하지만 1960년대 제2 바티칸 공회의에서 '교회 밖에도 구원이 있다.'는 선언이 있은 다음부터 정말 교회 밖에도 구원이 있는가 하는 문제가 중요한 논쟁이 되었다. 그런데 최근에는 오히려 '과연 교회 안에 구원이 있을까?' 하는 자성(自省)의 목소리가 교회 안팎으로 의식 있는 사람 사이에서 크게 논의되고 있다.

프랑스의 물리학자이자 수학자 겸 철학자인 파스칼(1623~62)은 『팡세』에서 신이 존재하느냐 존재하지 않느냐 하는 문제는 도저히 이론적으로 증명할 수 없으므로 이 문제에 관해서 만큼은 어차피 일종의 도박을 할 수밖에 없다고 하면서, 이때 신이 존재한다는 쪽에 밑천을 거는 편이 훨씬 현명하다고 했다. 하지만 파스칼은 예수 잘못 믿어 몸도, 마음도, 시간도, 가정도 다 잃어버리는 경우가 얼마나 많은가를 간과하고 있었다. 미국의 어느 사회평론가는 예수 잘못 믿었다가 입을 수 있는 피해 중 가장 심각한 것은 무엇보다도 '자주적으로 생각할 수 있는 권리를 몰수당하는 것'이라고 했다.

기독교를 믿으면서 그 진수는 "너희 안에 이 마음을 품어라. 곧 그리스도 예수의 마음이니."라고 한 바울의 권고대로 '그리스도 예수의 마음'을 품는 것, 예수처럼 변화를 얻는 것이다. '그러면 예수를 따른다는 것이 무슨 뜻일까?' 하는 의문을 가지고 21세기에 알맞은 믿음을 갖는 것이 소중하다. 어린아이의 일을 버리고 어린아이의 신앙을 버려야 한다. 믿음은 계속 자라나야 한다. 어릴 때 엄마가 한 말은 어렸기 때문에 한 말이다. 사도 바울은 "내가 어렸을 때는 말하는 것이 어린아이와 같고, 깨닫는 것이 어린아이와 같고, 생각하는 것이 어린아이와 같다가 장성한 사람이 되어서는 어린아이의 일을 버렸노라."라고 했다.

믿음이라고 해서 모두 같은 믿음이 아니다. 유치하고 치졸한 믿음에서 성숙하고 건전한 믿음, 쓸데없이 속박하는 믿음이 아니라 신나게 하고 자유롭게 하는 믿음으로 정신적으로 끊임없이 성장해야 한다. 믿음의 일신우일신을 이루어야 한다.

무교회주의자인 함석헌 선생은 "생각하는 백성이라야 산다."라고 했다. 그리고 "신앙은 생장기 증을 가지고 있다. 이 생장은 육체적 생명이 지닌 특성 중 하나이지만, 신앙에 있어서도 그러하다. 신앙에서 신앙으로 자라나 완전한 데에 이르는 것이 산 신앙이다."라고 했다. 예수는 "진리를 알지니 진리가 너희를 자유케 하리라."라고 말한다. 신앙생활에서 정말 중요한 것은 무엇일까, 예수가 외면한 그 한 가지 질문, '진리란 무엇인가?'에 대하여 탐고하고 진리를 찾기 위해 순례길을 나아간다. 인생길에서 만나는 모든 인연이 신의 숨결이고, 신의 음성이며, 신의 몸짓이라면 어찌 경건한 삶을 살지 않을 수 있을까. 산티아고 가는 길에 신과 동행한다.

철재 다리를 건너자 레온 시내가 눈에 들어온다. 제일 먼저 투우장이 모습을 드러낸다. 도로를 따라 직진을 하며 걸어가다가 토마스 마요

 광장에 있는 바(Bar)에서 아침 식사를 한다. 다시 길을 나서 토리오 강의 다리를 건너 레온의 구시가지로 들어간다. 순례길의 하루 일정을 마감하고 호텔에 들어가니 시간이 너무 일러서 입실을 할 수 없다고 한다. 분신 같은 13kg의 배낭을 맡기고 레온 시내 관광에 나선다.

산티아고 가는 길은 역사의 길이며 순례자의 눈물이 스며 있는 길이다. 역사는 시간의 길이다. 역사는 이야기가 있는 길이다. 레온은 역사의 도시이며 역사적으로 순례자들과 아주 관계가 깊은 도시다. 평균 고도 838m의 고지대에 위치한 레온은 레온 주의 주도로 AD 1세기 로마인들이 건설한 도시이며 산티아고 가는 카미노에서 마지막으로 만나는 대도시다. 도시의 이름인 레온은 레기온(Legion, 군단)이

라는 말에서 유래했다. AD 68년 이 지역에 있던 로마군의 주둔지가 도시로 발전하는 기초가 되었다. 이후 이슬람 세력의 지배를 받았다.

아스투리아스 왕국은 에스파냐 북서부 지방의 가톨릭 왕국으로 서고트 왕국의 장군 펠라요가 우마이야 칼리파즈의 군대를 격파하고 왕위에 오른 718년을 왕국 성립의 해로 정했다. 794년 알폰소 2세가 수도를 오비에도로 옮겼으며, 914년 오르도뇨 2세가 수도를 평야인 레온으로 옮겨 레온 왕국을 창건하였다. 아스투리아스 왕국은 이슬람 왕조에 굴복하지 않고 200년간 존속하다가 레온 왕국(914~1230)으로 계승되었다. 이후 카스티야 왕국과 병합하였으며, 스페인 북서부 일대의 주요 도시 지위를 지켜왔다.

알폰소 3세는 877년 콤포스텔라에 두 번째 성당을 짓고 콤포스텔라를 신성화하는 작업을 했다. 성 야고보의 무덤을 발견한 후 알폰소 2세가 처음에 지은 성당은 너무 작았다. 알폰소 3세는 910년 왕궁을 오비에도에서 레온으로 옮기고 그해 죽었다. 9세기 말, 알폰소 3세가 레온 왕국의 왕이었을 때 레온은 기독교 국가인 스페인에서 가장 중요한 도시였다. 988년 레온은 위대한 이슬람 전사 알만소르의 공격을 받았지만 잘 막아냈다. 1002년 알만소르가 죽자 기독교 국가의 많은 도시는 안도의 한숨을 쉬었다.

마르셀로 광장에 들어선다. 산 마르셀로 성당, 가우디의 건축물인 카세 보티네스, 구스마네스 궁을 보고 나서 레글라 광장으로 올라간다. 산 마르코스 광장에서 국영 호텔인 파라도르와 산 마르코스 수도원의 멋진 분위기를 감상하고 레온의 가장 중요한 건물이라 할 수 있는 성 이시드로 성당으로 간다. 11세기 페르난도 1세 부처에 의해 창건된 성당으로, 1036년 스페인에서 가장 유명한 성인인 싱 이시도르 (570~636)의 성물들이 이슬람국가의 지배 아래 있던 세비야에서 레온 으로 옮겨졌다. 성 이시도르에게 기도한 사람들에게는 수많은 이적이 일어났고, 그 때문에 순례자들은 레온의 성 이시도르 성당으로 많이 몰려들었다. 정작 성 이시드로의 무덤은 레온 대성당에 안치되어 있다. 19세기 초 나폴레옹 군대에 의해 약탈당한 아픔을 간직하고 있는 성당 내부에는 정교하게 조각된 대리석 관 몇 개만 남아 있다.

로마 시대의 허물어져 가는 성벽 사이로 공원과 망루가 있는 우메도 역사지구를 걸어 우메도 지역의 중심에 자리한 레온 대성당으로 다가간다. 16세기 후반에 완성된 고딕 양식의 레온 대성당이 웅장한 모습을 드러낸다. 부르고스 대성당이 경사지에 웅크리고 있는 돌의 요새라면, 레온 대성당은 평지에 우뚝 서서 이슬람의 군대를 온몸으로 막고 있다. 레온 대성당은 부르고스 대성당, 산티아고 대성당과 더불어 순례길의 3대 성당으로 손꼽힌다. 서쪽과 남쪽에 광장을 두르고 있는 대성당은 13세기 초에 지어지고 14세기 초에 준공됐다. 출입구 좌우로 육중한 종탑이 산티아고의 창처럼 장대하게 서 있고, 최후의 만찬이 묘사된 현관을 지나 회중석으로 들어가면 스테인드글라스 창문으로 들어온 노란 광채들이 신비스럽게 흘러 다닌다. 13~14세기 최첨단의 스테인드글라스 유리 공정으로 들어온 광채는 신의 영광을 찬미하고 순례자의 영혼을 삼켜버릴 정도로 신비롭다. 1,800㎡의 공간에 128개의 유리창은 부족한 양이라는 평을 받지만, 그 빛은 대성당의 역사를 간직하고 있다. 영성의 공간이 밝아야 할 이유는 없다. 중세 순례자들이 대성당에서 밤을 지새우는 풍습은 스테인드글라스가 뿜어내는 신성한 분위기로 그리스도의 주검을 기억하기 위함이었다.

10세기 레온에 왕국을 건설한 것은 이슬람에 빼앗긴 국토 수복 전쟁의 의지를 만천하에 알리는 것이었고, 13세기에 대성당을 지은 것은 반드시 승리하겠다는 의지를 다진 것이었다.

팜플로나, 부르고스와 더불어 산티아고 순례길의 3대 도시, 레온의 밤이 깊어간다.

레온의 불빛 아래에서 산티아고 가는 길도, 인생의 나이도 능선에 오른 지금, 걸어온 삶을, 길을 돌아본다. 순례자는 남은 인생 지족, 자족, 안분지족하며 살아가리라 꿈을 꾼다.

19

낭만의 길

"안녕, 아름다움이여! 안녕,
기분 좋은 친구들이여!"

레온에서 오스피탈 데 오르비고까지 36.4㎞

레온~라 비르엔 델 카미노~초사스 데 아바호~비야르 데 마사리페~오스피탈 데 오르비고

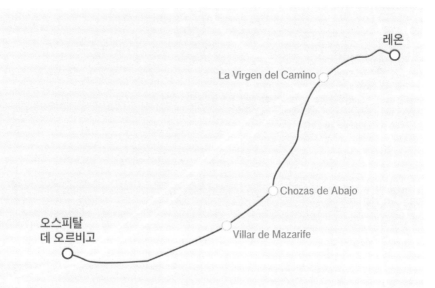

레온의 여명이 밝아온다. 여명이 밝아오는 아침
은 상쾌한 때, 새로이 시작하는 때, 싱그럽고 즐거운 충동이 일어나는
때다. 매일 아침 기쁨, 설렘, 불안, 근심 등 많은 감각의 손님이 찾아온
다. 순례자는 아침 손님으로 인해 기분을 망치지 말아야 한다. 오히려
감사해야 한다. 어느 손님이 찾아오듯 즐겁게 맞아야 한다. 새로운 날
을 영웅으로, 승리자로 시작해야 한다. '항상 기뻐하라. 쉬지 말고 기
도하라. 범사에 감사하라.'는 소리에 잠에서 깨어나 기뻐하고 감사하
며 기도로 하루를 시작한다.

위대한 신이여, 바람 속에서 당신의 목소리를 듣습니다. 당신의 숨결은
세상 모두에게 생명을 줍니다. 위대한 신이여, 내게는 당신의 힘과 지혜가
필요합니다. 나로 하여금 아름답게 걸을 수 있게 하시고, 내 두 눈이 오래
도록 저녁노을을 지켜볼 수 있게 하소서. 당신이 창조한 만물들을 내 손이
존중하게 하시고, 내 귀가 당신의 목소리를 들을 수 있게 하소서. 내게 지
혜를 주소서. 그리하여 당신이 모든 나뭇잎, 모든 돌 틈에 감춰둔 삶의 교
훈을 알게 하소서. 나에게 힘을 주소서. 나의 가장 큰 적인 나 자신과 싸
울 수 있도록 힘을 주소서. 나 자신이 삶 속에서 언제나 깨끗한 손, 똑바
른 눈을 갖도록 도와주소서. 그리하여 저녁노을처럼 내 삶이 스러질 때 내
영혼이, 내 영혼이 한 점 부끄러움 없이 당신에게 다가갈 수 있도록. 아멘!

이른 아침, 다른 날에 비해 출발이 늦었다. 해외 여행지에서는 그곳
사람들의 아침 일상을 보기 위해 아침 일찍 조깅을 하곤 했는데, 오늘
은 카미노에서 자연스럽게 대도시 레온의 아침을 맞이한다. 호텔에서
미로 같은 레온 시가지를 걸어 레온 대성당에 도착한다. 청소차가 물

을 뿌리며 성당 광장을 깨끗이 청소하고 있다. 웅장한 레온 대성당 앞에 서서 잠시 마음을 모은다.

어제는 짧은 거리를 걸었다. 오늘은 오스피탈 데 오르비고까지 돈키호테를 만나러 약 36.4㎞를 걸어야 하는 강행군이다. 대체로 평탄한 구간이지만, 마을 간의 거리가 먼 시골길이라 물이 없다. 16세기에 만들어진 베르네스가 강의 다리를 건너 레온 외곽의 공업지대로 들어선다. 와인 저장소가 있는 해발 900m의 오르막길을 올라가 이제부터 공장지대를 지나는 길을 차도를 따라 걸어간다. 레온 시가지를 벗어나는데 1시간 이상 소요되었다.

지난 천 년의 세월 동안 무수한 사람들이 가리비를 매달고 지팡이를 짚으며 걸었던 단 하나의 목적은 오로지 야고보 성인이 잠들어 있는 콤포스텔라에 가는 것. 한결같은 소망은 무사히 목적지에 도착해서 죄 사함을 받는 것이었다. 목적지에 도착할 수 있는지는 오로지 신의 뜻에 달렸다. 근래에는 순례의 목적이 서서히 바뀌고 있다. 성 야고보를 모시는 대성당에 있는 사도의 묘지가 목적이 아니라 '그곳에 이르는 과정 자체'가 목적이다. 종교적인 목적으로 신을 찾아서 참회하여 지옥을 면하려고 하는 목적도 있지만, 개인적인 이유로 내면의 성찰을 위해 길을 나서기도 하고, 스페인 문화를 경험하거나 스포츠로써 체험하는 등 이유는 다양하다.

산티아고로 가는 순례의 길은 침묵의 길이다. 침묵 속에서 하나님의 음성을 들어야 한다. 이 길에서 하느님의 음성을 듣고 하느님의 숨결을 느끼는 것은 어렵지 않다. 단지 침묵하고 집중하면 된다. 순례에서는 고난과 고통이 중요하다. 목표에 도달하는데 시련과 좌절이 없다면 그게 무슨 순례인가. 육체적이면서도 동시에 정신적인, 더 크고 어

　산티아고 가는 길, 나는 순례자다!

러운 경험을 해야 진정한 순례다. 극복할 수 있는 고통이 육체적인, 정신적인 연령을 결정한다. 고통은 순간이고 영광은 영원하다. 고통은 인간을 진지하게 한다. 고통으로 얼룩진 순례 여정은 미래의 삶에 영향을 줄 것이기에, 산티아고 가는 길은 희망의 길이자 낭만의 길이다. 지구상에서 가장 멋있고 낭만이 있는 산티아고 순례길은 장거리 도보 여행길로 천 년이 넘는 역사를 지닌 길, 지난 천 년간 수천만 명이 다녀간 길이다. 로마 시대의 돌길, 마을마다 오래된 성당, 이슬람 전쟁의 흔적, 템플기사단의 비밀까지. 마치 중세에 온 것 같다. 집이 모여 마을이 되고, 마을이 모여 도시가 된 스페인의 도시들은 도시 자체가 커다란 박물관이다. 역사와 전통이 살아있는 도시, 나무가 아닌 돌로 건축된 도시여서 수천 년의 숨결을 고스란히 간직하고 있다. 곳곳에서 노란 화살표와 가리비가 반겨준다. 카미노 데 산티아고에서는 갈림길마다 노란 화살표와 가리비 조개껍질로 방향을 표시해준다. 가리비는 카미노 데 산티아고의 상징이다.

국도 옆 인도를 따라 라 비르엔 델 카미노의 마을 성당에 이른다. 전설에 따르면 16세기 초 알바르 시몬이라는 목동 앞에 성모 마리아가 나타났다. 성모 마리아는 목동에게 레온의 주교를 찾아가서 이곳에 성모상이 있는 성당을 하나 지으라고 전하라는 말을 했다. 목동은 주교가 자신의 말을 믿지 않을 수도 있으니 어떤 징표를 달라고 간청했다. 성모 마리아는 목동의 새총에 작은 돌멩이를 넣고 쏘아 떨어뜨렸다. 그리고는 주교와 돌아오면 저 돌멩이가 엄청나게 커졌을 것이니 그곳에 성당을 지으라고 했다. 그렇게 성당이 지어졌고 그 성당은 1961년에 개축되었다. 이 성당은 레온의 수호성인인 라 비르엔 델 카미노에게 바쳐졌다.

마을 끝에서 초원길인 초사스 데 아바호를 거쳐 비야르 데 마사리페로 가는 길을 선택한다. 14㎞ 정도의, 마을이 없는 길이다. 한적한 평원의 길을 따라 걸어간다. 산티아고 순례는 스페인의 자연과 역사와 함께하는 건강한 모험이자 운동이다. 7월에 숨이 턱턱 막히는 스페인의 태양 아래에서 걷기도 하고, 10월에 2주 동안 이어지는 격렬한 장마를 경험할 수도 있고, 12월에 눈 덮인 고요한 산길을 걸을 수도 있다. 초봄에는 꽃피는 산길을 걷고, 초여름에는 리오하 포도밭과 카스티야의 황금빛 밀밭을 걷고, 늦여름과 가을에는 각종 과일이 익어간다.

저게 뭐지? 성당의 종탑에 나뭇가지와 잎들이 아무렇게나 쌓인 뭉치가 불안하게 얹혀 있다. 황새의 집이다. 어미 황새만 보이고 새끼는 고개를 내밀었다가 숨는다. 생명과 자연의 순환을 직접 보는 경험은 다른 여행에서는 경험하기 힘들다. 이 생명의 순환과 리듬은 황새 떼에게서도 느껴진다. 여름이면 종루에 둥지를 틀고 인상적인 자세로 날아오르는 황새는 순례자의 벗이다.

마사리페의 성당 종탑 위에 황새들이 둥지를 틀고 마치 순례자들을 위해 조용히 기도하는 수녀들처럼 순례자와 마을을 조용히 굽어보고 있다. 깃털이 보송보송한 새끼 황새들도 둥지 위로 머리를 내밀고 순례자를 바라보다가 숨는다. 황새 부부 가운데 한 마리는 새끼들과 함께 둥지에 있고 한 마리는 들락날락한다.

황새는 유럽의 전설에 자주 등장하는 새다. 유럽에서는 처녀가 봄에 처음 보는 황새의 모습이 어떠냐에 따라 그해 자신이 어떤 종류의 사람이 될지 정해진다는 전설이 있다. 날고 있는 황새를 보면 부지런한 사람이 될 것이고, 부리로 달가닥거리는 소리를 내는 모습을 본다면 접시를 여러 개 떨어뜨리거나 깨뜨릴 것이며, 아무 동작 없이 가만히 있는 모습을 본다면 게으름뱅이가 될 것이다.

독일 북부 지역에서는 고대 그리스처럼 황새를 멀리 있는 친척으로 생각한다. 황새 둥지에서 새끼를 훔치려 하거나 황새를 죽이려는 사람은 누구나 반드시 불행해진다. 카미노를 걸으면서 성당 철탑 위에 앉아 있는 황새들을 자주 보았다. 우리나라의 솟대처럼 하늘의 전령사가 아닐까. 상상의 나래를 펼치며 황새를 볼 때마다 반가운 마음으로 카미노에서 행운을 가져다주기를 기원했다.

바(Bar)에서 한 잔의 레드와인을 마시며 달콤한 휴식을 취하고 다시 길을 나선다. 지평선에 낭만이 흐른다. 낭만(浪漫)의 한자에는 모두 물 '수(水)' 변이 있다. 유랑(流浪)도 마찬가지다. 낭만은 유랑과 마찬가지로 물 흐르듯이 흘러가는 것이다. 술 '주(酒)'자는 물 수(水) 자와 닭 유(酉) 자로 이루어진다. 닭이 물 한 모금 마시고 하늘을 쳐다보듯, 술은 천천히 마시라는 의미다. 일상생활에서는 이성적 판단의 마른 영혼이 필요하지만, 여행자에게 젖은 영혼의 낭만이 있어야 유랑의 기쁨을 맛볼 수 있다. 순례자가 젖은 영혼으로 낭만의 길을 흘러간다.

국도 옆의 길을 따라 비야반테를 지나고 수로를 건너 오르비고 강을 가로지르는 멋진 중세의 다리에 도착한다. 오르비고 다리는 스페인에서 가장 길고 오래된 다리 중 하나로, 카미노 중 가장 길고 오래된 역사적인 이야기가 풍성한 미술 작품 같은 다리다. 돌을 하나하나 쌓아 올려 우아한 아치를 그린 다리 중앙에 돈 수에로 기사의 결투와 관련된 이야기가 적혀있다. 동서로 나뉜 마을을 길게 이어주는 오르비고 다리는 '명예로운 걸음의 다리'로 불린다.

부르고스에 있는 알폰소 왕실의 귀족들이 콤포스텔라로 가는 기사들을 초대해서 마상시합을 하면서 쉬게 한 다음 순례를 떠나보내는 것은 당시의 풍습이었다. 레온 출신의 위대한 기사 돈 수에로는 콤포스텔라를 순례하기 위해 다리를 건너는 모든 기사와 마상시합을 했다. 돈 수에로는 아름다운 귀부인에게 뜨거운 사랑의 노예가 되었음을 호소했으나 모욕을 당하자 자기의 명예를 지키기 위해 이 다리를 지나가는 기사들과 마상 창 시합을 벌여 300개의 창이 부러질 때까지 이 다리를 지키며 결투를 하겠다고 선언하고 사랑의 족쇄에서 벗어날 것을 성 야고보를 두고 맹세했다. 그리고 실제로 이 다리를 지나는 166명의 기사와 결투를 벌였다. 결투를 원하지 않는 기사들은 다리 아래에서 물을 건너야 했으며, 비겁자라는 평판을 들어야 했다. 그래서 이 다리는 '명예의 다리'라는 호칭을 얻게 되었다.

돈 수에로 가문의 집사이자 공증인은 오르비고의 다리에서 시작한 마상시합 결투에 참가하여 명예의 통로에 대한 기록을 작성하였고, 그 기록은 결투의 증빙이 되었다. 그는 마상시합이 열렸던 다리와 근처 마을을 마상시합 역사에서 가장 유명한 장소로 만들었다. 마상 창 결투는 1434년 7월 10일 시작하여 성 야고보의 날을 제외하고 8월 9일까지 지속되었다. 그날 돈 수에로는 부상을 당하여 이후 결투는 중지되었다. 돈 수에로를 비롯한 많은 기사는 시합을 끝낸 뒤 모두 콤포스텔라로 갔다. 돈 수에로는 성 야고보 상 앞에 엎드려 많은 마상시합에서 뛰어난 기술과 용기로 승리를 이룰 수 있게 해준 것에 대해 감사했다. 그로부터 24년 후, 돈 수에로는 과거 자기가 명예의 통로에서 물리친 기사의 손에 죽게 되는 극적인 죽음을 맞았다.

'돈 수에로 기사의 이야기'는 많은 작가들에게 반향을 불러일으켰고, 세르반테스에게는 돈키호테에 대한 영감을 제공했다. 로마 시대에 기원을 둔 이 아름다운 다리는 오랜 역사를 거치며 많은 이야기를 만들어냈다. 1434년 7~8월의 이 마상 결투를 기념하기 위해 중세 마상 창 시합이 매년 7월 첫 일요일에 여기에서 개최된다. 오늘이 7월의 첫 월요일. 시합은 바로 어제였다. 코엘료의 『순례자』에도 마상 창 시합이 나온다.

인류 역사에서 17세기는 역사상 전쟁이 가장 많았던 시대라고 한다. 스페인은 제국의 몰락이 가속화되는 이 시기에 문학과 예술의 거장들을 대거 배출하는데, 이 시기에 탄생한 스페인 불멸의 캐릭터가 돈키호테와 돈 후안이다. 특히 돈키호테를 창작해낸 미겔 데 세르반테스(1547~1616)는 영국의 셰익스피어와 더불어 세계 문학사상 가장 위대한 작가로 꼽힌다. 행동가적 이상주의자의 전형으로 평가받는 돈키호테는 서구 최초의 근대소설이자 전 세계 거의 모든 언어로 번역된 '인류의 책'이며 문학사상 최고의 걸작이라는 평가를 받는다.

『돈키호테』 1부가 세상에 처음 선보인 것은 1605년이고 2부는 1615년에 나왔다. 세르반테스는 당대의 내적 모순과 시대의 거대한 변환을 통찰하고 있었으며, 이를 『돈키호테』라는 소설을 통해 형상화하였다. 또한 돈키호테와 산초 판사라는 대조적인 캐릭터를 통해 인간의 심성에 내재되어 있는 보편적 모순성을 드러냈다. 레판토 해전에 참전해 부상을 입어 외팔이가 된 전쟁 영웅임에도 불구하고 합당한 대접을 받지 못하고 노예 생활과 억울한 옥살이까지 해야 했던 세르반테스는 제국의 몰락을 보면서 그 원인이 기사도로 상징되는 스페인의 시대착오적인 가치관에 있다고 믿었던 것이다.

『돈키호테』는 시대에 따라 평가도 달라졌다. 출판 당시에는 독자에게 웃음거리를 주는 재미있는 미치광이 이야기에 지나지 않았으나, 낭만주의 시대에 오면서 현실과 타협을 거부하고 칸트의 '정언 명령'을 실천하는 이상주의의 영웅으로 변신했다. 19세기 말과 20세기 초에 이르러서는 98세대 지식인들을 중심으로 스페인 정신의 정수로 추앙받기도 하고, 20세기 중반의 실존주의 시대에는 실존이 본질에 앞서는 실존주의자로 재해석된다. 20세기 최고의 문학비평가인 예일대 교수인 해럴드 블룸은 말한다.

"세르반테스(1547~1616)의 삶은 온갖 사건과 불행으로 점철되어 있기 때문에, 마치 에스파냐권의 뛰어난 작가가 쓴 소설처럼 드라마틱하다. 그의 명성은 서양 언어권에서 단테, 셰익스피어, 몽테뉴, 괴테와 톨스토이가 보여주었던 탁월함처럼 영원한 것이다. …(중략)… 세르반테스는 글 쓰는 방법을 알았고, 돈키호테는 행동하는 방법을 알고 있었다. 이 두 사람은 오로지 서로를 위해 태어난 하나다."

세르반테스는 10년간 무적함대의 물자 조달관으로 일하는 말단 관리로, 이후 세금 징수원이 되었는데 비리 혐의로 세비야에서 감옥 생활을 하게 되었다. 이때가 40대 후반, 감옥에서 할 일이 없던 세르반테스는 종이에 연필로 무엇인가 쓰기 시작했다. 이후 10년이 지나 완성된 『돈키호테』는 폭발적인 인기를 얻었다. 57세 때인 1605년에 출간된 『돈키호테』는 대단한 성공을 거두었지만, 생활고로 인해 출판업자에게 판권을 넘겨버린 까닭에 경제적 이득을 얻지는 못했다. 말년에는 신앙생활에 전념하여 아예 수도원으로 들어갔다. 마침내 수도사로 정식 서원을 했을 즈음, 그는 이미 수종증이 악화되어 임종을 맞이하게 되었다.

1616년 4월 23일, 세르반테스는 69세를 일기로 사망했다. 공교롭게도 그날, 영국의 대문호 셰익스피어도 사망했다. 그해 조선판 『돈키호테』인 『홍길동전』의 작가 허균도 능지처참을 당해 죽었다. 세르반테스가 죽은 이듬해 간행된 유작 『사랑의 모험』에는 사망하기 직전에 쓴 유언 같은 서문이 있다.

"모든 시간은 계속해서 이어지는 것이 아닙니다. 아마도 이 끊어진 실을 이으면서 내가 여기서 쓰지 않은 것들, 그리고 잘 어울렸던 부분들을 언급할 시간이 올 겁니다. 안녕, 아름다움이여! 안녕, 재미있는 글들이여! 안녕, 기분 좋은 친구들이여! 만족스러워하는 그대들을 다른 세상에서 곧 만나기를 바라면서 난 죽어가고 있다오!"

매년 4월 23일은 '책의 날'이다. 스페인에서는 이날 남자는 사랑하는 여자에게 붉은 장미를, 그리고 여자는 남자에게 책을 선물하는데 이는 '책의 날'과 카탈루냐 지방의 전통 풍습이 자연스럽게 어우러져 생겨난 관습이다. 바르셀로나를 중심으로 한 카탈루냐 지방에서 4월 23일은 이 지방 수호성인인 산 조르디의 날로 15세기 이후 장미 축제를 열어 이를 기념하는 전통이 있었다. 장미 축제 풍습은 제비뽑기를 통해 제물로 바쳐진 주민들을 잡아먹는 포악한 용을 죽이고 위험에 처했던 한 아름다운 공주를 구한 산 조르디의 무용담에서 비롯된 것으로, 그가 뿜어져 나오는 용의 피로 붉게 물든 장미를 공주에게 바쳤다는 전설에서 유래된 것이다. '책의 날' 제정 이후 두 행사가 겹치게 되었는데, 이날 카탈루냐의 남녀들은 서로 장미와 책을 자연스럽게 주고받게 되었고 이 관행은 스페인 전역으로 급속도로 확대되었다.

다리를 건너 오스피탈 데 오르비고의 마을로 들어선다. 이 마을은 452년 스와비아인들이 서고트족에게 학살을 당한 현장이자 가톨릭교도와 무어인들이 전투를 벌였던 곳이다. 또한 과거 성 요한 기사단의 영지였으며, 그들은 성당과 순례자 구호시설을 운영했다. 성 요한 기사단이 운영한 산 후안 바우티스타 성당은 단출한 이 마을에서 가장 눈에 띄는 건축물이다. 레스토랑이 딸린 알베르게에 숙소를 잡는다. 3층에서 내려다보이는 수영장과 오르비고 명예의 다리, 주변 경관이 한 폭의 그림 같다. 수영장에는 물놀이를 하는 사람들로 붐비고 있다. 발가벗고 잠지를 내놓고 뛰어다니는 아이들의 평화로운 모습이 천국과 다름이 아니다. 카미노에서 흘린 땀과 열정이 믿음과 소망으로 샘솟는다.

빨래와 샤워를 하고 다시 오르비고 다리를 향한다. 전날 있었던 마상 창 시합의 깃발이 여전히 바람에 날리고 있다. 실존 인물인 돈 수에로로부터 돈키호테를 창조한 풍운아 세르반테스가 새삼 위대하게 다가온다. 세리였고 세무사라는 직업을 가진 순례자, 배낭 메고 동에 번쩍 서에 번쩍이라 홍길동 대신 '홍길돌'이란 별명을 가졌기에 돈키호테 같은 세르반테스에게 깊은 동류의식을 느낀다. 2007년 벽두, 한파주의보 속에서 용인에서 고향인 안동으로 걸어가는, 과거시험에 급제한 영남 선비의 금의환향을 흉내 내었던 도보 여행이 『청산으로 가는 길』이라는 도보 여행기로 출간되었고, 2009년 「종교단체에 대한 과세제도 연구」라는 논문으로 박사학위를 받고, 2018년에는 『종교인 종교단체 절세비법』이라는 책을 출간하고, 여러 권의 도보 여행기를 출간한 저자에게 돈키호테나 세르반테스는 벗처럼 다가왔다. 돈키호테를 '돈 많고 키 크고 호탕하고 테크닉 좋은 남자'라며 자신을 소개하는 친구가 떠올라 웃음을 자아낸다.

예수가 활동하던 시절 유대 지방은 로마의 식민지였다. 그래서 유대 인들은 세금을 징수하여 로마에 바치던 세리들을 로마의 앞잡이로서 창녀와 같은 죄인으로 취급하였다. 예수의 말씀이다.

"자기를 의롭다 믿고 다른 사람을 멸시하는 자들에게 이 비유로 말씀하시되 두 사람이 성전으로 기도하러 올라가니 하나는 바리새인이요 하나는 세리라. 바리새인은 서서 따로 기도하여 가로되 '하나님이여, 나는 다른 사람들 곧 토색, 불의, 간음을 하는 자들과 같지 아니하고 이 세리와도 같지 아니함을 감사하나이다. 나는 이레에 두 번씩 금식하고 또 소득의 십일조를 드리나이다.' 하고, 세리는 멀리 서서 감히 눈을 들어 하늘을 처다보지도 못하고 다만 가슴을 치며 이르되 하나님이여 '나는 죄인이로소이다.' 하였느니라. 내가 너희에게 이르노니 이에 저 바리새인이 아니고 이 사람이 의롭다 하심을 받고 그의 집으로 내려갔느니라. 무릇 자기를 높이는 자는 낮아지고 자기를 낮추는 자는 높아지리라 하시니라."

또한 성경에는 12제자 가운데 한 명인 세리 마태와 세리장 삭개오에 대한 기록이 나온다.

"예수께서 그곳을 떠나 지나가시다가 마태라 하는 사람이 세관에 앉아 있는 것을 보시고 이르시되 '나를 따르라.' 하시니 일어나 따르니라. 예수께서 마태의 집에서 앉아 음식을 잡수실 때에 많은 세리와 죄인이 와서 예수와 그의 제자들과 함께 앉았더니 바리새인들이 보고 그의 제자들에게 이르되 '어찌하여 너희 선생은 세리와 죄인들과 함께 잡수시느냐.' 예수께서 들으시고 이르시되 '건강한 자에게는 의사가 쓸

데없고 병든 자에게라야 쓸 데가 있느니라.' 하시니라."

"예수께서 여리고로 들어가 지나가시더라. 삭개오라 이름하는 자가 있으니 세리장이요 또한 부자라. 그가 예수께서 어떠한 사람인가 하여 보고자 하되 키가 작고 사람이 많아 할 수 없어 앞으로 달려가서 보기 위하여 돌무화과 나무에 올라가니 이는 예수께서 그리로 지나가시게 됨이러라. 예수께서 그곳에 이르사 쳐다보시다가 이르시되 '삭개오야, 속히 내려오라. 내가 오늘 네 집에 유하여야 하겠다.' 하시니 급히 내려와 즐거워하며 영접하거늘 뭇 사람이 보고 수군거려 이르되 '저가 죄인의 집에 유하러 들어갔도다.' 하더라. 삭개오가 서서 주께 여쭈오되 '주여 보시옵소서. 내 소유의 절반을 가난한 자들에게 주겠사오며 만일 누구의 것을 속여 빼앗은 일이 있으면 네갑절이나 갚겠나이다.' 예수께서 이르시되 '오늘 구원이 이 집에 이르렀으니 이 사람도 아브라함의 자손임이로다. 인자가 온 것은 잃어버린 자를 찾아 구원하려 함이니라.' 하시니라."

세리들을 가까이하는 예수를 보고 바리새인들은 예수를 정죄하기 위해 질문했다.

"가이사에게 세금을 바치는 것이 옳으니이까, 옳지 아니하니이까."

예수는 대답했다.

"세금 낼 돈을 내게 보이라."

한 사람이 데나리온 하나를 가져오자 예수가 물었다.

"이 형상과 이 글이 누구의 것이냐?"

바리새인이 대답했다.

"가이사의 것이니이다."

그러자 예수는 말했다.

"그런즉 가이사의 것은 가이사에게, 하나님의 것은 하나님에게 바치라."

'가이사'는 '줄리어스 시저(Caesar)'를 의미하고, 성경에서 시저 이후의 황제는 모두 가이사로 불렸다. 그러니 황제의 형상이 새겨진 동전은 황제에게 바치고, 사람(황제)에게 새겨진 하느님의 형상은 하느님께 바치라는 것이다. 즉 가이사에게는 돈을 바치지만 하느님께는 너 자신을 바치라는 뜻이었으니(터툴리안의 「우상론」에서) 바리새인들은 더 이상 할 말이 없었다.

메세타 지역의 중세풍 오르비고 마을에서 순례자가 돈키호테와 하나가 된다. 마드리드의 공원에는 돈키호테와 산초 판사의 조각상이 있다. 마드리드에서는 동남쪽으로 약 2시간, 톨레도에서는 동쪽으로 약 1시간 거리에 있는 라만차 평원에는 풍차가 있고 돈키호테가 있다. 건조하다는 뜻을 가진 라만차는 메세타 고원에 위치한 황량한 평원으로, 라만차 지역에는 이 마을들을 연결하는 약 250㎞의 돈키호테 길이 있다. 해변의 석양에서 신의 존재를 느낀 이들의 신앙이 더 신실해지듯, 카미노의 메세타에서 돈키호테가 되어 목청껏 노래를 불렀던 기억은 야생으로 돌아간 느낌과 더불어 신의 숨결을 느끼게 한다. 메세타는 침묵과 좌절, 고독, 은둔하는 장소, 격렬한 육체적 쾌락, 자유, 신과 만나는 장소로서 영향을 미친다.

1층이 레스토랑인 알베르게의 3층 다락방에서 순례자 돈키호테가 쓸데없고 병든 자, 잃어버린 자를 찾아온 예수를 만나고, 순례자인 야고보를 만나고, 세리장 삭개오를 만나고, 세관원 마태를 만나고, 돈 수에로를 만나고, 세르반테스를 만나서 레드와인으로 축제의 만찬을 즐긴다.

즐거움 끝에 슬픔이 밀려온다. 베개는 장승처럼 허무하게 쳐다보고 이불은 시신처럼 처연하게 덮어준다. 고요한 알베르게의 밤. 유리창에는 별이 반짝반짝 빛나고 곤비한 순례자는 고독에 젖는다. 고독은 침묵을 위함이며 침묵은 자기성찰을 위함이다. 삶의 시작은 탄생이고 끝은 죽음이다. 죽음은 다른 세계로 가는 통로다. 하루하루의 시작은 잠이며 편안한 잠은 남은 생의 첫날을 행복하게 시작하게 한다. 잠은 노력하지 않아도 신이 내려주는 선물이다. 그러나 노동을 하면 잠은 훨씬 더 감미로운 것이 된다. 인생의 3분의 1이나 차지하는 잠은 육체적으로 정신적으로 재충전하는 시간이다. 잠을 자면 꿈을 꾼다. 악몽은 스트레스 때문이고, 길몽은 좋은 생각을 한 결과이다. 좋은 생각은 좋은 말을 낳고, 좋은 말은 좋은 행동을 낳고, 좋은 행동은 좋은 습관을 낳고, 좋은 습관은 좋은 신념을 낳고, 좋은 신념은 좋은 인격을 낳고, 좋은 인격은 좋은 운명을 낳는다. "하느님은 사랑하는 자에게 잠을 주신다."라고 시편의 저자는 노래한다.

불을 끄니 열린 창으로 별빛이 흘러들어온다. 밤이 부드럽게 껴안는다. 밤마다 하루를 검토한다. 신의 마음에 맞는 것이었는지 어떤지. 어머니를, 고향을, 유년 시절을 회상해 본다. 인생은 깊고 슬픈 밤과 같다. 반짝이는 별빛이 없다면 인생은 도저히 견디기 어려울 것이다. 별빛이 희망으로, 즐거움으로, 미소로 다가온다. 인간은 무엇인가 기쁨이 없으면 살 수 없다. 어두운 나날의 추억도 아름답고 신성한 소유물이다. 잃었던 아득한 소리에 귀 기울이고 찾아 헤맨다. 그 소리가 있는 곳에 진정한 고향이 있다. 생의 흐름과 죽음의 흐름이 파도치면서 지나간다. 시원한 잠의 샘이 밀려온다. 길은 인생이다. 멀고 먼 낭만의 길을 걸어온 21세기 돈키호테가 21세기의 현대식 알베르게의 다락방에서 『돈키호테』를 노래하며 평온한 잠을 청한다.

이룩할 수 없는 꿈을 꾸고
이루어질 수 없는 사랑을 하고
이길 수 없는 적과 싸우고
견딜 수 없는 고통을 견디며
잡을 수 없는 하늘의 별을 잡자.

자유의 길

"진리를 알지니 진리가 너희를 자유케 하리라."

오스피탈 데 오르비고에서 산타 카탈리나 데 소모사까지 26.2㎞
오스피탈 데 오르비고~산티바네스 데 발데이글레시아~산 후스토 데 라 베가
~아스토르가~무리야스 데 레치발도~산타 카탈리나 데 소모사

여명이 밝아온다. 고요한 오르비고 중심을 관통해 마을을 벗어나서 흙길로 걸어간다. 아쉬운 듯 발걸음은 느려지고 자꾸만, 자꾸만 뒤돌아본다. 가는 곳마다 남의 조롱을 받지만, 자기의 이상에 대한 신념을 잃지 않은 자유로운 영혼 돈키호테. 결국 망상의 꿈에서 깨어나 집에서 고요히 여생을 마치는 친숙한 돈키호테를 오르비고 마을에 남겨두고, 순례자는 빛이 어둠을 내모는 신선한 아침의 평원으로 나선다. 축복의 아침! 돈키호테 같은 자유인이 되어 자연을 자유로이 방랑할 수 있다는 것은 얼마나 큰 축복인가.

2,300년 전 중국의 장자가 추구하는 삶의 방식은 소요유(逍遙游), 곧 어슬렁거리듯 유유자적 노닐며 세상을 사는 것이었다. 장자의 소요유는 완전한 자유, 고차원의 사회철학이었으며 낙천적인 세계관이었다. 어느 날 장자가 복수에서 낚시를 하고 있을 때, 초나라의 위왕이 대부 두 사람을 보내어 장자를 재상으로 삼으려는 뜻을 전했다. 낚싯대를 드리운 장자는 돌아보지도 않은 채 웃으며 말했다.

"내가 들건대, 초나라에는 신령스러운 거북이 있는데 죽은 지 이미 삼천 년이나 되었다고 합니다. 임금은 그것을 비단으로 싸서 상자에 넣어 묘당 위에 보관한다는데, 그 거북의 입장이라면 죽어서 뼈만 남기어 존귀하게 되고 싶겠습니까, 아니면 살아서 진흙 속에 꼬리를 끌고 다니고 싶겠습니까?"

두 대부는 대답했다.

"그야 살아서 진흙 속에 꼬리를 끌고 다니려 할 것입니다."

그러자 장자는 말했다.

"그러면 돌아가시오. 나는 진흙 속에 꼬리를 끌고 다니며 살렵니다."

부귀를 누리며 속박받는 삶보다 가난하지만 자유로운 삶이 좋다는 예미도중(曳尾塗中)이다. 벼슬을 위해 굽실거리며 자신의 본성을 억누르면서 내키지 않는 행동을 하는 삶을, 장자는 묘당 위에 놓인 신령스러운 거북의 박제에 비유했다. 진정한 자유란 마음이 자유로운 것이다. 인간은 인간을 속박하는 세 개의 밧줄인 돈, 명예, 권력과의 관계를 끊었을 때 그러한 자유를 얻을 수 있다. 돈과 지위, 명예보다 자유를 더 사랑하고, 살찐 노예보다는 여윈 자유인이 되기를 더 원하는 진정한 자유인이 되기 위해 순례자가 산티아고 가는 길에서 고통과 고행의 자유를 누린다.

중세풍의 오르비고를 벗어나며 자꾸만 뒤돌아본다. 날이 밝아오고 새로운 날 새로운 태양이 대지에 떠오른다.

7월 4일, 오늘은 미국의 독립기념일이다. 미국으로 건너간 청교도들, 곧 순례의 아버지들(Pilgrim Fathers)이 잃어버린 자유를 되찾은 날이다. 콜럼버스의 신대륙 발견이라는 빅 뉴스는 곧바로 영국에도 전해졌다. 당시의 영국 왕은 헨리 7세, 엘리자베스 여왕의 할아버지였다. 헨리 7세는 항해 경험이 많은 존 캐벗 경을 보냈으나 국내 사정으로 신대륙에 신경 쓸 겨를이 없었다. 신대륙에 가장 큰 관심을 가졌던 영국의 통치자는 엘리자베스 여왕이었다. 엘리자베스는 월터 로리 경에게 아메리카 대륙을 탐험하고 그 경제적 가치를 살펴보고 오라고 지시했다. 1585년 이래 두 번이나 아메리카를 원정한 월터 로리 경은 처녀인 엘리자베스 여왕을 영원히 기리기 위하여 자신이 탐험한 땅의 이름을 '처녀의 땅'이란 의미인 '버지니아'로 정하였다. 월터 로리가 명명한 버지니아는 현 사우스캐롤라이나 지방으로, 지금의 버지니아 주

와는 다르다. 월터 로리는 상당 수의 영국인을 버지니아에 남 겨놓고 돌아왔는데, 몇 년 뒤에 다시 가 보니 한 명도 남지 않 고 사라져 버렸다.

식민지 개척에 영국은 스페인 과 완전히 다른 방식을 쓰고 있 었다. 스페인은 왕의 명령을 받 은 총독과 군대를 보내 직접 통 치하며 정작 그곳에서 살 사람 은 남기지 않고 금은보화만 싹 쓸이해가는 약탈 방식을 쓰고 있었다. 여기에 반해 영국은 주 로 상인들이 무역회사를 설립 하여 사람들을 식민지로 이민 보내는 방식을 채택하고 있었 다. 그러니까 아메리카로 가는 사람들은 목적이 분명했다. 이 들 무역회사가 보낸 영국인들 은 1607년 버지니아에 도착하 여 영국인 최초의 마을인 제임 스타운을 건설했다. 거의 대부 분이 죽었지만 제임스타운은 미국에 세워진 첫 식민지였다. 2년 뒤인 1609년, 제임스타운에 또다시 500명의 정착민이 도착하여 필사적으로 영국에 팔 수 있는 작물 농사에 매달렸는데, 존 롤프라는 사람이 인디언에게 경작법을 배워 담배 농사가 시작되었다. 인디언들에게 백인을 친절하게 맞도록 주선해준 처녀가 바로 포카혼타스로, 뒷날 존 롤프의 아내가 되어 영국으로 건너가 런던에서 세상을 떠났다.

1620년 메이플라워호를 타고 건너온 청교도가 미국을 건설했다지만, 엄밀히 말해 미국의 진짜 출발은 1607년의 제임스타운이다. 제임스타운에서 재배한 담배는 높은 인기 속에 영국으로 수출이 되었고, 버지니아에는 담배 농사가 붐을 이루었다. 담배 농사가 워낙 일손이 많이 가는 일이기에 곧 심각한 노동력 부족 현상이 나타났고, 드디어 1619년 20명의 흑인 노예가 네덜란드 배에 실려 옴으로써 미국의 가장 치욕스런 역사인 노예제도가 자리 잡게 되었다.

노예의 역사는 1441년 포르투갈에서 시작되었다. 안타웅 공칼베스가 아프리카에서 12명의 흑인을 포르투갈로 데려온 것이 노예제의 시초였다. 미국인이 띄운 첫 노예선은 1637년 메사추세츠 주의 마블헤드 항구를 떠났다. 이후 유럽인의 낙원이라는 미국은 1863년 1월 1일 링컨의 노예해방선언이 있기까지 흑인에게는 지옥이 되었다.

본격적인 미국의 역사는 1620년, 플리머스에 도착한 청교도로부터 시작되었다. 이들은 영국이 아니라 네덜란드에 살던 사람들로 스스로를 '필그림(Pilgrim)', 곧 순례자라 부르는 종교 반체제 그룹이었다. 영국의 헨리 8세는 앤 블린과의 결혼을 위해 가톨릭과의 인연을 끊고, 스스로 교회의 수장이 되는 성공회(영국 교회)를 세운 다음, 이를 받아들이지 않는 자는 무자비하게 살육했으므로 종교 문제로 영국에서 도망친 사람들이 많았다. 필그림은 1560년대 성공회를 등지고 네덜란드로 도망쳐 와서 살고 있던 개신교도들이었다. 이들은 그 누구도 박해할 사람이 없고, 영국인들끼리 모여 살며 종교의 자유를 누릴 수 있는 신대륙으로 가기로 했다.

필그림 102명이 탄 메이플라워호가 3천 마일의 대서양을 건너 폭풍우로 인해 버지니아가 아닌 북부 매사추세츠에 도착하였고, 그들이 첫발을 디딘 곳을 그들이 떠난 영국 항구의 이름을 따서 '플리머스'라고 명명하였다. 당시에 3천 마일이나 멀리 떨어진 곳으로 이주한다는 것은 말 그대로 '신천지'를 찾아 돌아올 수 없는 길을 떠난다는 것이었고, 그들은 그만큼 절박하고 용기 있는 사람들이었다. 이들은 어떤 위험 어떤 미래와 마주칠지 모르고 새 삶을 찾아 고향의 모든 것을 묻고 떠나는 순례자들이었다.

플리머스의 생활이 얼마나 힘겹고 위험하였던지, 이듬해 4월 메이플라워호가 다시 도착했을 때엔 102명의 필그림 가운데 이미 반이 죽어 있었다. 그럼에도 불구하고 플리머스의 영국인 정착지는 살아남았다. 그곳의 원주민과 사이가 좋았기 때문이다. 이는 1615년 강제로 유럽에 끌려가 있던 두 인디언 사모셋과 수콴토가 영어를 배워 필그림과 원주민 사이를 원만하게 중재해준 덕분이었다. 필그림들은 원주민들에게 옥수수 등 토착 곡물을 재배하는 방법을 배웠고, 그 덕분에 첫 수확을 거둘 수 있었다. 그날을 기린 것이 바로 추수감사절의 유래가 되었다.

남미는 북미보다 좋은 자연환경을 가지고 있으나, 미국과 캐나다에 비해 여전히 기아와 질병에 허덕이고 있다. 역사학자들은 그 원인을 "북미는 청교도들이 신앙의 자유를 찾아 개척한 감사의 땅이다. 그러나 남미는 일확천금을 노린 사람들이 개척한 탐욕의 땅이다. 북미와 남미가 현격한 생활 수준의 차이를 보이는 것은 지극히 당연하다."라고 말한다. 일확천금을 노린 사람들이 개척한 탐욕의 땅 남미는 스페인과 포르투갈의 식민지였다. 레콘키스타로 이슬람교도를 이베리아반도에서 축출한 가톨릭 국가 스페인과 포르투갈이, 콘키스타(정복 운동)로 정복한 땅이 남미인 것이다. 반면에 북미는 영국과 네덜란드의 청교도들이 신앙의 자유를 찾아 개척한 감사의 땅이었다. 청교도들은 이 땅에서 예수가 말씀하신 "나는 길이요 진리요 생명이니 진리가 너희를 자유케 하리라."라는 자유를 누렸다. 하지만 인디언들은 점점 자유를 잃어갔다.

유럽인들이 처음 아메리카 대륙에 도착했을 때, 백인들은 인디언들에게 소유의 개념을 심어주는 것이야말로 가장 중요한 과제라 여겼다. 땅에 대한 협상을 맺으려 할 때마다 인디언들이 끝없이 '어머니 대지'에 대해 말하자, "제발 그 어머니 소리 좀 그만하라! 방금 전 당신의 그 연설 속에서도 어머니 대지란 말이 스무 번도 넘게 나왔다. 이제 그런 소리 그만하고, 당장 사업 얘길 하자!"라고 소리쳤다. 그러자 그 자리에 참석했던 인디언들은 "어떻게 어머니 대지를 놓고 사업을 논할 수 있는가?" 하고 맞받아쳤다. 인디언들에게 자연은 소유의 대상이 아니라 모두가 공유하는 조화로운 장소였다. 대지는 어머니이며 강물은 인디언들의 피였다.

인디언은 한 모금의 물을 마시기 전에 먼저 어머니 대지에게 약간 부어주었다. 그것이 어머니 대지에게 감사하는 방법이었다. 음식을 먹을 때도 마찬가지였다. 많지도 적지도 않게 음식을 떼어 어머니 대지의 가슴속에 사는 영혼들에게 나눠주었다.

인디언 추장 시애틀이 피어스 대통령에게 보낸 편지의 내용은 오늘날에도 더 없는 경구(警句)에 다름 아니다. 시애틀 인디언 추장의 부르짖음이 들려온다.

"어떻게 감히 하늘의 푸르름과 땅의 따스함을 팔 수 있습니까? 우리의 소유가 아닌 신성한 공기와 햇빛에 반짝이는 냇물을 당신들이 어떻게 돈으로 살 수 있다는 것입니까? 이 땅의 모든 부분은 우리 종족에게 있어 소중한 것입니다. 아침 이슬에 반짝이는 솔잎 하나도, 냇물의 모래밭도, 빽빽한 숲의 이끼 더미도, 모든 언덕과 곤충들의 윙윙거리는 소리도, 우리 종족의 경험에 따르면 성스러운 것입니다. 우리는 땅의 한 부분이고 땅은 우리의 한 부분입니다. 향기로운 꽃들은 우리의 형제이고 사슴, 말, 커다란 독수리까지 모두 우리의 형제입니다. 그리고 거친 바위산과 초원의 푸르름, 조랑말의 따스함, 그리고 사람은 모두 한 가족입니다. 산과 들판을 반짝이며 흐르는 물은 우리에게 있어 그저 물이 아닙니다. 물속에는 깊은 의미가 담겨있습니다. 그것은 우리 조상들의 피입니다. 생명의 실타래는 사람이 만든 것이 아닙니다. 사람은 그중 하나의 실 가닥에 지나지 않을 뿐입니다."

1776년 7월 4일, 아메리카 대륙의 영국의 식민지 13개 주 대표들이 모여 필라델피아에서 개최된 대륙회의에서 「독립선언서」를 만장일치로 채택했다. 이는 '생명권과 자유권과 행복추구권을 달라!'는 외침이었다. 그리고 미국은 1783년까지 이어진 7년간의 독립전쟁으로 태어났다. 초기의 독립전쟁은 작은 분규쯤으로 받아들여졌으나, 곳곳에서 영국과 식민지 쟁탈전을 벌이던 프랑스가 미국 편에 가담하면서 점차 장기전으로 들어갔다. 영국 왕 조지 3세는 협상의 길을 택했고, 1783년 9월 3일 파리에서 열린 강화회의로 미국은 독립국으로 인정받았다.

미국 뉴욕 항구의 '자유의 여신상'은 1886년 프랑스가 기증하여 세워졌다. 자유의 여신상은 자유주의 국가들이 엠마 라자루스를 기념하기 위해 건립한 것이었다. 러시아의 코사크 기병대가 유대인 마을을 습격해 주민들을 무참히 학살하던 와중에 엠마 라자루스라는 소녀가 구사일생으로 마을에서 탈출해 미국행 선박에 몸을 실었고 미국에서 열심히 공부해 시인으로, 신문기자로 명성을 얻었다. 자신을 기리기 위해 자유의 여신상이 세워졌지만, 엠마는 몸이 병들어 움직일 수가 없었다. 기념식에 참석하는 대신 엠마는 자유의 여신상에 바치는 시를 보냈다.

미국의 독립운동가 패트릭 헨리는 "자유가 아니면 죽음을 달라!"라고 외쳤다. 자유는 소중한 것. 자유는 마시는 물과 같다. 물이 없으면 살 수 없듯 자유가 없으면 살 수 없다. 그것을 잃어본 사람만이 자유의 진정한 가치를 안다. 오늘날 미국인들의 자유는 인디언들의 자유 위에 세워진 자유였다. 남미 역시 마찬가지이며, 그것은 역사였다.

자유로운 영혼의 순례자가 생동하는 신선한 아침의 기운을 들이킨다. 밝고 환한 태양이 서서히 부화한다. 흙길을 걸어 완만한 오르막을 올라간다. 해발 900m의 산티바네스 데 발데이그레시아의 바(Bar)에서 일용할 양식으로 간단하게 식사를 하고 마을을 나와 걸어간다. '금강산도 식후경'이라 했으니, 식사를 하지 않고는 카미노를 걸을 수 없어 평소 먹지 않는 빵으로 식사를 하는 때가 많다. 어느 누가 '의식주(衣

食住)'라 했던가, 의당 '식주의'로 바꾸어야 하리라.

오르막길을 따라 관목지와 경작지를 지나서 해발 905m의 산토 토리비오 '기쁨의 산에 도착한다. 산 이름과는 어울리지 않게 5세기 아스토리가의 주교였던 성 토리비오가 누명을 쓰고 쫓겨 가다가 이 언덕에서 샌들의 먼지를 털면서 "아스토리가의 먼지는 한 톨도 가져가지 않겠다."라고 말한 것으로 전해진다. 한국에서 온 여성 대학생이 혼자서 앉아 쉬고 있다. 4명이 함께 왔는데, 일행과 마음이 맞지 않아서 혼자서 걷고 있단다. "대단한 용기!"라고 칭찬을 해준다.

로마의 신 마르스에게 봉헌됐다는 텔레노 산을 포함해 그림 같은 산맥들이 파노라마처럼 펼쳐있다. 로마 건국의 아버지인 로물루스와 레무스의 아버지라는 전쟁의 신 마르스는 로마의 신들 가운데 쥬피터, 야누스와 함께 오리지널 빅 3 가운데 하나다. 마르스는 로마의 농사와 전쟁을 관장하는 계절의 신이다.

강렬하게 불타는 태양이 비치는 언덕의 십자가 앞에서 경건한 마음으로 아름다운 아스토리가 마을의 전경을 마음에 담는다. 카미노에서 만난 십자가의 숫자는 얼마나 될까? 지금까지 대한민국에서 만난 모든 십자가를 합해도 산티아고 가는 길에서 만난 십자가의 수에는

닿지 못할 것이리라. 살아오면서 본 모든 십자가보다 더 많은 십자가를 보았다. 사람들은 순례길 가운데, 혹은 순례길 옆에, 때로는 돌로, 때로는 나무로, 때로는 철로, 크고 작은 수많은 형태의 십자가를 설치했다. 순례길의 십자가 하나하나는 내가 살아오면서 지은 죄만큼이나 많은 십자가였다. 도대체 십자가는 무엇이란 말인가, 십자가의 의미는 무엇인가?

구약 시대 이스라엘 사람들은 자신의 죄를 용서받으려면 양이나 염소, 송아지 등 흠 없이 깨끗한 대속 제물을 끌고 와서 스스로 죽여 대제사장에게 바쳤다. 사람들은 이런 제물이 필요했고, 세례 요한은 예수를 보고 '하느님의 어린 양'이라고 했다. 하느님의 어린 양 예수가 단 한 번의 희생 제사의 대속 제물로서 모든 사람의 죄를 대신 속하여 십자가에서 죽었으니 이제 더 이상 대속 제물이 필요 없다. 단지 그 사실을 믿기만 하면 된다. 이는 영원한 효력을 나타낸다. 예수를 주님으로 믿고 고백하는 사람들에게는 용서의 하느님, 사랑의 하느님이시라는 징표가 십자가의 의미인 것이다. 결국 십자가는 사랑이요, 용서였다.

"율법에서 어느 계명이 가장 큰 계명입니까?"라는 질문을 받은 예수는 "네 마음을 다하고, 목숨을 다하고, 뜻을 다하여 주님이신 너희 하나님을 사랑하라."라는 것이 가장 큰 계명이며, 둘째 계명이 "네 이웃을 네 몸과 같이 사랑하라."라고 했다. 그리고 이 두 계명이 모든 율법과 예언서의 골자라고 했다. 다윗은 "나의 힘이 되신 여호와여, 내가 주를 사랑 하나이다."라는 고백을 하며 축복을 받았다.

십자가의 의미는 용서다. 예수는 사람들에게 이방인과 같이 중언부언하지 말고 '너희는 이렇게 기도하라.'라며 기도의 본보기를 가르쳤다. 바로 주기도문(Lord's Prayer)이었다. 주기도문에는 '우리가 우리에게 죄지은 자를 사하여 준 것 같이 우리 죄를 사하여 주옵시고…'라는 내용이 있다. 사람들은 하느님에게 '자신의 죄를 사하여 달라'고는 하지만, 주기도문과는 달리 자기에게 죄지은 자는 용서하여 주지 않는다. 누구를 용서하기 전에 주님은 자신을 먼저 용서하라고 했다. 그런데도 누구를 용서하지 못한다면 어찌하겠는가. 하느님에게 진정한 용서를 받으려면 자신이 미운 사람을 용서해야 한다. 용서는 자신을 위해 하는 것, 하느님은 자신을 위해 원수를 사랑하라고 하신다. 그것이 십자가의 의미다. 가톨릭과 그리스 정교회에서는 가슴에 십자가를 긋는다. '가슴에 십자가 긋기'는 교회에 들어갈 때, 기도하기 전에, 성찬식에 참여하기 전에, 그리고 신앙을 공연하거나 성스러운 축복이나 보호를 기원하는 경우에 행한다. 이는 축복, 행운, 보호를 의미한다.

산티아고 가는 길에서 만난 수많은 십자가는 순례자들이 하느님의 사랑을 느끼고 하느님을 사랑하겠다는 고백이며, 하느님에게 용서받았음을 기뻐하고 나아가 자기에게 죄지은 자를 용서하겠다는 고백인 것이다. 하지만 구약성경의 하느님은 우상숭배를 막기 위해 당신의 백성에게 아무 형상이든지 만들지 말고 경배하지도 말라고 했다. 그러면 십자가 형상은 우상이 아닌가? 우상이라고 주장하는 기독교 교단도 있으니, 하느님의 뜻을 과연 누가 안단 말인가.

커다란 석상의 십자가 아래 돌 하나를 놓는다. 돌에 무거운 삶의 짐, 죄의 짐을 담아 놓는다. 십자가에 사랑과 용서의 빛이 뜨거운 햇살로 내리비친다. 이제 죄에서 벗어났다. 죄에서 벗어나 자유가 찾아온다. 예수가 십자가로 대속했으니, 이제 죄가 없다. 기뻐 춤을 춘다.

덩실덩실 춤을 춘다. 춤이 기도가 된다. 기도가 춤이 된다. 걸음이 기도가 된다. 몸짓이 기도가 된다. 모든 행위가 기도가 된다. 천천히, 아주 천천히 자유와 행복을 음미하며 내리막길을 내려간다. 엠마오로 가는 길의 제자들이 스쳐 간다. 예루살렘에서 12㎞쯤 떨어진 엠마오로 가는 길에 예수가 제자들과 동행하지만, 그들의 눈이 가려 알아보지 못한다. 날이 저물어 하룻밤 묵어갈 때 예수가 빵을 떼어 나눠주자 그들의 눈이 열려 알아보지만, 예수는 사라지고 없었다.

이제 아스토르가에 도착하면 무덥고 평평한 갈색 메세타는 사라진다. 헐벗고 황량한 대지에서 금욕과 엄격함, 겸허의 교훈을 가르쳐 준 메세타는 뒤안길에 남는다. 순례자는 보통 카미노를 피레네산맥 구역, 카스티야와 레온의 메세타 구역, 갈리시아의 산악 구역으로 나눈다. 부르고스에서 레온까지 대략 200㎞에 이르는 메세타는 위기, 질병, 정화의 공간이다. 메세타의 특징 중 하나는 끝나지 않을 듯한 지평선이다. 끝없는 지평선은 때로는 빨리 가야 한다는 조바심을 준다. 메세타는 고통 없이 자유롭게 이동할 수 있는 공간으로 고요와 침묵이 존재한다. 나는 모든 곳에 있었고 아무 데도 없었다. 나는 완전히 혼자이며 자유롭고 행복했다. 하루가 끝나기 전에 거기 닿을 것이라는 것을 알고 있었다. 끝없는 지평선은 깊은 인상을 주었다. 신기루를 보았고 신기루는 현실이 되었다.

물을 마시는 순례자 기념상이 순례자를 맞이한다. 심한 영혼의 갈증을 느끼고 있던 순례자가 물을 마시고 있는 순례자 기념상에게 "물 좀 주소!" 하며 생명의 물을 호소한다.

순례자 기념상이 건네주는 영생수를 마신 순례자가 감사의 키스를 하고 다시 산 후스토 데 라 베가로 들어간다. 마을에서 나와 철길을 넘는 철재 다리 위에서 끝없는 평원을 감상하고, 철길을 건너 국도를 따라 아스토리가로 들어간다. 아스토리가는 스페인 안달루시아 지역에서 걸어오는 순례자들이 만나는 길목이다. 한때 스페인 메리다에서 출발하는 470㎞ '은의 길'이 아스토리가에서 만났다. 기원전 14년 로마 황제 옥타비아누스가 건설한 마을이다. 13세기 재건되고 중세 여러 번 보수를 거친 로마 성벽 위로 15세기 대성당과 중세 유적들이 즐비하다. 바로크 양식의 시청에는 두 사람이 망치로 종을 치는 전설의 시계가 걸려 있다. 시계를 만든 장인이 인색한 아스토리가 사람들이 미워서 정시만 알려주도록 만들었다고 전해진다. 시청 광장을 가로질러 산타마리아 대성당을 지나 아스토리가 주교관에 도착한다. 2층까지는 가우디의 작품이고 3층과 지붕은 아스토리가의 현지 건축가의 작품이다. 아스토리가 교구 측과 끊임없이 갈등하던 가우디는 주교관에 4년간 매달렸지만 아무런 보상도 주어지지 않았다. 가우디는 주교에게 편지를 보냈다. 주교의 배려에는 감사하지만, 정당한 임금을 지급하지 않은 교구청에 그동안 쌓인 불만을 털어놓고 도면을 불태우고 공사를 포기해버렸다. 가우디는 평소 레오나르도 다빈치처럼 남들이 자신의 아이디어를 베낄까 봐 상세도면을 그리는 것을 극도로 꺼렸다. 자신의 영감을 믿으며 고집스럽게 살아온 가우디는 항상 자신이 먼저 현장에서 솔선수범해 어려운 부분을 시공하고 나서 인부들에게 그대로 하도록 지시했다. 가우디는 자신이 고집불통이라는 것을 잘 알고 있었다. "평생 제 성질을 잠재우려고 노력했습니다. 어떨 때는 성공했지만, 또 어떨 땐 성질이 나를 압도하기도 했지요."라고 고백하기도 했다.

아스토리가를 벗어나서 뜨거운 태양 아래 한가로이 자유를 누리던 순례자가 '진리를 알지니 진리가 너희를 자유케 하리라.'는 예수의 말씀을 돌이킨다. 진리는 무엇인가? 2천 년 전 로마 총독 빌라도는 역사적으로 가장 유명한 질문, "진리가 무엇이냐?"라고 예수에게 물었다. 성경에는 이 중대한 질문에 예수가 무어라 대답했다는 기록이 없다. 예수는 빌라도의 그 질문을 외면했다. 그러면 '너희를 자유케 하리라.'라는 그 진리는 도대체 무엇인가? 누가 과연 그 질문에 대답할 수 있을까, 생각하니 너무 난해하다. 기원전 6세기 중국의 노자가 『도덕경』 첫 장 첫 줄에 "도(道)라고 말할 수 있는 도는 영원한 도가 아니다."라고 한 것처럼, 말로 표현할 수 있는 진리는 참 진리가 아니기 때문인가? 대부분 종교나 철학에서는 존재 자체, 실재 자체가 진리라고 한다. 서울과 부산과의 거리가 '멀다' 혹은 '가깝다' 하는 진술은 절대적인 진리가 될 수 없다. 진리는 서울과 부산 간의 거리 그 자체, 즉 그 실재 자체가 진리다.

진리를 알듯 말듯 순례자가 무심하게 걸어간다. 그러면 자유란 무엇인가? 자유란 내 마음대로 할 수 있다는 것, 마음대로 하는 것이 자유의 본질이다. 자유에는 무엇인가를 할 수 있는 자유가 있는가 하면, 하지 않아도 되는 자유도 있다. 하지만 사람은 사회적 동물이기에 자유의 일정 부분이 제한되어 있다. 그래서 자유는 모순적인, 너무나 모순적인 것이다. 사람들이 자유를 얻기 위해 현실에서 추구하는 것이 돈이다. 사람들은 자유를 위해 돈을 모으지만, 돈을 모으는 동안 자유를 잃어버린다. 자유를 위해서 자유를 희생한다. 자유로우면 행복하다. 하지만 행복한 사람이 꼭 자유로운 것은 아니다. 자유를 지향해서 행복할 수 있지만, 행복을 지향하면 자유를 얻는다는 보장은 없다. 노예의 상태는 전형적인 비자유의 조건이다. 기원전 1세기 로마의 노예 검투사 스파르타쿠스는 자유를 쟁취하기 위해 반란을 일으켰다. 검투사들로 조직된 반란군을 이끌고 로마로 진격할 때, 사랑하는 여인이 지금 무슨 생각을 하고 있느냐고 묻자 미소 짓는 스파르타쿠스의 대답은 간단했다.

"내가 자유롭다는 것!"

순례자가 한가로이 자유를 누리며 헤르가 강을 건너 무리아스 데 레치발도에 진입한다. 약국에서 한 무리의 사람들이 나온다. 산티아고 가는 길의 마을에는 대부분 마을 한복판에 성당이 있고, 약국이 있고, 바(Bar)가 있고, 알베르게가 있다. 약국은 물집이 생기거나 무릎에 이상이 있거나 그밖에 다양한 증상을 보이는 순례자들에게 의약품을 제공한다. 대략 500㎞ 정도를 걸었건만 아직 물집 하나 생기지 않았고 무릎에도 아무런 이상이 없다.

"발아! 다리야! 어깨야! 모두 모두 고마워!"

마을을 나와서 오솔길을 걷는다. 교차로를 건너 아스팔트 옆길을 따라 산타 카탈리나 데 소모사로 들어간다. 소모사는 라틴어로 '산 밑'이다. 자유인이 산자락에 누워 거친 메세타를 바라보다가 오늘의 알베르게를 찾아간다.

자유인이 카미노를 간다.

CAMINO DE
SANTIAGO

21

대속의 길

"다 이루었다!"

산타카탈리나 데 소모사에서 아세보까지 29.3㎞
산타카탈리나 데 소모사~엘 간소~라바날 데 카미노~폰세바돈~철 십자가~만하린
~푼토봉~아세보

아침이 밝아온다. 자연의 목소리가 들려온다. 많은 보물이 담겨 있는 자연이 다가온다. 스스로 빛나는 별, 태양이 온 세상을 밝힌다. 태양은 쉬지 않고 돌아가면서 온 누리를 비춘다. 태양 아래서 행하는 모든 것은 스쳐 가는 헛된 바람을 잡으려는 것과 같다. 지혜가 많으면 번뇌도 많고, 지식을 더하면 근심도 더한다. 릴케는 "이 모든 아름다움이 소멸할 운명이라는 것, 인간의 모든 아름다움과 인간이 창조했거나 창조할 아름다움도 그와 마찬가지라는 것."이라고 했다. 세월의 덧없음은 시간의 어머니 품에 안겨버린다. 그래도 태양은 삼라만상에 빛과 생명을 주며, "해가 뜨면 먼지도 빛난다."라는 괴테의 말처럼 만물을 빛나게 한다. 빛의 화신이요 열의 상징인 태양으로 인해 지평선도 빛나고, 바다도 빛나고, 노을도 빛나고, 달도 빛나고, 영혼도 빛나고, 삶도 빛이 난다. 세상을 밝히는 위대한 태양의 길은 서쪽이므로 태양은 서쪽으로 가고, 순례자는 세상의 땅끝이 서쪽이므로 죽음이 있고 어둠이 있는 서쪽으로 간다. 태양과 순례자가 동행을 한다. 태양을 바라보며 순례자가 침묵의 기도를 드린다.

"하느님, 예수님, 성모 마리아님, 제 기도를 들어주소서. 카미노에서 당신을 만나게 하시고, 카미노에서 산티아고를 만나게 하소서."

기도는 노래와 같이 신성하다. 기도는 구원이며 신뢰이고 확인이다. 정말로 기도하는 자는 바라지 않는다. 다만 자기의 처지와 괴로움을 얘기할 뿐이다. 어린아이가 노래하듯이 고뇌와 감사를 읊조리는 것이다. 기도는 순례길을 걷는 새로운 방식이며 이 세상에서 자신이 있어야 할 자리가 어디인지를 가르쳐주는 새로운 방법이다. 가장 풍부한 의미를 담고 있는 말은 침묵이다. 생각은 화살과 같아서 일단 밖으로 내보내면 과녁을 맞힌다. 생각을 조심해야 한다. 그렇지 않으면 언제나 자신이 생각의 희생자가 될 수 있다. 침묵은 금이요 웅변은 은이다. 경우에 합당한 말은 은쟁반에 금사과다. 대답하지 않는 것 또한 대답이다. 적게 먹고 적게 말하면 삶에 아무런 문제가 없다. 순례자가 침묵에 이어 금욕을 욕심낸다.

소모사 마을을 나와서 아스팔트 옆길에 난 흙길을 따라 오르막을 올라간다. 자연에서의 길은 사람의 발로 나야 진짜 길이다. 푹신한 땅바닥이어야 진짜 걷는 맛이 난다. 돌이 발에 차이고 비가 오면 질척거리고 자전거를 타면 덜컹덜컹거려도 어디까지나 흙길이어야 한다. 산티아고 가는 흙길에서 척추를 곧게 펴고 온 발바닥이 땅에 닿는 감촉을 느끼며 신나게 걸어간다. 척추는 위로는 하늘을 받치고 아래로는 땅을 받치고 있다. 척추가 중심을 잡아주면 기운이 바르게 분배되고 목, 허리, 다리 등 온몸이 편안하다. 세상 사는 이치도 내가 중심을 바로잡고 섰을 때 주변에 휘둘리지 않고 전체를 바라볼 수 있다. 몸을 바로 세우면 정신도 바로 선다. 몸의 중심을 잡는 사람이 자신의 삶의 중심을 잡고 세상의 중심을 잡는다. 기가 죽은 사람은 엉덩이부터 뒤로 뺀다. 꽁무니를 빼는 것은 겁을 먹고 뒤로 물러선다는 의미다. 그러나 자신감 있는 사람은 엉덩이가 뒤로 처지지 않고 오히려 앞으로 바짝 당겨져 있다. 꼬리뼈를 말아 아랫배 단전에 기운이 들어간다. 꼬리뼈를 말면 뇌의 기능을 강화시켜 정신을 맑게 하고, 골반이 중심을 잡아 척추가 바르게 되고, 소화기와 생식기 등 모든 장기의 기능이 강화된다.

척추를 닮아서 꼿꼿한 산등성이의 풍력발전기가 느릿느릿 돌아가는 해발 1,000m 엘 간소에 도착해서 식사를 하며 휴식을 취한다. 스페인어로 '간소'는 거위, 게으른 남자라는 뜻이다. 제주 올레의 '간세'는 게으른 조랑말이라는 뜻의 방언이다. 마을을 나와 계속 이어지는 아스팔트 옆길을 따라 파뇨테 다리를 건넌다. 철조망에 수없이 많은 나무 십자가가 매달려 있는 진풍경이 연일 펼쳐진다. 십자가 하나하나에 순례자들의 신성한 사연과 염원이 있을 것이다.

계속해서 완만한 오르막을 걸어 18세기의 '베니토크리스토 예배당'을 지나서 라바날에 도착한다. 마을 중심의 산타 마리아 성당에서 '순례자를 위한 안내'를 한글로 안내하고 있다. '나그네를 돌보고 손님을 환대하는 것을 수도원의 의무로 여기는 베네딕토 수도원의 오랜 전통에 따라 수도승들이 정성껏 모시고 있다.'고 한다.

성당에 들어가서 성모 마리아에게 무릎을 꿇는다. 연약한 작은 새 한 마리가 어미의 품에 안겨 평안을 맛본다.

성당을 나와 바(Bar)에서 붉은 와인 한 잔으로 갈증을 해소하고 새 힘을 얻는다. 이제 해발 1,150m의 라바날에서 해발 1,430m의 폰세바돈까지 5.8㎞ 구간은 산을 오르는 길이다. 마을을 나와 투리엔소 계곡을 따라 엘 텔레노 산을 향해 올라간다. 카지노 표지판에서 왼쪽으로 꺾어 폰세바돈으로 들어간다. 시원한 바람이 불어온다. 폰세바돈은 레온 왕국의 라미로 2세가 10세기에 회의를 한 곳이다. 11세기 또는 12세기 은둔 수도자 가우셀모가 순례자 병원을 세웠다는 중세의 영광은 사라지고 허물어져 가는 산골 마을로 남아있다.

폰세바돈을 나와 완만한 숲길을 따라 오르막길을 걸어 고도 1,505m에 있는 철 십자가에 이른다. 높이 6m의 떡갈나무 기둥에 솟은 작은 철 십자가를 향해 하늘을 우러른다. 철 십자가 위에 떠 있는 태양이 눈부시게 다가온다. 돌무더기 위에 우뚝 솟아있는 철 십자가(La Cruz de Ferro)는 카미노에서 가장 유명한 유적 중 하나로, 순례길의 상징이다. 1990년대 중반부터 비공식적인 순례자 성소가 되었다.

철 십자가가 있는 자리는 선사 시대부터 영적인 장소였다. 로마 시대 이 고개를 넘어가던 여행자들은 이곳에 제단을 마련해 자칼을 제물로 바쳤고, 갈리시아 지방의 농부들은 카스티야로 일자리를 구하러 가는 길에 이곳에 돌을 하나씩 던지고 갔다. 내려놓고 싶은 마음의 짐을 두고 갔다. 돌의 무게는 곧 각자 짊어진 내면의 죄와 허물을 상징한다. 이곳을 지나가는 모든 여행자는 십자가 밑에 돌을 던져야 한다. 그렇게 이 돌무더기에는 수많은 사연이 수천 년 동안 쌓여 왔다. 로마 시대에 이러한 돌더미들은 대개 경계 지점에 있었는데, 사람들은 이것을 여행자의 신인 '머큐리의 언덕'이라고 불렀다. 철 십자가는 우리 민족의 아리랑 고개였고, 장승이었고, 성황당이었다. 이곳에서 봉사하다가 1123년에 죽은 가톨릭 수도자 가우셀모가 험한 산을 넘어오는 순례자들이 길을 잃지 않도록 십자가를 세워 길을 안내했다. 십자가를 세움으로써 이교도들의 돌 쌓는 습관을 기독교 의식으로 바꾸었다. 이후 전 세계에서 오는 순례자들이 크고 작은 돌과 조개에 기원을 담아 놓아두었다. 고향에서 가져온 돌을 던져 마음의 짐을 내려놓았다. 돌을 하나씩 그 위에 쌓아놓거나 천을 매달며 마음의 기원을 했다. 수많은 순례자가 그리했듯이, 나는 가져온 다른 돌이 없기에 나 자신 '명돌'을 또 내려놓았다. 그러자 천사 둘이 『천로역정』의 순례자 크리스천에게 다가와 인사를 했다.

"평안이 함께 하길 기원합니다."
"그대의 죄는 용서받았습니다."

순례자는 기쁨에 겨워 노래를 불렀다.

이렇게 멀리 왔네./ 죄 짐에 눌린 채/ 달래줄 이 찾을 길 없어/ 안에 감춘 깊은 슬픔/ 마침내 이르렀네./ 이곳은 얼마나 멋진가!/ 여기는 그저 시작이리라./ 온전하고 영원한 축복이여!/ 이제 짐은 떨어졌네./ 내 등에서 영원히/ 붙들어 맸던 끈은 풀리고/ 은혜가 슬픔을 잘라냈네./ 복된 십자가여! 복된 무덤이여!/ 그리고 가장 복된 분이여!/ 나를 위해 수치를 당하신/ 기꺼이 모욕을 받으신 주님이시여!

『천로역정』 중

십자가는 본래 로마 제국이 반란을 일으킨 노예를 죽였던 잔혹한 형틀이었다. 십자가형은 십자가에 매달린 죄수의 고통을 느끼는 시간을 조절하기 위해 다양한 방법으로 시행되었다.

기원전 72년 노예 검투사 스파르타쿠스가 장렬한 죽음을 맞이하고 노예 6,000여 명이 포로로 잡혔다. 로마의 장군 크라수스는 로마로 가는 길을 따라 십자가를 세우고, 그 위에다 노예 6,000여 명을 못 박았다. 끝이 보이지 않는 십자가의 행렬. 십자가마다 걸려 있는 시신. 창으로 배를 찔러 구멍을 낸 탓에 피가 질질 흐르고 목이 타고…. 크라수스는 가장 고통스럽게 죽어가는 십자가형을 고안해서 자신의 권위를 마음껏 자랑했다.

로마의 지배를 받던 유대 왕국의 순결한 영혼의 소유자 예수가 십자가 위에서 숨을 거두었다. 죄목은 '유대인의 왕을 사칭한 자'였다. 예수는 십자가 위에서 숨을 거둔 모든 반란자처럼 시대의 반항자였다. 세상으로부터 버림받은 자들의 친구였으며, 물신숭배를 거부한 무소유주의자였고, "네 이웃을 사랑하라."라고 외친 평화주의자였다. 그러나 그는 십자가에 못 박혔다. 예수가 십자가에 못 박힌 그날의 상황이다

AD 33년 4월 3일 금요일 새벽, 사도 요한은 안나스의 집 식솔들과 안면이 있었기 때문에 식솔의 안내를 받아 집 바깥뜰에 들어갈 수 있었다. 요한이 집 안으로 들어가 안나스가 예수를 심문하고 있는 것을 듣고 있는 동안 베드로는 바깥뜰에서 기다리고 있었다. 사람들이 뜰 한가운데 불을 피워놓고 둘러앉아 있었고, 베드로도 그들 가운데 끼어 앉아 있었다. 그때 한 하녀가 베드로가 불빛을 안고 앉아 있는 것을 보고 빤히 노려보고 말하였다.

"이 사람도 그와 함께 있었어요."

그러나 베드로는 그것을 부인하여 이렇게 말하였다.

"여보시오. 나는 그를 모르오."

조금 뒤에 다른 사람이 베드로를 보고 말했다.

"당신도 그들과 한패요."

그러나 베드로는 말하였다.

"이 사람아, 나는 아니란 말이오."

그리고 한 시간쯤 지났을 때, 또 다른 사람이 강경하게 주장하였다.

"틀림없이 이 사람도 그와 함께 있었소. 이 사람은 갈릴리 사람이요."

그러나 베드로는 이렇게 말하였다.

"여보시오. 나는 당신이 무슨 소리를 하는지 모르겠소."

베드로가 아직 말을 채 끝내기도 전에, 곧 닭이 울었다. 순간, 주님께서 자기에게 하신 그 말씀이 생각났다.

"오늘 닭이 울기 전에, 네가 세 번 나를 모른다고 할 것이다."

베드로는 바깥으로 나가서 비통하게 울었다.

예수에 대한 안나스의 심문은 아무 소득이 없이 끝났다. 예수가 대답을 하지 않는다고 안나스가 뺨을 때린 일을 시작으로 고문이 시작되었다. 안나스의 질문에 예수는 대답했다.

"나는 드러내놓고 세상에 말하였소. 나는 언제나 모든 유대 사람이 모이는 회당과 성전에서 가르쳤으며, 아무것도 숨어서 말한 것이 없소. 그런데 어찌하여 나에게 묻소? 내가 무슨 말을 하였는지는 들은 사람에게 물어보시오. 내가 말한 것들을 그들이 알고 있소."

예수에게서 죄를 입증할 방법을 찾지 못한 안나스는 예수를 가야바에게 보냈다. 안나스가 예수를 제일 처음 심문할 권리를 갖게 되는 이유는 전직 대제사장이자 가문의 수장이라는 권력이 있기 때문이었다. 실제로 법을 집행할 권리는 산헤드린의 수장이자 현직 대제사장이며 안나스의 사위인 가야바에게 있었다. 날이 밝은 후, 대제사장들과 원로들과 율법 학자들이 모두 모여들었다. 예수는 긴급 소집된 산헤드린 법정에서 심문을 받았다. 아무리 고민해도 예수를 기소할 증거를 찾지 못하자 가야바는 이렇게 질문했다.

"그대가 과연 찬양을 받으실 하느님의 아들 그리스도인가?"

그러자 예수가 대답했다.

"그렇다."

이는 자신이 전능하신 신이라는 선언과 다를 바 없었다. 예수의 대답을 들은 가야바는 그 즉시 예수가 신을 모독했다고 생각했다. 그러나 신성 모독죄를 덮어씌우는 일만으로는 가야바의 목적이 달성될 수 없었다. 유대교의 율법대로라면 신성 모독죄를 저지른 예수를 돌로 쳐 죽일 수도 있었지만, 그런 방법으로 예수를 처형하면 그를 따르는 무리를 완전히 제거할 수는 없을 터였다. 유대인 지도자들은 예수를 반란죄로 몰아 십자가형을 받게 하면 유대인들의 눈에 아주 가여운 존재로 비칠 수 있겠다고 생각하고 끊임없이 예수를 고문했다. 얼굴에 침을 뱉고, 눈을 가린 채 얼굴을 주먹으로 치면서 때린 사람이 누구인지 맞춰보라고 조롱했다.

유대인 지도자들이 예수를 가야바의 집에서 총독 관저로 끌고 갔다. 아직은 이른 아침, 그들은 부정을 타서 유월절 음식을 먹지 못하게 될까 봐 총독 관저에는 들어가지 않았다. 결국 빌라도가 밖으로 나와 그들에게 물었다.

"너희는 이 사람을 무슨 죄로 고발하느냐?"

그들은 빌라도에게 대답했다.

"이 사람이 죄인이 아니라면 왜 여기까지 끌고 왔겠습니까?"

"너희가 데리고 가서 너희 법대로 처리하라."

"우리에게는 사람을 사형에 처할 권한이 없습니다."

그러면서 유대인 지도자들은 고발하기 시작했다.

"우리는 이 사람이 백성들에게 소란을 일으키도록 선동하며 가이사에게 세금을 못 바치게 하고 자칭 그리스도요 왕이라고 하기에 붙잡아 왔습니다."

빌라도는 다시 관저 안으로 들어가서 예수를 불러놓고 물었다.

"네가 유대인의 왕인가?"

예수께서는 반문하였다.

"그것은 네 말이냐? 아니면 나에 관해서 다른 사람이 들려준 말을 듣고 하는 말이냐?"

빌라도는 다시 물었다.

"내가 유대인인 줄 아느냐? 너를 내게 넘겨준 자들은 너희 종족과 대제사장들인데 도대체 너는 무슨 일을 했느냐?"

예수는 대답했다.

"내 왕국은 이 세상 것이 아니다. 만일 내 왕국이 이 세상 것이라면 내 부하들이 싸워서 나를 유대인의 손에 넘어가지 않게 했을 것이다. 내 왕국은 결코 이 세상 것이 아니다."

"아무튼 네가 왕이냐?"

예수는 대답했다.

"내가 왕이라고 네가 말했다. 나는 오직 진리를 증언하려고 났으며, 그 때문에 세상에 왔다. 진리 편에 선 사람은 내 말을 귀담아듣는다."

이어서 수많은 사람이 다양한 죄목으로 예수를 기소하자 빌라도는 예수에게 변론할 말이 있는지 물어보았다. 그러나 예수는 빌라도가 이상하게 여길 정도로 아무 말도 하지 않았다. 밖으로 나온 빌라도는 유대인 지도자들에게 말했다.

"나는 이 사람에게서 아무 잘못도 찾아낼 수 없었다."

그러나 유대인 지도자들은 예수가 갈릴리 지방에서 예루살렘에 이르기까지 온 유대 땅을 돌며 백성들을 선동하고 있다고 말했다. 빌라도는 이 말을 듣고 비로소 예수가 갈릴리 사람인 줄 알았다. 그래서 빌라도는 갈릴리를 다스리는 헤롯 안티파스에게 예수를 보내기로 결정했다. 빌라도는 헤롯 안티파스와 평소 불편했던 관계를 개선하고 싶었다. 마침 그때 헤롯은 근처에 있는 하스몬 궁전에 머물고 있었다. 예수는 정치적인 이유 때문에 이리저리 옮겨 다녀야 했고, 이 모든 일은 예수가 예언했던 대로 진행되었다. 예수를 본 헤롯은 크게 기뻐했다. 예수에 대해서 이런저런 소문을 듣고 있던 헤롯은 예수가 행한다는 기적을 직접 눈으로 확인하고 싶었다. 그래서 여러 가지 질문을 해 보았지만 예수는 대답하지 않았다. 헤롯이 예수를 심문하는 동안 대제사장들과 율법 학자들은 계속해서 예수의 죄상을 고발했다. 아무리 질문을 해도 예수가 대답을 하지 않자, 헤롯은 자기 경비병과 함께 예수를 조롱하고 모욕했다. '유대의 왕'이라 부르며 비웃던 헤롯은 예수에게 왕을 상징하는 자주색 옷을 입혔다. 예수는 가짜 왕의 복장을 입은 채 다시 빌라도에게 끌려갔다.

빌라도는 예수를 죽이고 싶지 않았다. 빌라도는 유대 총독으로서 통치하는 지역의 죄인들의 생과 사를 결정하는 권한이 있다는 사실에 안심했다. 예수를 풀어주고 차라리 유명한 열심당원 바라바를 죽이고 싶었다. 빌라도는 죄인을 한 명 풀어주는 유월절에 관례대로 군중들에게 물었다.

"둘 중 누구를 석방하기를 원하는가?"

군중들은 대답했다.

"바라바요."

"그러면 예수는 어떻게 하고?"

"십자가에 매다시오!"

"무슨 죄를 저질렀는데?"

"그냥 십자가에 못 박아 죽이시오!"

"나는 이 자의 죽음에 아무 책임 없소."

"예수의 죽음에 대한 책임을 우리와 우리 자식들에게 떨어지게 하시오."

고위 제사장들과 장로들은 바라바를 석방하고 예수를 죽이도록 군중을 설득하였다.

당시 빌라도는 로마를 대표하고, 군중의 배후 교사자는 유대교 지도자들이었다. 성경은 십자가에서 예수의 죽음과 관련하여 철저히 로마의 무죄를, 그리고 유대교의 유죄를 선언하고 있다. 복음서는 2,000년 후의 비극을 예측이나 하는 듯 이후 디아스포라가 된 유대인은 유럽을 떠돌아다니며 숱한 박해를 받았고, 히틀러에 의해 독가스를 마시며 나치의 유대인 수용소에서 핍박을 받았다.

관례대로 마지막 판결을 내리기 전까지 빌라도는 세 번이나 예수의 무죄를 선고했지만, 하는 수 없이 매질을 받아 지칠 대로 지친 예수를 십자가형에 처하라며 유대인의 손에 넘겨주었다. 빌라도는 예수를 넘겨주면서 손을 씻었다. 그리고 예수의 십자가에 붙일 명패에 '유대인의 왕, 나사렛 예수'라는 글귀를 적어 넣었다. 십자가를 메고 처형장으로 가는 동안 예수는 이 명패를 목에 걸고 있어야 했다. 예수는 십자가에 못 박혀 매달렸다. 사람들은 예수의 머리보다 높은 곳에 '유대인의 왕, 나사렛 예수' 이 명패를 박아놓았다.

기독교의 창시자 예수는 동정녀 마리아와 약혼자인 요셉의 아들로 베들레헴의 마구간에서 태어났다. 30세부터 선지자로서 사람들에게 선교 활동을 시작했고, 로마의 강압적인 힘과 바리새인들에 의해 십자가에 못 박혀 죽었다. 그러나 그 순간은 인류 역사상 가장 커다란 영향력을 끼친 기독교가 탄생하는 순간이었다.

마태와 마가, 누가, 요한복음은 십자가에 매달린 예수의 마지막 일곱 마디, 가상칠언(架上七言)을 전하지만, 이들의 내용은 모두 일치하지 않는다. 많은 선교 여행을 다니다가 훗날 순교를 당한 알렉산드리아의 첫 기독교 주교로 추모 되었던 마가는 순교를 당하기 전 자신의 이름을 붙인 복음서를 집필하며 예수의 마지막 모습을 자세히 묘사했다. 마가에 따르면 예수는 십자가 위에서 단 한 마디의 마지막 말을 했다.

"나의 하나님, 나의 하나님, 어찌하여 나를 버리셨나이까?"

마태 또한 예수의 마지막 유언인 "나의 하나님, 나의 하나님, 어찌하여 나를 버리셨나이까?" 이외에 다른 말은 언급하지 않고 있다. 기독교 신앙을 전파하기 위해서 선교 여행을 떠났던 마태는 에티오피아에서 고령의 나이로 화형당했거나, 돌에 맞아서 죽었을 것으로 추측된다.

시리아인으로 이교도였던 누가는 의사였으며, 예수의 죽음 이후 기독교로 개종한 것으로 알려져 있다. 누가복음의 기록에 따르면 집행자들은 골고다 언덕에서 예수의 양옆에 일반 범죄자 한 명씩을 십자가에 매달았다. 이때 예수는 하느님에게 자신을 못 박은 집행자들의 용서를 구했다.

"아버지여, 저 사람들을 용서하여 주십시오! 그들은 자기가 하는 일을 모르고 있습니다."

십자가에 매달려 고통을 받던 중에 일반 범죄자 한 명이 "당신이 그리스도라면, 당신을 구하고 우리를 살려주시오."라며 도발적인 언행으로 예수를 조롱했다. 그러나 다른 한 사람은 자신의 행동에 따라 죄의 결실을 맺는 것이라며 예수에게 "주여, 당신의 나라에 임하셨을 때 저를 생각해 주십시오."라고 말했다. 그러자 예수는 그에게 말했다.

"오늘 네가 정녕 나와 함께 낙원에 들어가게 될 것이다."

요한은 예수가 십자가에 매달렸을 때 그 곁을 지킨 유일한 제자였다. 요한은 예수의 죽음 이후 70년이라는 세월이 흐른 고령의 나이에도 불구하고 예수의 다른 유언과는 완전히 다른 네 가지를 기억하고 있었다. 슬퍼하는 어머니를 위로하기 위해 십자가에 매달린 예수는 요한과 사랑하는 어머니 마리아에게 말했다.

"여자여, 보세요. 이 사람이 어머니의 아들입니다."

"보라, 이분이 네 어머니시다!"

그리고 예수는 마지막 소원을 말했다.

"목이 마르구나."

사람들이 신포도주가 가득 찬 해융을 예수의 입에 가져갔다. 목을 축인 예수는 하늘을 우러러 말했다.

"다 이루었다!"

3시간 후, 어두움이 지나가고 신전의 휘장이 갑자기 둘로 찢어지자 예수는 크게 최후의 말을 외쳤다.

"아버지, 제 영혼을 아버지 손에 맡깁니다!"

예수가 십자가에 매달려 죽음을 맞이하자 어느 누구의 처형에도 일어나지 않았던 기적이 일어났다. 세 시간 동안 십자가에 매달려 있던 예수가 숨을 거두는 순간 해가 사라지고 어둠이 찾아왔고 땅이 흔들렸다. 달은 붉게 변했다.

십자가에서 예수의 죽음은 인간을 향한 하나님의 뜻을 이루기 위하여 예정된 대속의 길이었다. 기독교인들은 예수가 대속의 길을 걸음으로써 더 이상 어린 양이나 다른 동물의 죽음을 필요치 않게 되었다. 예수는 하느님의 어린 양으로 인간의 죄를 대속하기 위하여 죽은 것이었다. 그러나 십자가에서의 죽음으로 대속의 길을 걸은 예수는 다시 살아남으로써 만왕의 왕인 구세주로 부활했다.

철 십자가를 바라보며 대속의 길을 걸은 예수의 은혜에 감사한다. 신앙으로의 길은 한 사람 한 사람이 서로 다르다. 신앙과 회의는 서로 상응한다. 회의가 없는 곳에는 참된 신앙도 없다. 신의 소리는 시나이 산으로부터 오지 않는다. 성경으로부터도 들리지 않는다. 교회로부터도 아니다. 신의 소리는 한 사람 한 사람의 마음속에서 울려 나온다. 천국은 마음속에 있다. 나는 종교 없이 살아온 적이 없고, 하루라도 종교 없이 살 수 없다. 그러나 그것은 교회에 열심히 다닌다는 것과는 다른 차원이다.

구원은 교회에만 있는 것이 아니라 교회에는 없다. 신의 뜻을 왜곡하는 교회라면. 구원은 교회밖에 없는 것이 아니라 교회 밖에도 있다. 신의 뜻에 순종한다면.

나는 예수를 사랑한다. 예수 또한 나를 사랑한다고 굳게 믿는다. 나의 힘이 예수에게서 오는 것을 느끼므로. 산티아고 가는 길에 예수와 동행한다.

눈 앞에 펼쳐진 아름다운 세상의 환상적인 경관을 음미하면서 도로와 나란히 있는 흙길을 따라 버려진 마을 만하린에 이른다. 숨이 멎을 정도로 신비롭고 경이로운 풍경이 펼쳐진다. 고개를 내리고 서자 하얀 바탕에 검은 글자로 쓰인 만하린이라는 간판이 마중을 한다. 산간마을의 집이 모두 폐허가 되었는데, 만하린 산장에 도착하자 십자가 문장이 선명한 중세 기사 복장의 털보 아저씨가 웃으며 반겨준다. 길모퉁이에는 중세의 돌무더기들이 나뒹굴고 굴뚝에서는 연기가 피어오른다. 입구에 세워진 울긋불긋한 여러 나라 국기를 바라본다. 다 해어진 태극기 앞에서 가슴에 살며시 손을 모으고 나라 사랑의 마음을 모은다. 교체할 태극기를 미리 준비해 오지 못한 것을 아쉬워한다. 만하린 산장 어디선가 천상의 멜로디인 듯 성가가 고요하게 흘러나온다.

산장 앞에 검은 고양이, 흰 고양이가 사이좋게 걸어간다. 등소평이 말하는 흑묘 백묘다. 과연 저 고양이들은 쥐를 잡아서 먹고살까? 그렇다면 어느 고양이가 쥐를 더 잘 잡을까? '까만색 밥그릇과 흰색 밥그릇이 무슨 차이가 있는가? 모양이 좋고, 목적에 충실하기만 하다면.'이라는 인디언 격언이 떠오른다. 산티아고로 가는 순례자는 과연 어떤 모양과 목적으로 도착을 해야 할까. 상상의 나래를 펼친다.

산 능선을 걸어간다. 전후좌우 사방팔방 피레네산맥에서 보았던 만큼이나 아름다운 전경이 펼쳐진다. 싱싱한 풀을 뜯어 먹고 있던 소들이 순례자를 무심하게 쳐다본다. 통신 탑이 있는 언덕 기슭을 따라 정상인 푼토봉(고도 1,515m)에 오른다. 멀리 펼쳐지는 장엄한 전망이 가슴을 뛰게 한다. 산들이 파노라마처럼 펼쳐져 있다. 한 걸음 한 걸음에 간절한 마음을 담아 파란 하늘로 날려 보낸다. 온갖 역경과 고난을 이기고 걸어가는 순례자들이 신을 만나는 순간이 바로 이런 때이리라. 인류의 역사보다도 더 오래된 파란 하늘과 신선한 바람과 공기가 오감을 자극한다. 파란 하늘이 귓가를 스치고 바람이 미소를 짓는다. 산의 반대편 아래로 가파른 비탈길을 따라 엘 아세보로 향한다. 하늘 아래 첫 동네인 엘 아세보의 진회색 지붕들이 산비탈에 둥둥 떠 있다. 중세 몇백 년 동안, 옛날 엘 아세보 사람들은 카미노로 가는 길을 표시하는 말뚝 800개를 매년 산 곳곳에 설치하고 관리하는 조건으로 왕에게 세금과 징집을 면제받았다. 검은색 석조 기와로 이은 지붕이 인상적인 전형적인 깊은 산골 마을 아세보에서 여장을 푼다. 길을 안내해준다는 사내의 말에 속아서 강간을 당하고 죽은 백인 여성 순례자의 사건이 있었다는 이야기가 있어서 '그것이 과연 신의 뜻이었을까?' 하는 왠지 묘한 기분이 든다. 갈리시아 지방에 유행한 시가 스쳐 간다.

내가 말했지 소녀야.
산티아고에 가지 마라.
거기서 발 탄 남자를 보면 겁이 날 거야.

"누군가가 '예수는 진리 밖에 있다. 진리는 확실히 예수를 제외한다.' 고 내게 증명한다 해도 나는 예수와 같이 있고 싶다. 진리와 같이 있고 싶지는 않다."라고 한 도스토옙스키가 순례자의 믿음에 위안을 준다. 십자가의 길, 고난의 길, 대속의 길, 부활의 길을 간 예수의 은혜와 사랑으로 스페인의 깊은 산중에서 지친 몸을 누인다. 예수의 죽음을 대속의 죽음으로 인정하지 않는 많은 신학자의 외침이 귓가에 맴돈다. 그래도 나는 예수와 같이 있고 싶다.
"마라나타! 주 예수여, 어서 오소서!"

철 십자가 아래에 무거운 짐을 내려놓고 걸어온 순례자가 평온하고 행복한 꿈길을 걸어간다.

22

자비의 길

"주님, 당신을 사랑합니다!"

아세보에서 카카베로스까지 33.6㎞
아세보~리에고 데 암브로스~몰리나세카~폰페라다~콜룸브리아노스~캄포나라야
~카카벨로스

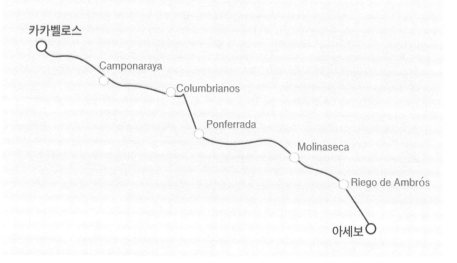

7월 6일. 오늘은 막내아들의 생일이다. 1997년 세무사 시험 준비를 하면서 아내와 약속했다. 합격하면 아이를 한 명 더 낳아주기로. 합격한 이듬해 여름, 생애 첫 해외여행으로 백두산을 갔다. 백두산 아래 호텔에서 식사 중에 함께 동행한 교수가 물었다.

"어떻게 백두산 여행을 오시게 됐죠?"

"늦둥이 아이를 낳아 주기로 아내가 약속을 했는데, 백두산 정기를 받아서 낳기 위해 왔습니다."

그렇게 태어난 늦둥이의 생일이다. 첫째 아들, 둘째 머시마, 셋째 고추다. 금메달, 은메달도 아닌 '목메달'이라던가. 2019년 4월, 늦둥이는 치열한 경쟁(?)을 뚫고 '독도경비대'에 자원입대했다. 그래서 자랑한다. '21세기에 아들 셋 군에 입대를 시킨 아버지가 있으면 나와 보라.'고. 사업하랴, 늦은 공부 하랴, 한창 바쁜 시절인 40대에 가정에 두 가지 원칙을 세웠다. 하나는 수요일을 '가정의 날'로 정한 것으로 일찍 퇴근하여 아이들과 어울렸다. 다른 하나는 '토요일에 거실에서 모두 함께 잠을 자는 것'이었다. 자리를 펴고 모두 누우면 세 아이는 장난을 쳤다. 두 형은 막내를 끔찍이도 사랑했고, 지금도 그렇다. 세 아이의 우애를 보면 항상 흐뭇했다. 토요일 밤, 네 부자가 거실에 누워 있는 모습을 보면 아내는 약방의 감초처럼 꼭 한마디 곁들었다.

"오늘도 나는 고추밭에서 잠을 자네!"

아버지와 아들로 만난 인연, 천륜이 참으로 고맙다.

"막내아들, 생일 축하해!"

새벽 4시. 일찍 일어난다. '오늘은 만나는 순례자들에게 먼저 미소 지으며 인사를 하자.'고 생각하며 하루를 시작한다. 순례가 끝나고 고향으로 돌아가면 '오늘도 한 사람에게만이라도 먼저 기쁨을 주어야겠다.'는 생각을 한다.

해발 1,200m 아세보에서 산길을 따라 내려간다. 천상의 보석들이 초롱초롱 영롱한 빛을 발하고 멀리 산 아래 인간 세상의 불빛이 반짝반짝 아름답다. 시원한 바람이 불어온다. 어두컴컴한 산길을 따라 내려온다. 백두대간 종주를 할 때 새벽 2시에 출발했던 야간산행의 추억이 생각난다. 순례자의 발걸음에 잠에서 깨어난 새소리가 들려온다. 불청객의 방문에 일찍 잠을 깨어 환영의 인사 대신 노래도 아니고 울음도 아닌 불평을 한다. 미안해하며 양해를 구한다. 나무에게도, 풀잎에게도, 벌레에게도, 모든 산중 식구에게 사랑의 메시지를 보낸다. 자연의 식구들에게 불편을 끼칠까 발소리를 죽여 가며 오늘의 길을 걸어간다.

사람들은 매일 새로운 길을 걸어간다. 어제와 같은 오늘인 것 같지만, 결코 오늘은 어제와 같지 않은 새로운 하루의 길이다. 세상은 끊임없이 변하며, 변하지 않는 것이 있다면 모든 것은 변한다는 사실이다. 새로운 하루를 맞이하면서 아직 가보지 않은 새로운 길을 가는 것은 분명 신선하고 기대가 된다. 하지만 새롭게 계획하고 준비하지 않은 새로운 길은 어제와 큰 차이가 없다. 단지 그럭저럭 살아가는 하루가 되고 만다. 새로운 날, 걸어서 산길을 지나 들판으로, 마을을 지나 야생 속으로, 그래서 야생의 삶을 살 수 있다면 그 자체가 하루의 모험이요 축복이다. 그렇게 걸었던 길의 거리는 곧 특별한 인생의 거리가 된다.

가로등이 밝혀주는 어둠 속의 리에고 데 암브로스 마을 중심가를 지나간다. 중세부터 켈트인들이 이주해 살았던 마을의 아름다운 발코니가 길을 따라 줄지어 있다. 구불구불 능선을 따라 경사진 바윗길을 따라 내려간다.

서서히 여명이 밝아온다. 황홀한 아침이다. 한적한 산길을 걸어간다. 살아있는 존재의 특권인 걷기는 신의 은총을 받은 자들만이 누리는 예술이다. 하지만 사람들은 그 특권을 잘 실천에 옮기지 않는다. 새처럼 땅을 잘 밟지 않는다. 걸어서 새들의 흥거운 노래 소리 들려오는 숲으로 떠나고, 광활한 대지를 걷고, 망망대해가 펼쳐지는 바닷가를 걸으며 바람과 파도를 벗 삼을 수 있는 사람은 분명 신의 축복을 받은 존재다. 걷기는 생각의 스승이다. 생각에는 속도가 있다. 생각을 하려면 생각할 수 있는 속도로 움직여야 한다. 생각하기에 최적의 속도는 걷는 속도다. 걷기의 속도가 생각의 속도와 만날 때가 최상의 속도이다. 걷기는 머리를 깨우고 건강을 지켜준다. 괴로워서 걷고, 걷다 보면 살아난다. 병이 사라지고 번뇌가 사라진다. '걸음아 날 살려라!'라는 말처럼 걸음은 몸을 살리고, 마음을 살리고, 생명을 살리는 묘약이다.

걸으면 살고 누우면 죽는다. 그래서 앞으로 앞으로 앞으로 앞으로 걸어간다. 로자 룩셈부르크는 "괴테의 시를 편지에 적어서 내가 갇힌 감옥 안으로 넣어주세요. 오오, 친구여! 사람은 누구나 다른 사람의 것에서 아름다움을 배우게 됩니다. 그 누구도 무너뜨릴 수 없는 생명의 향기와 아름다움을!"이라고 썼다. 누구나 다른 사람에게서 많은 것을 배운다. 지난 천 년간 산티아고 순례길을 먼저 걸어간 순례자들이 남겨놓은 발자취에서 순례의 고난과 고통과 고결함을 배운다. 순례 여정이 점점 심오함을 더한다. 산티아고 가는 길에는 수많은 만남이 있다. 현대의 순례자는 물론 중세의 순례자도 만난다. 그리고 아침과 낮과 태양과 하늘과 구름과 바람과 별과… 만난다. 자연과의 만남은 가장 큰 축복이다. 자연은 경제재가 아니 자유재다. 마음만 있으면 모든 것이 공짜다. 자연 모두가 순례자의 정원이다. 순례자는 자연을 즐길 자격이 있다. 자연을 사랑하니까.

한 걸음 한 걸음에 의미가 실린다. 현대의 삶에서 도보는 거의 퇴화된 이동수단이다. 하지만 카미노는 걷기의 예술이다. 두 발은 붓이고 카미노는 하얀 도화지다. 순례자는 순수한 마음으로 도화지 위에 두 발로 그림을 그린다. 카미노에서는 저마다 의미 있는 경험을 한다. 카미노는 영혼을 탐색하고, 정체성을 확인하고, 과거를 더듬고 미래를 설계하며, 진지한 종교적·개인적 사색에 몰두하려는 사람들에게 의미를 제공하는 공간이다.

몰리나세카로 들어가는 아스팔트 도로와 만나서 안구스티아스 성당 앞에서 걸음을 멈춘다. 성당의 문이 특이하게도 금속 덮개로 덮여 있다. 이는 18세기 이래 레온산맥을 넘어온 순례자들이 이 성당의 나무문에 돌을 던지면 행운이 따른다고 믿었기 때문이다. 메루엘로 강 위에 떠 있는 로마 시대에 만든 아름다운 중세풍 다리를 통과해 몰리나세카로 들어간다. 파란 강물에 비친 아치가 동심원을 그리며 마음을 둥글게 한다. 이른 아침이라 마을을 통과할 때까지 아직 문을 연 바(Bar)가 없어 마을 끝 삼거리에 앉아 휴식을 취한다. 순례자 기념상이 미소 지으며 반겨준다.

지방도 옆의 인도를 따라 오르막을 올라간다. 2인승 자전거의 앞에는 아버지가, 뒤에는 딸아이가 타고 언덕을 힘겹게 올라간다. 아침에 만나는 신선하고 아름다운 장면이다. 아버지는 페달을 밟기에 여념이 없지만 딸아이는 순례자와 미소를 나누며 손을 흔든다. 폰페라다로 가는 갈림길이 나온다. 지방도를 벗어나는 왼쪽 흙길을 따라 폰페라다를 돌아서 진입하는 루트와 지방도로를 따라 폰페라다에 도착하는 1.4㎞의 짧은 루트가 있다. 바(Bar)가 그립기도 하고, 지방도에 아직은 차량이 거의 없는 시각이라 짧은 길을 선택한다.

태양이 강렬한 빛을 발산하기 시작한다. 온몸에 태양의 열기가 가득하고 혈관에는 붉은 피가 출렁인다. 태양은 순례자의 친구다. 순례자는 카미노에서 오전에는 자기 그림자를 따라 걷는다. 정오에는 그림자를 밟고, 오후에는 뒤로 끌며 걷는다. 마을 주민인 듯한 아주머니에게 인사를 한다.

"올라."

"……."

묵묵부답이다. 마을 주민은 평생을 카미노 옆에 살았고, 문 앞으로 지나가는 순례자 수천, 수만 명을 보았겠지만 평생 카미노를 꿈꾸지 않을 수도 있다. 카미노는 언제나 거기 있는 단순한 길일뿐이다. 하지만 나는 카미노의 순례자다. 셰익스피어는 「햄릿」에서 "당신의 진실한 사랑을 다른 사랑과 어떻게 구별하나? 가리비 껍데기, 모자, 순례자 지팡이, 그리고 샌들을 통해."라고 말한다. 순례자라는 신분, 가슴 뿌듯하다.

한 백인 여성 순례자가 다리를 절룩이며 힘들게 걸어간다. 얼마나 힘들까. 측은지심이 스쳐 간다. 신체적 고통과 물집은 순례에 극적인 양면성을 지닌다. 육체적 고통이 정신적 고통을 해결하기는커녕 내면에 집중하는데 방해가 된다. 다른 한편으로는 반대의 현상이 일어난다. 이는 마음 먹기에 달려 있다. 이 세상에 가장 좋거나, 진정한 길은 없다. 그 길은 언제나 순례자 자신의 마음에 있다.

레온 주를 구성하는 8개 지구 중 하나인 비에르소 지구 최대의 도시이자 행정 중심지인 폰페라다(Ponferrada)에 들어선다. 평균 고도 544m에 자리 잡고 있는 폰페라다의 기원은 고대로 올라가는데, 11세기에 이미 도시로서의 기반이 확립되었다. 갈리시아 자치 지역을 흐르

는 미뇨강의 지류인 실강변에 발달한 도시이다. 도시의 이름은 '철로 된 다리'를 뜻하는 라틴어 폰스 페라타(Pons Ferrta)에서 유래되었다. 이는 1082년 오스문도 주교가 산티아고 콤포스텔라로 순례길을 가는 중에 실강에서 다리를 세우면서 지어졌다.

고대 로마가 스페인을 지배하던 시기에는 중요한 광업 중심지였으며, 이곳의 많은 광산에서 다양한 금속과 광물을 채취해 로마제국으로 운반해 갔다. 이 도시의 산업은 20세기 후반까지 주로 광업이었으나, 1980년대 이후 폐광하고 지금은 관광업, 농업, 포도주 산업이 주 산업이 되었다. 로마제국 시대의 금 광산 유적인 라스메둘라스는 유네스코 세계유산으로 등재되어 있다.

중세 시대에 건축한 산 안드레스 성당을 지나 12세기에 건축한 유서 깊은 템플기사단 성 앞에서 비로소 빵으로 요기를 한다. 출발해서 16㎞를 지난 후였다. 민생고를 해결하고 웅장한 템플기사단 성을 끼고 돌면서 순례자 자신이 템플기사단이 되어 시간 여행을 떠난다.

템플기사단이 말을 타고 금방이라도 달려 나올 것 같은 요새는 부드러운 곡면의 성벽을 두르고 실강 위의 절벽에 걸터앉아 있다. 방어용 망루, 맹세의 탑, 실강을 굽어보고 있는 성벽과는 달리 16,000㎡에 달하는 내부에는 허물어진 성터만 휑하니 남아 있다. 중세 기사들은 세 겹의 성벽을 지날 때마다 세 번의 맹세를 했다. 거대한 성벽을 주름잡고 있는 열두 개의 탑은 열두 제자를 상징했다.

11세기 말, 아스트로가의 주교가 실강과 보에사강에 다리를 건설하자 페르난도 2세는 템플기사단에게 이 도시를 맡겼다. 템플기사단은 '프랑스 길'에서 가장 잘 알려진 기사단이었다. 템플기사단은 중세 이슬람과의 전쟁에서 목숨을 바치기로 서약한 수도사들의 종교단체로, 그들의 본부가 예루살렘의 솔로몬 왕의 신전이 있었던 곳에 세워졌기 때문에 템플기사단이라 불렸다. 12세기 후반부터 이베리아반도에서 병력과 재산, 군사 조직을 키우기 시작한 템플기사단은 마침내 13세기에 폰페라다 성을 지배했다. 이 성은 1486년 레온왕국에 귀속됐다.

교황 우르반 2세는 1095년 이슬람 세력에 대항해서 십자군을 소집했다. 1119년, 위그 드 페이앙은 성지 순례에 나선 순례자들을 보호하기 위해 예루살렘에 템플기사단을 창설했다. 스페인 최초의 수도사 기사단은 1158년 칼라트라바 기사단으로, 수도원 개혁 운동의 근거지인 시토 수도원에 소속되었다. 그 뒤를 이어 알칸타라 기사단, 산티아고 기사단을 포함해서 여섯 개 이상의 기사단이 만들어졌다.

성 아우구스티누스 수도회의 규칙을 따랐던 산티아고 기사단을 빼면 스페인 주요 기사단은 모두 시토 수도회 소속으로 그들의 생활 규칙을 따랐다. 이 기사단에 속한 수도사들은 전통적인 수도사 서약을 했는데, 어떤 경우에는 이교도들과의 성전(聖戰)에 앞서 자신을 정화하는 의식을 거행하기도 했다. 독일의 튜턴 기사단은 국토 회복 운동 기간에 무어인들과 전쟁을 벌이고 있는 스페인 수도사 기사단을 돕기 위해 스페인에 왔다. 이 기사단 가운데 세 기사단이 포르토마린 주위에 요새를 두었다. 하지만 지금 그 흔적을 보여주는 곳은 산 니콜라스 성당이 유일하다. 산 니콜라스 성당은 예루살렘의 산 후안 기사단 소유였다. 최초의 수도사 기사단인 템플기사단이 그 성당을 세웠다. 그들은 12세기에 스페인에 와서 국토 회복 운동에서 중요한 역할을 했다. 템플기사단은 사악하고 끔찍한 음모의 희생양이 된 후 1307년 로마 교황청의 탄압을 받았다. 산 니콜라스 성당과 같은 템플기사단의 엄청난 소유 재산은 산 후안 기사단으로 넘어갔다.

절벽 위에서 위용을 자랑하고 있는 템플기사단의 성을 바라보며 미로 같은 골목을 지나고 엔시나 광장을 지나서 폰스 페라다(철교)를 통해 실강을 건너 오른쪽에 있는 콘코르디아 공원으로 들어간다. 폰페라다의 시가지와 외곽지 공원을 한참이나 지나서 폰페라다를 벗어나 콜롬브리아노스를 향해 6.6㎞를 간다. 끝없이 펼쳐지는 포도밭을 보면서 하늘이 지평선과 맞닿은 평탄한 포장길을 따라 걸어간다.

나 홀로 걸어가는 산티아고 순례길. 아무에게도 방해받지 않고 유유자적하는 방랑자가 된 자신의 모습이 멋스럽다. 나는 왜 이 낯선 곳을 걷고 있는가, 하는 생각이 스쳐 간다. 신을 만나고 싶었다. 그리고 신에게 직접 고통을 통한 순례자의 고해성사를 하고 싶었다. 참회하는 하나의 방법으로 한 걸음 한 걸음 산티아고로 걷고 싶었다. 카미노에 스며 있는 옛 순례자들의 고결한 신앙이 마음에 녹아들어 신을 향한 자신의 마음이 경건하고 순수해지고, 한 걸음 한 걸음마다 자신은 물론 사랑하는 사람들을 위한 소망을 담아 기도하고 싶었다. 나아가 미워하는 사람들, 스쳐 가는 사람들, 살아있는 모든 것들, 생명이 없는 모든 존재에게까지 신의 사랑이 깃들기를 기원하는 마음을 담았다.

카미노의 고행이 기쁨으로 다가온다. 마음의 눈을 활짝 열어주는 카미노의 여정이 생각의 힘, 철학하는 근육을 길러준다. 신을 찾고 자신을 성찰하는 내면의 힘을 길러준다. 힘을 길러야 한다. 진정 행복하고 싶다면 '나'를 튼튼하게 육성해야 한다. 돈과 명예, 권력은 원래 내

것이 아니기에 언제고 사라질 수 있지만, '건강한 나'는 누구도 뺏어가지 못한다. 자아가 크고 건강한 사람은 세파에 흔들리지 않으며 늘 밝고 당당하다. 튼튼한 자아는 핵심 경쟁력이다. 운동은 처음 시작할 때가 가장 어렵다. 육체운동도 중요하지만 정신운동을 해야 한다. 육체의 근육도 중요하지만 정신의 근육 또한 중요하다. 철학은 정신운동이다. 지속적인 운동이 건강한 몸을 만들 듯이, 꾸준한 정신운동은 건전하고 단단한 자아를 만든다.

산티아고 가는 길에서 바깥으로만 향하던 칼날을 자신에게 되돌리는 법을 배운다. 나 홀로 길을 걸으면 자신에게 집중하고 자신을 만날 수 있다. 하늘이, 구름이, 나무가, 숲이, 바람이, 꽃이, 새들이, 오고가는 순례자들이, 모두가 친근한 벗으로 다가온다. 골치 아프고 힘든 일이 정리가 되고 정화가 된다. 저절로 '카르페 디엠!'이라는 즐거움의 함성이, 행복한 탄성이 솟아 나온다. 인생은 재미가 있어야 하고, 의미가 있어야 하고, 흥미가 있어야 한다. 그래야 모든 일을 자유롭게 흔쾌히 받아들이고, 경쾌한 발걸음으로 유쾌하고, 상쾌하고, 통쾌하게 걸어갈 수 있다. '천국은 마치 한 여인이 밭에 가져다 심은 겨자씨와 같으니, 점차 자라 나무가 되매 공중의 새들이 와서 그 가지에 깃드느니라.'라고 하였으니, 마음에 겨자씨를 심는 여인의 심정으로 순례길을 간다. 어디선가 "자기 자신을 찾은 자는 결국 나 여호와를 찾은 자니라. 너에게 평안을 주노니 이제는 내가 주는 평안을 맛보라."라는 세미한 음성이 들려온다.

캄포나라야에 도착해서 중심부를 관통하는 아베니다 카미노 데 산

티아고를 따라 걸어 산 일데폰소 성당에 도착한다. 성당 안으로 들어
가는 수녀 두 분이 얼핏 안면이 있어 보인다. 캄포나라야를 벗어나기
직전 마을 끝에 있는 와인 공장에 들러 시음을 하며 갈증을 해소한
다. 제조장에 딸린 시음장이라 무료인 줄 알았는데, 공짜가 아니었다.
고가다리를 건너 광활하게 펼쳐진 포도밭 사이로 난 길이 이어진다.
마가스 계곡의 숲길을 지나서 카카벨로스를 향해 걸어가는 한적한
길. 수녀 두 분이 어느새 앞서 걸어간다. 나이 든 수녀는 다리가 불편
해서 거의 걸음을 제대로 옮기지 못한다. 산티아고까지 걸어갈 수 있
을까, 하는 안타까운 생각이 스쳐 간다. 말 그대로 고행의 순례길을
걸어간다. 안면이 있는 수녀들이다.

"안녕하세요? 벌써 여기까지 오셨네요?"

수녀들도 웃으며 반갑게 인사를 한다.

"버스 타다가, 걷다가 했어요. 산티아고 데 콤포스텔라에 도착해야
하는 날이 정해져 있거든요."

"그러세요? 그런데 많이 불편해 보이시네요."

"힘들지만 괜찮아요."

잠시 대화를 나누다가 앞서서 추월해갔다. 카카벨로스를 향해 완만
한 내리막길을 걸어 순례자 쉼터와 식수대를 지나서 카카벨로스로 진
입한다. 카카벨로스는 지진이 일어난 뒤 1108년 유명한 콤포스텔라의
디에고 헬미레스 주교가 다시 재건한 곳이다. 마을 초입에 있는 호텔
에 들어가니 방이 없다며, 호텔에서 운영하는 주택으로 안내한다. 1층
은 주방, 2층과 3층은 방이다. 어디에서 묵을까 하다가 3층 다락방에
여장을 풀었다. 마가의 다락방이 떠올랐다. 예수가 로마군에게 체포
되기 전날 12제자와 함께 유월절 최후의 만찬을 나눈 곳이 마가의 다

락방이다. 이것이 오늘날 성만찬의 기원이다. 또한 마가의 다락방은 12제자 중에 가룟 유다가 자살을 하고 난 뒤, 맛디야를 유다 대신 열두 제자의 한 사람으로 선출한 곳이기도 하다. 나아가 예수의 제자들이 오순절 성령 강림을 체험한 곳이다.

샤워장이 있는 2층에서 샤워를 하고 나오는데, 아뿔싸! 수녀들이 안내인과 함께 들어왔다. 상의는 탈의하고 팬티만 입은 상태라, 피차 당황스런 장면이 연출되었다. 수녀들은 2층에 숙소를 정했고, 그렇게 한 지붕 두 가족이 되었다.

근사한 저녁식사를 위해 다시 호텔 레스토랑을 찾아갔다. 어느새 수녀들은 안쪽에서 식사를 하고 있었다. 분위기 좋은 호텔에서 와인을 곁들인 양고기와 샐러드의 진수성찬을 누리다가 마트에 들러 숙소로 돌아왔다. 1층 주방에서 시원한 맥주를 마시는데, 젊은 수녀가 내려와서 상처를 치료할 의약품을 부탁했다. 의약품과 함께

맥주 2캔을 건넸다. 날이 서서히 저물어가는 시각, 수녀 한 분이 1층으로 내려왔다. 사복을 입은 전혀 다른 분위기에 예쁜 얼굴이었다. 얼굴에 약간의 홍조를 띤 수녀가 말했다.

"모처럼 맥주가 너무 맛있어요. 저 언니 수녀는 술을 못해서 혼자 두 캔 다 마셨어요. 잠시 앉을게요."

자리를 권하자 수녀는 어색한 듯 말했다.

"이런 평상복을 입은 모습을 보여드리면 안 되는데…"

"수녀복을 입었을 때도 예쁘시지만 평상복도 아주 좋은데요."

신부와 술자리를 해 본 경험은 있지만 수녀와는 처음이었다. 어색한

분위기라 수녀에게 물었다.

"나와 마라톤의 이봉주, 축구 스타 박지성의 공통점이 있는데, 아시겠어요?"

수녀는 그냥 미소 지었다.

"세 가지 있는데, 첫째는 모두 잘 걷고 잘 달린다는 것. 둘째는 모두 평발이라는 것. 셋째는 모두 잘 생겼다는 것이지요."

수녀는 소리 내어 웃었다. 그러면서 반문했다.

"마더 테레사는 천국에 갔을까요? 지옥에 갔을까요?"

"당연히 천국에 갔겠지요. 묻는 의도를 보면 지옥일 것도 같지만."

"테레사 수녀님은 '주님, 당신을 사랑합니다.' 하고 임종하셨지요. 처음에는 당연히 천국에 갔지요. 그런데 도무지 평안을 느끼지 못했어요. 어느 날 한숨을 쉬자, 하느님이 왜 한숨을 쉬느냐고 물었지요. 그러자 마더 테레사는 '천국의 한가운데로 저주받은 자들의 눈물의 강이 흐르는데 어떻게 평안할 수 있겠습니까? 선행을 통하여 혼자 천국에 드는 것이 마침내 무슨 의미가 있는 것입니까? 차라리 다시 지옥으로 보내주십시오, 그들의 눈물을 닦아주고 싶습니다.' 하고 말했지요. 그래서 하느님께서는 마더 테레사를 다시 지옥으로 보내셨답니다."

그리고 수녀는 맥주로 목을 축였다. 순례자가 얘기했다.

"비슷한 얘기가 있어요. 성철 스님이 생전에 친분이 있는 구산 선사가 입적했다는 소식을 듣고 조사(弔辭)를 보냈는데, '구산은 이제 지옥으로 쏜살같이 떨어졌다.'고 했지요. '편히 극락 가소서, 열반하소서.'가 아닌 지옥으로 떨어졌다니. 그 사실을 안 사람들이 깜짝 놀라며 성철 스님을 비난했어요. 그때 한 노스님이 말했지요. '그건 욕이 아니라 최대의 경의 표시니라.'라고. 그러자 사람들이 '그게 무슨 소리입니까?' 하고 물었어요. 그때 노스님은 '어서 지옥으로 달려가 죄 때문에 고생하는 중생들을 구원하라는 뜻이니, 이는 구산을 최고의 스승으로 치켜세운 찬사가 아닌가?'라고 대답했다지요."

"정말 비슷한 얘기네요."

"수녀님, '나는 바보입니다'라는 바보 추기경 김수환(1922~2009)은 생전에 '내가 과연 하늘나라 천당에 갈 수 있을까?'라는 질문을 하곤 했다지요? 심판의 날, 누구는 천국으로, 누구는 지옥으로 갈까요?"

"김수환 추기경은 이 시대 마지막 어른으로 모든 이의 사랑과 존경을 받았지요. 그분의 정신은 한마디로 '신앙에 입각한 교회와 사회에서의 인간 존중'으로, 하느님 모습대로 창조된 가장 존엄한 인간성을 회복해야 한다는 것이지요. 심판의 날, 양과 염소를 갈라 양은 천국으로, 염소는 지옥으로 가지요. 그 심판은 '네가 어느 교파에 속했느냐?', '네가 삼위일체를 제대로 알고, 성경 공부를 열심히 하였느냐?', '네가 교회에 열심히 다니고, 헌금을 많이 했느냐?', '네가 예배에 열심히 참석하고 교회에 열심히 봉사했느냐?'가 아니라, '사람들이 배고플 때 먹을 것을 주었는가?', '목마를 때 마실 것을 주었는가?'를 기준으로 삼는다고 해요. 이런 기준이라면 테레사 수녀보다 더 자격이 있는 사람이 어디에 있겠어요? 테레사 수녀는 남을 내 몸과 같이 사랑하고 남의 아픔을 나의 아픔으로 여기고 함께 아파하는 사랑과 자비의 화신이지요. 그런 테레사 수녀가 어찌 지옥에서 고통당하는 사람들을 외면하고 혼자 천국에서 안락하게 살 수 있겠어요. 진정으로 사랑과 자비를 실천하는 마음이 있다면, 이 세상에서도 천국의 삶을 누리는 것이요, 죽어서도 천국에 이르는 길이지요. 그런데 불교에 대해 지식이 있으신가 봐요? 대승 불교와 소승 불교라는 게 뭐예요?"

"대승(大乘)이란 '큰 수레'를 말하고, 소승(小乘)은 '작은 수레'를 말하지요. 우리나라를 포함한 동북아에서 유행하는 대승 불교는, 출가승들이 사원에 안주하면서 자신들만의 수행과 학문에 집중하고 재가자들의 삶과 종교적 관심에는 무심했다는 소승 불교에 대한 비판에서 시작됐어요. 대승 불교는 열반에 집착하는 아라한(阿羅漢)보다는 생사의 세계를 두려워하지 않고 중생 구제에 힘쓰는 보살(菩薩)을 불자들이 추구해야 할 이상적 인간상으로 제시했지요. 보살은 생사의 세계와 완전히 차단된 열반이 아니라, 생사에도 머물지 않고 열반에도 머물지 않는 무주처열반을 추구해요. 보살의 정신은 제도할 중생이 단한 명이라도 존재하는 한 결코 먼저 열반에 들지 않겠다는 것. 수행과 성불이 자신만을 위한 것이 아니라 모든 중생을 위한 것이지요. 이는 모든 대승 불자들의 의식에 자리 잡고 있어요. 흔히 대승의 정신은 '상구보리 하화중생'으로 요약해요. '위로는 깨달음을 구하고 아래로 중생을 교화한다.'는 뜻이지요. 보살은 지혜와 자비를 실천하는 새의 양날개, 혹은 수레의 두 바퀴로 삼아서 사는 존재지요. 어떻게 보면, 극락행을 미루고 고해의 인간 세계에서 중생을 제도하는 보살의 정신이 마더 테레사에게도 있었던 것이지요."

수녀는 불교 이야기가 신기한 듯 다시 물었다.

"불교에서는 업에 따라 윤회를 한다고 하는데, 무슨 말이지요?"

"불교에서는 생전에 쌓은 업(카르마)에 따라 여섯 가지 존재 양식, 곧 극락, 인간, 아수라, 축생, 아귀, 지옥에 다시 태어난다고 해요. 열반에 들지 않는 한 생사의 세계에서 태어나고 죽고 또 태어나고 죽는 윤회의 과정을 계속할 수밖에 없어요. 이 중에서 가장 좋은 것은 무엇일까요? 인간으로 태어나는 것이지요. 인간으로 태어나야 깨달음을 얻어 열반을 할, 다시 말해 '깨달은 자'인 부처가 될 기회가 있기 때문이지요. 극락에서는 편안한 삶을 사느라 깨달음을 내는 마음을 내기 어렵고, 인간 이외의 존재는 깨달음에 이르기에는 너무 멀리 떨어져 있기 때문이지요."

"우와. 그럼 인간으로 태어난 게 대단한 거네요?"

"그렇지요. 그러나 인간으로 태어나는 것은 '맹귀우목(盲龜遇木)의 확률'이라고 해요. 망망대해에 조그마한 구멍 하나가 뚫린 나무 조각이 물결을 따라 떠다니는데, 백 년에 한 번씩 물 위로 머리를 내미는 눈 먼 거북이가 우연히 그 나무 구멍으로 머리를 내밀게 되는 것과 같은 확률이지요. 이 정도면 인간으로 태어나는 것은 기적 중의 기적이지요. 그러니 인생을 소중하게 살라는 말이기도 해요. 기적의 확률로 태어난 한 사람 한 사람, 70억이 넘는 세계 인구 중에서 같은 시대에 같은 대한민국 국민이 된다는 것. 그 만남은 바로 기적 그 자체지요. 한 아버지와 어머니의 아들로, 형제자매로 태어난 혈연은 무엇보다도 소중해요. 지연도, 학연도, 모두 참으로 소중하지요. 산티아고 순례길에서 만난 수녀님과 저의 인연도 얼마나 대단해요!"

산티아고 가는 자비의 길에 수녀님들과 한 지붕 아래 함께 하는 소중한 인연의 밤이 깊어간다.

23

용서의 길

카카벨로스에서 베가 데 발카르세까지 30.9㎞
카카벨로스~피에로스~비야프랑카 델 비에르소~트라바델로~베가 데 발카르세

단잠 뒤의 평온한 새벽. 다락방에서 새벽녘까지 깊이 자고 일어난 순례자가 두 손 모아 '여기가 어디인가? 최후의 만찬, 오순절 마가의 다락방이네. 오늘 하루 순례길에서 신을 만날 수 있기를. 천국의 기쁨을 누릴 수 있기를. 내면을 밝혀 주는 빛으로 충만하기를.' 기도한다.

온 세상이 고요하다. 알베르게에서 잠을 자면 순례자들의 리듬에 따라 새벽부터 요란스러운데, 오늘은 사위가 적막하다. 살며시 1층으로 내려와 문을 열고 길을 나선다. 몇 발자국 가다가 인기척이 느껴져 혹시, 하면서 뒤를 돌아본다. 창문을 열고 바라보던 수녀가 인사 대신 쑥스러운 듯 얼른 몸을 숨긴다.

'수녀님들의 순례길, 주님이 동행하시길…'

타원형의 중세 도시 카카벨로스를 반으로 가로지르는 마을 중심가를 걸어서 간다. 카미노가 발전한 다른 마을들처럼 중심 거리가 카미노이다. 주택에는 집집마다 발코니에 아름다운 꽃들로 장식을 해놓았다. 키 낮은 산 로케 소성당이 다양한 크기의 호박돌로 벽을 장식하고 있다. 성당의 전면과 측면에 여행자들이 쉬었다 갈 수 있게 단을 설치해 놓았다. 산타 마리아 성당을 지나고 쿠아강의 다리를 건너간다. 성당에서 운영하는 공립 알베르게에서 순례자들이 걸어 나온다.

"올라! 부엔 카미노!"

"부엔 카미노!"

바람이 불어와 살며시 볼을 어루만진다. 어느 누가 봄바람을 혜풍(惠風), 여름바람은 훈풍(薰風), 가을바람은 금풍(金風), 겨울바람은 삭풍(朔風)이라 했던가. 훈훈한 카미노의 바람이 불어온다.

길가에 18세기 포도주 압축기가 디딜방아처럼 길게 놓여있다. 11세기의 교구 성당이 있는 아담한 피에로스 마을을 지나서 언덕으로 올라간다. 콤포스텔라가 가까워질수록 하루하루 더욱 경이롭고 황홀하다.

카미노는 순례자를 신에게 가까이 데려다준다. 일상에서 중요하던 것이 사실은 별 게 아니라는 것을 깨닫게 해준다. 카미노는 카타르시스를 닮았다. 모든 발걸음이 뭔가 내밀하고 의미가 있다. 카미노는 신이나 자연과 신비적 합일을 경험하는 공간이다. 고통받는 육체의 여행을 통하여 고통받는 영혼을 치유한다. 결국 카미노는 고통받는 영혼의 여행이다. 길의 진실은 길 위에서 느끼는 것, 순례자의 몸은 길의 통로일 뿐 아니라 소통의 매개체요 연결의 수단이다. 현대 순례에서는 종교 없이도, 가톨릭 교인이 아니라도 진정한 순례자가 될 수 있다. 현대의 산티아고 순례는 특정 기독교 종파에 구애받지 않는 범기독교적인 것이다. 나아가 범신론적이다. 그 상징과 기반 시설은 가톨릭의 역사와 의미를 바탕으로 하고 있지만.

싱싱한 포도밭 사이로 난 자갈길을 걸어간다. 언덕 위에 아름다운 하얀 집. 커다란 소나무와 어우러져 한 폭의 그림 같다. 안동에 있는 시골집이 떠오른다. 스페인 순례길에서 떠오르는 고향이, 청산이, 어머니가, 정겨웠던 추억들이 아스라이 스쳐 간다. 몹시도 그리워진다. 그리움은 쓰면 글이 되고 그리면 그림이 된다. 외로움은 대체가 가능하지만, 그리움은 그리움의 대상이 있어야 한다. "그리움을 아는 자만이 내가 괴로워하고 있는 것을 알리라."라고 한 괴테의 시가 스쳐 간다.

한국인의 정서와 반대되어 기독교를 비판할 때 가장 많이 지적되는 부분이 가족주의적 시각에서 본 예수의 행적이다. 예수가 십자가에 못 박혀 있을 때 요한이 쓴 골고다의 장면이다.

"예수의 십자가 곁에는 그 어머니와 이모와 글로바의 아내 마리아와 막달라 마리아가 섰는지라. 예수께서 자기의 어머니와 사랑하는 제자가 곁에 서 있는 것을 보시고 자기 어머니께 말씀하시되, '여자여 보소서 아들이니이다.' 하시고, 또 그 제자에게 이르시되 '보라. 네 어머니라.' 하신다. 그때부터 그 제자가 자기 집에 모시니라."

예수는 어머니에게, "여자여, 보소서"라고 불렀으니 천하에 불효막심한 일이다. 마태복음의 내용이다.

"내가 세상에 화평을 주러 온 줄로 생각하지 말라. 화평이 아니라 검을 주러 왔노라. 내가 온 것은 사람이 그 아버지와 불화하게 하고, 딸이 그 어머니와 불화하게 하고, 며느리가 시어머니와 불화하게 하려 함이니, 사람의 원수가 집안 식구라. 아버지나 어머니를 나보다 더 사랑하는 자는 내게 합당하지 아니하고, 아들이나 딸을 나보다 더 사랑하는 자도 내게 합당하지 아니하며, 또 자기 십자가를 지고 나를 따르지 않는 자도 내게 합당하지 아니하니라."

참으로 당혹스러운 말씀이다. '예수 믿는 가정에서 제사를 지내야 되느냐 마느냐.', '조상신이라는 것도 일종의 우상이다.'와 같은 문제는 처음 기독교가 한국에 들어왔을 때부터 가장 큰 갈등을 일으켰다. 중국에서 가톨릭을 받아들일 무렵, 교황청에서는 제사를 허용했으나 이후 교황이 바뀌면서 제사를 금했다. 1791년 윤지충은 조상 숭배 사상을 우상 숭배로 간주한 가톨릭의 교리에 따라 제사를 지내지 않아서 처형된 첫 순교자였다. 서기 601년, 교황 그레고리우스 1세는 선교사들에게 칙령을 내렸다.

"민간 신앙과 풍습을 제거하지 말고 그리스도교 교리로 변환시켜라."

이는, 만약 한 나라에서 나무를 숭배한다면 그 나무를 제거하지 말고 예수의 이름으로 거룩하게 한 뒤 계속 나무를 신앙하라는 의미였다. 이 같은 시도는 이교도들을 가톨릭 신자로 개종시키는데 큰 역할을 했다. 이후 가톨릭 내에서 대부분의 민간 신앙을 용납했으며, 시간이 흐름에 따라 가톨릭 선교 방침의 한 부분으로 정착되었다. 16세기 말 마테오 리치와 그의 동료 예수회원들은 공자나 조상에게 제사를 지내는 것을 허용하는 자세를 취했으나, 예수회보다 반세기 늦게 들어온 도미니코회와 프란치스코회는 예수회의 선교방침을 비난하면서 조상에 대한 제사와 공자 공경행위를 미신적 행위라 반대했다. 이 논란은 1742년 교황 베네딕토 14세에 의해 완전히 금지되면서 1세기 동안 이어진 논쟁이 종지부를 찍었다. 동양의 제사 제도가 본격적인 가톨릭의 교리로 용납된 것은 교황 요한 비오 12세 때부터다. 1939년 비오 12세는 '중국 예식에 관한 훈령'을 발표했다.

"제례 문제에 관해서는 극동 지방의 선교와 토착화를 위해 교황청에 전면적인 허용 조치를 청해야 할 것이다. 오늘날 이런 예식은 가톨릭 신앙과 상반되지 않으므로 불필요한 오해와 마찰은 가톨릭 선교와 토착화에 도움이 되지 않을 것이기 때문이다."

가톨릭의 제사가 전통 제사 의식과는 다르지만 이를 허용하였으나, 개신교는 전래 초기부터 조상 제사를 우상 숭배로 보고 이를 배격했다. 제사 음식을 만들거나 먹는 것도 우상숭배냐 아니냐 하는 개신교회의 제사 문제는 21세기에도 논란과 갈등의 요소가 되고 있다. 이 문제는 정신문화의 수도, 유교의 고장 안동이 고향인 순례자의 신앙생활에도 항상 딜레마였다. 게다가 어머니에게 "여자여."라고 부르는 예수는 전통적인 사고방식으로 봤을 때는 천하에 불효막심한 이이다.

하지만 자세히 들여다보면 어머니를 여자라 한 것은 가족을 부인하는 것이 아니라 예수께서 새로운 가족의 패러다임 전환을 구축하고 있다는 것을 알 수 있다. 자식의 죽음을 앞에 두고 마리아의 슬픔이 어떠했을까. 또한 어머니와 작별하는 예수의 슬픔은 얼마나 애절했을까. 예수는 어머니의 마음을 달래고 자신을 위로하는 새로운 희망을 말하고 있었다.

"여자여, 당신의 아들을 보시옵소서!"

예수는 십자가에서 사랑하는 자기의 제자를 가리키며 어머니에게 그렇게 말했던 것이다. 나만 당신의 아들이 아니라, 여기에 있는 내가 가장 사랑하는 제자들도 당신의 아들이니 당신의 아들이 죽었다고 잃은 것이 아니니 슬퍼하지 말라고. 이렇게나 많은 아들이 당신을 섬길 것이라고 말한 것이다. 아들의 십자가 앞에서 아들을 잃은 것이 아니라 더 많은 아들을 얻게 된 것이다. 비슷한 장면이 다른 곳에서도 나온다. '밖에서 당신의 어머니와 형제가 기다린다.'는 전갈을 받고, 예수는 그 사람에게 노여운 말투로 말한다.

"누가 나의 어머니고 나의 형제란 말이냐. 여기에 있는 모든 사람이 나의 어머니요 나의 형제니라."

예수는 또한 십자가에서 제자들을 향해서 말한다.

"보아라, 너희 어머니를."

제자들 역시 자신의 육신의 어머니만 어머니로 알았는데, 예수님의 어머니로만 알고 있던 여인이 자신의 어머니라는 것을 알고 믿게 된 것이다. 그래서 야고보는 요한과 함께 예수의 어머니 마리아를 영접하여, 그들의 집으로 모셔가 함께 살았다. 마리아가 야고보의 어머니가 된 것이다. 그래서 성모 마리아는 스페인에 현현해서 힘겹게 전도

하는 야고보에게 용기를 주었고, 야고보는 성모 마리아를 위한 교회를 건축했던 것이다.

산티아고 가는 길에서 고인이 되어 청산에 누워 게시는 어머니가 그리워진다. 오늘 내가 가진 모든 것은 어머니가 주신 것. 어머니는 신과 같은 존재였고, 신이었고, 수호천사였다.

사랑합니다. 어머니.

중세 시대부터 카미노가 통과하면서 중심 마을로 자리 잡기 시작한 비야프랑카 델 비에르소에서 도착한다. TV 프로 '스페인 하숙'의 촬영지이다. 독특한 망루가 있는 성당 주위에 수많은 제비가 떼를 지어 날아오른다. 장관을 연출하며 그치지를 않는다. 제비는 사람 사는 집에 들어와 겁도 없이 집을 짓고 새끼를 친다. 왜 그럴까. 사람을 믿고 의지하면 천적들이 덤비지 못하기 때문이다. 인간을 믿고, 인간에게 자신의 목숨을 맡긴 제비들은 흥부 같은 인간의 보호를 받는다. 그러면 독사도, 까마귀도, 독수리도 오지 못한다.

예수가 십자가에 못 박혀 돌아가셨을 때, 제비가 날아와 '콘솔, 콘솔' 하고 울었다고 한다. 콘솔(console)은 제비 소리의 의태어인데, 인간들을 위로해 주는 것으로 "걱정 마라, 걱정 마라."라고 부활을 예고한 것이다. 그래서 기독교 문화권에서는 제비는 비둘기와 마찬가지로 예수의 상징으로 그려지기도 한다.

제비는 어떻게 배고픈 새끼를 알아보고 먼저 먹이를 줄까. 어미 제비는 새끼들 가운데 주둥이를 제일 크게 벌린 녀석에게 먹잇감을 물린다. 먼저 먹이를 받아먹은 녀석은 아무리 입을 크게 벌리려고 해도 먼저 주지 않는다. 서양 문화에서 제비는 갈증, 굶주림의 상징이기도

하다. '스왈로우(swallow)'가 동사로 쓰이면 '마시다, 먹다'가 되어서 제비하면 굶주림과 갈증이 연상된다. 시편의 저자 고라 자손이 노래를 부른다. "나의 왕, 나의 하나님, 만군의 여호와여, 주의 제단에서 참새도 제집을 얻고 제비도 새끼를 돌볼 보금자리를 얻었나이다. 제단 옆에서 자기가 안식할 사람 사는 그 대들보 옆에서 제비가 새끼를 보는 집을 얻었나이다."

아침 식사를 하기 위해 바(Bar)에 들어서자 이미 많은 순례자로 인해 붐빈다. 자전거를 타고 순례길을 나선 미국인 순례자가 묻는다.

"어디서 왔어요?"

"코리아!"

다시 웃으며 묻는다.

"노스 코리아?"

"노! 사우스 코리아!"

"노스 코리아 노! 김정은, 노!"라고 하며 미국인 순례자는 미소 짓는다. 트럼프 대통령과 김정은의 설전이 한창 오갈 때라 김정은이 꽤나 유명해졌다.

비야프랑카에는 알폰소 6세에 의해 재정적인 특권과 세제 혜택을 받은 프랑코 상인들이 머물렀다. 11세기에는 카미노에 작은 프랑코 왕국 도성이 생겨났고, 알폰소 6세가 클뤼니 수도사기사단이 자리 잡을 수 있게 해주자 클뤼니 수도회는 지금의 산타 마리아 성당을 건설했다. 그리고 비야프랑카 후작은 세브레이로 정상에 오르는 길, 즉 갈리시아로 가는 전략적인 통로를 방어하기 위해 네 개의 탑으로 둘러싸인 성을 건설했다. 작지만 웅장한 성곽 위로 수많은 제비가 포물선을 그리며 끊임없이 날아다닌다. 순례자들이 반드시 둘러봐야 할 산타마리아 성당의 '용서의 문'으로 갔다. 로마네스크 양식의 'Puerta de Perdon'이라는 이름을 가진 용서의 문 앞에 선다. 교황 칼릭스토 3세는 교서로 '병들거나 피치 못할 사정으로 순례를 하지 못하는 순례자가 이 문으로 통과하면 산티아고에 도착한 것과 동일하다.'고 인정했다. 하지만 13세기에 제작된 용서의 문은 지금은 25년마다 열리고 평소에는 굳게 닫혀 있어 들어갈 수가 없다. 용서의 문을 통과하지 못했으니 순례자는 산티아고 데 콤포스텔라까지 가야 한다. 로마의 바티칸에도 용서의 문이 있다. 성 베드로성당에 있는 용서의 문이 열릴 때면 많은 사람이 용서를 받기 위해 용서의 문을 찾아 순례를 떠난다.

용서의 문을 지나지 못한 순례자가 용서의 길을 걸어간다. 용서를 하고 용서를 받는 용서의 길을 가야 한다. 용서받지 못할 죄를 용서받기 위해, 용서의 길을 걸어간다. 용서하지 못한 죄를 용서하기 위해, 용서의 길을 걸어간다. 내 눈에 들보는 깨닫지 못하고 남의 눈에 티를 공격했던 자신의 죄 사함을 받기 위해, 용서의 길을 걸어간다. 산티아고 순례길에는 죄 사함과 용서에 대한 전설이 있다.

작은 시골 마을 성당에 다니는 젊은이가 매일 같이 죄를 짓고 매일 같이 사제에게 고해성사를 했다. 사제는 매일 같이 똑같은 죄를 짓고 매일 같이 고해성사를 하는 젊은이가 어느 순간 미워졌다.

"이제는 그만 찾아오시오. 나는 도저히 당신이 더 이상 용납되지 않소."

젊은이는 슬픈 표정을 지었다. 그때 성당 내부에서 이상한 소리가 들렸다. 놀란 사제와 젊은이가 그쪽으로 쳐다보았다. 벽에 걸려 있던 십자가에서 예수의 못 박힌 한쪽 팔이 떨어졌던 것이다. 그때 예수가 젊은이를 보고 말했다.

"젊은이여, 괜찮다. 사제가 용서하지 않으면 내가 직접 용서해줄 테니 언제라도 다시 찾아오렴."

사제는 회개했고, 젊은이는 다시는 죄를 범하지 않았다.

예수의 가상칠언, 십자가 위에서 남긴 일곱 말씀 중 첫마디는 용서였다. 예수는 "아버지여, 저들을 사하여 주옵소서. 자기들이 하는 것을 알지 못하나이다."라며, 자기를 무고히 저주하고 죽이는 자들을 용서해 달라고 기도했다. 예수는 용서로 하늘 문을 열었다. 예수는 제자들에게 가르쳤다.

"만일 하루에 일곱 번이라도 네게 죄를 짓고 일곱 번 네게 돌아와 내가 회개하노라 하거든 너는 용서하라."

"일흔에 일곱 번이라도 용서하라."

490번이라도 용서하라고 가르쳤던 예수는 베드로가 자신을 세 번이나 부인하였지만 "네가 나를 사랑하느냐? 그러면 내 양을 먹이라."라며 용서했고, 자신을 핍박한 바울을 다메섹 도상에서 용서했다.

산티아고 순례길에서 원하든, 원하지 아니하든 수많은 십자가를 만났다. 살아오면서 만난 십자가보다 더 많은 십자가를 보았다. 산티아고 가는 길의 십자가에는 순례자들의 깊은 염원이 담겨 있다. 그 십자가 하나하나는 살아오면서 지은 죄를 하나하나 용서받기를 원하는 십자가였다. 십자가는 사랑과 용서였다. 주님이 용서하고 사랑한다는 증표였다. 내가 누구를 용서하기 전에 주님은 먼저 나를 용서했다. 용서의 문 위에서 제비들이 하늘에 포물선을 그리며 '용서'를 노래한다.

일요일에는 신에게 용서를 빕니다.

월요일에는 자신에게 용서를 빕니다.

화요일에는 가족에게 용서를 빕니다.

수요일에는 벗들에게 용서를 빕니다.

목요일에는 자연에게 용서를 빕니다.

금요일에는 미워한 자들에게 용서를 빕니다.

토요일에는 돌보지 못한 사람들에게 용서를 빕니다.

　간절한 마음으로 참회를 하며 용서를 구한다. 알고 지은 죄, 모르고 지은 죄 모두 용서해 주기를 갈구한다. 하지만 또 다른 울림이 마음 저 깊은 데에서 들려온다.

　"주님! 당신은 십자가에서 6시간의 고통을 겪었습니다. 당신의 고통은 나의 고통에 비하면 훨씬 큽니다. 하지만 나는 당신보다 훨씬 더 긴 시간, 젊은 날 기나긴 고통의 터널 속에서 몸부림치며 살았습니다. 그때마다 당신에게 울부짖었고 도움을 청하였습니다. 당신의 뜻을 어길 때마다 배신의 죄로 괴로워하면서 참회하며 당신의 손길을 기다렸

습니다. 그러나 당신은 침묵했고, 나는 기다리다 지쳐 포기했습니다. 결국 나의 힘으로 살아가기로 하고, 나는 당신을 외면하였습니다. 그리고 오늘 이 길에서 당신을 마주합니다. 과연 당신은 존재하시는 신입니까? 그렇다면 도대체 당신의 계획은 무엇입니까? 당신을 못 박은 십자가를 보면서 걸어가는 이 길이 고통스럽고 죄스럽습니다."

자연석으로 포장된 돌길을 따라 좁은 골목으로 비야프랑카 시가지를 지나간다. 부르디아 다리를 건너 언덕길을 올라가니 물병 조롱박을 단 지팡이를 든 순례자상이 순례자를 기다리며 마을을 내려 보고 있다. 순례자상처럼 뒤돌아 중세에 온 것 같은 마을과 웅장한 산타마리아 성당을 바라본다. 이제 세 가지 길이 선택을 기다린다. 그중에 길고 험한 루트인 프라델라봉을 오르는 산길을 택한다. 바(Bar)가 없는 산길을 11.1㎞나 걸어야 한다. 산으로, 산으로 올라간다. 산 중턱에서 내려다보이는 비야프랑카의 전경이 볼수록 한 폭의 그림같이 아름답다. 성곽과 산타마리아 성당이 어우러진 마을의 모습이 신의 품 안에서 고즈넉하다.

뜨거운 태양. 땀이 비 오듯 쏟아진다. 갈리시아 지방으로 진입하기 위해 거쳐야 하는, 마지막 남은 힘든 구간이다. 이제 곧 부활의 길이 펼쳐진다. 입술에서 시가 나온다. 시에 운율을 더하니 노래가 된다.

해발 600m의 비야프랑카에서 드디어 해발 930m 프라델라봉에 도착했다. 환상적인 경관이 펼쳐진다. 높이 오르면 멀리 볼 수 있다. 높이 나는 새가 멀리 본다. 갈매기 조나단의 꿈이 순례자의 꿈이 되어 걸어가는 산티아고 순례길. 이곳이야말로 가슴에 품어야 할 이타카요, 엘도라도요, 무릉도원이요, 율도국이요, 이어도요, 청산이요, 이상향이요, 유토피아다. 성 야고보가 발급한 순례자 여권과 자연이 발급한 여권을 가진 순례자가 자연을 거닐며 성 야고보를 묵상한다. 자연의 창조주인 하느님과 야고보의 선생인 예수를 묵상한다. 콤포스텔라를 향한 한 걸음 한 걸음이 은총으로 다가온다.

산길이지만 임도처럼 넓은 길이 펼쳐진다. 무인지경. 아무도 없다. 앞에도 뒤에도 아무도 없는 홀로 가는 길. 멀리서 기계음이 들려온다. 점점 가까워진다. 50여 미터 아래 산 능선에서 농부가 농기계로 혼자서 일을 하고 있다. 그리고 길가에 커다란 개가 앉아 있다. 경계를 하며 천천히 걸어간다. 가까워지자 순간 짖기 시작한다. 이런 낭패가. 강한 위협이 느껴진다. 산티아고 가는 길에서 겪은 네 번의 공포, 그중 바욘에 이어 두 번째 순간이다. 개는 계속해서 따라오며 짖었다. 뒤를 돌아보며 걷다가 뒤로 돌아서서 걷다가, 스틱을 휘두를까 말까 하기를 100여 미터. 순간, 개는 쫓아오기를 중단했다. 산티아고 순례길에서 수많은 떠돌이 개와 고양이를 만났다. 하지만 위협을 느낀 것은 처음. 결투를 하면 이겼을까? 순례를 계속할 수 있었을까? 돌아보면 참으로 아찔한 순간이었다. 도보 여행을 하면서 수많은 개에게 긴장과 불안감을 주었다. 이 순간 개들에게 공개 사과를 한다.

인간이 맨 처음 길들인 동물은 개였다. 빠르고, 후각이 뛰어나고, 한 번 물면 놓지 않으니 사냥에 적합했다. 종종 인간 사냥에도 동원됐다. 오사마 빈 라덴의 은신처를 발견해낸 것은 미 해군의 군견이었다. 주인과 외부인을 구별하는 능력으로 집을 지키는 번견으로 활용되어 왔다. 이후 개는 애완용을 거쳐 인간 삶의 동반자가 되었다. 사람과 더불어 살아가며 안정감과 친밀감을 주는 반려동물이라는 이름이 붙었다. 인간과 함께 지낸 지 3만 년 만에 인간과 다른 종족으로서는 최초로 가족의 지위를 얻게 된 것이다. 인간과 교감하는 능력에서 개를 능가는 동물은 없다.

걸구폐요(桀狗吠堯)라, 걸왕의 개가 요임금을 보고 짖는다. 중국 하나라를 망하게 한 폭군 걸왕의 개가 성군인 요임금을 보고 짖는다. 개는 자기 주인에게만 충실하고 아랫사람은 자기 주인만을 알아본다. 이슬람 문화권에서는 돼지고기만이 아니라 개도 금기의 대상이다. 마호메트가 동굴에 숨어있을 때 개가 짖어 잡힌 적이 있어, 개는 '악마의 사자'라고 여긴다. 같은 기독교 문화권이지만 이탈리아도 개를 좋게 여기지 아니한다. 이탈리아에는 음치를 놀릴 때 "개처럼 노래한다."는 속담이 있다.

사냥감을 놓치는 주인은 사냥개도 따르지 않는다. 나아가 사냥개가 주인을 잡아먹는다. 하물며 저자거리의 개도 자신을 지키려면 힘이 필요하다. 떠도는 순례자도 자신을 지킬 수 있는 힘이 있어야 한다. '남의 주머니 만 원보다 내 주머니 천 원이 좋다.'는 말처럼, 남의 힘이 아닌 자신의 힘이 있어야 한다.

새소리만이 간간이 들리는 적막한 산길을 걸어간다. 20대 중반부터 대한민국의 산을 찾아다니기 시작했다. 절반은 동행이 있었고, 절반은 나 홀로 산행이었다. 나 홀로 한 백두대간 야간산행에서는 갑작스런 짐승의 괴성으로 온몸에 전율을 느끼며 머리카락이 곤두서는 공포를 맛보기도 했다. 짐승보다 사람이 더 무섭다고 하던가. 중세에 순례자를 노리는 강도들이 출현할 만한 적막하고 깊은 산길이다.

드디어 아스팔트 도로가 나타난다. 온몸의 긴장이 풀리고 나른해진다. 뜨거운 태양 빛을 피해 그늘에 신발을 벗고 드러누워 파란 하늘을 바라본다. 하늘이 순례자에게 묻는다.

'순례자여, 그대는 과연 여기에서 무엇을 찾고 있는가?'

'……'

침묵으로 대답하고 사색에 잠긴다. 소중한 것은 모두 마음속에 지니고 있는 것이다. 그러니 자기 자신과 사이가 나빠져서는 안 된다. 자기 자신을 사랑하고 신뢰하며 살아가야 한다. 그랬을 때 자신의 인생을 아름답게 수놓을 수 있다. '새는 알을 깨고 나온다. 알은 세계이다. 태어나려는 자는 하나의 세계를 파괴하지 않으면 안 된다. 새는 신을 향해 날아간다.'고 하지 않았던가. 조개는 속살에 생긴 상처를 아물게 하기 위해 진주질을 내뿜는다. 그리고 이것이 응고해 영롱한 진주가 된다. 상처가 없는 진주는 결코 아름다운 진주를 만들 수 없다. 인생의 성공은 시련과 좌절, 상처와 아픔을 극복한 다음에 주어진다. 십자가는 원래 가장 흉악한 죄인들에게 주어지는 부끄러움의 표시였으나, 지금은 고귀한 진주처럼 사랑의 상징으로 바뀌었다. 니체는 "등산의 기쁨은 정상에 올랐을 때 가장 크다. 하지만 나의 최상의 기쁨은 험악한 산을 올라가는 과정에 있다."고 말한다. 길이 험하면 할수록 가슴이 뛴다. 카미노 또한 마찬가지다. 산티아고에 도착하는 기쁨이 크겠지만 하루하루 한 걸음 한 걸음 걸어가는 순간이 최상의 기쁨이다.

산에서 내려와 트라바델로로 들어간다. 라면을 먹기 위해 뙤약볕 길을 반대 방향으로 걸어간다. 엘 푸엔테 페레그리노 펜션에서 외국인이 삶아주는 얼큰한 라면과 김치, 그리고 식은 밥. 정말 꿀맛이다. 스위스 융프라우 전망대에서 맛있게 먹었던 신라면의 추억이 스쳐 간다. 포만감을 누리며 길을 나선다. 태양이 강렬하다. 땀이 비 오듯 쏟아진다. 연일 섭씨 40도가 넘는 날씨다.

베가 델 발카르세에 도착했다. 오늘 밤은 어디에서 묵을까. 괜찮아보이는 알베르게를 찾아 들어간다. 하나, 둘, 셋… 너무 늦게 도착해서 빈 알베르게가 없다. 이런 낭패가. 다음 마을인 에레라이스까지는 3.5 ㎞를 걸어야 한다. 배낭의 무게가 몸과 마음을 더욱 짓누른다. 지쳤다. '여우도 굴이 있건만 인자는 머리 둘 곳도 없다.'며 탄식하는 예수의 음성이 환청으로 들려온다. 바(Bar)의 주인이 다리 건너 커다란 펜션으로 가보란다. 다행이다. 어렵게, 어렵게 거처할 곳을 찾았다.

헨리 데이비드 소로가 말한다.

"다리에 생명을 주듯이 걸어서 여행하는 사람… 여행자는 길에서 다시 태어나야 한다. 여행자는 만물의 근원이 되는 힘, 자연이 발급한 여권을 소지해야 한다. 여행자는 마침내 옛날부터 있었던 어머니인 자연이 주는 위협을 실제로 경험하고 자신이 살아있음을 피부로 느낄 것이다. 그가 입은 상처들은 점점 깊어지다 내면에서 치유될지도 모른다. 그러나 그는 걸음을 멈추지 않을 것이다. 밤에 엄습하는 피곤은 그를 곯아떨어지게 만드는 베개가 될 것이다. 그렇게 그는 시련의 날에 대비하는 경험을 쌓을 것이다."

잠자리 걱정을 한 처음이자 마지막 날이다. 산기슭에 황혼이 밀려온다. 밝은 달이 산 위에서 환하게 비춰준다. 달 주위의 별들은 달빛이 빛나도록 슬며시 자신의 빛을 숨긴다. 밤에 엄습하는 피곤을 베개 삼은 순례자가 살아있음을 피부로, 폐부로 느끼며 깊고 깊은 수면의 세계로 곯아떨어진다. 꿈속에서 예수와 베드로가 나타난다.

"주여, 형제가 내게 죄를 범하면 몇 번이나 용서하여 주리이까? 일곱 번까지 하오리이까?"

"네게 이르노니 일곱 번뿐 아니라 일곱 번을 일흔 번까지 하더라도 용서할지니라."

CAMINO DE
SANTIAGO

24

사명의 길

"이것은 내 몸이며···
이것은 내 피의 잔이니···."

베가 데 발카르세에서 트리아카스텔라까지 32.9㎞
베가 데 발카르세~에레리아스~라 파바~라구나 데 카스티야~오 세브레이로
~포요고개~비두에도~트리아카스텔라

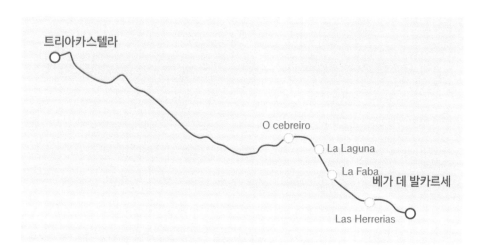

야고보는 이베리아반도를 향해 길을 떠났다. 예루살렘 성문을 나서자 엠마오로 갈 때처럼 저물어가는 태양이 긴 그림자를 드리웠다. 언제 다시 돌아올까 뒤돌아보니 회한이 스쳐 갔다. 예루살렘과 유다, 사마리아와 땅끝에 이르기까지 전하라는 예수의 지상명령을 받들어 제자들은 여정을 떠났다. 안드레는 흑해로, 작은 야고보는 팔레스타인과 이집트로, 마태는 에티오피아와 페르시아로, 바돌로매는 소아시아를 거쳐 인도로, 시몬과 다대오는 메소포타미아로, 도마는 인도로, 빌립은 터키 지역으로 떠나고 예루살렘에는 베드로와 요한이 남아 있었다.

당시 에스파냐 갈리시아 지방의 피스테라를 두고 유럽인들은 땅끝이라 불렀다. 피스테라는 유럽 대륙의 서쪽 끝이니, 옛날 로마 사람들은 땅의 끝이라 생각했다. 피스테라는 안개와 구름이 지배하는 땅이었다. 야고보는 세상의 땅끝, 피스테라를 향해 걷고 또 걸었다. 바다가 보였다. 예루살렘을 떠난 지 18개월, 야고보는 드디어 땅끝에 섰다. 사마리아와 땅끝까지 전파하라는 주님의 명령에 따라 야고보는 땅끝에 섰다. 석양이 바다 너머로 사라지고 저녁노을이 서쪽 하늘을 수놓는다. 노을이 반사되어 붉게 충혈된 야고보의 눈에서 눈물이 흘러내렸다. 어부로서 주님을 만나고 땅끝까지 걸어온 지난 시간, 주님과 동행했던 5년의 세월, 야고보는 이제 주님을 만난 이후 너무나 달라진 자신의 삶을 돌아보았다.

7월 8일. 음력으로 보름이다. 새벽길을 나서니 둥근 달이 카미노를 밝혀준다. 국내에 있으면 보름달이 뜨는 밤, 경치 좋은 곳을 찾아서 십여 명이 무리를 이뤄 달빛 기행을 한다. 지난 4년에 걸쳐 문경새재를 비롯하여 북한강 폐철교길, 남한강 자전거길, 수원화성, 안동의 병산서원, 하회마을, 제주도 다랑쉬오름 등 국내 많은 곳을 찾아다녔다. 참으로 아름다웠던 추억들이 스쳐 간다. 서양에서는 수요일이나 금요일 밤에 밖에서 보름달 빛을 받으며 잠을 자면 늑대인간이 된다고 믿었다. 달은 정신병과 어둠, 재앙 등 부정적인 이미지를 가지고 있다.

달은 인간에게 신화이자 은유였다. 계수나무와 토끼가 사는 쪽배였고, 인간 본성의 어두운 면이었다. 하지만 과학 문명은 그 신화와 은유를 기어코 깨고 말았다. 50년 전 미국이 발사한 아폴로 11호가 계수나무와 토끼의 신화를 깼고, 이제 중국의 창어(상아) 4호가 달의 뒷면에 착륙함으로써 핑크 플로이드가 전하는 어두운 인간 본성에 대한 은유를 깼다. 토끼의 신화는 달의 뒷면을 탐사하는 로봇 이름(玉兎·옥토끼)으로만 남았다. 은유와 신화는 과학 문명에 의해 깨지며 끝없이 가난해지고 있다. 그 가난의 끝은 어디일까. 달은 동양에서는 귀했지만 서양에서는 기피했다.

1969년 7월 20일, 아폴로 11호가 달 표면에 착륙한 뒤 암스트롱은 "개인에게는 작은 발걸음이지만 인류에게는 위대한 도약이다."라고 말했다. 그리고 당시 닉슨 대통령은 "창세기 이후 세계 역사상 가장 위대한 한 주."라고 이날의 성취를 언급했다. 달 착륙의 위대한 여정은 1962년 존 F. 케네디 대통령이 "10년 안에 달에 가기로 결정했다."고 선언하면서 시작됐다. 달 착륙은 인류에게 새 희망과 도전 의식을 심어준 위업이었다.

2019년 1월, 중국은 인류 최초로 달 뒷면에 무인탐사선을 착륙시켰다. 지구에서는 달의 한 면만 볼 수 있기에 이 또한 커다란 위업이었다. 로켓 과학의 선구자 콘스탄틴 치올콥스키(1857~1935)는 "지구는 인류의 요람이지만 영원한 요람으로 남을 수 없다."고 했다. 달에서 계수나무 아래에서 토끼와 함께 살아갈 날이 다가오고 있다. 과연 달에는 토끼가 몇 마리나 있을까.

달빛과 거리의 조명으로 인해 새벽이건만 환하다. 벌써 잠에서 깨어난 말들이 순례자를 쳐다본다. 달이 흘러가는 뜻을 어찌 인간이 알겠는가. 그처럼 내가 걸어가는 뜻을 말이 어떻게 알겠는가. 보름달을 안고 포장도로를 따라 산길을 걸어 올라간다. 에레리아스(고도 705m) 표지판을 따라 왼쪽 옆길로 내려가 마을로 들어간다. 대장간이라는 뜻의 에레리아스는 이곳이 중세 대장간 마을이었음을 짐작케 한다. 반가운 얼굴이 알베르게에서 모습을 나타낸다. 피레네산맥을 넘은 첫날 론세스바에스의 알베르게에서 함께 묵었던 독일 순례자다. 힘차게 악수를 하고 함께 길을 나아간다. 산으로 올라간다. 해발 920m 세상의 모퉁이라 파바까지 8.7㎞의 가파른 오르막 구간이자 숲길이 이어진다.

소 떼가 한가로이 풀을 뜯는 신선한 아침이다. 계곡을 따라 산비탈의 작은 마을을 지나간다. 돌담에 돌 지붕을 한 집들이 있어 마치 제주도에 온 듯하다. 히말라야의 산골에서도 돌담집들을 보며 제주도에 온 듯했다. 심지어 대문 역할을 하는 히말라야의 정주목을 보고는 제주도와 같아서 깜짝 놀랐다. 사람 사는 곳은 모두 환경에 따라 비슷하게 살아간다. 마을을 지나면서 한가로운 소와 말들을 자주 본다. 제주도의 우엉밭처럼 집집마다 텃밭이 있다.

산골의 아침이 기지개를 켜는 라 파바에서 밤나무가 늘어선 길을 따라 올라가 사방이 트인 관목숲길의 멋진 경치를 즐긴다. 산은 점점

높아지고 계곡은 점점 깊어진다. 계곡 위에 운무가 고요히 흐른다.

순례자는 프랑스 길을 걸으며 네 자치구, 나바라, 라리오하, 카스티야와 레온, 갈리시아를 지난다. 갈리시아의 기쁨의 오르막과 내리막은 예수의 부활, 승천을 의미한다. 갈리시아 진입로는 길고 고된 가파른 언덕길이다. 갈리시아의 초입에 자리하고 있는, 카미노 '프랑스 길'에서 가장 높은 지대에 있는 갈리시아의 유명한 마을인 오세브레이로로 향한다. 오세브레이로 근처는 고도가 1,300m쯤 된다. 이 고개를 넘으면 이제 순례자를 힘들게 하는 산길은 더 이상 없다. 순례자는 오세브레이로에서 시간과 국면 전환을 경험하고, 환경의 변화와 더불어 내적인 변화도 느낀다. 이제 오르막은 끝나고 시야가 트이며 새로운 통찰이 다가온다. 순례의 끝과 바다가 보인다. 하얀 구름 뒤에 숨겨진 통찰이 신비롭게 나타난다.

오세브레이로로 향하는 오르막 흙길에서 심장은 더 빠르게 뛴다. 몸이 힘들어서가 아니라 드디어 갈리시아에 발을 디뎠다는 벅찬 감동 때문이다. 새로운 힘을 불어넣는 경계 구역. 기쁨의 탄성이 내면에서 솟구친다. 순례자는 보통 갈리시아의 두 장소에서 산티아고에 가까이 왔음을 체감한다. 첫 번째는 체력적으로 산티아고에 도착하기 전 마지막 난관인 오 세브레이. 두 번째는 고대하던 산티아고가 처음으로 눈에 보이는 고지대 몬테델고소, 일명 기쁨의 산이다. 이제 성취감이 느껴진다. 종점이 가까워질수록 승리감과 성취감이 찾아온다. 내면의 감흥 상태는 몸의 변화를 반영한다.

라구나 데 카스티야(고도 1,150m)로 들어가서 다시 오르막길을 올라 드디어 갈리시아 주 경계석에 이른다. 경계석에는 카스티야 이 레온 지방과 갈리시아 지방의 문장이 양편에 새겨져 있어 두 지방의 경계를 알리고 있다. 드디어 갈리시아 지방에 도착했다. 탄생의 길을 지나고 죽음의 길을 지나서 이제 부활의 길로 들어선다. 표지석에는 남은 거리가 152.2km라고 새겨져 있다. 이제부터 이 안내석은 500m 간격으로 계속 안내를 한다.

갈리시아 지방으로 가는 카미노는 중세 유럽 전역에 영적 활기와 각성을 불러일으켰다. 순례자들이 서로 간의 친교를 통하여 철학, 의학, 과학의 지식을 나누며 각자의 정신적 충만함과 문화적 소양을 쌓는 놀라운 일이 카미노에서 벌어지고, 산티아고 가는 길이 활성화되자 그 길을 지나는 지역마다 순례자들을 위해 순례길 곳곳에 있는 성당을 개방하고 성당이 건립되어 순례자들의 숙식을 해결해 주었고, 나아가 도로를 정비하고 자선 병원을 지어 순례길에서 병든 자들이나 강도 만난 자들을 치료했다. 이런 노력은 결국 이슬람교도를 이베리아반도에서 추방하기 위한 가톨릭 세력의 결집과 무장으로 이어졌다.

갈리시아 지방은 산이 많고 경작지가 적어서 농업이 활발하지는 않으며, 연 강수량이 1,500㎜ 이상으로 낙엽수가 잘 자란다. 이베리아반도에 정착한 초기 이베리족과 켈트족의 혈통으로 알려진 갈리시아인은 금발과 녹색 눈이 특징이다. 갈리시아어는 원래 라틴어에서 파생한 것으로, 에스파냐어보다는 포르투갈어에 가깝다. 일 년 내내 물안개가 산봉우리를 적시는 관목지 사이로 난 길을 따라 아름다운 경관을 즐기면서 올라간다.

오르막이 끝나는 지점에서 돌담을 따라 카미노에서 가장 높은 곳에 자리 잡은 마을 오 세브레이로(고도 1,330m)에 닿는다. 프랑스길에서 푼토봉(1,505m), 레푀더봉(1,450m)에 이어 세 번째로 높은 고개이다. 오

세브레이로를 안내하는 돌비석이 반겨준다. 오세브레이로는 16세기까지 갈리시아로 진입하는 몇 안 되는 통행로였다. 이 마을은 카미노 순례와 역사적으로 관계가 깊다. 11세기에는 순례자 보호소가 생겨서 1854년까지 운영되었다. 12세기에는 산타마리아 성당이 세워졌고, 15세기에는 성찬식 빵과 포도주가 예수의 살과 피로 변하는 기적이 일어났다. 그때 사용한 성배가 여전히 마을에 있다. 또한 중요한 분수령이 마을에 있어 잦은 폭우에도 물을 대서양과 칸타브리아 해로 흘려보낸다.

1986년 파울로 코엘료는 생장 피드포르에서 시작하여 목적지를 약 150㎞ 남겨둔 오 세브레이로에서 걸음을 멈추었다. 파울로 코엘료는 자신을 마술사로 바꿔줄, 그토록 찾아 헤맨 영적 깨달음과 신비한 검을 오세브레이로에서 발견했다. 그의 순례는 거기에서 끝났다. 그 순간 목적지에 닿았고 임무를 완수했다. 그는 여기서 버스를 타고 산티아고로 갔다. 그는 이때의 체험과 영적 탐색을 바탕으로 세계적인 베스트셀러 『순례자』를 썼다. 가톨릭교회의 관점에서 순례자의 목표는 사도 야고보의 무덤이며, 이것이 순례자의 고통과 피로를 정당화한다. 순례자는 산티아고로 걸어가면서 기독교 신앙의 뿌리를 향해 걸어간다. 가톨릭의 관점에서 순례자의 여정은 신앙의 증거이며, 순례자는 그렇게 새로운 사도가 된다.

천 년의 세월 동안 순례자들의 이동에 숱한 사연과 비밀이 있는, 눈물과 웃음이 얽히고설킨 성스러운 길. 카미노 데 산티아고는 파울로 코엘료의 삶을 바꾼 길이며, 『나는 걷는다』의 베르나르 올리비에가 땀을 흘린 길이다. 그 길에서 21세기 대한민국의 돈키호테가 완전히 새로운 세상을 경험하고 있다.

오 세브레이로의 상징은 산타 마리아 레알 성당과 중세 오두막 박물관이다. 9세기에 만들어진 가장 오래된 성당 중 하나인 산타마리아 왕립 성당에서 그리스도의 기적이 일어난 성반과 성배를 돌아본다. 이곳은 유럽 전역에서 가장 널리 알려진 이적이 일어난 장소이다.

14세기 초 폭설이 내리는 어느 겨울날, 수사가 미사를 집전하고 있었다. 미사가 시작되고 얼마 안 있어서 산 아랫마을에서 온 후안산틴이라는 농부 한 사람이 성당 뒷자리에 앉아서 무릎을 꿇고 기도했다. 이를 본 수사의 머릿속에 이런 생각이 떠올랐다. '이렇게 눈이 많이 오는데 여기까지 위험을 무릅쓰고 올라오다니 참 어리석은 사람이네… 그까짓 빵 몇 조각과 포도주나 보자고 말이야.' 그리고 수사는 "이것은 내 몸이며… 이것은 내 피의 잔이니…"라고 축성(祝聖)을 했다. 그런데 말이 끝나자마자 수사는 갑자기 공포로 몸을 부들부들 떨었다. 빵과 포도주가 진짜로 살과 피로 바뀐 것이다.

왼쪽에는 살을, 오른쪽에는 피를 담아둔 기적의 성유물이 있고, 미사 당시 사용되었던 성찬배와 성체 접시가 전시되어 있다. 성당에는 기적의 증인인 사제와 신도 후안산틴의 무덤이 있다. 1486년 산티아고 순례를 하던 페르난도 왕과 이사벨 여왕이 이 성물을 가져가려 하자 말이 꼼짝을 하지 않았다. 여왕은 그 이적의 유물들을 보관하기 위해 정교하게 제작한 성물함을 수도원에 기증했다. 기적의 현장을 본 성모 마리아상에게도 놀라운 일이 생겼다. 성모상이 고개를 앞으로 숙여 인사를 하는 것이다. 성모는 기적을 볼 때마다 이렇게 고개를 숙여 인사를 했다. 지금도 고개를 숙이고 있다. 믿음이 부족하여 의심 많은 순례자가 의심스런 눈빛으로 성모상을 바라본다. 그때 예수께서 마리

아를 하늘에 불러올리는 음성이 들려온다.

"나의 귀여운 이여, 어서 일어나오. 나의 어여쁜 이여, 이리 나와요."
(아가 2:10)

순례길을 체계적으로 연구하고 순례길의 표식인 노란 화살표를 고안한 교구 사제 돈 알리아스 발리냐 샴페드로의 흉상이 반갑게 처다본다. 1980년대, 도로보수 공사를 하고 남은 노란 페인트로 순례길을 표시하기 시작했다. 간단한 노란 화살표가 오늘날 산티아고 가는 길을 붐비게 만드는데 큰 역할을 했다.

성당 남쪽 갈리시아 지방 전통 초가집인 파요사(palloza) 박물관을 둘러본다. 파요사는 담이 낮고 억새 지붕을 올린 가옥이다. 아홉 채가 있는데, 그중 하나는 박물관으로 사용한다. 파요사는 스페인 민속 건축물 중 가장 오래된 구조물로 켈트인들이 지은 것으로 추정한다. 원추형 지붕으로 아래층에는 가축이, 2층에는 사람이 살았다.

로마 시대 이전부터 존재했던 오 세브레이로는 울창한 숲과 시원한 개울이 흐르는 오스 안카레스산맥의 이마에 위치한다. 산티아고 데 콤포스텔라까지는 150㎞ 거리로, 이곳부터 순례를 시작하려는 사람들로 언제나 붐빈다. 순례증명서는 100㎞ 이상 걸으면 발급해주므로, 여행사에서 순례객을 모집하여 순례 증명을 받는 관광 상품으로 개발한 것이다. 오세브레이로 고지 정상에서 산티아고까지는 천천히 걸어도 일주일 이내에 도착할 수 있다.

바(Bar)에서 늦은 아침 식사를 하고 천천히 출발한다. 오세브레이로를 벗어나면 수 세기 동안 순례자를 환영한 갈리시아의 전원과 마을이 나타난다. 갈리시아는 비가 많고 해산물이 풍부하며 인구 밀도가 낮다. 이곳은 스페인의 오지, 산맥 너머 신비한 초원 지대, 성 야고보의 유해가 있는 성지, 세계의 끝, 피스테라를 품은 땅이다. 갈리시아의 독특한 경관인 교차로를 표시하는 석조 십자가와 커다란 곡물 창고를 볼 수 있다.

갈리시아 지방의 변덕스런 날씨를 예고하듯 가야 할 반대편에는 안개가 짙어 건너편 산꼭대기만 보일 뿐 안개로 덮인 아름다운 세상, 멋진 경관을 연출하고 있다. 오 세브레이로에서 나와 새롭게 정비를 하고 있는 잘 단장된 산기슭의 흙길을 따라 걸어간다. 순례자 산 로케(San Roque) 성인상이 있는 산 로케 고개에 이른다. 오르막을 올라 산 로케 고개에서 안개 속에 외로이 서 있는 순례자 기념물을 만난다. 산 로케는 상속받은 재산을 가난한 사람에게 나눠주고 로마로 성지 순례를 가다가 전염병에 걸린 환자를 돌봐준 치유자였다. 한평생 가난한 순례자로 살았기에 순례길에서 특히 공경을 받는 성인이다. 산 로케가 바라보는 방향에는 목적지인 산티아고 데 콤포스텔라가 있다.

도로와 나란히 난 길을 따라 걷다가 지방도를 잠시 벗어나 오솔길을 걷는다. 어느새 늘어난 순례자들이 앞다투어 걸어간다. 순례길은 경쟁이 아니라 자신을 위한 길이다.

여행은 인간을 겸허하게 만든다. 세상에서 자신이 차지하는 모습을 절실히 깨닫게 되기 때문이다. 하물며 순례길에서 느끼는 단상이야 오죽하겠는가. 사람들은 너무나도 바쁘고 일이 많으며 활동적이다. 한 번 더 젊어지고, 단순해지고, 어린아이로 돌아갈 줄 알아야 한다. 아무것도 하지 않고 시간을 한가롭게 보낼 줄도 알아야 하고, 천진하게 행복한 시간을 누릴 줄도 알아야 한다. 아인슈타인은 성공 비결을 묻는 말에 'S=X+Y+Z'라고 쓰고는 말했다. "성공을 위해서는 '열심히 일하며 X, 인생을 즐기고 Y, 침묵하며 한가로움을 즐길 줄 아는 Z'를 알아야 한다."는 것이었다. Z의 필요성에 대해 다시 질문을 하자 아인슈타인은 미소를 지으며 답했다.

"고요히 자신을 들여다보는 시간을 가지지 않으면 목표에서 빗나가기 때문이다."

한가롭게 고요히 자신의 내면을 들여다보는 사색의 시간이 필요하다. 시간은 탄력성이 풍부하다. 자기 가슴 속에 정열이 불타오르면 시간은 늘어나고, 타인에게 정열을 불어넣으려고 하면 시간은 줄어든다. 나머지는 습관이 시간을 채워준다.

카미노에 놓여 있는 한글 엽서에 시선이 끌린다. 조금 전 이곳을 통과한 순례자의 순수한 마음이다.

'우리 모두는 빈틈이 있고 그걸 채워 가려 노력하지만, 결국은 빈틈이 있기에 서로 어울려 살아갈 수 있는 것이 아닐까- 서로가 서로를 채워가며.

뒤에 구름 풍경이 너무나 아름답네요. 이 모든 순간순간들을 가슴에 담고, 남은 기간 부엔 카미노하세요! 2017.7.8 박솔'

누군지는 모르지만 같은 순례자의 신분이기에 형제로서 '부엔 카미노!'를 기원한다.

오솔길에서 짧지만 강렬한 오르막을 올라 포요 고개(고도 1,335m)에서 잠시 휴식을 취한다. 바(Bar)에는 많은 순례자가 쉬고 있다. 도로 옆의 흙길을 따라 폰프리아로 들어간다. 마을 이름은 '차가운 샘물'(fons fria)에서 따왔다. 마을을 나와 다시 도로 옆길을 따라 걷다가 산페드로 성당이 있는 바두에도(고도 1,200m)에 들어간다. 마을을 나오

면 멋진 풍경이 펼쳐지는 흙길이 이어진다. 길 양옆으로 소 떼가 느릿느릿 걸어가고, 그 가운데로 순례자가 걸어간다. 소와 말, 그리고 양 떼는 전원의 아름다운 풍경을 연출한다. 갈리시아 지방에서는 특히 농가에서 소를 많이 기른다. 우리 소 한우(韓牛)는 농경 사회의 우리 민족에게 절친하고 소중한 동반자였다. 옛날부터 농경, 운반, 퇴비 등을 위해 사육되었다. 농가의 재산목록 1호였고, 죽어서는 고기와 가죽을 남겼다. 일소로 번식했지만, 농사가 기계화되어 지금은 대부분 고기소로 사육된다. '소도 풀만 먹으니 소고기도 결국 채소와 같다.'고 하던가. 사람이 소에게서 배워야 할 일이 많지만, 특히 반추(反芻), 되새김하는 것을 배워야 한다. 지나온 삶을 돌아보고 새로운 미래로 나아가는 것이다. 중국의 사마천은 자신의 죽음을 구우일모(九牛一毛), '소 아홉 마리에 있는 터럭 가운데 하나'에 비유했다. 우주는 무한하고 시간은 영원하다. 지구조차 흐릿한 한 점의 별에 불과한 광활한 우주 공간 앞에 한 점에도 미치지 못하는 인간, 영원한 억겁의 시간 앞에서 인간은 겸손해야 한다.

우보(牛步). 소의 걸음처럼 걸어간다. 중국의 하나라를 세운 요순 다음의 성인인 우임금의 우보(禹步)도 아니요, 퇴마록의 우보도 아니다. 소걸음의 우보천리(牛步千里)를 넘어 카미노 데 산티아고에서 우보이천리(牛步二千里)를 걸어간다. 윌리엄 워즈워스는 "걷는 것은 부활과 깨달음으로 가는 인생 여정."이라고 찬양했다. 그는 시골로 가서 개인을 성숙하게 만드는 길이라고 믿었던 전원적 문학 전통을 찾았다. 데이비드 소로는 사람들이 어떻게 하면 자신과 자연 세계에 대해서 훨씬 더 구체적이며 살아있는 경험을 할 수 있는지에 대해 말한다.

"우리는 걸어서 여행을 하면서 먹을 것이 풍부한 시골에서 야생 과일을 채취하고, 야생 동물을 사냥하면서 살 수도 있다. 빠르게 이동하면서 길에서 생계를 꾸릴 수도 있다. 나는 여행을 하는 중에도 자주 일자리를 얻어 일했다. …(중략)… 나는 집에서 먹을 것을 하나도 가져가지 않고 자고 싶을 때 길바닥에서 자면서 그렇게 수백km를 걸으며 여행했다. 그것이 집에 그냥 있는 것보다 돈이 더 적게 들고 여러 면에서 더 유익하다는 사실을 알았다."

소로는 오후에 숲속을 걸으며 자연을 묵상하는 산책만으로 만족하지 않았다. 그는 인간은 끊임없이 자연 속으로 들어가려고 애써야 한다고 생각했다. 걷는 것은 영감을 얻고 통찰력을 주는 것은 물론, 고통을 통하여 행복으로 가는 여정이다.

모든 걷는 행위와 순례는 아담에서 시작된다. 아담은 낙원에서 추방되어 황무지를 걷는 벌을 받았다. 이 여정은 믿음의 조상 아브라함과 야곱, 그리고 모세와 이스라엘의 모든 자식에게까지 계속되었다. 바벨론의 유수를 지나고 예루살렘 성전이 파괴되어 2천 년 가까이 디아스포라로 떠돌던 유대 민족은 수많은 시련을 통해서 이스라엘이라는 나라를 건국했다. 이스라엘이라는 말은 '야곱이 하나님과 겨루어서 이겼다' 하여 '신의 전사'라는 뜻으로 준 축복의 이름이었다. 유대인이라는 말은 야곱의 열두 아들 중 하나인 유다의 지파에서 나왔다. 성서의 초반부에는 야곱의 자손을 이스라엘인, 혹은 히브리인이라고 불렀기 때문에 유대인이라는 말이 나오지 않는다. 예루살렘 복귀 운동인 '시오니즘'으로 1948년 무수한 난관을 극복하고 드디어 유대인의 나라가 세워졌다. 하지만 국명은 '유대'가 아닌 기원전 932년 분열하기 전의 이름인 '이스라엘'이었다. 물론 이 지역에서 본래부터 살고 있던 팔레스타인 사람들에게는 날벼락 같은 일이었다. 일단 이웃 지역으로 피신했던 팔레스타인 사람들은 '팔레스타인 해방기구(PLO)'를 구성하고 오늘날까지 계속해서 싸우고 있다. 현재 이스라엘의 면적은 20,779㎢, 인구는 약 8,453,000명으로 종교는 유대교가 80.1%, 이슬람교가 14.6%, 기독교가 약 2%이다.

예수는 유대인이었지만 유대인 중에서 예수를 그리스도로 받아들이는 사람들은 극히 소수에 불과했다. 하지만 신자는 모두 유대인으로, 기독교는 유대인의 종교였다. 바울이 등장하며 기독교는 유대교라는 뿌리를 떠나 그리스화 하면서 유대인들이 받아들일 수 없는 이방 종교가 되었다. 그러면서 기독교인들은 유대인에 대한 적대감을 가지기 시작했다. 예수는 로마인에 의해 정치범으로 죽었는데도, 결국 유대인 때문에 죽은 것으로 보아 유대인을 '그리스도를 죽인 자들'이라 불렀다.

전형적인 갈리시아 지방의 순례길로 오크나무와 밤나무 그늘이 드리워진 시골길을 따라 트리아카스텔라로 들어간다. 이름에서 알 수 있듯이 예전에 성이 세 개나 있었던 마을이며, 중세에는 사기꾼들로 들끓었던 번성한 마을이었다. 2성급 호텔에 들어가서 객실을 달라고 했는데, 객실은 없고 알베르게가 있다면서 알베르게의 2층 침대를 준다. 다시 독립된 객실을 달라고 하자 기다리라 한다. 잠시 후 승용차가 왔다. 다른 곳으로 이동을 한다. 순례길에서 처음 타 보는 승용차, 뚱뚱한 체격의 마음씨 고와 보이는 아주머니의 운전 솜씨가 골목길을 종횡무진 나아간다. T자로 끝나는 삼거리의 표지석에 산티아고 129.5

㎞라고 쓰어 있는 호스텔도, 알베르게도 아닌 주택을 개조한 아담한 숙소에서 여장을 풀었다. 다른 순례자들은 없는 독립된 공간에서 쉼을 누린다. 아침에 보았던 독일 친구와 함께한 세 명의 순례자가 알베르게를 잡지 못해 안절부절 우왕좌왕 방황하다가 결국은 다음 마을로 향한다. 오후 5시경, 섭씨 40도를 넘나드는 뜨거운 땡볕에 숙소를 잡지 못해 길을 가야 하는 순례자. 고난 속에서 신의 축복이 임하기를 기원한다. 각 나라 사이에는 국경이 있지만, 순례길 인간의 우정에는 국경이 없다.

야고보가 성모 마리아를 만난 묵시야의 그날처럼 보름달이 유난히도 밝은 트리아카스텔라의 밤이 깊어간다. 노력하지 않아도 주는 신의 선물, 힘든 순례의 길, 사명의 길에서 순례자가 달콤한 행복을 누린다. 시원한 밤바람 따라 보름날의 달빛이 창가에 밀려든다. 신이 사랑하는 자에게 주는 잠의 평안을 누린다.

CAMINO DE
SANTIAGO

25

행복의 길

"슬퍼하는 자는 복이 있나니."

트리아카스텔라에서 페레이로스까지 31.6㎞
트리아카스텔라~산실~몬탄~푸렐라~핀틴~루고~아기아다~사리아~바르바델로
~모르가데~페레이로스

일요일 새벽, 별들이 반짝인다. 창문을 열고 하늘을 향해 무릎을 꿇고 두 손을 모은다. 산상수훈의 팔복(八福)이 밀려온다.

심령이 가난한 자는 복이 있나니 천국이 저희 것임이요, 애통하는 자는 복이 있나니 저희가 위로를 받을 것임이요, 온유한 자는 복이 있나니 저희가 땅을 기업으로 받을 것임이요, 의에 주리고 목마른 자는 복이 있나니 저희가 배부를 것임이요, 긍휼히 여기는 자는 복이 있나니 저희가 긍휼히 여김을 받을 것임이요, 마음이 청결한 자는 복이 있나니 저희가 하느님을 볼 것임이요, 화평케 하는 자는 복이 있나니 저희가 하나님의 아들이라 일컬음을 받을 것임이요, 의를 위하여 핍박을 받은 자는 복이 있나니 천국이 저희 것임이라.

이어서 윤동주의 「팔복」이 밀려온다.

슬퍼하는 자는 복이 있나니
슬퍼하는 자는 복이 있나니
슬퍼하는 자는 복이 있나니
슬퍼하는 자는 복이 있나니
슬퍼하는 자는 복이 있나니
슬퍼하는 자는 복이 있나니
슬퍼하는 자는 복이 있나니
저희가 영원히 슬퍼할 것이라

  예수의 사랑, 윤동주의 절
망과 희망이 함께 밀려오는
새벽, 순례자는 행복한 슬픔
에 젖는다. 부활은 죽어야 하
고, 부흥은 몰락해야 한다. 십자가에 녹아 있는 예수의 고통과 사랑
이 하나이듯, 산티아고 가는 길에 흘리는 눈물과 행복은 둘이 아니다.
복이란, 행복이란 무엇인가? 별빛이 '나는 알아!' 하는 듯 반짝인다. 숙
소 바로 앞에 있는 이정표 표석, 어둠 속에서 다가오는 두 명의 순례자
가 갈림길에서 어느 길로 갈지 생각하다가 오른쪽의 짧은 산실 루트
를 택한다. 빨간색의 사모스 루트와 파란색의 산실 루트. 두 루트는
여기에서 갈라져 아기아다 마을에서 다시 만난다. 사모스 루트는 오
리보강의 울창한 숲길을 걸어 사모스 수도원을 지나는데, 산실 루트
에 비해 거리가 6.5㎞ 더 멀다. 하지만 산실 루트는 가파른 아스팔트
길이 대부분이며 리오카보봉(고도 920m)으로 오르막길이 이어진다.

오늘 하루도 출발이다. '어디로 가나. 어디로 갈까. 길을 잃고 헤매는 사슴 한 마리.'라는 노래 가사처럼 새벽하늘에 빛나는 별을 보고 짧지만 강렬한 힘든 오르막을 선택하여 산실 루트로 걸어간다. 매일 매일 가장 좋은 것은 내가 살아있다는 것, 그리고 오늘도 걷고 있다는 것이다. 랜턴을 켜고 산속으로 올라간다. 산골 마을 산실에 있는 허름한 알베르게를 보면서 어제 알베르게를 찾아 길을 나섰던 독일 친구 일행을 떠올린다. 자고 있을까, 아니면 길을 떠났을까 생각하며 숲길을 따라 리오카보봉을 올라간다. 자연의 내음이 상큼하게 폐부를 자극한다. '자연환경에 끌리는 것은 단순히 문화현상이 아니라 훨씬 심오한 생물학적 충동'이라 하던가. 초기 인류는 200만 년 이상에 걸쳐 진화하면서 무리를 지어 사냥과 채집을 하고 유목민으로 살았다. 인간은 수풀에 숨어 있는 작은 동물들을 식별할 수 있는 능력에 따라 먹느냐 굶주리느냐가 결정되었으며, 자연과 하나가 되어 살아간 인간만 생존을 보장받았다. 자연을 찾아가는 것은 혈관 속에 흐르는 생존의 본능. 행복하려면 자연과 하나가 되어야 한다. 인간과의 가까운 유대감 못지않게 자연과의 깊은 유대감은 행복의 필수조건이다.

고요한 산길. 서서히 여명이 밝아온다. 어느 틈엔가, 소 떼가 초원에 모여 두 눈을 크게 뜨고 순례자를 쳐다본다. 순례자가 호랑이처럼 예리한 눈으로 살피면서 소의 발걸음처럼 쉬지 않고 걸어간다. 소의 걸음은 느리지만 쉬지 않고 걷기 때문에 천 리 길도 능히 갈 수 있다. 노자는 『도덕경』에서 '천리지행(千里之行), 시어족하(始於足下)'라고 했다. '천 리의 먼 길도 발밑의 한 발짝에서 시작된다.', '천 리 길도 한 걸음부터.'라고 했는데, 순례자는 이미 천 리가 훨씬 넘는 머나먼 길을 소처럼 우직하게 걸어가고 있다. 두 발로 걸어가는 공간 속에서 내면을 찾아가는 모험과 투쟁을 하는 여행은 멋이 있고 맛이 있다. 한 걸음 한 걸음 둘러보는 느림의 미학이 있는 걷기, 도보 여행은 화려함보다는 소박하다. 현대식이라기보다는 고전적이다. 인위적인 멋보다는 자연의 멋을 준다. '세상에서 가장 먼 거리는 머리에서 가슴까지'라고 한다. 평생을 가도 닿지 못한다는 그 거리. 머리로 알았다고 해서 마음으로 느껴지지 않는 이성과 감성의 거리. 그러나 다름을 즐길 줄 알고 조화롭게 승화시켜 가는 것을 배우는 것이 걸어서 가는 여행의 최고로 유익한 점이다. 도보 여행은 길에 대한 사랑이요, 모험이요, 전투다. 소통이고 발견이다. 자유이며 깨달음이고 은총이다. 시간은 날아서 달아나고, 바람은 나뭇잎을 가만히 흔들면서 지나간다. 나이 들어 양복과 넥타이를 집어 던지고 이렇게 순례의 길을 떠날 수 있으니 진정 얼마나 자유로운 삶인가. 언덕에서 쉬고 있는 여성 셋이 순례자를 반긴다.

"부엔 카미노!"

"올라, 부엔 카미노!"

화답하고 지나쳐 올라간다. 서서히 안개도 짙어진다. 산마루에 올랐을 때 나타난 두 갈래 길. 한쪽 길은 가리비가 있고, 다른 한쪽 길은 가리비가 없다. 하지만 당연히 연결되었으리라는 습관에 따른 감각, 우회하기보다는 오르막으로 질러간다. 가도 가도 안개 속. 무인지경. 아무도 없다. 길을 잃었는가. 가리비도, 노란 화살표도, 아무런 표식도 없다. 짙은 안개 속, 희미하게 다가오는 길가의 소들이 측은하게 순례자를 쳐다본다. 근처에 마을이 있으리라는 기대로 반갑기는 하지만, 여기가 어디쯤일까. 순례길은 맞는가. 의구심이 점점 깊어간다. 가

산티아고 가는 길, 나는 순례자다!

도 가도 사람도 인가도 없다. 도대체 여기가 어디란 말인가. 안개비가 내린다. 비에 젖은 길가의 소똥을 밟는다. 철벅철벅. 냄새가 코를 찌른다. 갈리시아의 낭만이 고적함과 범벅이 된다. 인적 없는 길. 서서히 불안이, 공포가 스쳐 간다. 돌아갈까? 그러기에는 너무 먼 길을 왔다. 조금만 더 가보자. 산티아고 가는 길에 느껴본 세 번째 공포. 깊은 낭패감이 밀려왔다. 상상에 상상이 꼬리를 문다.

머나먼 나라 스페인 갈리시아의 깊은 산골, 이제 옛 순례자처럼 진정한 고난이 시작되었는가 하는 순간, 저 멀리 앞서 걸어가고 있는 한 여인과 아이가 시야에 들어온다. 사람이다! 다가가니 순례자다. 발걸음이 한결 가벼워진다. 지옥에서 살아난 기분이다. 천국과 지옥을 오가는 마음. 인생사의 행복과 불행, 길흉화복은 환경의 요인도 있지만 마음에서 순환한다. 인생에는 행복만 있을 수 없고 불행만 있을 수도 없다. 고통에는 뜻이 있으니, 절박한 곤경은 더욱 강인해지는 도구가 된다. 산골 깊은 곳 갈리시아의 소들이 방황하는 순례자에게 희망의 끈을 준다.

희망은 가난한 자의 양식이다. 희망 없는 절망은 없다. 절망 뒤에는 반드시 희망이 있다. 추운 겨울이 지나면 따뜻한 봄이 온다. 사막의 어딘가에는 오아시스가 있고, 구름 뒤에는 태양이 있다. 즐거움이 다하면 슬픔이 생기고, 고통이 다하면 기쁨이 생긴다. 희망으로 사는 자는 고난과 역경 속에서도 걸림돌을 디딤돌로 삼아 징검다리를 만들어 고난의 강을 건넌다. 모난 돌을 주춧돌로 삼아 "이것 또한 지나가리라." 외치며, 포기하거나 좌절하지 않는다.

중국의 장자는 고독을 자처한 인물의 모범이다. 장자가 훌륭한 인물이라는 소문이 나서 초나라 왕이 천금을 들려서 사신을 보내며 장자를 반드시 재상으로 모시고 오라고 했다. 장자가 사신들에게 말했다.

"천금도 큰돈이고 재상 자리도 높은 자리이기도 합니다. 하지만 당신은 제사용으로 끌려가는 소를 보지 못했습니까? 제사용으로 쓰려는 소는 몇 년을 잘 먹으며 키우지요. 그러니까 그 소는 자신을 대단하게 생각합니다. 그리고 제삿날 당일에는 깨끗이 씻기고 비단옷을 입혀 끌고 가죠. 이때까지만 해도 의기양양하던 소는, 제사장이 가까워지자 비로소 자신의 처지를 깨닫고 속으로 흐느낍니다. '내가 소로 태어나지 말 것을. 차라리 보잘것없는 돼지가 될걸. 그랬으면 이런 일이 없었을 텐데….' 하지만 이렇게 후회한들 아무 소용이 없다는 것을 잘 알지요. 그러니 내게 그런 제안하지 말고 돌아가시오."

'희생(犧牲)'에는 소 '우(牛)'자가 들어간다. 희생은 '타인 혹은 어떤 목적을 위해 목숨, 명예 따위를 바치거나 버리다.'라는 뜻이다. 소는 '제물로 바치는 짐승'으로 희생물이었고, 쟁기질 등 힘든 일을 묵묵히 하는 동물이었다. 죽어서도 사람에게 전부를 주는 고마운 갈리시아의 소에게 인간을 대표해서 경의를 표한다.

장자는 "더러운 진흙 구덩이에서 나 자신만의 즐거움을 택할지언정 통치자에게 얽매이는 삶을 살지 않겠다."고 일갈한다. '나 자신만의 즐거움'을 장자는 '자쾌(自快)'라고 표현한다. 자쾌는 독립적인 삶이다. 의존적인 쾌락이 아닌 내 안에서 내가 생산해낸 나만의 고유한 쾌락, 이것이 자쾌다. 자쾌는 자유고 독립이다. 순례자의 자쾌! 누가 알리요, 이 자유의 기쁨을. 나 자신만의 즐거움, 순례자가 자쾌의 길을 간다. 산티아고 가는 길은 절제로 얻은 자유와 현실을 초월하여 은근한 풍류를 즐기는 멋스러운 삶의 노래다. 세상은 경이로움으로 가득 차 있지만 감상할 여유가 없다. 신을 찾아, 지성을 넘어 영성을 찾아, 이성을 넘어 감동을 찾아, 일상을 넘어 행복을 찾아가는 산티아고 가는 길은 자쾌를 맛보는 위대한 여정이다. 기쁨에 넘친 순례자가 행복에 겨워 행복을 노래한다.

"내 앞에도 행복. 내 뒤에도 행복. 내 위에도 행복. 내 아래에도 행복. 내 주위 모든 곳에 행복이 가득하네."

인생은 백 년을 산다고 해도 삼만 육천오백 날이다. 눈 위의 새 발자국같이 해가 뜨면 사라져버릴 생의 순간순간, 벌써 이만 날을 훨씬 더 살았으니 남은 날이 얼마나 될까. 하루하루 사랑하며 즐겁게 살 일이다. 놀이처럼 소풍 같은 인생을 살 일이다. '행복한'이란 뜻의 영어단어인 'happy'는 'hap'에 그 뿌리를 두고 있는데, hap은 '우연히 일어난 일 또는 요행'이라는 뜻으로 쓰이며 영어단어 'happen'의 어원이기도 하다. 이는 행복이란 살아가면서 순간적으로 일어나는 일과 함께하는 것임을 보여준다. 그런 의미에서 행복은 순간적인 쾌락과 밀접하다. 고통을 느껴보지 못한 사람은 진정한 쾌락을 느낄 수 없다. 돼지는 넘어져야 하늘을 볼 수 있다. 흐르는 땀방울은 영혼을 세척하는 증류수다. 인간의 3대 본능적 욕구는 식욕, 성욕, 수면욕이다. 이것이 결여되면 불행해서 견디기 어렵지만, 일단 충족되면 한계 효용 체감의 법칙에 따라 지속성을 잃는다. 인간은 쾌락과 환희 등을 길게 늘일 만큼 육체적으로나 정신적으로 강건하지 못하다. 오히려 고통은 지속적으로 감내하면서 살아간다. 행복은 자신의 창조물이다. 사람들은 각자 자기의 행복을 두들겨 만들어내는 대장장이다. 행복은 삶의 느낌표(!)와 말줄임표(……)의 성격을 모두 갖고 있다. 순간의 커다란 행복감이

느낌표이면, 작지만 탄탄한 행복의 지속감은 말줄임표다. 산티아고 순례길 800㎞는 '신은 어디에 있는가', '나는 누구인가' 하는 물음표(???)를 가지고 느낌표(!!!!)와 말줄임표(……)가 동행하는 자신이 창조한 행복의 여정이다. 크로노스와 카이로스의 시간 속에 세월을 아껴 소중하게 살자는 깨달음을 얻기 위해 떠난 길. 안개 같은 희미한 깨달음이 밀려오고 안개 속에 산골 마을이 다가온다.

사모스 루트와 만나는 아기아다에 도착하여 고난 끝에 평온을 맛본다. 이제 사리아까지는 지방도를 따라가는 흙길이다. 그늘이 없다. 광활한 평원이 펼쳐진다. 지평선에 개미 한 마리가 기어가듯 한 순례자가 걸어간다. 인간은 이 세상에서 자기가 차지하고 있는 자리가 얼마나 작은가를 깨닫지 못한다. 이를 깨닫지 못하면 이유 없이 오만해져서 자기 주변 사람들을 내려다보게 된다. 이 세상에서 자신의 위치를 깨닫는 일은 소중하다. 자신의 위치를 차지하기 위해 애쓰는 사람은 결국 자기 자신마저 잃고 만다. 자신의 진정한 모습을 알고 나면 여름의 태양도 자신이고 겨울의 눈도, 봄날의 꽃도, 가을날의 낙엽도 자신이라는 것을 알게 된다. 생명의 모든 표현이 곧 자기 자신임을, 인간은 우주 본질과 하나임을 자연으로부터 배울 수 있다. 순례자의 입에서 노래가 흘러나온다.

자유롭게 방랑하다 죽으리라.

자쾌하며,

행복하게 평원을 방랑하다 죽으리라.

나의 태양이 지고

나의 낮이 저물면

죽어서 이 평원과 하나가 되리라.

사리아 외곽을 지나서 사리아강을 건넌다. 사리아 시내에 들어서서 중국 슈퍼마켓에서 신라면과 김치, 고추장, 양파 등을 구입한다. 한국 마트가 없는 사리아. 중국마트가 고맙게 다가온다. 한적한 도로변 그늘에서 배낭을 내려놓고 파란 하늘을 보고 드러눕는다. 하늘나라가 다가오고 순례자는 바람처럼 독수리처럼 자유로운 동화 속의 주인공이 된다.

사리아는 중세부터 오늘날까지 순례의 중심도시이다. 여기서부터 산티아고 데 콤포스텔라까지 100㎞ 이상 걸어서 산티아고에 도착하는 순례자에게 순례자 증서가 발급되기 때문에 사리아에서부터는 순례자가 급격히 증가한다. 갑자기 늘어난 순례자로 인해 지금까지와는 다른 순례길을 경험하게 된다. 때문에 사리아에서부터는 알베르게를 구하는 데도 신경을 써야 한다. 좁지만 고풍스러운 구시가지를 걸어 이사벨 여왕 시대에 건축된 언덕 위의 막달레나 대성당에서 순례자 여권에 도장을 찍고 기부를 한다. 성모 마리아에게 남은 순례를 잘 마칠 수 있도록 기원한다. 장식용 전구들이 귀엽게 설치된 전망대에서 한눈에 펼쳐지는 사리아 전경을 바라본다.

십자가상의 그리스도 최후의 유혹. 예수는 과연 막달라 마리아와 결혼을 하였던가. 성경은 막달레나, 곧 막달라 마리아가 예수의 무덤을 지켰고 부활한 예수를 본 첫 증인이라고 전한다. 서기 591년, 그레고리 교황이 막달라 마리아가 창녀였다고 주장한 후 그 오해가 지금까지 이어져 왔으나, 2016년 교황청은 그녀를 사도 중의 사도로, 부활한 예수의 첫 증인으로 공식 인증했다. 막달레나는 창녀에서 사도로, 잔 다르크는 마녀에서 성녀로. 교황의 한 마디에 인간들이 천국과 지옥을 오가는 것이 신의 뜻인지 의아하다. 스페인의 역사 또한 천국과 지옥을 오가며 부흥과 몰락을 거듭한다.

'카이사르'라 불렸고, 유럽 통합의 선구자로 꼽히는 카를로스 1세는 내부적으로도 국가의 통일을 이룩하여 명실상부한 '해가 지지 않는 제국'을 건설했다. 카를로스 1세의 시대는 종교적 통일의 시기이기도 했다. 스페인은 이미 1468년에 종교재판소를 설치하였고, 1492년에는 국토 회복 전쟁을 완료한 직후 유대인들을 추방하여 가톨릭 신앙의 수호 의지를 굳게 했다. 북유럽에서 종교개혁의 열풍이 일어났을 때 가톨릭교회는 트리엔트 공의회를 개최하여 가톨릭 종교 개혁을 시도했고, 스페인 바스크 지방 출신의 이그나시오 데 로욜라는 예수회를 창설(1555)하여 가톨릭 종교개혁의 기수를 자임했다. 가톨릭교회와 개신교 사이의 갈등과 전쟁이 빈발하던 이 시기에 스페인은 항상 가톨릭 신앙의 수호자 역할을 자처했다.

카를로스 1세는 아들인 필리페 2세에게 스페인과 네덜란드를, 동생인 페르디난트에게는 오스트리아와 독일을 물려주면서 황제직에서 물러났고, 스페인과 신성로마제국은 이로써 다시 분리되었다. 필리페 2세 시대의 스페인은 대제국을 경영해야 함에도 불구하고 스스로 문을 닫았고, 마침내 영광과 몰락이 혼재하는 상태를 맞게 된다. 17세기를 개막한 필리페 3세(1598~1621) 시대는 스페인이 유럽의 변방으로 몰락하는 시기이며, 필리페 4세(1621~1665)의 시대에는 제국의 몰락이 절정에 달해 정치적, 군사적 실패로 스페인은 붕괴 직전에 다다른다. 1640년 포르투갈이 스페인으로부터 독립해 나가고, 1648년에는 가톨릭 세력과 프로테스탄트 세력이 맞붙은 30년 전쟁(1618~1648)의 결과로 베스트팔렌 조약이 맺어졌다. 이로써 네덜란드가 스페인으로부터 완전히 독립하였고, 막대한 전비를 탕진한 스페인은 파산할 지경에 몰렸다. 필리페 4세의 아들인 카를로스 2세 시대(1665~1700)는 스페인 몰락의 종착역이었다. '백치왕'이란 별명을 가졌던 국왕은 정신적, 신체적으로 허약하였고 자식을 낳을 능력도 없어 결국은 후사가 단절되었다.

스페인의 식민지 상태에 있던 대부분 라틴 아메리카 국가들은 1804년 아이티의 독립을 시작으로 1810~1824년 사이에 대부분 독립하였고, 1898년 쿠바와 푸에르토리코가 독립을 성취하면서 19세기의 스페인 역사는 한마디로 몰락의 역사였다. 그 몰락의 바닥은 미국과의 전쟁이었다.

1898년 2월 15일, 아바나 항구에 정박하고 있던 미국 순양함이 알 수 없는 원인에 의해 폭발하면서 미국과 스페인 전쟁이 발발했다. 스페인과 상관없는 단순 사고였지만, 미국은 이를 빌미로 전쟁을 도발했다. 스페인은 쿠바로 함대를 보내 미국과 교전하였으나 패배하였고, 육상에서도 패배했다. 필리핀에서도 홍콩 주둔 미군 함대에게 패배한 탓에 결국 쿠바의 독립을 인정하고 푸에르토리코, 필리핀, 괌의 양도를 골자로 하는 파리 평화조약을 체결함으로써 스페인은 모든 식민지를 상실하고 제국의 영광은 영원히 사라져버렸다. 이때 조선에 영향을 미치는 미국과 일본의 '가쓰라·태프트 밀약'이 이루어졌다. 당대의 위대한 시인인 안토니오 마차도는 이렇게 외쳤다.

"불쌍한 스페인, 어제 너는 제국의 힘이었다. 하지만 오늘 너는 누더기를 걸친 불쌍한 스페인. 너 자신의 처지는 모르고 그 모습만 경멸하고 있구나!"

"불쌍한 대한민국, 미래보다는 정쟁에만 힘 쏟는 대한민국, 다시는 '가쓰라·태프트 밀약' 같은 미국과 일본의 희생물이 되지 않기를."

순례자가 소망한다.

중세에 만들어진, 네 개의 아치로 이루어진 다리를 통해서 셀레이로 강을 건너간다.

울창한 숲길이 제주의 곶자왈이나 비자림을 연상케 한다. 빽빽한 숲속에 신비로운 빛줄기가 내려앉는다. 강과 철길 사이로 난 길을 따라 걷다가 건널목에서 열차를 만난다. 다가오는 열차를 향해 손을 흔들자 열차에서 힘차게 기적소리를 울리며 화답한다. 철길을 건너고 작은 시내를 건너서 가파른 숲길을 올라 탁 트인 평원길을 걸어간다. 입술에서 노래가 나온다. 생의 찬가가 절로 흘러나온다. 바르바델로 상점 아저씨가 "코리아?" 하며 부른다. 걸음을 멈추니 '한국 사람 매일 본다.'며 반가운 기색을 한다. 한국인은 비유럽인 중에서 미국인 다음으로 많은 순례자가 이 길을 걷는다.

행복한 날이다. 순례자 신분으로 걸어갈 수 있어서 행복하다. 산티아고 가는 길. 여기까지 와서 행복하다. 아직 갈 길이 남아 있어서 행복하다. 행복이란 얼마나 많이 소유했는가가 아니라 가진 것으로 자족할 줄 아는 것. 순례자의 길은 인생을 바꾼다. 한 걸음 한 걸음 모두가 가치가 있다. 강렬한 감정이 솟구친다. 모든 감정을 말이나 글로

표현하기는 어렵다. '내가 가진 모든 것이 정말 필요한가? 나는 얼마나 더 많이 가져야 하는가?'를 돌아본다. 톨스토이는 '인간은 얼마나 많은 땅을 가져야 하는가?'를 얘기했던가. 짐을 줄여야 한다. 더 많이 소유한 이들이 종종 더 많이 슬퍼하고 좌절하고 불행해한다. 삶과 마음에 큰 공간을 차지하고 있는 것 가운데 중요하지 않은 것에 얼마나 많이 집착하고 있는지 깨달아야 한다. 그리고 자신의 속도로 자신의 길을 가야 한다. 그 길이 자쾌의 길이다.

바(Bar)에 손님들로 북적거린다. 시리아에서 시작한 순례자들은 하루에 두 개 이상의 도장이 필요하기 때문에 손님을 유치하려는 바(Bar)는 도장을 찍으러 들어오라고 손짓을 한다. 먼 길을 걸어온 순례자들은 순례자 여권에 알베르게나 성당에서 찍은 도장만으로도 순례가 증명이 된다. 단체 순례자를 태우고 온 버스가 자신의 손님들에게 제공할 음식 테이블을 차려 놓고 기다리고 있다. 심지어 걷기를 포기한 사람을 태워 가기도 힌다. 여행사를 통해 18일 일정으로 온 한국인 단체 순례자들도 좋은 길만 선택해서 걷다가 완주증을 받기 위해 시리아부터는 점프하지 않고 걷는다. '오래된 내 바지는 내 엉덩이를 알고 있다.'고 하듯, 그들의 발은 그들이 한 일, 그들이 걸은 길을 알고 있다.

이 세상에 있는 모든 것은 영혼을 갖고 있다. 하늘도 영혼을 갖고 있고, 구름도 영혼을 갖고 있다. 태양도 달도 영혼을 갖고 있다. 동물과 풀, 물, 돌들, 모든 것이 영혼을 갖고 있다. 신발도 영혼을 갖고 있다. 그래서 오래된 내 신발은 나를 알고 있다. 내가 어디에서 무엇을 하였는지, 어디를 걸었고, 무슨 생각을 하고 무슨 짓을 하였는지, 내 발과 내 신발은 알고 있다. 그들은 내 동반자다. 그들에게 감사한다. 그들은 뜨거운 심장의 가장 먼 곳에서, 차가운 이성의 가장 먼 곳에 있으면서 언제나 함께했다. 죽는 날까지 걷고 싶다. 신과 발에게 경의를 표하며 죽는 날까지 변치 않는 진한 우정을 나누고 싶다. 그래서 더 이상 신지 않는 오래된 신발은 고향 집 개인 역사박물관에 소중하게 소장하고 있다.

바르바델로를 나와 오솔길과 지방도를 번갈아 걷다가 숲길을 따라 줄지어 서 있는 작은 촌락을 지나 모르가테로 들어선다. 현재는 갈리시아 주 정부가 새로 설치한 표지석 때문에 빛이 바랬지만 예전에는 100㎞ 진입의 기준이던 마을이다. 드디어 100㎞를 남겨두었다는 성취감이 솟구치는 한편, 얼마 남지 않았다는 아쉬움이 밀려든다. 개 한 마리가 그늘 아래에서 느긋하게 오수를 즐기고 있다. 대한민국 임실 오수에는 의견(義犬) 조각상이 있다. 여행자는 '집 나서면 개고생'이라 했건만, 정작 '개 팔자는 상팔자'다. 개는 인간의 역사와 함께 늘 인간의 주위에서 존재해왔다. 충복의 상징으로 의견에 대한 설화나 의견 동상, 의견 무덤은 어느 나라, 어느 고장에나 흔하다. 세상에는 하루아침에 의리를 배신하는 개만도 못한 인간들이 많다. '한 번 주인의 발꿈치를 문 개는 다시 문다.'고 하지만, 대부분의 개는 주인을 물지 않는다.

모르가데 마을을 나와서 화강암 징검다리를 밟고 페레이로스 천을 건너 오늘의 목적지 페레이로스에 이른다. 지은 지 얼마 되지 않은 깨끗한 알베르게에 들어서니 이미 스페인 부부가 자리를 잡고 있다. 빨랫감을 들고 세탁기를 돌리려니 아뿔싸! 알베르게가 정전이다. "언제 전기가 다시 들어올지 모르니 기다리든지, 아니면 다른 곳으로 가도 된다."라고 한다. 열악한 산중 마을. 샤워만 하고 민생고 해결을 위해 바(Bar)로 향한다. 사람들이 북적인다. 마치 산중 도사처럼 하얀 수염을 길게 기른 사내가 어슬렁거린다. 순례자가 아닌 마을 주민이다.

와인의 향기에 취해 단잠을 이룬다. 꿈속에서 나비가 되어 자쾌의 길을 훨훨 날아간다. 내가 나비인가, 나비가 나인가. 비몽사몽간에 장자가 '호접몽'을 설파한다. '슬퍼하는 자는 복이 있나니.'라며.

영원히 슬픈 심령의 가난한 순례자가 갈리시아 지방의 산골에서 안온한 잠을 청한다. 밤이 깊어간다. 달과 별들이 바람결에 반짝이며 미소를 짓는다.

26

부활의 길

"삶은 자기 자신에게 이끄는 길이다."

페레이로스에서 에이렉세까지 27.7㎞

페레이로스~빌라차~포르토마린~곤사르~오스피탈 데 라 크루스~에이렉세

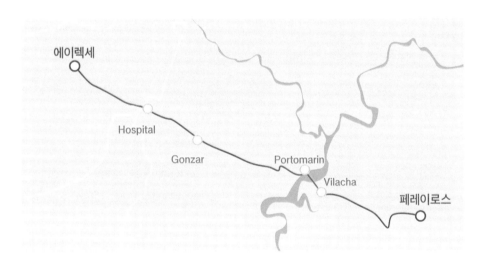

새벽이다. 달빛이 물처럼 흐르고 세상은 대낮처럼 환하다. 또 하루의 신비가 찾아온다. 또 하루가, 또 한 날의 축복이 시작된다. 서서히 여명이 밝아온다. 고요한 산길을 걸어간다. 랜턴에 비치는 시멘트 바닥에 '산티아고 100㎞'라고 적혀 있다.

'아직도 100㎞?'

거리가 헷갈린다. 아무려면 어떤가. 걷는 기분을 만끽한다. 인간은 태어나면서 몸을 뒤집고, 기고, 일어나 앉고, 걷는 과정을 거쳐 자연스레 성장한다. 걷는다는 것은 존재의 확인이다. 가슴이 떨릴 때 걸어야지 다리가 떨릴 때는 걸을 수 없다. 남자는 가슴이 벌렁벌렁한 야망이 있어야 한다. 사나이는 눈빛이 반짝반짝 살아있어야 하고 생동감이 있어야 한다. 꿈을 이루려면 첫 한 걸음을 내디뎌야 한다. 그래야 마지막 한 걸음의 꿈을 이룰 수 있다. 보보시도장(步步是道場)이라, '한 걸음 한 걸음 계속 걸으면 언젠가는 도달한다.'는 말이다. 한 걸음 한 걸음이 인생이다. 사람은 늙어서 죽는 것이 아니라 한 걸음 한 걸음 길을 닦고 스스로를 닦아가기를 멈출 때 죽음이 시작된다. 살아가는 데는 해야 하는 것이 있고 하고 싶은 것이 있다. 해야 할 것과 하고 싶은 것, 무엇을 해야 할지를 선택하는 것이 인생의 기술이다. 취미가 삶이 되면 삶은 즐겁고 행복하다. 죽기 전에 해야 할 일, 삶의 버킷 리스트에 소중한 것들로 채우고 하나하나 이루어 가야 한다. 사용하면 사라지는 소비에 투자할 일이 아니라, 아름다운 추억으로 남을 경험에 투자하는 일로 채워야 한다. 죽어서 가는 여행길이 멀고도 험하다니, 흙으로 돌아가는 길 외롭고 심심치 않게 회상의 즐거움을 누리려면 살아있을 때의 추억이 많아야 한다. 산티아고 가는 길이 옛사람은 죽고 새로운 피조물로 거듭나는 부활의 길이 된다.

동이 튼다. 동트는 아침은 아름답다. 새로운 생명이 잉태하듯, 하루가 잉태하는 새로운 날. 신에게 감사한다. 오늘은 남은 인생의 첫날, 남은 인생에서 가장 젊은 날, 어제 죽은 이들이 가장 부러워하는 날. 때문에 경쾌하고 상쾌하고 유쾌하게 시작한다.

동쪽 하늘이 밝아오고 바다가, 산하가, 대지가 잠에서 깨어난다. 만물이 새 생명을 얻어 생동감 있게 움직인다. 죽음의 땅 메세타를 지나서 부활의 땅 갈리시아 지방을 걸어가는 순례자가 부활의 기쁨을 노래한다. 하지만 예수의 제자들마저도 부활한 예수를 보기 전에는, 특히 도마는 예수를 만져보기 전에는 믿지 않았던 부활이었다. 기독교는 부활의 종교다.

유대교도 처음에는 부활을 믿지 않았지만, 바벨론 포로 때 조로아스터교로부터 천사, 부활, 최후심판, 낙원 등의 개념을 받아들였다. 기독교도 이런 혼합된 유대교 사상에다 그리스의 밀의 종교나 철학사상을 결합시켜 부활이 생겨났다. 중국의 선(禪) 불교는 인도 불교와 중국 도가사상의 결합이고, 신유학(新儒學)은 유불도(儒佛道)의 습합에서 생긴 산물이다. 살아있는 종교라면 다른 모든 살아있는 유기체와 마찬가지로 서로 관계를 가지면서 자라나고 변화한다. 그렇지 않은 종교는 죽은 종교다. 세상은 변하고 있다. 세상에 바뀌지 않는 것은 없다. 종교도 변하고, 기독교도 어쩔 수 없이 바뀌고 있다. 배타주의에서 다원주의로, 저 위에 계시는 하느님에서 내 안에 계시는 하느님으로, 교리 중심에서 깨달음 중심으로, 죄 강조에서 사람 강조로, 육체 부정에서 육체 긍정으로, 예수에 관한 종교에서 예수의 종교로… 굼벵이에서 나비로 변하는 일종의 탈바꿈과 같은 엄청난 변화가 오고 있다. 이런 탈바꿈을 '신 종교개혁(New Reformation)'이라 부른다. 셰익스피어는 말했다. "장미가 무슨 이름으로 불리든 그 향기는 마찬가지."라고.

믿음이란 무엇인가? 믿음이란 근본적으로 마음가짐이요, 신뢰와 귀의 같은 것이다. 인간들을 주눅 들게 하고 거짓되게 하는 믿음 아닌, 믿음을 믿음이라 붙들고 있어야 믿음이 있는 것으로 믿는 믿음은 참된 믿음일 수 없다. 성숙한 믿음은 인간을 신나게 하고 시원함과 탁트임을 가져다준다. 인간이 믿음을 지켜야 하는 것이 아니라 믿음이 인간을 지켜주어야 한다. 마치 인간이 하느님을 지키는 것이 아니라 하느님이 인간을 지켜주어야 하는 것과 같은 이치이다.

청계천에서 빈민들과 어울려 목회를 하다가 남양만에서 두레 공동체를 만든 김진홍 목사는 "예수를 안 믿는 것보다 훨씬 더 중요한 것이 그릇되게 믿는 것이다. 예수를 올바르게 믿지 않는다면 차라리 믿지 않는 게 낫다."라고 말한다. 종교를 안 믿는 것보다 훨씬 더 문제인 것이 그릇되게 믿는 것이다. 종교를 올바르게 믿지 않는다면 차라리 믿지 않는 게 낫다. 믿음 아닌 믿음을 믿음이라 붙들고, 그래야만 믿음이 있는 것으로 믿는 믿음이야말로 헛된 믿음이다. 잘못된 믿음은 무신론만 못하다.

부활한 예수를 보고도 믿지 않는 도마에게 예수는 "네 손가락을 이리 내밀어 내 손을 보고, 네 손을 내밀어 내 옆구리에 넣어보라. 그리하여 믿음 없는 자가 되지 말고 믿는 자가 돼라. 보지 않고 믿는 자가 복되다."라고 말씀하셨다. 십자가에 매달린 스승의 임종을 지켜본 제자는 요한이었다. 요한은 예수가 십자가에 매달렸을 때 그 곁을 지킨 유일한 제자였다. 요한과 함께 스승의 죽음을 지켜본 사람들은 예수의 어머니 마리아를 비롯해 막달라 마리아, 클레오파의 아내 마리아,

예루살렘에 살고 있던 예수의 이모이자 요한의 어머니인 살로메 등 대부분 여자들이었다. 그러나 예수의 형제들은 그곳에 없었다. 예루살렘에 와 있었지만 예수의 체포 소식을 듣고 자신들도 함께 잡혀갈지 몰라서 도망쳐 버렸다.

니고데모와 아리마대 요셉은 예수의 시신이 십자가형을 받은 죄수들과 함께 공동묘지에 묻히게 된다는 사실을 알고 있었다. 공동묘지에는 수많은 썩은 사체와 해골이 뒹굴고 있었다. 짐승들이 시신을 뜯어먹고 벌레들이 늘 잔치를 벌이고 있었다. 사흘이면 시신이 썩어 누구의 시신인지도 분간할 수 없었다. 아리마대 요셉은 빌라도를 찾아가 예수의 장사를 치를 수 있도록 그의 시신을 내어달라고 부탁했다. 빌라도는 일말의 죄책감으로 이를 허락했다. 군인들 손에서 십자가에 매달려 있는 예수의 시신을 받아든 요셉은 니고데모와 함께 해가 지기 전에 예수를 묻기 위해 서둘러 장례 준비를 했다. 두 사람이 예수의 장례를 지내는 동안 여성 제자들이 도와주었고, 그 모습을 가까운 곳에서 막달라 마리아와 클레오파의 아내인 마리아가 지켜보고 있었다. 요셉은 예수의 몸을 감쌀 세마포를, 니고데모는 시신의 부패 속도를 늦춰 줄 몰약을 잔뜩 가져왔다. 여인들은 유대 풍습대로 요셉의 하인들이 무덤 앞을 움직이는 커다란 돌로 막는 모습을 지켜본 다음에 집으로 돌아갔다. 집으로 돌아간 여인들은 달이 뜨기 전에 서둘러 장례 때 쓰는 향유를 사들였다. 한편, 죽은 지 사흘 만에 부활한다고 한 예수의 주장을 잘 알고 있던 유대인 지도자들은 예수의 시신을 누군가 훔쳐갈지도 모른다는 걱정이 들자 빌라도를 찾아가 무덤을 지킬 경비병을 보내 달라고 부탁했다. 빌라도는 유대인의 청원을 들어주었다. 그리고 예수는 부활했다.

안식 후 첫날, 아직 어두울 때 막달라 마리아가 무덤에 와서 돌이 무덤에서 옮겨진 것을 보고 베드로와 요한에게 달려가서 '사람들이 주님을 무덤에서 가져다가 어디에 두었는지 알지 못하겠다.'고 했다. 베드로와 요한은 무덤으로 달려갔다. 무덤에는 세마포와 머리를 쌌던 수건이 따로 놓여 있을 뿐, 예수의 시신은 없었다. 이때 베드로와 요한은 아직 성경에 예수가 죽은 자 가운데서 다시 살아나야 하리라 하신 말씀을 아직 알지 못했다. 막달라 마리아는 무덤 밖에서 울다가 한순간 구부려 무덤 안을 들여다보니, 두 천사가 앉아 있었고 예수가 서 있었다. 부활한 예수는 막달라 마리아에게 나타나셨고, 이후 제자들에게 나타나셨다. 엠마오로 가는 길에서도 부활한 예수는 극적으로 나타났다.

페레이로스에서 길을 나선다. 오늘 또 다른 희망찬 새날과 시간을 느낄 수는 있지만, 시간의 실체를 볼 수는 없다. 딴짓을 하는 동안 시간은 순식간에 저만치 도망쳐 버린다. 세월을 아껴야 한다. 순례자에게 하루는 신에게 바치고 자신에게 집중하는 시간이다. 어둠 속에서 성당과 공동묘지가 다가온다. '나에게는 주어진 시간이 얼마나 될까. 하루하루를 소중하게 살아야지.' 하며, 오늘 하루 카미노에서 부활의 주님을 만날 수 있기를 기도한다.

산속의 오솔길을 나 홀로 걸어간다. 헤르만 헤세는 『데미안』에서 "한 사람 한 사람의 삶은 자기 자신에게로 이끄는 길이다. 길의 추구, 오솔길의 암시다. 일찍이 어떤 삶도 완전히 자기 자신이 되어본 적은 없었다. 그럼에도 누구나 자기 자신이 되려고 노력한다."라고 말한다. 사람은 친구를 보면 안다. 또한 그 사람이 좋아하는 책이나 문장을 보면

안다. 나는『데미안』의 위 문장이 좋다. 삶은 자기 자신에게 이끄는 길! 인간이 살아가는 의미다. 산티아고는 친구이고 길 위의 문장이다. 기다리고 기다렸던 벗이 온 것처럼 오솔길이 반겨준다.

모미엔토스 고개에 오른 뒤 다시 내리막길을 따라 메르카도이로에 들어간다. 마을을 나와 포장도로를 따라 걷다 보니 빌라체에 이른다. 빌라체에서 2.1㎞ 거리라 강 건너의 포르토마린이 보인다. 강과 다리 주변의 아름다운 경관이 펼쳐진다.

미뇨강이 묵묵히 자신의 길을 간다. 망망대해에 도달하기 위해 쉼 없이 흘러간다. 강은 바다를 기약하고 물은 하늘을 지향한다. 물은 순환한다. 산골의 옹달샘에서 시작한 시냇물은 강으로 흐르고, 강물은 바다로 간다. 바다는 다시 수증기가 되어 올라가 구름이 되고, 구름은 바람에 날려 내륙으로 날아가서 비가 되어 온 대지를 적신다. 다시 빗물이 모여 시냇물을 만들고, 큰 물줄기로 몸을 불린 강물은 대지를 적시며 다시 바다로 흘러간다. 노자는『도덕경』에서 상선약수, 곧 최고의 선은 물과 같이 흐르며, 흐르는 물에 도가 있으니, 물 흐르듯 살라고 한다. 그래서 노자 철학을 물의 철학이라 한다. 물은 세상에서 가장 부드럽고 약한 것이지만, 단단하고 강한 것을 공격하는데 물을 능가하는 것이 없다. 물처럼 부드럽고 겸허하게 사는 것이 인생의 무게를 간직하는 방법이며, 물처럼 사는 인생이 가장 아름답다.

강은 물이 흐르는 길이다. 강물은 굽이굽이 쉬지 않고 흐른다. 앞 강물 뒤 강물 흐르는 물은 당겨주고 밀어주고, 어서 따라오라고, 따라가자고 흘러도 연달아 흐른다. 물은 낮은 곳으로 흐르고, 트는 대로 흐른다. 강의 목소리는 물의 목소리요, 물의 소리는 생명이 꿈틀거리는 소리다. 강은 생명의 젖줄이다. 강은 자연이 인간에게 준 최고의 선물이다. 인류는 언제부터인가 살기 좋은 강가에 몰려들었고, 강을 따라 나라를 세우고 국경을 정했다. 강 주변의 사람들은 강의 젖줄을 통해 피와 살과 사랑과 꿈과 낭만과 애환과 번민과 외로움과 추억을 맛본다. 강이 주는 모든 것을 먹었기에 혈관의 피에는 강의 혼과 얼이 흐른다. 낙동강은 나의 생명의 젖줄이기에 내 혈관에는 낙동강이 흐른다. 심장에서 밀어낸 뜨거운 피가 순례자의 혈관 속에 흘러 흘러 한여름날의 정열의 꽃을 피운다.

순례는 비움의 시간이요 침묵의 시간이다. 자신을 객관화 시켜 주고, 나무가 아니라 전 생애적 관점에서 숲을 보게 한다. 순례는 방랑의 길이요 자유의 길이다. 안락 지대를 벗어나 불편 지대로 임하는 모험이요, 틀에 박힌 관념의 속박에서 벗어나 변화를 추구하는 동굴에서의 탈출이다. 순례자는 유목민이요, 유랑자다. 유목민은 시간보다 공간에 살기 때문에 정착하지 않고 항상 새로운 초원을 찾아 나선다. 체 게바라는 말한다.

"우리의 진정한 소명이 세계 곳곳을 방랑하는 것임을 깨달았다. 항상 호기심을 갖고, 눈에 띄는 모든 것을 들여다보고, 세상의 구석구석을 돌아다니며, 그러나 어떤 곳에도 뿌리내리지를 않고…"

태양은 지고 싶을 때 지고 강물은 가고 싶은 곳으로 가듯이 순례자는 마음의 길을 간다. 순례자는 세상 속에서 흐르는 물이 되고, 바람이 되고, 햇살이 되고, 구름이 되고, 풀잎이 되고, 자연이 되어 물아일여 삼매경을 맛본다.

폭이 꽤 넓은 미묘강에 높고 길게 놓인 다리를 건너간다. 다리는 마을과 마을, 길과 길, 사람과 사람을 이어주는 통로다. 기다림의 설렘이 있고, 따뜻한 마음과 마음이 만나는 곳이 다리다. 다리에 서서 흐르는 물을 바라본다. 흘러간 물에는 발을 씻을 수는 없다. 흘러간 세월은 되돌릴 수 없다. 물처럼 흐르는 세월을 아끼며 살아야 한다.

다리 건너 가파른 돌계단을 올라 아치문을 통과해서 포르토마린으로 들어간다. 커다란 호수를 굽어보며 언덕 위에 서 있는 포르토마린에 도착했다. 1966년 스페인 정부는 미뇨강을 댐으로 막아 옛날 마을을 침수시켰다. 마을 사람들은 모두 근처의 언덕으로 이주해서 새로운 마을을 만들었다. 이 마을을 대표하는 건축물은 산 니콜라스 성당이다. 본디 다른 곳에 있던 것을 이곳으로 옮겨 다시 지었는데, 돌을 하나씩 상자 모양으로 쌓아 올려 요새처럼 견고해 보이게 만들었다.

산 니콜라스 성당은 예루살렘의 산 후안 기사단 소유였다. 최초의 수도사기사단인 템플기사단이 그 성당을 세웠다. 위그 드 페이앙은 성지 순례에 나선 순례자들을 보호하기 위해 1119년 예루살렘에 템플기사단을 창설했다. 스페인 최초의 수도사기사단은 1158년에 창설된 칼라트라바 기사단으로 수도원 개혁운동의 근거지인 시토수도원에 소속되었다. 그 뒤를 이어 알칸타라 기사단, 산티아고 기사단을 포함해서 여섯 개 이상의 기사단이 만들어졌다. 그들은 12세기에 스페인에 와서 국토 회복 운동에서 중요한 역할을 했다.

포르토마린을 내려와 다리를 건너 산 안토니오 언덕의 숲길 오르막을 걸어 지방도와 만난다. 모처럼 앞에 한국인이 걸어간다. 젊은 연인이 다정하게 손을 잡고 간다. 더 지친 것은 남자친구다. 약한 남자라…. 저렇게 해서 여자에게 버림받지 않을까 하는 생각이 스쳐 간다.

'누구와도 산티아고를 함께 걷는 것은 아주 위험한 모험'이라는 말이 있다. 연인과 헤어지고 싶으면 산티아고를 걸으라고 하던가. 약해빠진 남자의 모습이다. 아니다. 강해진 대한민국 여성의 모습이다. 하지만 길을 떠날 수 있는 용기에 찬사를 보낸다. 길을 떠난다는 결심을 하고 실행에 옮기는 그 순간, 이미 지옥에 머무는 시간이 반감된 것이다. 예전에는 성년에 걸으면 지옥행을 면한다고 했지만, 지금은 어느 때든 완주하면 지옥행을 면한다. 산티아고 순례길은 천국으로 가는 길이다.

마크 트웨인은 "즐길 힘이 있는 데도 기회가 오지 않는 것이 인생의 전반이고, 기회가 많은데도 즐길 힘이 없는 것이 인생 후반."이라고 말한다. '여가를 이용하지 못하는 사람은 항상 여가 시간이 없다.'고 한다. 시간의 주인은 자기 자신이다. 자신에게 자유를 찾아주고 싶다면 언제든지 떠날 줄 알아야 한다. 떠날 수 있을 때 떠나지 못하면 떠나고 싶을 때 떠날 수 없다. 어디론가 떠날 수 있는 자유, 원시 유목민이었던 인간의 본능이다. 나는 떠났다. 그래서 나는 존재한다. 나의 도는 길이다. 유유자적 길 위에서 청복을 누린다.

지방도와 흙길을 번갈아 걸어 곤사르에 도착한다. 마을을 나와 한산한 길로 접어들어 카스트로 마이오르 마을에 도착한다. 마을 왼쪽 순례길을 조금 벗어난 곳에 철기 시대 유적지인 카스트로 데 카스트로마이오르가 유명하지만, 그냥 지나쳐 오스피탈 데 라 크루스로 들어간다. 오스피탈 데 라 크루스 마을을 나와 마지막 힘을 내어 리곤데산맥(고도 720m)을 올라간다. 떡갈나무 앞에 돌단이 마련돼 있고, 그 앞에 라메로이스 십자가가 서 있다. 17세기에 만들어진 한쪽 면에는 그리스도의 고난을 상징하는 못·망치·가시관·해골이 조각돼 있고, 그 반대편에는 아기 예수를 품에 안은 성모 마리아가 새겨져 있다. 고난의 길을 어머니의 사랑으로 헤쳐가라는 의미였다.

비가 오듯 땀이 흐른다. 땀은 육체의 노폐물이다. 고행은 정신의 찌꺼기를 배출한다. 그러면 몸도 영혼도 순수해진다. 사악한 생각들이, 더러운 죄가 씻겨진다. 진정한 순례를 위해서는 어느 정도의 금욕이나 고행이 필요하다. 인간의 죄는 어디에서 오는가. 서양에서는 성악설이 먼저 생겨났고, 성선설이 이에 대한 반대급부로 태어났다. 동양의 순자가 주창한 성악설은 그보다 50년 전에 살았던 맹자의 성선설에 대한 대립 사상이다. 서양의 철학사상사와는 정반대인 현상이다. 서양에서 성악설이 대두된 것은 기독교의 원죄(原罪) 개념 때문이었다. 원죄는 기독교의 교리로 아담으로 인한 인류 타락의 교의를 말한다. 첫 인간인 아담으로 인하여 죄와 죽음이 인간에게 들어왔기 때문에, 예수의 십자가 죽음과 부활에 의해 속죄되고 회복되어야 한다는 것이다. 아담이 이브의 유혹에 빠져 선악과를 따먹음으로써 '하나님처럼 눈이 밝아져 선과 악을 아는 자'가 되고, 그리하여 하느님의 저주를 받아 에덴동산에서 영원히 추방당하는 것이 원죄의 출발이다. 아담의 원죄는 이후 성교에 의해 유전된다는 생물학적 사상으로 연결된다. 이것이 성악설의 근원이며, 예수는 동정녀(童貞女) 마리아에게서 태어난 원죄 없는 사람의 아들이었다. 이 원죄설을 신학적으로 심화시킨 사람은 기독교의 맹자라 불릴 수 있는 사도 바울이었다. 바울은 원죄설의 근거를 "한 사람(아담)이 죄를 지어 이 세상에 죄가 들어왔고, 죄는 또한 죽음을 불러들인 것같이 모든 사람이 죄를 지어 죽음이 온 인류에 미치게 되었습니다."라고 제시하였다.

『참회록』을 쓴 성 어거스틴은 『자연과 은총에 관하여』에서 바울의 원죄설을 더욱 구체화하였다.

"인간의 자연적 본성은 분명히 처음에는 죄와 더러움이 없이 만들어졌다…. 그러나 자연적인 선한 능력을 어둡게 하고 약하게 만든 죄악에는 빛과 치유가 필요한데, 그것은 죄 없는 창조자로부터 온 것이 아니라 자유의지에 의해서 범한 원죄에서부터 생긴 것이다."

신학자들에 의해 주장되었던 '원죄설'은 많은 철학자에 의해 그 후 '성악설'로 발전해갔다. 동양의 한비자라 불리는 마키아벨리는 당시 이탈리아 사회의 부정부패를 직접 보고 인간의 본성은 악하다고 단정하였고, 홉스는 자연의 상태를 '만인의 만인에 대한 투쟁 상태'로 가상하여 인간의 본성이 추악하다고 추론하였다. 쇼펜하우어는 '죄악이 인간 본성 가운데 뿌리 깊게 박혀 있기 때문에 이를 제거할 방법이 없다.'는 극단적인 성악설을 주장하였다. 서양 철학사에서는 이처럼 원죄설에 뿌리를 둔 성악설이 주류였다. 하지만 극소수의 철학자와 교육자 사이에서 성선설이 주장되기도 하였다. "인간이 인간다운 까닭은 올바른 이성이 있기 때문이며, 유일한 지성인 덕을 목적으로 하기 때문이다."라고 주장하는 이들은 키케로, 세네카 등 기독교도가 아닌 그리스 철학, 즉 헬레니즘에 입각한 인본주의자들이었다. 성선설에 획기적인 이론을 제시한 사람은 바로 "자연으로 돌아가라."라는 금언을 남긴장 자크 루소였다. 루소는 "자연이 만든 사물은 모두가 선하지만 일단 인위(人爲)를 거치면 악으로 변한다."라고 주장하였다. 이는 '인간은 본래 태어날 때부터 악하지만 인위(작위)를 거치어야만 바르게 교화될 수 있다.'고 주장하는 순자의 성악설과 극단적으로 배치되었다.

동양 사상에서 성선설은 20여 년의 구도 여행 끝에 깨달은 맹자 사상의 금강석이다. 맹자는 '인간이 가진 네 가지 본성을 측은지심, 수오지심, 공경지심, 시비지심'이라 하며, '측은지심은 인, 수오지심은 의, 공경지심은 예, 시비지심은 지'라고 한다. 그리고 '인의예지는 본시부터 가지고 있는 것이지만, 그것을 생각하지 않을 뿐'이라고 하였다. 하지만 순자는 선이란 꾸밈이며 인간은 타고날 때부터 본성이 악하다고 하였다. 그러니 후천적인 노력으로 교육을 받아야 착한 사람이 된다고 주장했다.

성선설과 성악설은 대립하는 사상이 아니라 정·반·합의 변증법으로 발전해가는 양 날개(兩翼)였다. 새는 하나의 날개로는 날 수 없다. 성선설이 오른쪽 날개를 달았다면 성악설이 왼쪽 날개를 달아 비로소 힘차게 날갯짓을 하여 동양 사상의 비상을 펼칠 수 있었다. 결국 유학의 종지인 '수기치인(修己治人)'이라는 명제의 양 날개에 맹자는 '수기'라는 한쪽 날개를, 순자는 '치인'이라는 다른 쪽 날개를 달았다. 이로써 유가는 양 날개를 가진 동양 사상으로 완성되었다.

공자를 서양 철학에 있어서 소크라테스에 비유한다면 맹자는 플라톤, 순자는 아리스토텔레스에 비길 만한 쌍두마차였다. 순자는 유가에 있어서 대사상가였으나, 제자인 이사와 한비자가 법가를 부르짖음으로써 이단자로 불렸다. 순자는 백가쟁명, 곧 189종의 사상적 자유

가 열렸던 제자백가 중에서 가장 마지막으로 탄생한 사상가였고, 대
역전 경주의 마지막 주자였다.

　마틴 루터는 "단 한 사람인 아담이 단 한 번 저지른 범죄에 의해서
우리 모두가 죄와 형벌 밑에 놓여 있을 때, 우리 모두가 죄가 되지도
않고 벌 받지도 않을 그 무엇을 할 수 있을 것인가?' 하며 원죄의 교의
를 지지하였다. 나는 죄인이었다. 나는 지금까지도 죄 속에서 방황하
며 살았다. 앞으로도 그럴 것이다. 아담 이전에 이미 신은 인간을 원
죄의 사슬로 묶어놓았기 때문이다.

　산티아고 순례길을 걸으면 대사(大赦)를 받는다고 했으니, 산티아고
가는 길은 부활의 길, 새 생명의 길이다. 한 걸음 한 걸음에 옛 허물
을 벗어 던지고 새로운 피조물로 거듭나려는 필사의 정진을 한다. 나
무에 앉은 이름 모를 새들이 순례자에게 들으라는 듯 지기들끼리 이
야기를 나눈다.

　"사람이 거듭나지 아니하면 하느님 나라를 볼 수 없느니라."

　"사람이 늙으면 어떻게 날 수 있습니까? 두 번째 모태에 들어갔다 날
수 있습니까?"

　"거듭나야 하겠다는 말을 놀랍게 여기지 말라. 그리스도를 죽은 자
가운데서 살리심 같이 순례를 통하여 부활의 새 생명을 주리라."

　순례길이 부활의 길이 되어 기쁨에 젖은 순례자가 리곤데강을 건너
고 다시 오르막길을 걸어 한적한 에이렉세 마을에 이른다. 아직 뜨거
운 태양이 내리쬐건만 순례자는 행복한 모습으로 알베르게를 찾아간
다.

회상의 길

"발아! 신발아! 정말 고맙다."

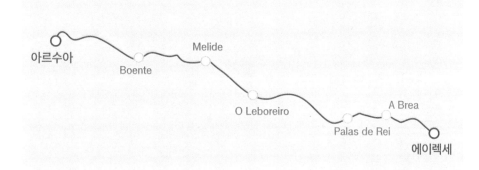

세상에서 가장 아름다운 종족, 인디언들은 아주 먼 길을 떠날 때 말을 타고 단숨에 달려가는 일이 결코 없었다. 달리다가 가끔씩은 말에서 내려 지금까지 자기가 달려온 길을 한참 바라보며 사색에 잠겼다. 자신의 영혼은 어디까지 달려왔을까 돌아보며 영혼과 함께 달리기 위해서였다. 뒤를 돌아본다. 너무 빨리 가느라 소중한 것들은 잃어버리고 있지는 않은지….

사람들은 상처를 입어야 아이처럼 신에게 달려간다. 종교는 세속에 얽매인 끈에서 벗어나 영혼을 해방시키려는 욕망이다. 소유의 끈, 정의 끈, 인연의 끈, 혈육의 끈 등 모든 욕망의 끈에서 벗어난 카미노. 누구도 알아보는 사람이 없기 때문에 야생마처럼 들개처럼 들소처럼 카미노에서 걸어간다.

화담 서경덕이 길에서 울고 있는 한 젊은이를 만나서 물었다.

"어찌하여 울고 있느냐?"

젊은이는 대답했다.

"제가 다섯 살에 눈이 멀어 스무 해가 지났습니다. 아침에 나와 길을 가는데, 갑자기 눈이 떠지고 천지 만물이 보여 기뻤습니다. 그런데 집에 돌아가려니 갈림길도 많고 비슷한 집들도 많아서 찾아가지 못하겠습니다. 그래서 울고 있습니다."

화담은 말했다.

"도로 눈을 감아라! 네 집을 찾아갈 수 있을 것이다."

도로 눈을 감은 젊은이는 발을 믿고 지팡이에 의지해서 바로 집에 닿을 수가 있었다. 화담 서경덕이 청년에게 "도로 눈을 감아라!"라고 한 것은 다시 장님으로 돌아가 살라는 말이 아니었다. 잃어버린 방향과 좌표를 찾은 후에 다시 눈을 뜨라는 말이었다. 프랑스의 화가 고갱

은 "나는 잘 보기 위해 눈을 감는다."라고
했다. 때로는 눈을 감았을 때 진실과 본질
을 더 잘 볼 수 있다. 눈을 감고 지나온 길
을 돌아본다. 순례자가 회상의 길을 간다.
참회의 길, 통회의 길, 기쁨의 길을 간다.

갈리시아 지방의 안개가 자욱한 아침,
에이렉세의 하늘에 태양 대신 하현달이 길
을 안내한다. 한적한 시골길을 따라간다.
부지런한 개미 철제 조각품이 순례자가
지나가는 줄 알고 어느새 환영을 하러 나
왔다. 아침 햇살이 서서히 안개를 헤치고
공동묘지를 비춘다. 완만한 오르막길을 오
른다. 발로스와 마무리아를 지나 아 브레
아에 닿는다. 로사리오 고개로 가는 오르
막길을 대비해 바(Bar)에서 휴식을 취하며
빵 한 조각과 커피로 아침 식사를 한다.
순례가 막바지로 갈수록 음식에 마음이
쓰인다. 아무것이나 다 잘 먹는 식습관을
가지고 있음에도 불구하고 샐러드만 계속
해서 찾는다. 그래도 무엇이든 먹을 수 있
어서 감사한다. 음식을 먹기 전에 감사의
마음을 갖는 단순한 행동 하나만으로도
사람들은 자신 안에 있는 밝은 빛과 연결

될 수 있다. 그 순간 마음이 열리고 자비심을 갖게 된다. 세상에는 모든 인간이 먹을 충분한 양식이 있다. 다만 기꺼이 나누기만 하면 된다.

예수와 마리아의 생애를 묵상하며 로사리오 고개를 올라간다. 로사리오(rosario)는 라틴어의 로사리움(성모님께 영적인 장미 꽃다발을 바친다는 뜻)에서 유래된 말이다. 가톨릭에서 예수와 성모 마리아를 묵상하는 '묵주의 기도' 또는 '묵주'를 의미한다. 묵주의 기도는 예수와 마리아의 생애를 묵상하는 기도이며, 환희의 신비, 빛의 신비, 고통의 신비, 영광의 신비의 4부로 이루어져 있다. 로사리오의 기원은 도미니크 수도원의 창시자인 성 도미니쿠스가 이단자인 프랑스의 알비주아파와 싸울 때 성모 마리아가 출현, 영적 무기로서 묵주의 기도를 바치라는 계시를 한 것이다.

로사리오 고개를 올라가며 먼저 '마리아께서 예수를 잉태함을 묵상하는 기도'를 올린다. 기도는 마음으로 바라는 바를 신께 비는 행위다. 그러니 마음이 가난한 사람은 기도할 필요가 없다. 기도란 대개 없는 것을 있게 해달라거나 있는 것을 없게 해달라는 간청이니, 무욕의 사람은 그런 기도를 할 필요가 없다. 이슬람의 한 수피 영성가는 "내가 만일 천국의 복락을 위해서 하느님을 사랑한다면, 나를 지옥에 던지소서."라고 기도했다. 순수한 하느님 사랑을 기도해야 한다. 하느님 나라와 의를 위하여, 하느님 영광을 구하지 않는 기도는 하늘나라의 쓰레기장으로 간다.

오늘날 종교는 양적 성장에서 영적 성숙으로 변해가야 한다. 종교지도자나 성직자가 자기 비움 없이 하느님께 나아가고 하느님을 들먹이는 일은 매우 위험하다. 얼굴 흰 그리스도인들에게 던지는 인디언들의 메시지는 여전히 진행형이다.

"당신들은 스스로를 그리스도인이라고 부르는가? 그렇다면 당신들이 구세주라고 부르는 그 사람이 당신들의 정신에 영감을 주고 당신들의 삶을 인도하는가? 내가 보기에는 전혀 그렇지 않다. 기록에 의하면 그 사람은 '상한 갈대 하나 꺾지 않았다.'고 되어 있다. 그렇다면 당신들은 자신을 그리스도인이라고 부르지 말라. 당신들의 위선을 세상에 널리 알리기 위한 것이 아니라면 몰라도. 또한 다른 나라 사람들을 더 이상 야만인이라고 부르지 말라. 당신들은 열 배나 더 잔인하고 이기적인 사람들이기 때문이다."

캐나다의 한 인디언은 말했다.

"유럽 백인이 처음 들어올 때 우리는 땅을 가지고 있었고 그들은 성경을 가지고 있었다. 이제 우리는 성경을 가지고 있고 그들은 땅을 가지고 있다."

성경을 읽고 교회에 나가기도 했던 인도의 간디는 영국인들에게 "왜 당신들이 믿는 신은 이웃사랑을 가르치는데, 당신들은 다른 나라를 식민지로 삼아 그 나라의 백성들을 괴롭히는가?"라고 말했다.

한 인디언이 기독교로 개종했다. 그는 매우 열렬한 기독교인이 되었다. 교회를 다니고, 술과 담배도 일체 끊었으며, 모두에게 착하게 행동했다. 그는 매우 좋은 사람이었다. 그러다가 그는 죽었다. 처음에 그는 인디언들의 영혼의 세계로 갔지만, 그들은 그를 받아들이지 않았다. 그가 기독교인이었기 때문이었다. 그래서 천국으로 갔지만, 그곳에서도 인디언이라는 이유로 그를 받아들이지 않았다. 그는 너무 선한 사람이었기 때문에 지옥에서조차도 그를 거부했다. 그는 하는 수 없이 다시 살아났다. 그리고는 들소 춤과 여러 인디언 춤을 추면서 자신의 자식들에도 그것을 가르쳐 주었다.

'독수리가 까마귀가 될 필요가 없으며, 우리는 가난하지만 자유롭다.'

'인생은 현실이고 인생은 진지한 것, 마음속에는 용기, 머리 위에는 하느님을 두라.'며 롱펠로우가 노래한다. 자신의 진정한 모습을 알고 나면, 꾸며낸 모습이 아니라 진정한 자신의 모습을 알고 나면, 생명의 모든 표현이 곧 자기 자신임을, 봄날의 꽃도, 겨울의 눈도 자신임을 깨닫게 된다. 인간 본질은 우주 본질과 하나이며, 따라서 인간은 자연으로부터 자신의 본성을 배울 수 있다. 산티아고 가는 길에서 신을 찾고, 자신의 본질을 찾는다. 어디에서 신을 발견할 것인가? 신은 어디에 존재하며, 어떻게 해야 그를 체험할 수 있는가? 순례자가 신을 만나기 위해 카미노 위를 걸어 산티아고로 간다. 신의 숨결이 느껴진다.

한낮의 뜨거운 태양이 심술을 부리기 전에 한 걸음이라도 더 나아가기 위해 발걸음을 재촉한다. 팔라스 데 레이에 도착해 독특한 외관이 인상적인 산 티르소 성당에 이른다. 중세 교통의 요지였던 팔라스 데 레이는 '왕의 궁전'이라는 뜻으로 중세 순례자들이 산티아고에 도착하기 전에 마지막 밤을 즐겼던 곳이다. 이 도시에서 가장 아름답다고 소문난 시청을 지나서 팔라스 데 레이를 나와 흙길을 나 홀로 걸어간다. 원수와 함께 가면 지척도 천 리요, 좋은 친구와 함께 가면 먼 길도 가깝게 느껴진다고 한다. 아프리카 속담에서도 '멀리 가려면 함께 가라.'고 한다. 하지만 나는 홀로 길을 간다. 길은 홀로 홀가분하게 떠나는 것이 현명하다. 어디에도 매이거나 물들지 않고, 자유롭고 순수하고 흔들리지 않는 것이 '나 홀로 여행'이다. 자신의 그림자만 데리고 훨

휘 가는 것, 그것은 홀로의 멋이고 맛이고 여유이며 낭만이다.

살아가면서 영혼을 찾아 자기를 돌아보는 침묵의 시간이 없다면 어떻게 제대로 된 삶이라 하겠는가. 자신을 알고, 자신과 가까운 친구가 되는 법을 배우고, 온전한 자신이 되는 법을 배워야 한다. 그리고 자신의 길을 가야 한다. 그래서 나 홀로 여행은 자기성찰의 시간이다.

새가 자신의 날개로 날아가듯 사람은 자신의 발로 걸어간다. 그리고 걸어온 그 길 위에 존재한다. 세상은 자신의 의지와 상관없이 사막에 버려진 순례자의 길이다. 가야 할 길이라면 어느 길이든 꿋꿋이 그길을 가야 한다. 길 위의 길을 가고, 길 없는 길을 간다. 고통과 고해의 길, 성찰과 수행의 길을 간다. 기우제를 지내는 자아의 연금술로 길을 간다. 인생이란 소풍에서 맛보는 최고의 보물찾기가 되리라 믿으며 길을 간다. 창랑의 물 맑으면 갓끈을 씻고, 창랑의 물 흐리면 발을 담그며 걸어간다. 그림자를 벗 삼아 미지의 길 위에서 도전과 응전을 만나고, 자연과 사람을 만나고, 역사와 문화를 만나고, 잃었던 자신을 만나고, 신을 만나려는 순례자의 마음으로 구도자의 길을 간다.

산 훌리안 마을을 지나서 팜브레 강을 건너 마토 카사노바로 이어지는 오르막이 나온다. 얕은 계곡들이 이어지는 숲길 구간이 대부분이다. 바(Bar)에서 잠시 휴식을 취한다. 카미노에서 가장 큰 가리비 장식품이 눈길을 끈다. '가리비'는 카미노 데 산티아고의 상징이다. 조개껍데기가 순례의 상징이 된 것은 난파된 배 위와 산티아고의 옷, 망토, 지팡이에 조개껍데기가 달려 있었기 때문이다. 조개껍데기는 순례를 했음을 증명하는 상징이었다. 산티아고에서는 조개껍질을 가져오면 완전한 평화를 얻었다는 것을 의미했다. 가리비 껍데기를 닮은 손등으로 야고보가 순례자의 어깨를 두드리며 위로를 하고 격려를 한다.

　포장된 보행로를 걸어 레보레이로 마을에 도착한다. 레보레이로는 토끼를 뜻하는 말인 리에브레에서 따온 이름이다. 수백 년 동안 토끼가 많이 사는 곳으로 유명했다. 마을 밖의 세코강을 건너고 숲길을 따라 내려가 중세풍의 산 후안 다리를 지나 푸렐로스로 진입한다. 푸렐로스의 산 후안 성당 앞에 놓여 있는 14세기 십자가상은 단순하고 거뭇거뭇 하지만 갈리시아에서 가장 오래됐다.

　드디어 멜리데 문어 요리점이 나타났다. 산티아고까지는 52㎞ 남았다고 표지석이 안내한다. 오르막길을 올라 멜리데 시가지로 들어간다. 여기저기 문어 전문식당인 풀페리아 레스토랑에서 문어 삶는 냄새가 진동한다. 이제 갈리시아 문화가 시작되는 땅에 들어왔다는 신호다. 갈리시아는 사계절이 뚜렷하고 연중 내내 비가 오면서도 해가 많아 어 딜 가나 초록초록한 아름다운 지역이다. 나무나 풀이 다 잘 자라고 해변가라 해산물이 풍부해 여러 음식이 많이 발달했다. 스페인식 해 물볶음밥 파에야도 갈리시아 지방이 원조다. 국도 옆에 위치한 식당 에서 민생고를 기쁘게 해결한다. '풀포(pulpo, 문어)의 수도'라 불리는 멜리데에서 유명한 문어 요리를 맛본다. 갈리시아 지방의 대표 요리인 풀포 요리에 레드와인을 곁들여 환상의 맛을 즐긴다. 갈리시아 문어 요리는 4일간 냉동시킨 문어를 양파, 마늘, 월계수 잎을 넣어 펄펄 끓 인 물에 넣었다가 뺏다가를 3번 반복한다. 그리고는 40분가량 푹 끓 인 후 건져내어 올리브유를 넉넉히 뿌리고 약간의 소금을 뿌린 후 한 국의 고춧가루와 비슷한 'pimento'를 뿌린다.

순례자의 고향인 대한민국 정신문화의 수도 안동은 간고등어의 고 장이기도 하지만 문어의 고장이기도 하다. 집안에 큰 행사가 있을 때 면 문어가 빠지지 않는다. 마치 전라도 지역에서 홍어가 빠지면 안 되 는 것과 같다. 문어(文魚)는 먹물이 있는 고기라 선비들이 좋아했고, 이름도 글월 문(文)에 고기 어(魚) 자를 썼다. 안동 지방에서는 순례자 가 퍼트린 '낙동강의 안동 댐에서는 문어도 잡히고 고등어도 잡힌다.' 는 우스개가 요즘 유행한다. 안동에는 또 다른 전설이 있다. 옛날 옛 날에 멸치와 오징어가 사랑을 했다. 둘은 결혼을 약속했으나 멸치의 부모는 자신은 뼈대 있는 가문이라며 뼈대 없는 오징어와의 결혼을 허락하지 않았다. 그리고 훗날 문어와 결혼을 시켰다. 문어(文魚)는 비 록 뼈대는 없지만 글(文)을 읽는 집안이기 때문이었다는 웃기는 얘기 다.

안동과 멜리데는 둘 다 바닷가가 아닌데도 문어 요리로 유명하다는 공통점이 있다.

문어는 종류만 해도 수백 종이 넘는다. 즐겨 먹는 나라도 있고, 전혀 먹지 않는 나라도 있다. 그리스의 어부들은 문어를 갑판에 대고 몇 번이고 후려쳐서 살을 연하게 해서 먹고, 일본인들은 살아서 꿈틀대는 문어를 사시미로 먹는다. 북유럽 민족과 게르만족은 문어와 오징어를 먹지 않는다. 특히 문어는 '악마의 물고기(devil fish)'라고 불릴 정도로 기피하는 대상이다. 기피하는 이유에는 종교적 배경이 있다. 문어는 팔팔 끓는 물에 살짝 익혀 초장에 찍어 먹는 것이 가장 손쉽고 맛있다. 오징어나 꼴뚜기와 달리 몸통보다 다리가 더 맛있다. 혈중 콜레스트롤을 저하시키는 타우린이 풍부해서 일찍이 고급 식재료로 사용되어 왔다.

문어는 혼자 지내기를 좋아하는 생물이다. 독야청청하는 선비와도 같다. 문어도 사람처럼 꿈을 꾼다. 피부색을 바꿔 물개 등의 천적을 속이는 문어는 꿈을 꾸며 잠잘 때도 같은 행동을 한다. 규칙적인 호흡을 하며 편히 잠자던 문어가 놀랍게도 피부색이 흰색에서 검은색으로, 검은색에서 흰색으로 바뀌는 계속 바뀌는 것이다. 문어는 무척추동물이지만, 뇌만큼은 사람과 비슷하게 발달했다. 과학자들은 인간 외에 의식을 가진 존재로 무척추동물 중에서는 단연 문어를 꼽는다. 문어는 개와 비슷한 5억 개 정도의 신경세포를 갖고 있다.

문어를 좋아하고 홀로 걷기를 좋아하는 안동 선비가 문어 요리에 와인을 곁들인 흥취를 누리며 카미노를 걸어간다. 고향 생각, 지나온 날들을 회상하며 순례자가 길을 간다. 영화 「퍼스트 맨」의 우주비행사 닐 암스트롱이 달에 처음 착륙하고 깨달은 것은 달의 신비가 아니라 지구의 아름다움이었다. 사람들은 모두 지구별 항해자들, 우주의 나그네다. 여행자들의 깨달음은 여행지의 신비도 있지만, 그보다는 평범한 일상의 소중함이다. 산티아고 가는 길이 회상의 길이 된다.

내 나이 이제 육십. 고향에서 20년, 고향을 떠나 40년을 살았다. 앞의 40세까지는 힘들고 외로운 삶, 뒤의 20년은 앞의 40년을 만회하는 감사한 삶이었다. 골이 깊으면 산이 높다고, 앞의 40년 동안 깊은 골짜기가 있었기에 지금은 인생의 능선에서 사방을 둘러보며 행복을 느낄 수 있다. 어디로 가야 할지, 망양지탄의 고난과 고통에는 보이지 않는 손의 숨은 뜻이 있었다. 백척간두에서 진일보하는, 자신을 정금 같이 단련할 수 있는 기회의 시간, 충전의 시간이었다. 사람은 누구나 인생을 살면서 세 권의 책을 쓴다. 이미 써 버린 과거의 책, 쓰고 있는 현재의 책, 그리고 써야 할 미래의 책이다. 미래의 책을 쓰려면 과거의 책 위에 현재의 책을 보면서 어떻게 써야 할지 방향을 잡아야 한다. 빨리 가는 것보다 중요한 것이 제대로 방향을 알고 가는 것이다. 과거는 역사(history), 미래는 신비(mystery), 현재(present)는 선물이다. 역사를 회상하며, 주어진 선물로 '카르페 디엠'을 행하면서, 신비의 세계로 나아가는 인생을 살아야 한다.

순례자가 되어 걸어가는 카미노의 고행이 눈을 활짝 열어주고, 생각의 힘, 철학하는 근육을 길러준다. 진정 행복하고 싶다면 '나'를 튼튼하게 육성해야 한다. 돈과 명예, 권력은 원래 내 것이 아니기에 언제고 사라질 수 있다. 그러나 '건강한 나'는 누구도 뺏어가지 못한다. 자아가 크고 건강한 사람은 세파에 흔들리지 않으며 늘 밝고 당당하다.

튼튼한 자아는 핵심 경쟁력이다. 운동은 처음 시작할 때가 가장 어렵다. 육체운동도 중요하지만 정신운동을 해야 한다. 육체의 근육도 중요하지만 정신의 근육 또한 중요하다. 철학은 정신운동이다. 지속적인 운동이 건강한 몸을 만들듯이 꾸준한 정신운동은 건전하고 단단한 자아를 만든다. 진정한 행복은 그런 자아 위에서 이루어진다. 키르케고르는 "돈 5달란트를 잃었다고 심각해지는 이들도, 정작 자기를 잃어버린 데 대해서는 조금도 걱정하지 않는다."라고 말한다. 먼저 자신부터 알아야 한다. 그래야 자신을 세상에 맞춰 살아갈 것인지, 세상을 자신에게 맞춰 살아갈 것인지 판단할 수 있다. 선진국에서는 청년기 자아 탐색을 뜻하는 '갭이어(Gap Year)'가 보편화되는 추세다. 젊어서 선택권을 가지고 있을 때 스스로의 삶을 찾아야 나중에 후회하지 않는다. 성공하고 행복하려면 자신이 누군지를 먼저 공부해야 한다. 그렇다고 나를 찾는다는 이유로 자신에게 지나치게 함몰되어 세상을 넓게 보지 못하는 어리석음을 범해서는 안 된다. 이기적인 마음이 아닌 애기적인 마음이 필요하다. 책임감과 이타적인 마음도 배워야 한다.

프랑스 시인 폴 발레리는 "그대가 용기 내어 생각하는 대로 살지 않으면, 머지않아 그대는 사는 대로 생각하게 될 것이다."라고 말한다. 생각하는 대로 살 것인가, 아니면 사는 대로 생각할 것인가. 생각대로 살 수 없고, 생각처럼 잘 안 되는 것이 인생이지만, 그래도 생각 없이 살 수는 없다. 생각하는 주체로 살지 않으면 남의 생각의 노예가 되어 끌려가며 살 수밖에 없다.

멜리데에서는 오비에도에서 루고를 거쳐 오는 9세기 최초의 피리미티보 순례길이 프랑스 순례길과 만난다. 마을 중앙에 위치한 산 로케

성당의 이오니아식 열주 속에는 산티아고 조각상이 박혀 있다. 산 로케 공원을 지나 교차로를 가로질러 구시가지의 좁은 골목길을 사이로 난 순례길을 따라 멜리데를 벗어난다.

카미노를 걷는 순례자에 대한 시각은 다양하다. 순례자란 순례 속에서 기독교적인 신앙을 표현하고 참회나 성 야고보와의 영적 만남을 통해 사도의 무덤을 향해 걷는 이들, 종교적 동기가 있는 자만이 순례자라는 것이다. 어떤 이들은 순례의 본질을 역사나 예술에서 찾고, 카미노의 모든 성당에 들러 건축 양식을 분석한다. 그들은 카미노의 유적에 관심 없는 이들을 카미노도, 순례도 이해하지 못한다고 폄하한다. 소동파는 '불식여산진면목'이라며, 여산에서 여산의 진정한 모습을 볼 수 없다고 노래한다. 진정한 순례는 홀로, 도보로, 진지하고 금욕적인 자세로, 종교적이며, 카미노의 기반 시설을 이용하여 공간을 이동하는 것이라고 할 수 있다.

산티아고 순례길에서 길을 잃을 염려는 없다. 노란 화살표나 가리비 조개 모양만 따라가면 산티아고에 도착한다. 갈림길마다 노란 화살표와 조개껍질로 방향을 표시해준다. 순례가 끝날 때까지 길을 잃고 헤맨 적은 단 한 번, 산토도밍고에서 아직 어두컴컴한 새벽에 출발해서 노란 화살표와 가리비를 찾지 못했을 때뿐이다.

멜리데 외곽에서 그늘진 숲길을 따라 걸어간다. 키가 약 40~50m는 되어 보이는 유칼립투스 나무들이 하늘을 향해 일자로 웅장하게 서 있다. 펄프의 원료로 쓰이며 경제성이 좋은 수종으로 캐나다, 브라질 등 많은 나라에서 이 나무를 조림하고 있다. 나무의 키가 크다 보니 대낮인데도 그늘이 져서 어둡다. 나무에서 나오는 향기는 편백나무처럼 좋다.

보엔테에서 카미노는 다시 가파른 계곡으로 이어지며 보엔테강을 건넌다. 오르막길을 따라 예전 산티아고 대성당 건축을 위한 가마터가 있었던 카스타네다에 이른다. 바(Bar)에서 휴식을 취하며 신발을 벗고 발을 마사지한다. 머리에서 가장 멀리 있는 신체는 발이다. 심장에서 가장 멀리 있는 신체도 발이다. 발은 가장 험하고 힘든 일을 한다. 머나먼 순례길을 함께 해준 발, 단 하나의 물집도 생기지 않고 무사히 여기까지 데려다준 발에게 무한한 경의를 표한다. 집의 신발 박물관에는 여러 개의 등산화가 모셔져 있다. 그 신발들은 백두대간을 비롯한 길 위의 역사를 간직하고 있다. 신과 발, 신발의 합작품이 산티아고 순례길을 무사히 마치도록 기원한다. 피스테라에서 신에게도 발에게도 무한한 감사의 마음을 담아 키스를 할 수 있기를 기원한다.

"발아! 신발아! 정말 고맙다."

순례자가 다시 '걸음아 날 살려라.' 하며 카미노를 걸어간다. 걸음걸이는 생명의 나이와 연결되어 있다. 걸음걸이를 30대로 걸으면 30대가 되고, 40대로 걸으면 40대가 된다. 나이가 들면 대부분 골격이 틀어지고 걸음걸이가 달라진다. 대부분 나이 오십이 넘어가면 자세가 구부정하게 변한다. 또 무릎도 쫙 펴지지 않고 걸음걸이는 어정쩡한 팔자걸음이 된다. 무릎이 약해지면 걸을 때 몸의 중심이 발바닥에서 허리로 올라오고, 허리가 약해지면 다시 어깨까지 올라간다. 걸음걸이와 호흡은 닮은 점이 많다. 마치 아기 때는 호흡을 아랫배로 하다가 어른이 되어서는 가슴으로 하고, 나중에는 숨이 넘어가는 것처럼 목에까지 찬다. 원기 왕성한 아이들은 넘어질 듯 넘어질 듯 몸이 앞으로 쏠린 채 발 앞쪽에 힘을 주어서 팍팍 내딛는다. 발끝에, 발가락에, 용천에 힘을 주고 걷는다.

평소 좋아하는 노래를 휴대폰으로 들으면서 리드미컬하게 걸어간다. '베사메무초(besame mucho)'를 안드레아 보첼리의 애잔한 목소리로 듣는다. 1940년 멕시코의 여류 피아니스트이자 작곡가인 콘수엘로 벨라스케스에 의해 집필된 대중가요로, 사랑하는 사람을 잃을까 두려워하며 부르는 노래다. 제목을 영어로 번역하면 'kiss me much(많이 키스해주세요)'이다. 한국에서는 가수 현인의 번안곡으로 알려졌으며, 노태우 전 대통령의 애창곡이었다. 한국에서 불리는 몇 안 되는 스페인어 노래다. 이어서 영화 「금지된 장난」의 배경음악인 '로망스'를 클래식 기타 연주로 듣는다. 원래 스페인 민요였던 노래를 기타리스트 나르시소 에페스가 기타 독주곡으로 편곡하여 영화 〈금지된 장난〉의 주제곡으로 만들었다. 멜로디의 정결한 아름다움이, 천진난만한 주인공들이 십자가를 가지고 장난을 하는 영화의 장면과 오버랩되고, 순례자는 노래를 읊조린다.

개와 고양이들이 길가에서 어울려 사이좋게 놀고 있다. 이색적인 풍경이다. 애비게일 터커는 "사자는 그토록 힘이 세고 용맹해도 고양이처럼 멀리 뻗어가지 못했다. 고양이는 북극권에서 하와이 군도까지 차지했으며 뉴욕을 점령하고 오스트레일리아 대륙 전체를 급습하여 점령했다. 그리고 그 와중에 지구상에서 가장 값비싸고 경비가 삼엄한 영역까지 차지했다. 인간의 마음이라는 요새를 손에 넣은 것이다."라고 했다. 성호 이익(1681~1763)의 성호사설에 실린 '투묘', '도둑고양이' 이야기다.

떠돌아다니던 고양이 한 마리가 집으로 들어왔다. 타고나길 도둑질 잘하는데다 마침 잡아먹을 쥐도 많지 않아 늘 배고프다 보니 조금만 단속을 소홀히 해도 밥상에 차려놓은 음식까지 훔쳐 먹었다. 사람들이 몹시 미워해서 잡아 죽이려 하면 또 도망치기도 잘했다. 그러다가 얼마 후 우리 집을 떠나 다른 집으로 들어갔다. 그 집 식구들은 원래부터 고양이를 예뻐하였기 때문에 먹을 것을 많이 주어 배고프지 않게 하였다. 또 쥐도 많아서 사냥하여 배부르게 먹을 수 있었으므로, 마침내 다시는 도둑질을 하지 않게 되었다. 그 집에서는 착한 짐승 대접을 받았다.

맹자의 무항산무항심(無恒産無恒心)이 어디 사람뿐이겠는가! '창고가 차야 예절을 알고, 의식이 넉넉해야 예절을 안다.'는 옛말 그대로다. 중국의 개혁과 개방을 이끈 등소평은 흑묘백묘(黑猫白猫), 곧 "검은 고양이든 흰 고양이든 쥐만 잘 잡으면 된다."라고 하였다.

이소 강을 건너 리바디소에 진입, 오르막길을 따라 아르수아로 들어간다. 이제 산티아고까지 남은 거리는 약 40㎞다. 이곳 아르수아는 치즈가 유명하다.

여행은 낯선 곳에서 자신을 되돌아보는 것, 주관의 객관화로, 일상을 떠나 여행에서 끊임없이 자신을 돌아본다. 가족이 있는 분당에서 생업의 터전인 용인에서의 생활을 바라보고, 고향 안동에서 분당과 용인의 삶을 바라보고, 국내 여행에서 가정과 일터와 고향을 생각하고, 나아가 해외에서 대한민국에서 살아가는 자신의 모습을 바라본다. 산티아고 순례길에서 살아온 모든 시간과 공간을 회상한다. 삶 속에 스쳐 간 모든 생각을 돌아본다. 순례자가 회상의 길을 걸어간다. 지난 세월이 주마등처럼 스쳐 가고, 순례의 여정이, 인생의 아름다운 시간이 낯선 이국땅, 아르수아의 어둠 속에서 소리 없이 흘러간다.

28

사랑의 길

"Love Myself.
나 자신을 사랑하라!"

아르수아에서 오 페드로우소까지 19.2㎞
아르수아~카예~산타 이레네~오 페드로우소

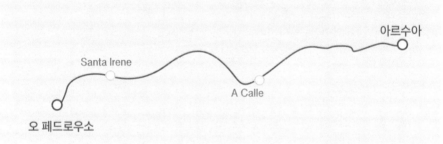

길을 나선다. 천상의 별들이 희망의 빛을 발하며 순례자의 발길을 안내한다. 하루라도 떠나서 살 수 없는 빛과 공기와 바람이 오늘도 달려와서 반겨준다. 새벽바람의 숨결을 마시면서 바람의 힘으로 바람을 이루어간다. 바람결에 고통과 절망은 날아가고 희망과 기쁨이 밀려온다. 바람은 대지가 내쉬는 숨소리이다. 단군신화에서 환웅은 하늘에서 지상의 인간을 다스리러 내려올 때 우사·운사·풍백을 거느렸다. 이는 바람이 인간의 삶에 큰 영향을 미친다는 사실을 증명한다. 바람은 하늘 저 멀리서부터 귓가로 와서 스러지는 음악이다. 사람들은 다양한 바람의 소리를 들으며 살아가야 하는 숙명을 지니고 있다. 서 있는 위치와 상황에 따라 울고 웃으며 즐거움과 괴로움의 바람을 맛본다. 산 위에서 부는 바람 시원한 바람이 있는가 하면, 바다에서 불어오는 짠맛 나는 바람도 있다. 순례자가 천상에서 불어오는 희망의 바람을 마시며 카미노를 걸어간다.

"여행은 목적지로 가는 과정이지만, 그 자체로도 보상."이라고 한 스티브 잡스의 말처럼 산티아고 가는 길은, 가는 길 그 자체가 보상이고 목적이다. 인생은 죽음으로 가는 여행이지만 삶 그 자체로 보상이다. 생명(生命)은 생(生)은 명령(命令)이란 의미이니, 사람은 삶을 살아야 한다. 살아야 하기에 사람이다. 살다 보면 사람의 받침 'ㅁ'은 세파에 연마되어 둥글게 'ㅇ'으로 변하여 사람은 사랑이 된다. 삶은 사람이 사랑하며 사는 사랑의 길, 사랑의 소풍이다. 미워하는 일보다 사랑하는 일이 더 어렵지만, 어떤 것도 사랑을 멈출 수는 없다. 사랑을 이길 수 있는 무기는 없으니, 사랑은 사람이 가진 모든 병의 치료약이다. 산티아고 가는 길은 사람의 길, 사랑의 길이다. 행복과 자유의 비결을 가르쳐 주는 길 위의 교회요 학교다.

아르수아를 나와서 이내 숲길 계곡을 걷는다. 산티아고 데 콤포스텔라까지 이제 남은 거리 불과 40㎞. 오늘은 그 반만 가는 여유 있는 발걸음. 한 걸음 한 걸음 소중하게 내딛는다. 옛사람들은 '행백리자 반어구십(行百里自 半於九十)'이라고 했다. '백 리를 가려는 사람은 구십 리를 반으로 삼는다.'는 의미로, 무슨 일이든 마무리가 중요하고 어려우므로 끝마칠 때까지 긴장을 늦추지 말고 꾸준히 노력해야 한다고 가르친다. 니체는 "자신의 길을 걷는 사람은 영웅이다. 자기가 할 수 있는 일을 하면서 사는 사람은 누구나 영웅이다."라고 말한다. 순례자가 자신의 길, 마음이 담긴 길, 영웅의 길을 걸어간다. 마음의 길을 걸으려면 마음의 문을 열어야 한다. 마음의 문을 여는 손잡이는 마음의 안쪽에만 있다. 그래서 마음의 문을 여는 것도 닫는 것도 모두 자신의 자유이다.

시원한 그늘이 있는 나무 아래 길바닥에 드러눕는다. 하늘을 쳐다보다 살짝 잠이 든다. 꿈속에 나비가 되어 산으로, 들로 훨훨 날아다닌다. 휴식의 진한 맛을 만끽한다. 휴식(休息)의 휴(休)는 사람(人)이 나무(木) 그늘 아래 있는 모양이고, 식(息)은 스스로(自) 마음(心)을 들여다보고 숨을 쉬는 것이다. 그래서 쉬는 것은 마음을 들여다보는 깨달음의 시간이다. 마음의 문을 열고 세상을 바라보며 청복(淸福)을 누린다. 세상 사람들은 열복(熱福)을 추구하느라 청복의 맛을 누리지 못한다. 다산은 유배의 길을 청복이라 여겼다. 유배길이 있었기에 집필이 남았고, 사유가 깊었으며, 세상을 바로 보는 온전한 시각이 갖추어졌다고 자위했다. 에디슨은 많은 발명을 할 수 있었던 비결이 "앉을 수 있는 곳에 앉고, 누울 수 있는 곳에 누웠기 때문."이라고 한다. 여행자는 쉴 수 있을 때 쉬고, 먹을 수 있을 때 먹고, 잘 수 있을 때 자고, 쌀 수 있을 때 싸야 한다. 바람 소리 새 소리가 그만 자고 길을 가라고 재촉한다. 아쉽다. 꿈속의 나비가 나이고 고행의 맛을 즐기는 지금이 꿈이라면 좋으련만. 장엄하고 아름다운 유칼립투스 숲길. 아름다운 경관 앞에서 떠오르는 얼굴은 진정 사랑하는 사람이라 하던가. 자랑하고 보여주고 싶은 얼굴들이 스쳐 간다.

하느님은 인간을 무(無)로부터 창조하셨다. 피조물은 허무로부터 왔기 때문에 항시 허무의 그림자를 안고 존재한다. 자신이나 주위 피조물들이 덧없음에도 존재한다는 사실은 허무주의로 몰아갈 수도 있지만, 한편 존재의 신비와 은총에 눈을 뜨게도 해준다. 그래서 죽음은 진공묘유(眞空妙有)의 놀라운 세계를 발견하게 한다는 측면에서 유한한 존재들에게 감추어진 축복이 될 수도 있다. 죽음은 누구나 맞이하는 인생 최대의 위기이며, 영원한 휴식이다. 죽음은 '곱하기 0'이다. 아무리 큰 숫자라도 0을 곱하면 0이 된다. 죽음은 인생의 모든 가치와 목적, 의미를 무효화 한다. 죽음 앞에서 삶의 성찰은 참다운 자기 인식에서 출발한다. 몸과 마음으로 덮여 있는 표피적 자아가 아니라 더 깊이 숨어있는 '참나'를 발견하고 실현하여, 참사람으로 사는 것이 인생 최고의 행복이다. 영성가들은 무엇에도 흔들리지 않고, 어떤 두려움도 없으며, 어디에도 매이지 않는 절대 평안과 자유의 삶을 살려면 참나를 자각하고 완전히 하나가 되어야 한다고 가르친다. 빅뱅으로 시작된 137억 년 전 우주의 탄생은 푸른 별 지구를 잉태하기 위한 것이고, 45억 년 전 지구의 탄생은 바다에서 생명을 낳기 위한 것이며, 5억 년 전 바다에서 생명이 탄생한 것은 인간의 탄생을 위한 준비였다. 그리고 300만 년 전 오스트랄로피테쿠스라는 인간이 탄생한 것은 순례자의 탄생을 위한 서곡이었다. 인생이라는 사랑의 길목에서 원대한 신의 계획 아래에서 '왜 사는가?'를 깨달으며, 신에게 감사하고 신을 찬미하며 아름다운 소풍을 즐긴다. 여유로운 순례자가 콧노래로 삶의 찬가를 흥얼거린다.

　이제는 제법 많은 순례자가 함께 길을 걷는다. 다양한 나라에서 온 순례자들과 함께 활기찬 발걸음을 옮긴다. 길 위에서 만나는 모든 사

람은 성자가 되고 싶어 하는 죄인들. '죄 많은 곳에 은혜가 많다'고 했으니, 산티아고 가는 길에는 은혜가 많다. 죄 없다고 생각하는 사람들은 산티아고 길 위에 서지 않는다. 신의 은총은 '나는 죄인입니다.'라는 고백 위에서 시작된다.

발걸음이 카에에 도착한다. 숲속으로 난 가파른 언덕을 오르자 산타 이레네 소성당이 모습을 드러낸다. 중세 피부병을 치료해주었다는 성인의 샘이 성당 곁에 남아 있다. 산타 이레네에서 부르고 강을 건넌 후 유칼립투스 숲길을 걸어간다. 코알라 나무 그늘이 있어 상쾌한 길이다.

야고보는 예수의 죽음 이후 사도들이 각지로 흩어져 복음을 전파할 당시 이베리아반도, 이스빠니아(Hispania) 지방에서 전교 활동을 하다가 7년간 불과 7명의 신자만을 만든 성공적이지 못한 성과를 이루고 다시 예루살렘으로 돌아가 순교하게 된다. 야고보는 성경에 기록된 최초의 순교자이며, 다른 제자들에 대한 기록은 없다. 다만 전승에 의하면 베드로는 로마에서 십자가에 거꾸로 못 박혀 죽었고, 러시아로 갔던 안드레는 터키에서 십자가에 X자로 못 박혀서, BC 52년경에 빌립이 터키에서 십자가형으로, BC 60년경에 에티오피아로 간 마태는 비늘창이란 날카로운 무기로, 다대오는 페르시아에서 십자가형으로, 시몬은 페르시아에서 톱으로 두 동강 나서, 바돌로메(나다나엘)은 전신의 가죽이 벗겨진 후에 십자가형으로, 자살한 가룟 유다에 이어 제자가 된 맛디아는 예루살렘에서 참수형으로, 의심 많은 도마는 인도에서 창으로, 알패오의 아들 야고보는 94세에 이집트에서 나무망치로 머리를 맞아 순교하였고, 야고보의 동생 요한은 끓는 기름 속에 던져

졌으나 기적적으로 죽지 않아 밧모섬으로 유배되어 요한계시록을 기록하며 천수를 누렸다.

인생은 모두 자기가 선택한 길을 가는 길이며, 사람은 그 길 위의 여행자다. 삶은 꿈을 이루는 긴 여행이다. 여행을 즐기면 꿈은 이루어진다. 각기 선택하는 길이 다를 뿐이다. 길은 달라도 같은 산을 오른다. 길은 달라도 모든 길은 정상을 향하고, 모두 정상에서 만난다.

태양이 등을 떠미는 신선한 아침, 길 위에서 위대한 정령을 만난다. 파란 하늘, 고요한 바람, 숲, 새 소리, 대지에서 신을 만난다. 신의 숨결이 들려온다. 카미노를 걸으면서 기도를 하며 영혼 안으로 들어간다. 루터의 종교 개혁 이전, 문자나 문화가 보편화되지 않았던 고대나 중세 사람들은 오히려 문자 이외의 의례나 예술, 순례 행위 등을 통해 신을 접했다. 신(神)은 상징이자 암호다. '신'이라는 단어는 보통명사로 그 자체로는 별 의미가 없다. 어떤 의미를 담아서 신이라는 말을 사용하는 것은 유대교, 기독교, 이슬람교라는 세 유일신 종교의 영향이 압도적이기 때문이다. 영성이 깊은 사람들에게는 존재하는 모든 것이 신의 암호가 된다. 그들은 어디에서나 신을 만난다. 이슬람의 한 수피 영성가는 "메카에 검은 돌이 안치되어 있는 카바를 처음 방문했을 때 나는 카바만 보고 알라를 보지 못했다. 그다음에 갔을 때는 카바와 알라를 함께 보았으며, 마지막 세 번째 방문했을 때는 카바는 사라지고 알라만 보았다."고 고백한다. 카바 참배는 메카 순례의 핵이다. 모든 무슬림의 평생소원이며 5대 의무 가운데 하나로, 이슬람 종교의 외적 측면을 대표하는 하나의 상징이다. 알라와의 만남을 매개해주는 상징이기도 하다. 수피 영성가는 멀고 먼 순례길을 가서 정작 알라는 만나지 못하고 카바(종교의 외적 측면)만 보고 돌아왔다.

대부분의 사람은 이렇게 신앙생활을 시작한다. 종교에 발을 들여놓으면 경전을 읽거나 설교, 강론을 들으면서 하나씩 배워간다. 그리고 자기 종교의 전통이나 상징에 대한 견문과 지식이 풍부해진다. 그런데 사람들은 상징을 절대화하고 숭배하며 거기에 집착하면서 그것을 신앙이라고 착각한다. 상징이 우상이 되어 인간은 자신이 만든 상징의 노예, 전통의 노예, 종교의 노예가 된다. 사람들은 특정 종교의 상징을 배우고 접하며, 그 종교의 의례를 관습적으로 준수하는 행위를 신앙생활로 오해하면서 살아간다. 상징에 매달려 신을 놓쳐버린다. "안식일이 사람을 위해 있지 사람이 안식일을 위해 있는 것이 아니다."라는 예수의 말씀은 어디 가고, 제도에 끌려가면서 신앙생활을 한다. 달은 보지 못하고 손가락만 쳐다보듯, 성경을 읽고 불경을 읽으면서도 하느님의 뜻과 부처의 마음은 깨닫지 못하고 문자에만 사로잡힌다.

수피 영성가는 두 번째 카바 참배에서 상징의 절대화에서 벗어나 카바도 보고 알라도 볼 수 있었다. 상징을 상징으로 알고, 상징을 통해 알라를 본 것이다. 그리고 수피 영성가는 세 번째 방문에서 전혀 다른 새로운 영성의 세계를 맛본다. 더 이상 종교적 상징에 매달리지 않고 종교와 비종교의 경계가 무너지면서 언제 어디서든 하느님을 만나고 부처를 만난다. 이것이 신앙생활 영성의 3단계다. 성철 스님은 "산은 산이요, 물은 물이로다."라고 했으니, 수피 영성가의 카바와 같은 의미를 다른 표현으로 말씀하신 것이다.

뜨거운 여름날 한낮의 태양이 작열한다. 온몸이 땀에 젖는다. 아직도 흘릴 땀이 남아 있었던가. 여름날의 고행, 한숨과 미소가 절로 나온다. 물집도 무릎도 괜찮다. 오직 태양의 불길이 지옥으로 안내한다. 머리에도 혈관에도 피가 뜨겁게 끓는다. 짬뽕을 먹으면 자장면이 그리워진다고 하던가. 주로 한겨울에 떠난 도보 여행. 한파주의보가 내린 매서운 겨울의 맛과는 달리 화끈한 여름의 태양이 심신을 곤비케 한다. 그 뜨거웠던 날들, 폭염주의보가 내렸던 '해파랑길의 추억'이 스쳐 간다.

다시 그늘진 숲길이 천국으로 안내한다. 언제 그랬느냐는 듯 구원의 기쁨으로 이내 즐거워진다. 죄는 신의 뜻을 어기는 것이 아니라 자신에 대한 배신이다. 자기 자신과의 대면이 신과의 대면이며, 자기 인식이 곧 신의 인식이다. 태양 볕과 그늘, 천국과 지옥을 오가며 신을 만나고 자신을 만난다.

종교란 무엇인가? 인간을 가장 자유롭게 해야 할 종교(宗教)가 가장 무거운 짐이 되어버린 오늘날. 자기 종교의 전통을 절대화하고 고착시켜 그 전통의 노예가 되고 만다. 경전이나 교리의 문자는 달을 가리키는 손가락이다. 근본주의자들은 경전의 문자를 하느님처럼 절대시하고 숭배한다. 이는 현대인들이 만들어낸 경직된 사고의 산물이다. 예수는 유대교인이었지 기독교 신자가 아니다. 예수는 기독교를 모른다. 기독교는 바울의 종교다. 부처는 힌두교인이었지 불교 신자가 아니다. 부처는 불교를 모른다. 불교는 아난다와 그 제자들의 종교다. 공자와 맹자는 유교를 모르고, 노자와 장자는 도교를 모른다.

예수의 산상보훈, 부처의 무욕과 무소유의 가르침은 기복신앙과 본질적으로 다른데도, 신앙의 이름으로 세속적 욕망을 부추기고 확대·재생산하는 것이 오늘날 종교의 모습이다. 종교는 자기를 변화시키고 사회와 세계를 변화시키는 으뜸가는 가르침이다. 이기적이고 아전인수 격인 기적 신앙, 기복 신앙은 청산해야 한다. 의사의 손을 대신해서 병을 고쳐주는 것이 축복이 아니라, 살아있다는 사실 하나만으로 감사하는 것이 신앙의 힘이다. 교회는 '나는 죄인'이라고 고백하며 예배드리는 곳이며, 절은 겸손하게 절하는 곳이다. 종교 생활은 자신을 낮추고 겸손히 절하는 자세로 살아가는 것이다. 봉사와 섬김으로 나아가지 못하는 영성은 아직 성숙하지 못한 상태다.

산티아고 가는 길은 사랑의 길이다. 성경은 피조물 가운데 그 자체로 나쁜 것은 하나도 없다는 입장이다. 따라서 피조물은 모두 사랑하고 즐길 수 있는 대상이다. 문제는 하느님보다 인간을, 인간보다 동식물이나 다른 물질을 더 사랑한다는 데 있다. 사람들은 너무 지나치게 사랑하나 현명하게 사랑할 줄을 모른다. 하느님의 사랑, 예수의 사랑, 사도 야고보의 사랑, 성모 마리아의 사랑, 길 위의 성인들의 사랑, 순례자들의 사랑, 순례자들을 위한 사랑, 자연의 사랑이 깃든 곳이 카미노 데 산티아고다. 누가 정말 우리의 이웃인가. 강도를 만나 발가벗겨진 채 길에 쓰러져 죽어가는 사람을 보고 그냥 지나간 제사장인가? 그를 못 본 채 피해 가는 레위인인가? 아니다. 길가에 쓰러져 신음하는 자의 상처에 기름과 포도주를 붓고 돌봐준 사마리아인이 진정한 이웃이다. 지체가 높은 제사장이라 해도, 혈통이 고귀한 레위인이라 해도 사랑이 없으면 피가 다르고 종교가 다른 사마리아인만 못한 사람이다.

유대인들은 사마리아인들을 박해하고 기피했다. 하지만 유대인이었지만 예수는 사마리아인들을 차별하지 않았다. 사마리아인들은 원래 이스라엘 사람들과 같은 핏줄로 북쪽의 왕국에 살고 있었다. 기원전 722년 아시리아의 공격으로 왕국은 멸망하고, 그곳으로 이주해온 아시리아 사람들과 혼혈로 태어난 사람들을 사마리아인이라고 불렀다. 종교도 혼합되어 이들은 성지 예루살렘에 들어갈 수 없었다. 그런데도 예수는 그들을 같은 이웃이라고 했다. 누가복음의 '선한 사마리아인' 비화가 바로 그렇다. 기독교의 핵심교리는 '사랑'이다. '하나님은 사랑'이니 '원수까지도 사랑'하여야 하며, '하나님이 독생자 예수 그리스도를 주어 너희를 사랑한 것 같이 너희도 서로 사랑하라.'는 것이 기독교의 가르침의 핵심이다. 불구덩이에 들어가는 의로움이 있어도 사랑이 없으면 소용이 없다. 사랑 없는 정의는 인간의 정의이다. 최후의 만찬에서 자신의 피로 보여준 예수의 포도주의 사랑은 사랑의 절정이다.

대한민국을 세계에 빛내는 방탄소년단은 "Love Myself. 나 자신을 사랑하라."라고 노래한다. '나 자신'은 우주의 중심이다. 나 자신은 이 세상 그 무엇보다 소중한 존재다. 누에는 뽕잎을 먹으며 일생에 네 번의 잠을 잔다. 그리고 고치가 되어 실(실크)을 만든다. 누에의 꿈은 무엇일까? 누에의 꿈은 나방이 되어 훨훨 날아가는 것이다. 누에는 자신의 길을 갔다. 누에는 누에의 길을 갔지만, 그것이 인간에게 유익함을 준다. 누에는 인간을 위하여 실을 만들지 않았고, 비단을 만들지도 않았고, 실크로드를 만들지도 않았다. 누군가를 위해 자신을 희생하기보다는 자신의 길을 가는 삶이 타인에게 유익함을 준다면 좋지 않겠는가. 자신을 위하여 사랑하고 베푼 것이 타인에게 기쁨을 준다면 그것이 좋다.

장자는 애기애타(愛己愛他)를 가르친다. 장자는 '진심으로 자기 자신을 사랑할 줄 아는 사람이 남을 사랑할 수 있다.'며, 이기(利己)가 아닌 애기로서 애타보다 우선하라고 말한다.

중국에는 '작은 예수', '제2의 예수'로 불리는 묵자라는 사상가가 있다. 묵자는 공자가 죽은 무렵에 태어난 것으로 추정되고, 묵자가 죽은 무렵에 맹자가 태어났다. 맹자가 살았던 전국시대에는 공자의 유가 사상보다 묵가 사상이 천하를 휩쓸고 있었다. 예수는 가난한 목수의 아들로 태어났고, 묵자는 불가촉천민이라는 비천한 신분으로 태어났다. "내가 세상에 죄인을 부르러 왔다."라고 선언하고 일부러 병자, 죄인, 세리, 이방인들과 어울렸던 예수처럼, 묵자는 자신을 "천한 사람들과 어울리는 천한 사람."이라고 말한다. 묵자도 처음에는 공자의 학문을 연구하였으나, 마틴 루터가 종교 개혁의 횃불을 일으켜 가톨릭에서 루터교를 일으킨 것처럼 어느 순간 유가 사상을 박차고 뛰어나갔다. 묵자는 유가의 바탕 위에서 예수가 부르짖었던 사랑, 겸애의 진리를 발견하였다.

사랑과 평화를 사유의 핵심에 놓은 철학자 묵자가 공자에게 불만을 가졌던 것은, 유가가 통치 계급의 입장을 옹호하며 예악을 위주로 하여 봉건사회를 재현하여 세상을 올바로 다스리는데 애를 쓰고 있다는 점이었다. 하지만 묵자는 그 자신이 천민 출신으로 봉건제도가 지닌 모순으로 부당하게 고난을 겪어야 하는 백성들의 비참한 현실에 눈을 떴던 것이다. 하늘의 개념을 파악한 묵자는 '만물의 창조자이며 인격적인 주재자'인 하느님의 존재를 발견하고, 동양 사상 최초로 '하느님'을 부르짖은 사상가다. 이는 5백 년 뒤에 태어나 스스로를 '하느님의 아들'이라고 자칭한 예수의 '전생적 예수'라고 불릴 만하다. 묵자가 유가에서 벗어난 결정적인 동기는 만물의 창조자이고 주재자인 하늘(하느님)의 존재를 깨달은 후부터였다. 공자 역시 하늘의 존재를 인식한 선지자였으나, 공자의 하늘관은 '운명론'적이었다. 묵자는 그러한 공자의 운명으로서의 하늘에 반기를 들었다. 묵자는 유가를 "하늘만 믿고 노력을 하지 않는 게으른 운명론자들."이라고 비난하며, '무소부재(無所不在)'하고 '무소불명(無所不明)'한 하느님의 존재에 대하여 마치 성경의 창세기처럼 선포했다.

"또한 내가 하늘이 백성들을 두터이 사랑하고 계시다고 아는 근거가 있다. 곧 해와 달과 별들을 벌려놓음으로써 그들을 밝게 인도하시고 춘하추동의 사계절을 만들어놓음으로써 그들의 기강(紀綱)이 되게 하셨고, 눈과 서리, 비, 이슬 등을 내려줌으로써 오곡과 삼베가 자라고 누에를 칠 수 있게 하여 백성들이 거기에서 재물과 이익을 얻게 하셨으며, 산천과 계곡을 벌려놓고 여러 가지 일들을 펼쳐놓음으로써 백성들의 착하고 악한 것을 살펴보시고, 왕공(王公)과 후백(侯伯)들을 마련하여 그들로 하여금 현명한 이들에게는 상을 주고, 또한 포악한 자들에게는 벌을 주도록 하셨으며, 쇠와 나무와 새와 짐승들을 취하여 쓰고 오곡과 삼베를 기르고 누에를 길러 백성들이 입고 먹을 재물들을 마련토록 하신 것이다."

이 놀랍고도 충격적인 묵자의 하늘나라 선언은 구약성경 창세기를 베낀 듯이 닮아있다. 묵자는 "숲이나 골짜기 속의 한적하고 아무도 없는 곳이라 할지라도 하늘은 아무것도 몰래 하도록 버려두지 않으니, 밝게 반드시 보고 있는 것이다. 그러나 천하의 군자들은 하늘에 대해, 특히 서로 경계하는 마음을 모르고 있다. 이것이 내가 천하의 군자들은 작은 것을 알면서도 큰 것을 알지 못한다고 하는 까닭인 것이다."

라고 말함으로써, "하늘은 계시지 않는 곳도 없을뿐더러 보지 못하는 것도 없다."라고 한다.

묵자가 하늘로부터 깨달은 진리는 두 가지였다. 그 하나는 '평화'였고, 또 하나는 '사랑'이었다. 절대자인 하느님 앞에 만인은 평등하므로 굳이 남의 것을 빼앗기 위해서 전쟁을 일으켜 평화를 깨트리는 것은 하늘의 도에 어긋나는 일이며, 또 하늘이 모든 것을 아울러 사랑하고 모든 것을 아울러 이롭게 하므로 사람들은 마땅히 서로 사랑하여야 한다는 것이 묵자가 하늘로부터 깨달은 진리의 근원이었다. 하지만 묵자가 하늘로부터 깨달은 평화의 진리는 예수가 부르짖었던 평화의 진리와 일맥상통하면서도 근본적으로는 다르다. 예수는 "내가 너희에게 평화를 주고 간다. 내가 주는 평화는 세상이 주는 평화와는 다르다." 라고 하며 십자가에 못 박혀 비폭력적 평화를 실천하였지만, 묵자는 '실천 역행'의 현실 참여적 평화였으므로, 묵자의 종교집단은 신앙으로 뭉친 용맹스러운 십자군이었다. 물론 이들은 침략을 위한 전쟁이 아닌 방어적 전쟁만을 수행하였다.

단순한 사상가를 넘어 종교의 교주였던 묵자가 하늘로부터 깨달은 불변의 진리는 바로 '사랑'이었다. 묵자는 "사사로움이 없고, 베푸는 것은 두터우면서도 멈추는 일이 없고, 밝음은 오래되어도 꺼지지 않는 영원인 하늘은, 천하의 모든 나라도 하늘의 고을이요, 천하의 모든 사람도 하늘의 신하이니, 모든 신하인 만백성을 차별 없이 공평하게 사랑하고 있다."라고 역설한다. 묵자의 이러한 '하늘의 사랑'은 '겸애'라는 사상으로 발전한다. 묵자의 '겸애론'은 '나와 너의 구별이 없는 절대적인 사랑'을 의미한다. 묵자는 「법의(法儀)」 편에서 이렇게 주장한다.

"하늘은 무엇을 바라고 무엇을 싫어하는 것일까. 결코 하늘은 사람들이 서로 사랑하며 서로 이롭게 할 것을 바라지, 사람들이 서로 미워하며 서로 해칠 것을 바라지 않는다. 무엇으로써 하늘이 사람들이 서로 사랑하며 서로 이롭게 해주는 것을 바라고, 사람들이 서로 미워하고 서로 해치는 것을 바라지 않는다고 아는가. 그것은 하늘은 모든 것을 아울러 사랑하고, 모든 것을 아울러 이롭게 해준다는 사실로 알 수 있다. 무엇으로써 하늘이 모든 것을 사랑하고, 모든 것을 아울러 이롭게 해주는 것을 알 수 있는가. 그것은 하늘이 모든 것을 아울러 보전하고 모든 것을 먹여 살리는 것을 보고 알 수 있다. 지금 천하의 크고 작은 나라를 막론하고 모두가 하늘의 고을인 것이다. 또 사람은 어리고 나이 많고 귀하고 천한 구별 없이 모두가 하늘의 신하인 것이다. 이 때문에 모두가 말과 소를 기르고 개와 돼지를 기른 다음, 정결한 술과 단술로 젯밥을 담아 놓고 공경하게 하늘에 제사를 지내는 것이다. 이것은 하늘이 모든 것을 아울러 보전해주고, 모든 것을 아울러 먹여주기 때문이 아니겠는가."

묵자의 이러한 주장은 신기하게도 예수의 설법과도 공통점을 가지고 있다.

"그러므로 나는 분명히 말한다. 너희는 무엇을 먹고 마시며 살아갈까. 또 몸에는 무엇을 걸칠까 하고 걱정하지 말라. 목숨이 음식보다 소중하지 않느냐. 또 몸이 음식보다 소중하지 않느냐. 공중의 새들을 보라. 그것들은 씨를 뿌리거나 거두거나 곳간에 모으지 않아도 하늘에 계신 너희 아버지께서 먹여주신다. 그러므로 너희들은 무엇을 먹을까, 무엇을 마실까, 또 무엇을 입을까 하고 걱정하지 말라. 하늘에 계신 아버지께서는 이 모든 것이 너희에게 있어야 할 것을 잘 알고 계시다."

묵자의 겸애론은 철저한 이타주의적 사랑이었다. 묵자는 이기주의적인 사랑인 '별애'를 사회악으로 단정했다. 이는 인간의 죄를 사랑의 결핍 혹은 사랑의 부재로 보았던 가톨릭의 교리와도 일치한다. 묵자는 이 세상의 모든 죄악인 불효와 불충, 도적질과 사기 등은 모두 사랑의 부재 때문이라고 규정지었다. 묵자는 사랑 예찬주의자였고, 사랑 절대주의자였다.

피비린내 나는 전쟁이 난무하는 전국시대에 묵자의 겸애 사상은 가히 혁명적이었다. 공자가 내세관을 부르짖지 않아 유교가 세계적인 종교로 성장할 수 없었다면, 유가에서 파생된 묵가는 놀랍게도 내세관을 주장했다. 묵자는 하늘은 "그 뜻을 따르는 자에게는 반드시 상을 주고, 하늘의 뜻을 어기는 자에게는 반드시 벌을 내린다."라고 주장함으로써 그 무렵 박해와 고통과 가난 속에서 살고 있던 백성들의 마음을 단숨에 사로잡을 수 있었던 것이다. 하늘은 인격신으로 왕이나 제후보다 더 두려운 존재로 공경히 받들며 제사를 지내야 하는 신앙의 대상이었으므로, 백성들은 묵자에게 모두 열광적이었다. 바로 이러한 이유 때문에 묵자의 사상은 진시황제가 천하를 통일한 후 불온사상으로 낙인찍혀 강제로 소멸하고 그 후 다시는 중국에서 되살아나지 못했다.

제자들이 예수에게 "선생님, 율법 중에서 어느 계명이 크나이까?" 하고 물었을 때, "네 마음을 다하고 목숨을 다하고 뜻을 다하여 너의 주하나님을 사랑하라 하셨으니 이것이 크고 첫째 되는 계명이요, 둘째도 그와 같으니 네 이웃을 너 자신 같이 사랑하라 하셨으니 이 두 계명이 온 율법과 선지자의 강령이니라." 하며 예수는 사랑에 대해 설파했다. 또한 "나는 너희에게 이르노니 너희 원수를 사랑하며 너희를 박해하는 자를 위하여 기도하라. 너희가 너희를 사랑하는 자를 사랑하면 무슨 상이 있으리요. 세리도 이같이 아니하느냐."라고 말씀하셨다. 그리고 예수는 "내 계명은 곧 내가 너희를 사랑한 것 같이 너희도 서로 사랑하라 하는 이것이니라."라고 하셨다. '네 몸과 같이 사랑하라.'는 말의 의미는 '먼저 자기 자신을 사랑하라.'는 의미였다. 장자의 애기애타였다. 자기를 사랑하라는 계명을 지키지 못하는 자가 어떻게 타인을 사랑할 수 있겠는가.

산티아고에 들어가기 전날, 오 페드로우소의 밤이 깊어간다. 은하수의 길에 사랑이 흘러넘치고, 밤하늘에 핀 수많은 사랑의 꽃이 밝게 빛을 발한다. 인류의 사랑을 위해, 모든 길은 같은 산으로 오르니 종교 간 분쟁이 아닌 타인의 종교를 사랑하기 위해 기도한다. 전설과 역사가 순례길을 만들고, 순례자가 또 다른 역사와 전설을 만드는 위대한 밤. 밤하늘에 '내일이면 간다네! 산티아고 간다네!' 노래가 울려 퍼진다.

29

영광의 길

"오라! 어서 오라!
영원한 영광을 얻으리니!"

오 페드로우소에서 산티아고까지 20.5㎞
오 페드로우소~아메날~라바코야~몬테 델 고소~산티아고 데 콤포스텔라

여행의 최종 목적지는 출발지다. 집에서 출발하여 집으로 돌아오면서 끝이 난다. 문 하나가 닫히면 자연스럽게 다른 문이 열린다. 도착의 역설은 그것이 새로운 출발이라는 것이다. 미지의 길을 찾아가는 출발. 그 도전은 세공되지 않은 다이아몬드 원석과 같다. 볼품없는 원석은 나중에 나올 결과를 알 수 없기에 불안하다. 열과 성을 다해 끊임없이 집중하여 가공하면 원석이 빛나는 다이아몬드가 되듯이, 시련과 역경에도 열정을 멈추지 않으면 도전은 성취된다. 다이아몬드는 다이아몬드로 가공한다. 최선의 노력과 집중은 열정의 다이아몬드다. 도전은 인생을 꽃피우는 부싯돌이요, 열정의 다이아몬드는 불타오르는 영광이다. 도전의 한 점은 점이 모여 선이 되고, 선은 면이 되고, 면은 원이 된다.

대한민국 천당 옆의 분당이라는 한 점에서 연결된 선이 어느덧 하나의 커다란 면을 만들고 원을 만들어 산티아고로 이어진다. 산티아고 데 콤포스텔라는 성취의 눈물, 도착했다는 안도감, 기쁨과 축하, 자부심이 출렁거리는 도시다. 순례자는 이제 순례라는 경험 전체를 기억하고 감사한다. 인생 최고의 경험에 감사한다.

1332년, 알폰소 11세는 부르고스에서 산티아고 데 콤포스텔라로 순례를 떠났다. 왕은 몬테 델 고소(기쁨의 산)에서 콤포스텔라까지 6㎞ 구간에서는 맨발로 걸었다. 대성당에 도착한 그는 높은 제단 위에 자기가 지닌 갑옷과 무기들을 걸어놓고 밤새도록 무릎을 꿇고 기도했다. 후안 데 리미아 대주교는 아침 미사를 거행하면서 그 무기들에 축복을 내렸다. 알폰소 왕은 비로소 기독교를 수호하는 기사가 되었다. 알폰소 왕은 자리에서 일어나 여느 순례자들처럼 성 야고보 상이 있는 곳으로 올라가 어깨를 껴안고 그 머리에 입을 맞추었다. 이 장면은 유럽의 모든 기독교 국가의 기사들이 성 야고보를 마타모로스, 이슬람 세력을 무찌르는 무적의 투사, 국토 회복 운동을 이끄는 스페인의 기사, 십자군 정신을 실천하는 유럽의 기사의 모습으로 인정한다는 것을 보여주었다. 그의 발걸음은 전설로 길이 남을 영광의 길이었다.

순례를 시작한 지 27일째인 7월 13일. 이제 마법의 시간이 끝나고 마침표를 찍을 시간이 다가온다. 이른 새벽, 정성껏 샤워를 한다. 몸과 마음을 정결히 한다. 피레네산맥을 넘기 전부터 한 번도 입지 않은 새 옷을 꺼내 입는다.

인천공항에서 비행기를 타고, 프랑스 파리에서 테제베를 타고, 생장에서 피레네산맥을 넘기 전의 과정도 이미 순례길이었다. 생장에서 두 발로 출발하여 걸어온 카미노. 이제 산티아고 가는 여정의 마지막 루트에 섰다. 용기 있는 자만이 새로운 하늘과 새로운 땅을 만난다. 몸은 영혼을 담는 그릇이다. 몸과 마음은 수레의 두 바퀴처럼, 새의 두 날개처럼, 좌우 균형추로 날아야 한다. 자신을 찾아 떠나는 여행, 산티아고 순례길에서 매일매일 몸과 마음이 균형을 잡았다. 몸과 마음이 매일매일 치열하게 사랑했다. 그리고 희열을 느꼈다.

드디어 마지막 구간인 오 페드로우소에서 산티아고 데 콤포스텔라로 걸어간다. 눈과 귀를 열고 세상을 호흡하면서 걷는다. 어두운 길 위에 여명이 밝아온다. 순례자들의 발걸음이 활기차고 싱그럽다. 태양이 떠오른다. 힘차게 솟아오른다. 지평선이 알을 낳는다. 태양은 매일 각도를 달리해 오늘도 떠오른다. 아침 풍경도 거기에 따라 변모한다. 그 미세한 차이를 느끼는 것 자체가 삶의 여행이다. 새들이 乙乙乙 날아간다. 어디서 왔다가 어디로 가는지 乙乙乙 날개를 치며 날아간다. 천상의 전령인 양 乙乙乙 떼를 지어 소리를 내며 날아간다. 새 에루살렘의 문 앞에선 크리스천이, 순례자가 춤을 추며 걸어간다.

산 안톤을 통과해 아메날에 들어간다. 아메날에서 하늘을 찌르는 유칼립투스 숲길을 구불구불 돌아 가파른 언덕길의 산마루에 오른다. 반듯한 능선길이 이어지는 순간, 산티아고의 비행장에서 들려오는 이착륙 소리가 숲속에서 굉음을 울린다. 공항 철조망에 매달린 수많은 나무 십자가가 진한 감동으로 다가오는 순간, 길 중앙에 산티아고 조각상이 장엄한 모습으로 버티고 서 있다. '목덜미를 씻는다'는 의미의 시냇물이 흐르는 라바코야에 이른다. 라바코야는 중세 순례자들이 산티아고 입성 전에 몸을 씻던 냇가이다. 종착지가 가까워질수록 순례자의 마음은 가벼워지지만, 몸은 더욱 지저분해진다. 순례자들은 몸을 깨끗하게 하고 산티아고에 들어가기 위해 이곳에서 몸을 씻는다. 수백 ㎞를 걸어도 버리지 못한 근심덩어리를 라바코야의 냇물에 흘려보낸다. 지나가는 사람이 많으면 간단히 목덜미만 씻고, 발길이 뜸한 저녁이면 옷을 벗고 묵은 때를 씻었을 것이다. 하지만 요즘은 그냥 지나치기 쉽다.

산 피아오 성당이 있는 작은 마을을 지나자 라바코야 성당이 팔을 벌리고 마중을 한다.

아름다운 순간순간이 스쳐 간다. 순례의 길을 걸어오며 하루하루 몸과 마음을 씻었던 시간이 벌써 추억으로 다가온다. 순례자가 시간의 주인이 되어 멋과 여유를 즐기고, 공간의 주인이 되어 자유로움을 즐긴 시공간이었다. 순례의 묘미를 만끽하는 순간들이었다. '구겨진 종

이가 멀리 날아간다.'고 하듯, 힘들고 고단한 여정이 더 큰 기쁨이 되어 다가온다. 구도자의 길을 걸어온 순례자가 산뜻한 모습으로 가야 할 길을 바라본다. 카미노가 주는 가장 큰 은총은 옛 순례자들의 세계 속으로 또 한 걸음 멀리 내딛는 것이다.

드디어 눈앞에서 산티아고를 바라보는 기쁨을 누릴 수 있는 산, 몬테델고소에 도착했다. 몬테델고소(고도 370m)는 산티아고 대성당의 종탑들이 보인다고 하여 '기쁨의 산'으로 불린다. 인생에 있어 커다란 기쁨을 누리기 위해 뭔가를 얻는 게 있다면, 어딘가에 도착하는 데도 있다. 드디어 산티아고를 목전에 두고 있다. 천신만고 끝에 '기쁨의 산맥'에 도착한 『천로역정』의 순례자 크리스천은 지시 목자, 경험 목자, 경계 목자, 성실 목자에게 감사하며 산자락에서 노래했다.

목자들이 드러내 보여주었네. / 다른 이들에게는 단단한 비밀.
목자들에게 가보라. / 오묘한 일, 감추어진 일, / 그 신비로운 일을 보고 싶다면.

산티아고에서 6km 정도 떨어진 몬테델고소에서 처음으로 멀리 산티아고 대성당 종루를 바라본다. 기쁨의 산에서 기쁨이 밀려온다. 종교적 동기로 순례를 시작한 순례자들은 몬테델고소와 사도 야고보의 무덤 앞에서 강렬한 기쁨을 맛본다. 신앙에 의미 있는 장소이기 때문이다. 교황 요한 바오로 2세의 방문 기념탑에는 청동으로 새겨진 '산티아고 방문 기념화'가 그려져 있다. 가톨릭교회에서 가장 힘 있는 순례 홍보자는 교황 요한 바오로 2세였다. 그는 1982년과 희년인 1989년에 산티아고를 방문했다. 교황은 1982년 산티아고 대성당에서 "유럽의 모든 도시와 나라를 잇는 방대한 순례 네트워크를 상상합니다. 카미노는 중세부터 여전히 모든 이를 산티아고 데 콤포스텔라로 인도하고 있습니다."라고 역설했다. 최고의 목자 제264대 교황(재위 1978~2005) 요한 바오로 2세(1920~2005)는 폴란드에서 태어났으며, 26년간 로마 교황 자리에 있었다. 임종이 다가오자 교황은 세상이 함께할 수 있도록 자신의 죽음을 알렸다. 바티칸 그의 침실에는 작은 초 하나만 타올랐으며, 네 명의 폴란드 출신 성직자들은 그를 위해 미사를 드렸다. 교황은 폴란드어로 조용히 마지막 소원을 속삭였다.

"내가 아버지의 집에 가게 해주십시오."

그때 영광의 문에서 주님이 말씀하셨다.

"오라! 어서 오라! 영원한 영광을 얻으리니!"

산 마르코스 성당, 순례자 공원을 둘러본다. 콤포스텔라의 주교였던 디에고 헬미레스는 1105년 몬테델고소에 에르미타 데 라 산타 크루스 성당을 지으라고 지시했다. 헬미레스는 그 성당을 헌당한 뒤 콤포스텔라에서 거기까지 행진했다. 산티아고 데 콤포스텔라를 유럽의 중요한 순례 성지로 만든 가장 역사적 인물인 헬미레스, 그는 콤포스텔라를 로마, 예루살렘과 더불어 중세 시대 가장 중요한 3대 순례 성지로 만들었다.

환희와 즐거움의 산, 몬테델고소 언덕에 거대한 순례자 조각상이 기세등등하게 서 있다. 서쪽으로 갈리시아 자치주의 수도인 산티아고 데 콤포스텔라가 보이고, 산티아고 대성당이 보인다. 많은 순례자가 기념비 근처에서 산티아고를 바라보며 사진을 찍고 감격스러워 한다. 중세 프랑스 순례자들이 언덕에서 마침내 산티아고 대성당의 종탑을 보고

"나의 기쁨!"이라고 외쳤다. 오늘은 대한민국의 순례자가 외친다.

"기쁘다! 기쁘다! 기쁘다!"

하늘 멀리 메아리가 날아간다. 순례자 조각상이 대한민국에서 여기까지 온 순례자를 대견하게 바라본다. 대성당을 바라보며 기쁨에 젖어 기쁨의 산을 내려온다. 발걸음이 경쾌하고 유쾌하고 상쾌하고 통쾌하다.

지난 천 년 동안 카미노 데 산티아고는 목숨을 건 고행을 통하여 고행(高行)을 추구하는 길이었다. 그 길에는 신(神)과의 동행이 있었다. 그 길은 신을 만나고 신에게 참회하는 길이었다. 그래서 그 길을 걸으면 교황은 죄를 사면하여 주었다. 살인죄도 용서해 주었다. 그 길은 죄인들이 걸어가는 참회의 길, 구도의 길, 용서의 길, 사랑의 길, 영성의 길, 영광의 길, 성스러운 순례의 길이었다. 그 길 위에 선 사람들은 자신의 죄를 참회하며 신에게 사랑과 용서를 구하고 자신을 찾아 나선 용기 있고 순수한 사람들이었다. 산티아고 순례길은 자신을 온전히 죽이고, 야고보와 예수를 자신 안에 체화하는 길이다. 산티아고 순례길에서 손을 잡아주는 예수를 느끼고 감사하는 길이다. 처음 길 위에 선 사람들이 비록 그때까지는 죄 많은 사람들이었더라도, 적어도 그 순간부터는 더 이상 죄를 짓지 않고 지금까지 지은 죄를 씻기 위한 순수한 열정으로 가득 찬 사람들이다. 자신을 성찰하고 가야 할 인생의 길을 찾아 나선 순례자들이다. 신 앞에서 자신의 내면을 깊이 성찰하면서 주어진 생을 통찰하기 위해 몸부림치는 순례자들이다.

자석에 끌리듯 발걸음이 산티아고로 향한다. 이제 도착의 고통을 빨리 끝낼 것인가, 즐길 것인가에 따라 발걸음이 달라진다. 아직도 힘

이 넘쳐난다. 발걸음이 활기차다. 하지만 천천히 걸어간다. 많은 순례자는 영적인 문제나 삶의 문제에서 해답을 얻으려고 카미노에 온다. 순례 중에는 이를 찾아야 한다는 압박감을 느낀다. 아직 뭔가를 찾지 못한 순례자들은 순례 후반부에 나름의 위기의식을 갖는다. 카미노가 기대한 것을 내주지 않았기 때문이다. 어떤 이는 큰 기대 없이 왔다가 새로운 지평을 경험하고 뜻밖의 것을 발견하기도 한다. 이동 리듬의 변화는 순례자의 내적 상태와 관련이 있다. 어떤 이는 도착을 미루려고 점점 느리게 걷는다. 긴 순례를 끝내고 일상으로 돌아가야 한다는 사실이 슬프게 다가올 수도 있다.

버드나무 숲에 걸려있는 '산티아고 데 콤포스텔라'라는 표지판이 반갑게 맞아준다. 감동이 밀려온다. 드디어 산티아고에 들어왔다. 환상의 풍경을 연출하는 탄생의 길, 피레네산맥을 넘어 중세의 수도원 론세스바예스의 알베르게, 황소 축제가 열리는 팜플로나 거리, 라이오하의 포도밭, 부르고스의 고대 주거지를 지나서 너른 밀밭이 펼쳐진 황량한 죽음의 길 메세타 평원을 통과해 부활의 길 갈리시아 지방으로 들어서서 푸른 유칼립투스가 늘어선 산길을 걸어 기쁨의 산에서 산티아고를 바라보고 천천히 산티아고 데 콤포스텔라에 들어섰다.

갈시아 주의 수도로 인구 약 10만인 산티아고 데 콤포스텔라는 아름다운 도시다. 콤포스텔라는 스페인어로 '별이 쏟아지는 들판'이라는 뜻이니, 산티아고 데 콤포스텔라는 '성 야고보가 있는 별이 쏟아지는 들판'이다. 도시 전체가 유네스코에서 지정한 문화유산으로 오래된 건물, 돌이 깔린 광장, 장엄한 대성당 등 최소한 사흘은 머무르며 관광을 즐길 만한 곳이다.

두 명의 백인 수녀 순례자가 자전거를 타고 산티아고 시가지를 달려가다가 멈춰 서서 행인과 대화를 나눈다. 카미노와는 달리 산티아고에는 길을 안내하는 노란 화살표가 없다. 한국인 수녀들이 잘 도착했는지, 어디까지 오고 있는지, 생각이 스쳐 간다.

중세에 조성된 산티아고 구시가지는 화강암 포석이 깔린 소규모 지구다. 그 지구를 허브 삼아 산티아고 신시가지가 모든 방향으로 뻗어나간다. 중세 도시의 일곱 개 성문 중 현재는 하나가 남았다. 순례자는 일곱 중 하나인 푸에르타 델 카미노라는 '카미노의 문'을 지나 도시로 들어가 좌우로 늘어선 몇몇 성당을 지나간다. 그러다가 갑자기 탁 트인 오브라이도로 광장과 화강암으로 지은 대성당이 나타난다. 오브라이도로 광장은 종교와 정치, 지식, 순례와 관광이 경합하는 장이다. 시청사가 들어선 라호이 궁 꼭대기에 산티아고 마타모로스가 칼을 치켜들고 섰다.

산티아고 길에서 수 없는 질문을 했다. 카미노를 걸으며 주관의 객관화, 자신을 객관화시켜서 보는 시간을 가졌다. 숲속에서는 숲을 볼수 없다. 자신을 제삼자로 놓고 객관적으로 볼 수 있는 힘을 기르고,

내공을 기르며 성찰의 길을 걸어왔다. 사람은 누구나 마음속에 저마다의 등불을 하나씩 가지고 있다. 그 등불은 스스로의 삶의 길을 밝혀주는 힘이 되지만, 앞을 보지 못하는 장님의 길을 밝혀줄 수도 있다. 산티아고 가는 길은 걷는 순간은 물론, 살아가는 날 동안 영원한 등불이 되어 자신과 타인을 비춰줄 것이다. 남에게 무엇이 되어줄 수 있다는 것은 더불어 사는 사회에서 보여줄 수 있는 미덕 가운데 하나임에 틀림없다. 하지만 자신이 나아갈 길을 발견하지 못하면서 타인에게 등불이 되고 싶어 앞장만 서게 된다면, 그 둘 모두는 결국 길을 잃고 어둠 속을 걷게 된다.

드디어 산티아고 대성당의 첨탑이 시야에 들어오고 산 페드로 광장에 이른다. 길을 건너 세르반테스 광장을 내려서자 인마쿨라다 광장이 팔을 벌리고 마중을 한다. 천국의 문을 지나서 아치 속의 계단을 따라 오브라이도로 광장으로 들어간다. 오브라이도로 광장은 거대한 장방형으로 중세 건물들에 둘러싸여 있다. 광장 앞에 공사 중인 산티아고 대성당이 웅장한 모습을 드러낸다. 산티아고 대성당은 신화와 인간의 희망의 합작품으로서 지어진 산티아고의 궁전이었다. 샤를마뉴 대제가 다가오고, 엘 시드가 반겨준다. 성 야고보와 중세 이래 수천만 명의 순례자들이 『천로역정』의 크리스천에게 하는 것처럼 동방의 순례자를 향해 환호하며 외친다.

"오라! 어서 오라! 영원한 영광을 얻으리니!"

드디어 오브라이도 광장의 0㎞ 지점에 무릎을 꿇고 순례의 걸음을 멈추었다. 참으로 감개무량하고 역사적인 순간이다. 눈가에 이슬이

맺힌다. 시도했고, 드디어 도착했다. 광장에 드러누워 하늘을 바라본다. 파란 하늘에 흰 구름이 흘러간다. 구름이 대성당 종탑에 자리를 잡는다. 하늘이, 태양이, 구름이, 바람이 미소를 짓는다. 신발을 벗고 두 발을 쓰다듬어준다. 두 발이 그토록 가고 싶었던 곳, 두 눈이 그토록 보고 싶었던 곳, 별이 쏟아지는 콤포스텔라 대신 햇볕 쏟아지는 그곳에 도착했다.

긴 순례 끝에 마침내 산티아고에 도착했다. 산티아고 도착은 순례의 클라이맥스이자 끝이다. 비록 몸은 힘들었지만, 그 모든 노고에도 불구하고 성취했다는 기쁨을 느낀다. 목적지에 도착했다는 환희와 순례가 끝났다는 허탈감이 동시에 밀려든다. 이 순간 대부분의 순례자는 엄청난 기쁨과 환희, 성취감을 고백한다. 자신이 특별하다는 느낌은 산티아고에 도착해서 가장 크게 형성된다. 대성당의 첨탑을 보거나 계단을 밟을 때, 성당으로 들어갈 때 울음을 터뜨린다. 순례자도 대성당 앞에서 무릎 꿇고 기도한다. 눈물이 흘러내려 가슴에 달린 가리비 껍데기에 떨어진다.

중세에 목숨을 걸고 산티아고 대성당을 찾은 순례자들처럼 산티아고를 만나기 위해 대성당 안으로 들어갔다. 순례자들은 기둥에 조각된 산티아고의 발에 입을 맞췄다. 중앙 아치를 받치는 왼쪽 기둥에는 예언자인 예레미야와 다니엘, 이사야와 모세가, 오른쪽에는 사도인 베드로, 바울, 요한이 산티아고를 호위하고 있다. 예수의 영광을 조각으로 새겨놓았다. 산티아고 황금 동상 위로 황금 갑옷을 두른 마타모로스가 바람을 타고 달려오고 있다.

좁은 계단을 올라간 순례자는 조개로 장식한 망토를 입은 산티아고의 황금 어깨를 뒤에서 껴안으며 감동의 절정에 오른다. 드디어 산티아고와 하나가 되었다. 온몸에 전율이 흐르고 이슬이 맺혔다. 동방의 돈키호테가 스페인의 산티아고를 껴안았다. 모세가 하느님의 뒷모습만 보았듯이, 산티아고도 등만 허락했다. 산티아고는 중세 스페인 사람들이 믿음으로 창조한 돈키호테였다. 산티아고는 신의 이름으로 인간이 불러낸 돈키호테의 신화였다. 세르반테스의 돈키호테는 비록 실패하고 집에 돌아와서 죽었지만, 그날 이후 세상에 희망과 멋과 낭만을 주었다. 스페인 기독교도들이 불러낸 돈키호테는 비록 예루살렘에서 칼로 처형을 당했지만, 신화의 칼집에서 나온 신의 칼, 신의 사도로서, 이슬람교도를 물리치는 마타모로스로서 기독교도들이 성전에서 승리할 수 있게 했다. 성 야고보상의 어깨를 껴안고 기도한다.

'함께 해서 고맙다.'고. '남은 인생 순례에도 동행하자.'고.

산티아고상은 세상의 땅끝 피스테라와 죽음의 해역 묵시아를 바라보고 있었다. 죽음은 이 세상의 끝이요, 다음 세계, 천국으로 가는 통로라고 말하는 듯했다. 그의 유골은 이 제단 바로 아래 지하에 모셔져 있어 무덤을 찾아 지하로 내려갔다. 철창 안에 은색관이 반짝였다. 로마 바티칸의 성 베드로 성당이 베드로의 무덤 위에 올라타고 있듯이, 산티아고 대성당은 산티아고의 무덤 위에 주춧돌을 놓았다. 산티아고의 무덤은 여전히 전설로 남아 있지만, 그 무덤은 스페인을 부흥시킨 원동력이었다. 그의 무덤 위에 올라타고 있는 마타모로스 조각상은 신의 이름으로 8세기 동안 기독교도들에게 반드시 이길 수 있다는 믿음과 희망을 주었다.

대성당 박물관에서 산티아고 시신을 배에 싣고 가는 나무 조각 앞에 섰다. 작은 거룻배에 산티아고의 시신을 눕히고 두 제자가 타고 있는 조각상이었다. 박물관 옥상에 올라 발코니에서 오브라이도로 광장을 굽어본다. 신의 은총을 입은 순례자들이 직사각형 광장에 춤을 추며 기쁨에 젖어있다.

순례자 증서를 받기 위해 순례자 사무소로 걸어간다. 중세 후기에 콤포스텔라 증서는 순례자가 종교적·영적 의무를 완수했음을 보여주는 신임장이었다. 현재 이 증서는 순례 완료를 의미하는 개인적 징표이자 가톨릭교회가 순례의 종교적 의미를 통제하는 중요한 메커니즘이다. 많은 순례자가 증서를 받기 위해 복도에 줄을 서서 기다렸다. 이윽고 순례자 여권을 보여주고 여권에 찍힌 세요(도장)를 가리키며 자신이 진짜 순례자임을 증명한다. 순례자는 도보로 100㎞, 자전거나 말을 탔을 경우에는 200㎞ 이상을 여행해야 한다. 때로는 순례자 증서 발급을 거부당하는 경우도 있지만, 대부분의 순례자에게 콤포스텔라 증서 발급은 그저 형식적인 절차다. 순례자는 콤포스텔라 증서를 특별한 기념물이자 여행의 증표로 자랑스러워한다.

가톨릭교회는 순례자 여권과 순례자 증서로 순례에 개입한다. 가톨릭교회는 순례자의 종교적 동기를 확인한 뒤 증서를 발급한다. 순례자 여권에 적힌 문구대로라면 순례자는 믿음의 정신으로 여행해야 한다. 대성당 순례자 사무소는 종교적 순례의 비율이 높은 것을 자랑스러워한다.

대성당사무소에서 '순례 완주 증명서'를 발급받고 돌아 나온다. 감동이 격하게 밀려온다. 완주 증명서는 자신에게 주는 명예요 훈장이다. 순례자 여권에 찍힌 도장은 그간의 여정과 인내심을 증명한다. 순례의 마침표를 찍는 느낌은 만족감과 성취감이었다. 배우가 아카데미상을 받고 싶어 하는 만큼 완주 증명서를 받고 싶어 했던 모든 순례자는, 이 증명서를 받아들고 눈물을 흘리며 서로 껴안는다. 순례의 끝에서 선물로 받은 완주 증명서. 하지만 길이 주는 가장 큰 선물은, 길을 걸은 위대한 자신이다. 27일간 800㎞를 걸어 몸도 마음도 다이어트하고 순수하게 눈물을 흘리는 바로 나 자신이다. 감사와 희열이 밀려오고 세상이 달라 보였다. 새로운 하늘, 새로운 땅이 펼쳐졌다. 그리고 이내 허탈감이 밀려왔다. 갈매기 조나단이 꿈을 이루기 위해 몸부림친 순간들이 스쳐 갔다. 초인의 꿈을 이루기 위해 낙타가 되고 사자가 되었던 일이 주마등처럼 스쳐 갔다. 이제 순례자는 이 땅에서 놀이를 하고 천국의 즐거움을 누리려는 어린아이의 동심을 되찾아 걸어간다.

산티아고 데 콤포스텔라에서의 위대한 사건은 크게 세 가지. 오브라이도 광장에 도착한 것, 대성당에 들어가서 순례자 망토를 입고 있는 산티아고를 껴안는 것, 그리고 대성당 순례자 사무소에서 순례 완주 증명서를 받는 것이다. 이제 모두 마쳤다. 다시 오브라이도 광장으로 가서 많은 순례자가 앉아 있거나 누워 있는 광장에 자신도 드러누웠다. 대성당 꼭대기의 산티아고를 바라본다. 하얀 말을 타고 있는 스페인 수호성인 산티아고가 오른손에 칼을 들고 순례자를 바라본다. 갈릴리 호숫가의 어부, 우레의 아들, 세상에서 높은 자리를 탐했던 자, 땅끝까지 증인이 되었던 사도, 그리고 사도 중 최초의 순교자가 되었던 야고보와 동방의 순례자가 교감한다.

극적인 순간, 순례자는 광장의 주인이 되었다. 순례길을 종주한 자신이 바로 이 광장의 주인공인 야고보와 하나가 되었다. 산티아고 대성당 앞에서 무한한 행복과 성취감을 느낀다. 형언할 수 없는 평안을, 만족감을, 해방감을 누린다. 길 위의 성당에서 기도했던 많은 순간, 걸으며 기도했던 많은 순간, 길에 주저앉아 기도했던 많은 순간, 알베르게에서 기도했던 많은 순간이 주마등처럼 스쳐 간다.

이제 더 이상 모든 길은 로마로 향하지 않는다. 이제 모든 길은 베드로와 바울의 로마를 거쳐서 야고보의 산티아고를 지나서 그리스도가 있는 예루살렘으로 향한다. 이제 서서히 마법의 시간이 끝나간다. 카미노는 세상에서 가장 아름다운 순례길이다. 다시 한번 순례의 길에 서고 싶은 열망이 벌써 머리와 가슴을 뒤흔든다. 하지만 이제는 끝이다. 고통도 긴장감도 과거가 되었다. 하지만 순례자는 또 다른 카미노를 찾아서 가야 한다. 참으로 많은 경관을 보고, 참으로 많은 사람을 만나고, 참으로 많은 생각을 했고, 참으로 많은 일이 일어났다. 새벽에 일어나 길을 나섰던 순례의 나날이 이제는 추억 속으로 떠나간다. '이제 뭘 하지?' 하는 생각이 강하게 밀려온다. 카미노에서 온전히 내 시간을 누리며 순례자일 수 있었다. 이제 에덴동산에서 쫓겨나는 느낌이 든다.

순례의 목적지는 공간뿐 아니라 시간 위의 한 점이기도 하다. 산티아고 도착은 새로운 순례, 새로운 여정의 시작이다. 목적지는 반환점일 수도 있고, 환승지일 수도 있다. 산티아고 도착은 지리적 의미의 순례 종결을 의미하지만, 반환점이고 환승지였다. 대부분의 순례자는 이제 집으로 돌아가야 한다. 산티아고를 껴안는 순간, 모든 게 끝났다. 카미노라는 전이적 공간에서 즐긴 많은 요소, 카미노에서 체득한 새

로운 관점과 세계를 느끼는 새로운 방식으로 이제 살아가야 한다. 하지만 순례자에게는 이제 다시 땅의 끝으로 떠나는 시작이었다.

다음날인 7월 14일. 정오 미사에 참여하기 위해 다시 산티아고 대성당을 방문했다.

이제는 순례의 리듬이 사라지고 도시의 관광객이 된 듯한 감정이 찾아온다. 나는 관광객인가, 순례자인가? 산티아고에 도착해서 가치의 충돌을 느낀다. 배낭과 지팡이 없이 산티아고 거리를 걷는 것은 순례자의 카미노 도보가 아니었다. 산티아고 주민은 순례자에게 익숙하다. 산티아고에서 순례자는 아주 흔한 풍경이기 때문이다. 순례자는 끊임없이 도착하고 떠나간다. 산티아고에서 순례자는 모래시계의 아래쪽 유리구를 향해 빠져나가는, 가느다란 허리 부분의 모래와 같다. 밀려왔다가 빠져나가는 썰물과 같은 존재였다.

인파가 밀물처럼 밀려왔다가 썰물처럼 빠져나가는 오브라이도 광장에서, 프랑스에서 홀로 걸어 온 친구를 만났다. 서로 앞서거니 뒤서거니 했는데 이제 도착했다. 반가웠다. 반갑게 포옹하고 기쁨을 나누었다. 한국인 순례자들과도 손을 잡고 미소를 지었다. 론세스바에스 알베르게에서 첫날 함께 잠을 잤던 독일인 친구가 보이지 않아서 아쉬웠다.

천국의 문을 지나 대성당에 들어섰다. 중세 순례자들에게 대성당의 기둥은 천국으로 이어진 사다리이고, 천장은 인간이 염원하는 천국의 상징이었다. 중세 산티아고 대성당의 종소리는 신의 목소리이자 산티아고의 호령이었다. 미사를 드리기 위해 사람들을 헤치고 앞자리로 나아갔다. 반가운 얼굴이 시야에 들어왔다. 두 수녀 중 나이 든 수녀가 자리를 잡고 있었다. 다른 수녀는 대성당 순례자 사무소에 완주 증명서를 받으러 갔다고 했다. "완주 증명서는 본인이 아니면 발급해 주지 않는다."라고 하자, 수녀는 자리를 지켜달라고 하면서 다리를 절룩거리며 대성당을 나갔다. 잠시 후 두 수녀는 만면에 미소를 지으며 함께 들어왔다. 젊은 수녀가 상기된 얼굴로 웃으며 말했다.

"수녀인 제가 거짓말쟁이가 되었답니다. 대성당 순례자 사무소의 완주증명서 발급해주는 사람에게 말도 잘 통하지 않는데도 불구하고 손짓발짓 해가며, '다른 수녀님은 다리가 아파서 못 오고 성당에 있으니 대신 발급해 달라.'고 사정사정 졸랐는데, 처음에는 안 된다고, 안 된다고 하다가 어렵게, 어렵게 허락을 하고 막 발급을 해주려는 찰나에 수녀님이 뛰어오셨답니다. 그러니 수녀인 제가 거짓말쟁이가 되었지 뭐에요!"

발 디딜 틈도 없이 수많은 인파로 가득한 가운데 미사가 엄숙하게 진행되었다. 주임 사제의 강론 시간, 알아들을 수 없는 스페인 말, 하지만 순례자들에 대한 격려와 축복의 말씀이라고 미루어 짐작한다. 수녀들이 하는 대로 앉았다가 섰다가 따라 하며, 함께 무릎 꿇고 기도했다. 젊은 수녀는 한없이 흐느꼈다. 하느님께 감사하는 고결한 눈물이리라. 한낮의 뜨거움보다도 더 뜨거운 무엇인가가 울컥하며 마음에서 일어나고, 카미노에서 흘렸던 땀과 눈물이 온몸에 일어났다. 내 눈에도 눈물이 흘러내렸다. 수녀의 흐느낌에서 잊을 수가 없는 그 날의 눈물이 오버랩 되며 눈물이 솟구친다. 수녀는 왜 울었을까. 수녀의 눈물. 알 수 없다.

30대 중반, 20여 년 전의 일이다. 피를 나눈 친형제처럼 지내는 부산에서 온 목사님과 경기도 광주의 기도원에서 목사들만의 철야 수련회에 참석했다. 목사가 아닌 참석자는 나밖에 없었다. 밤은 깊어 갔고 예배의 분위기는 뜨거웠다. 주님께 애타게 부르짖는 목사들의 기도 소리가 깊은 산속의 밤하늘에 메아리쳤다. 옆에 앉은 형님의 기도 소리 또한 간절했다. 순간, 형님은 한없이 흐느꼈다.

'형님이 운다?' 상상이 가지 않았다. 항상 철없는 개구쟁이처럼 순진무구했던, 평소 누구에게나 밝은 모습으로 대했던 목사의 모습에서는 볼 수 없는 장면이었다. 형님의 눈물은 내 눈에 마중물이 되어 나 또한 많은 눈물을 흘렸다. 다음날 형님에게 물었다.

"형님은 왜 그렇게 우셨소?"

"유대인 속담에 '사람 앞에서는 웃고 신 앞에서는 울어라.'라는 말이 있지." 하면서 말을 이었다.

"목회하기가 너무 어렵다. 특히 경제적으로. 그래서 경제적 자유를 달라고 기도했지."

"응답은 받으셨어요?"

"그래. 마음이 아주 평안하다."

가난한 가정 형편이었지만 신학교를 졸업하고 목사가 되었던, 두 딸 '아름'이와 '다운'이가 있으면서도 아들 쌍둥이 '대한'이와 '민국'이를 공개 입양하여 '아름다운 대한민국'의 아버지가 되었던, 항상 축복받은 인생을 살아온 형님은 세월이 흘러 부산의 고신의대 교목으로서 정년퇴직을 하고, 현재는 가덕도 보육원에서 고아들을 위한 목회를 하고 있다.

이제 절정의 순간, 붉은 망토를 입은 수도사들이 제단 위로 올라 신부와 나란히 서서 천장에서 천천히 내려오는 금빛 향로 앞으로 다가섰다. 보타푸메이로, 대향로에 불을 지피기 위해서였다. 도르래 밧줄을 이용해 향로를 좌우로 천정에 닿을 정도로 날리며 약 5분간 향을 피우는 장엄한 의식은 수도사 8명이 행했다. 한 수도사가 향로의 뚜껑을 열고 숯불을 넣은 뒤 신부가 향을 뿌리자 하얀 연기가 제단 위로 피어올랐다. 대성당에서 보여주는 최고의 이벤트가 시작되었다. 대향로가 서서히 움직이다가 대성당 안을 힘차게 날아갔다. 장엄하게 울리는 오르간 연주에 맞춰 네 명이 한 조를 이룬 건장한 수도사 여덟 명이 줄을 힘껏 당길 때마다 향로는 하얀 연기를 휘날리며 제단 위로 날아올랐다. 황금빛 향로가 제단을 중심으로 그네를 탔다. 향로의 속도를 따라잡지 못한 연기가 꼬리를 날리며 순례자들의 머리 위로 신비롭게 흘러내렸다.

천장에 닿을 듯 말듯 날아다니는 대향로는 시속 62㎞까지 속도가 난다. 기독교 세계에서 가장 큰 향로로 알려진 이 대향로는 300여 년 동안 단 두 번 떨어졌다. 순례자들은 보타푸메이로에서 뿜어져 나오는 연기를 통해 순례길의 정결함을 맛본다. 목숨을 걸고 산티아고 대성당에 도착한 중세의 순례자들에게 향로는 영혼을 위로하고 몸을 청결하게 소독하는 역할을 했다. 거룩한 하느님의 형상대로 지음을 받은 인간이기에 순례자의 몸과 마음을 정화하고 거룩하게 하기 위한 의식이었다. 21세기 문명에도 서커스를 보는 것 같은 기쁨과 더불어 여전히 신의 신성한 숨결을 느끼는 의식이었다.

버스로 땅끝 피스테라를 간다는 수녀들과 작별을 하고 광장으로 나왔다. 발길은 대성당을 뒤로하고, 수많은 인파 속에서 이제는 가리비도 지팡이도 배낭도 없는 여행자가 되어 도시를 걷는다. 순례의 여정이 아름다운 추억으로 다가온다. 스스로 빛을 내는 별인 태양은 어느덧 모습을 감추고 저녁노을마저 스러진 도시의 거리에 땅거미가 짙어진다. 가로등이, 네온사인이 산티아고의 밤을 밝혀준다. 산티아고 순례길 800㎞ 여정은 끝이 났다. 하지만 감동의 시간도, 고통의 시간도, 마법의 시간도 아직은 끝나지 않았다. '별빛이 반짝이는 들판' 산티아고 데 콤포스텔라의 밤하늘에 수많은 별이 열정의 꽃을 피운다. 영광의 길을 걸어온 『천로역정』의 크리스천이, 세르반테스의 돈키호테가, 동방의 순례자가 두 손을 모으고, 온 마음을 모은다.

"하느님! 예수님! 성모 마리아님! 성 야고보님! 순례자들이여! 길에서 만난 모든 인연이여! 사랑합니다. 사랑합니다. 사랑합니다."

30

순례자,
땅끝에 서다!

"나는 순례자다!"

산티아고에서 묵시아, 그리고 피스테라로

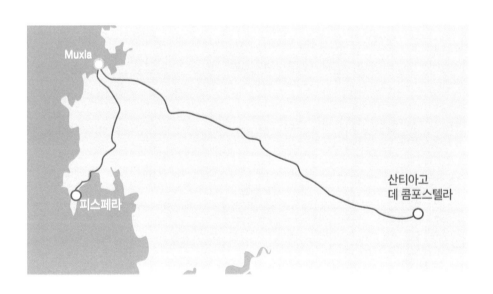

이베리아반도에 정착한 지 4년이란 세월이 흘러 야고보는 대서양 바닷가 묵시아를 향해 길을 떠났다. 묵시아에도 유대인들이 있었고, 그들에게 복음을 전하기 위해서였다. 즐풍목우, 풍찬노숙을 하며 야고보는 힘들게 걸어서 묵시아에 도착했다.

보름달이 몹시 밝은 밤이었다. 묵시아의 유대인들은 따뜻한 동포애로 야고보를 환대했다. 사람들은 야고보에게 포도주를 권했다. 야고보는 모처럼 포도주에 취했다. 가슴 깊은 곳에서 뜨거운 것이 솟구쳤다. 시원한 바람을 맞으며 야고보는 달빛에 이끌려 해변에서 달그림자와 함께 걸었다. 그때 바다에 떠 있는 돌배 한 척이 시야에 들어왔다. 가까이 다가가자 사람이 손을 흔들고 있었다. 마리아였다. 성모 마리아! 예수의 어머니, 요한의 어머니, 야고보의 어머니였다. 예수는 십자가에 매달려 어머니 마리아와 요한에게 "보시옵소서, 아들이니이다.", "보라, 네 어머니다."라고 말씀하셨다. 이후 요한도, 야고보도 모두 마리아의 아들이 되었다. 야고보는 "어머니!"를 외치며 바다로 뛰어들었다. 하지만 배는 멀어져 가고 이윽고 시야에서 사라졌다. 야고보는 필사적으로 헤엄을 치며 허우적거리다가 깨어났다. 꿈이었다.

며칠 후, 예루살렘에서 서신이 왔다. 동생 요한이 보낸 서신이었다. 서신을 읽어가던 야고보의 손이 부르르 떨렸다. 마리아의 죽음이 임박했으니 어서 예루살렘으로 돌아와 임종을 지키라는 내용이었다.

'아, 이러해서 묵시아에서 어머니 마리아가 꿈에 나타났구나!'

야고보의 눈에 눈물이 흘러내렸다. 예루살렘으로 가는 가장 빠른 길은 로마로 배를 타고 가서, 다시 예루살렘까지 배편으로 가는 방법이었다. 야고보는 배 선수 갑판에 서서 멀어지는 이베리아반도를 바라보았다. 다시 돌아올 수 있을까 하는 생각이 스쳐 갔다. 결국 야고보

는 살아서 이베리아로 돌아올 수 없었다. 44년 7월 25일, 야고보는 헤롯왕에게 붙잡혀 참수를 당했다. 그리고 주검이 되어 이곳에 돌아왔고, 전설의 주인공이 되었다.

이제 카미노 데 산티아고는 공식적으로 산티아고에서 끝이 났다. 하지만 순례자에게 산티아고가 유일한 목적지는 아니었다. 산티아고를 떠나 바다로 이어지는 길을 따라 세계의 끝에서 저무는 태양을 보고 싶었다. 그래서 중세에 세계의 끝으로 여겨진 스페인 서해안의 피스테라로 가기로 했다. 전설에 따르면 예루살렘에서 성 야고보의 유해와 두 제자를 싣고 온 배는 피스테라 인근 파드론에 정박했다. 그때 쓰인 계류석은 현지에서 페드롱(큰 바위)이라 부르는데, 여기서 현재의 지명이 유래했다. 성 야고보의 제자들은 현재의 산티아고 대성당으로 가면서 뒷날 '신성한 봉우리'라 불리는 곳을 지나갔다. 그 지역의 이교도 여왕 루파가 황소 두 마리를 보내 두 제자를 죽이려 했다. 그러나 성 야고보의 유해가 황소를 길들였고, 여왕도 기적적으로 개종했다.

피스테라는 산티아고에서 서쪽으로 약 100㎞ 떨어진 작은 항구 마을로 지리적으로 봤을 때 땅끝이다. 가톨릭교회는 피스테라가 산티아고 카미노의 종점이 아니며, 순례에 해로운 비교(秘敎) 행위가 만연한 장소이므로 산티아고에서 그리 여행하는 것을 만류한다. 반면에 갈리시아 주 정부는 피스테라가 갈리시아 연안의 관광 명소라고 홍보한다. 피스테라 시 정부는 '야고보 루트의 끝'이라고 홍보하며 1997년에는 '피스테라 야고보의 길'을 공식적으로 지정했다. 피스테라는 끝 중의 끝으로 더 이상 걸어서 나아갈 데가 없다. 그 해변의 일부 지역은 무서운 폭풍우와 많은 침몰 사고 탓에 '죽음의 연안'이라고도 불린다.

지리적 끝, 상징적 죽음과 부활의 장소인 피스테라는 죽은 자들이 육신의 부활을 기다리는 사자(死者)의 집으로 알려졌다.

　7월 15일 여명의 시각, 묵시아(Muxia)로 간다. 산티아고 순례자 10명 중 1명꼴로 다시 이 길로 순례를 떠난다. 하지만 대부분의 순례자는 버스를 타고 피스테라를 간다. 묵시아를 먼저 갈까, 피스테라를 먼저 갈까 하다가 땅끝 피스테라는 끝이니 마지막으로 가고, 묵시아를 먼저 가기로 한다. 마치 커다란 선물을 받은 것처럼 즐겁고 여유 있는 마음으로 길을 나선다. 신선한 바람이 불어와 피부와 폐부를 적신다. 심장의 박동은 빨라지고 혈관에는 피가 끓는다. 한 시간 남짓 걸어 산티아고를 벗어날 때쯤, 야산 언덕에서 웅장한 산티아고 대성당을 뒤돌아 바라본다. 마침 대성당 위로 아침 해가 떠오른다. 서쪽 땅끝으로 가는 순례자가 동쪽 대성당 위로 떠오르는 아침 해를 신비한 느낌으로 바라본다. 따사한 햇살이 축복의 빛으로 다가온다.

　산티아고에서 피스테라나 묵시아를 가려면 일단 올베이로아까지는 같은 길을 가고, 그곳에서 갈라지게 된다. 산티아고 대성당에서 묵시아까지는 약 90㎞ 거리이다. 네그레이라까지 24㎞, 네그레이라에서 올베이로아까지 35㎞, 올레이로아에서 묵시아까지 30㎞이다. 그리고 묵시아에서 피스테라까지 다시 30㎞를 가야 한다. 여행 일정상 첫날 하루를 걷고, 이후 택시를 타고 묵시아로 가서 묵시아에서 피스테라로 걸어가기로 했다. 가리비와 노란 화살표가 여전히 길을 안내한다. 하지만 이전과는 카미노의 분위기가 다르다는 것을 확연히 느낄 수 있다. 우선, 순례자가 없다.

바다가 기다린다는 기대감에 발걸음이 가볍다. 신의 위대한 작품인 대자연의 풍경이 새롭게 다가온다. 내면이 건강한 사람은 주변의 변화를 잘 인지한다. 자연과 계절의 변화를 잘 안다. 눈 내리면 설국에서 춤을 추는 자신을 발견하고, 꽃밭에서 내 안의 꽃을 발견하고 초원에서 마음이 활보한다. 어느 철학자는 '사람이 걷는 것은 다리가 움직이는 것이 아니라 마음이 움직이는 것'이라고 한다. 마음이 움직이니 발자국 소리가 들린다. 건강하면 자연을 찾고, 자연을 찾으면서 더욱 건강해진다. 건강한 사람의 특징은 몸과 마음이 튼튼하다는 것이다. 건(健)은 육체가 굳센 것이고 강(康)은 마음이 편안한 것, 즉 건강은 신체적, 정신적, 사회적으로 완전히 안녕한 상태에 놓여 있는 것이다. 마하트마 간디는 "인간의 첫째 의무는 자기의 심신을 강건하게 하는 것이다."라고 했다. 인생은 건강이라는 대지 위에 행복의 집을 짓는다. 건강해야 산티아고를 걸을 수 있듯, 심신의 건강은 인생의 뿌리다. 뿌리가 튼튼해야 열정의 잎이 무성하다. 그리고 그 위에 성취라는 꽃이 피고 행복이라는 열매가 열린다. 건강한 육체가 있어서 산티아고 가는 길 800㎞, 그리고 다시 피스테라를 향해 걸어갈 수 있다. 마음에서 우러난 인사를 한다.

"육신아, 어깨야, 발아, 모든 지체야, 참으로 고맙다."

네그레이라에 도착했다. 순례길을 따라 시가지를 걷다가 점심 식사를 하고 나니 묵시아의 푸른 바다가 밀려온다. 택시를 타고 달렸다. 이럴 수가. 이틀을 걸어가야 할 거리를 순식간에 달려왔다. 묵시아에 도착했다. 바다가, 파도가, 갈매기가 반겨주었다. 중세 사람들은 육지의 끝에서 만나는 대서양을 죽음의 바다, 피스테라와 묵시아의 해안을 죽음의 해안이라 불렸다. 파도가 너무 센 지역이라 배를 탄 사람들이 너무 많이 죽어서 붙은 이름이다. 오랜만에 느껴보는 바다가 아름답게 펼쳐진다. 갈매기들의 반가운 함성, 처얼썩 처얼썩 파도 소리, 해변에서 놀고 있는 아이들, 모든 것이 기적이고 축복으로 다가온다. 호스텔에 숙소를 정하고 하얀 모래가 널려 있는 해수욕장에서 바다로 뛰어들어 대서양의 품에 안긴다. 바다는 낮은 곳에서 겸손하게 모든 것을 받아주어 바다가 되었다. 유럽과 아메리카 사이에서 모든 것을 받아들여 바다가 된 대서양 바다가 순례자에게 반갑게 인사를 건넨다. "수고하고 짐 진 자들아 다 내게로 오라. 내가 너희를 편히 쉬게 하리라."라며 받아주는 예수의 말씀이 파도 소리와 하나가 되어 들려온다. 성 야고보와 천 년의 순례자들의 사연이 처얼썩 처얼썩 파도에 밀려온다.

해질녘, 묵시아의 돌산으로 올라간다. 순례자가 야고보의 행적을 떠올리며 코르피노(Corpino) 산 정상에 섰다. 해가 진다. 세찬 바람과 거친 파도가 태양을 바다 아래로 밀어 넣는다. 장엄한 노을을 남기고 태양은 서서히 여유롭게 사라져간다. 야고보가 보았을 아름다운 일몰의 광경이다. 묵시아 돌산 전망대의 아름다운 풍경에 첫날 피레네산맥의 풍경이 겹쳐진다. 환상적인 장면들이 스쳐 간다. 이내 어둠이 밀려온다. 하루 일과를 마친 갈매기들이 떼를 지어 하늘을 날고 있다. 특이하게도 바다를 향해 지어진 17세기 노사 세뇨라 다 바르시카 성당에 도착했다. 야고보가 꿈으로 바다에서 배를 타고 나타난 성모 마리아를 본 것을 기려 바다를 향해 지은 성당이다. 오늘날의 성당은 2013년 번개로 파괴된 것을 다시 지었다. 야고보가 성모 마리아에게 위로를 들

었다는 전설이 어린 이 성당은 성모 발현지로 성지가 되었다.

성당 앞에 있는 한 모서리가 떨어져 나간 바위에는 성모 마리아에 대한 전설이 있다. 1978년 12월, 이 바위가 크게 흔들리며 마을 사람들에게 앞바다에서 배가 가라앉고 있다고 알려줬다. 사람들은 성모 마리아가 바위를 흔들었다고 믿는다. 이 바위가 벼락을 맞아서 몇 년 전 떨어져 나갔다. 성당 앞에 깨진 바위를 옮겨놨다. 바위는 여러 사람이 올라가서 흔들어도 움직이지 않을 만큼 크다.

성당 앞에는 유명한 바위가 하나 더 있다. 성모 마리아가 타고 온 배의 돛을 상징하는 바위다. 긴 항해를 끝내고 내려놓은 돛처럼 생겼다. 사람들은 바위 밑으로 여러 번 빠져나갔다. 바위 밑을 9번 지나면 아픈 허리 문제가 해결된다는 믿음 때문이었다. 치유의 바위로, 믿으면 낫고 믿지 않으면 효과가 없다고 한다. 성당 안에는 성모상이 가운데 모셔져 있고, 성당 곳곳에 성모 마리아가 배를 타고 나타났다는 사실을 기념하는 다양한 모형의 배가 걸려 있다.

산티아고 대성당을 비롯해 중세 모든 대성당과 성당은 동쪽에 제단을 세우고 죽음의 바다가 있는 서쪽을 바라보았다. 해가 지는 방향의 바다는 그리스도의 부활을 상징하며 인간이 죽어서 신의 세계로 들어가는 관문이라 믿었다.

다음 날 새벽 3시. 대서양 해변의 파도 소리, 갈매기들의 소리에 잠에서 깨어난다. 잠 못 이루는 갈매기와 순례자, 『갈매기의 꿈』의 주인공 조나단 리빙스턴이 어서 일어나라고 재촉한다. '높이 나는 새가 멀리 본다.'라며 신천지를 자유롭게 비행하던 조나단이 찾아왔다. 창문 사이로 바람이 불어오고 은은한 달빛이 검은 바다를 하얗게 비춘다.

갈매기들이 해변 마을과 바닷가를 날아다닌다. 갈매기도 순례자도 더 이상 잠을 이루지 못하고 무언의 교감을 가진다. 사람이 책을 쓰고, 한 권의 책은 사람을 변화시킨다. 내 인생에 가장 큰 영향을 미친 책 가운데 하나가 리처드 바크의 『갈매기의 꿈』이다. 갈매기 조나단 리빙 스턴의 꿈은 나의 꿈이 되어 항상 의식 속에 '높이 나는 새가 멀리 본다.'라며, 더 높이, 더 멀리, 더 빠르게, 더 자유롭게 비행하기 위해 땀 흘려 노력했다. 조나단을 만난 후 바닷가에서 갈매기만 만나면 『갈매기의 꿈』이, 나의 꿈이 비상했다.

어둠 속에서 묵시아 해변을 거닌다. 모든 것이 동화 같고 꿈만 같다. 해가 뜨는 동방의 대한민국에서 해가 지는 서방의 끝인 이베리아반도 스페인의 묵시아까지 와서 이곳을 거닐고 있는 자신이 신비롭다. 항구 에는 배들이 정박해 있고, 먼바다에서 파도가 고요하게 밀려온다. 세 상에서 가장 낮은 물인 바다. 낮기 때문에 바다는 모든 물을 다 받아 들인다. 큰 강이든 작은 실개천이든, 맑은 물이든 흐린 물이든, 가리지 않고 모든 물을 '받아들이기에' 그 이름도 '바다'다. 겸손하게 다 받아들 임으로써 그 큼을 이룩한다. 높은 산은 한 줌의 흙도 버리지 않는 것처 럼, 바다가 모든 강의 으뜸이 될 수 있는 까닭은 자신을 더 낮추어 모 든 물을 받아들이기 때문이다. 그렇기에 빛의 화신인 태양을 낳을 자 격을 가진다. 산티아고 가는 길은 낮은 곳에 위치하여 모든 물을 포용 하는 바다로 가는 상선약수(上善若水)의 의미를 깨닫는 순례 여행이다. 물이 되어 물처럼 낮은 곳을 지향하며 흘러가기를 다짐한다.

순례의 마지막 날 여명이 밝아오고 다시 묵시아의 순례자가 산 정상 으로 올라간다. 동쪽 바다가 붉게 물들고 태양이 떠오른다. 순례길에서 처음 만나보는 바다에서의 일출이다. 거의 매일 아침 태양보다 먼저 일어나 길을 나섰고, 매일 같이 지평선에서 떠오르는 잠꾸러기 태양을 놀려주었다. 하지만 오늘은 바다에서 떠오르는 일출을 맞이한다. 동해안 해파랑길 770㎞를 25일간 종주할 때는 매일 같이 바다에서 떠오르는 일출을 보았다. 삶은, 여행은, 참으로 신기하고, 신비롭다.

야고보가, 순례길이, 걸어온 인생길이 스쳐 간다. 눈가에 이슬이 맺힌다. 떠오르는 태양을 바라보며 결국 눈물을 흘리고 만다. 낙타의 눈물처럼 돌에도 눈물이 흐른다. 흐르고 흘러내린다. 흐느낌이 신음으로 바뀌고, 결국 통곡으로 변한다. 후련하다. 영혼의 세척제로 가슴을 씻고 나니 날아갈 것만 같다. "영혼 역시 동물이나 마찬가지로 허파와 콧구멍이 있어서 산소가 필요하고 먼지나 안개 속에서는 호흡이 불편하다."라고 니코스 카잔자키스는 말하지 않았던가. 눈물로 때 묻은 영혼을 깨끗이 씻어낸다. 내 영혼의 무게는 얼마나 될까. 멕시코의 감독이 만든 영화 『21그램』이 있다. 실제로 미국 매사추세츠 병원에서 임종 말기 결핵 환자의 체중 변화를 관찰하였는데, 숨을 거두는 순간 그 환자의 몸무게가 1온스, 28.4g 줄었다고 한다. 최근에도 스웨덴에서 정밀 컴퓨터 제어장치로 검증했더니 체중 변동은 21.26214g이었다고 한다. 내 영혼의 무게는 라면 한 젓가락밖에 안 된다고 생각하니 웃음이 난다. 어릴 적 '울다가 웃으면 똥구멍에 심지 난다.'고 했는데, 절로 웃음이 나온다. 가벼운 발걸음으로 산을 내려온다. 천천히, 뒤돌아보고 또 돌아본다.

묵시아에서 피스테라로 출발하는 성모 마리아 성당 앞에 있는 표석 '0㎞' 지점에 섰다. 피스테라까지 31.329㎞다. 묵시아는 성모 마리아가 배를 타고 와서 이곳에 내렸다고 해서 '시작'이라는 의미를 가지고 있다. 피스테라는 세상의 '땅끝'이다. 이제 다시 시작에서 끝으로 간다. 도착이 곧 출발이다.

고요한 아침의 바닷가를 평화로운 마음으로 걸어간다. 순례자의 마음을 아는 듯, 갈매기 조나단이 길동무를 한다. 천국이, 극락이, 유토피아가, 엘도라도가, 이상향이, 무릉도원이, 청산이 따로 없다. 이제 정말 순례 여정의 마지막 날이다. 마음은 가볍지만 길은 결코 만만치 않다. 하지만 'no pain, no gain!', 고통 없이 얻을 수 있는 것은 없다. 고통 없이는 변화가 없다. 고통 뒤에 따라오는 성취감은 이루 말할 수 없다.

바다에서 멀어져 하늘 아래 첫 동네 같은 적막한 산골 마을을 걸어간다. 평화롭다. 마음에 평화가 있으니 세상이 평화롭다 하는 순간, '앗!' 하는 짧은 비명을 질렀다. 숲으로 들어가는 커브를 돌고 있는데, 커다란 개 한 마리가 누웠다가 고개를 들었다. 잠자고 있는 개의 꼬리를 밟을 뻔했던 순간이었다. 만약에 개의 꼬리를 밟았다면 개는 순간적으로 반격을 가했을 것이고, 그러면 순례는 끝이 난 것이나 다름없는 절체절명의 순간이었다. 아찔했다. 카미노에서 맞이한 네 번의 위기 가운데 마지막이었다. 알게 모르게 도우시는 보이지 않는 손길의 가호를 받았다. 행운의 여신과 불행의 여신은 언제나 호시탐탐 기회를 노리고 있었다. 카미노에는 수많은 개와 고양이가 어울려 놀고 있었다. 순례자들을 신기한 듯 바라보며 별로 경계하지도 않는다. 하지만 프랑코 독재 시절, 거리에 많았던 개와 고양이는 어느 순간 찾아볼 수가 없었다. 경제 불황으로 모두 잡아먹은 것이었다. 세월이 흘러 자유와 평화가 찾아오고, 개와 고양이가 다시 거리를 활보하고 있었다.

땅끝이 점점 다가온다. 한 걸음 한 걸음 걸어간다. 한 걸음 한 걸음에 풍경이 바뀐다. 한 걸음 한 걸음에 깨달음이 바뀐다. 천 리 길도 내 집 앞에서 한 걸음부터라, 한 걸음 한 걸음 이천 리를 걸어왔다. 900㎞의 여정. 걸음 수는 모두 얼마나 될까? 2010년 마라도에서 해남 땅끝마을을 거쳐 고성의 통일전망대까지 790㎞ 국토 종주를 했을 때 계산해 보았던 걸음 수는 대략 백만 걸음이 넘었다. 생장 피드포드에서 피레네산맥을 넘어 피스테라까지 여정은 그보다 훨씬 많은 걸음을 걸었으리라. "발아, 발아! 특히 오른쪽 평발아! 정말 고맙구나. 물집 하나 생기지 않고 무사히 데려다준 너에게 진심으로 경의를 표현한다. 머리에서 가장 멀리 있는 발, 심장에서 가장 멀리 있는 발이지만 마음으로는 너를 가까이 아끼고 진심으로 감사하노니, 머나먼 곳으로 순례의 길을 갈 수 있도록, 앞으로도 언제까지나 수고를 아끼지 말아다오."라며 발에게 감사한다.

피스테라 해변, 땅끝 마을의 해변이 시야에 들어온다. 온몸에 전율이 흐른다. 드디어 피스테라에 도착했다. '피스테라'라는 지명의 의미는 '땅끝'이다. 라틴어로 세상의 끝을 의미하는 '피니스(finis)'와 땅을 의미하는 '테라(terra)'가 조합된 단어다. 고대 켈트인들이 세운 피스테라는 중세 사람들이 세상의 끝이라고 믿었던 땅끝 마을이었다. 지구가 평평하다고 믿던 로마 시대부터 중세까지 피스테라는 유럽의 끝이었고, 세상의 끝이었다.

피스테라 해안 도시를 지나서 땅끝 지점으로 향한다. 언덕 위에 순례자 조각상이 마지막 힘을 내라고 격려한다. 여행은 가슴이 떨릴 때 떠나야지 다리가 떨릴 때 떠나면 안 된다고 하듯, 다리는 떨리지 않고

가슴이 떨린다. 한 걸음 한 걸음 올라선다. 마침내 등대 입구에 있는 땅끝 '0.00㎞' 지점에 도착했다. '0.00㎞' 순례길 표지석 앞에 서서 기쁨에 젖는다. 그 기쁨을 누가 알겠는가.

땅끝은 새로운 시작이다. 대한민국의 땅끝 마을 해남이 땅의 끝이면서 바다의 시작이듯, 피스테라도 마찬가지다. 피스테라 앞바다인 저 대서양 건너 아메리카 대륙이 있다는 것은 콜럼버스 이전에는 상상도 하지 못했다. 콜럼버스가 대서양을 건너 아메리카에 도착했고, 이후에 코르테스, 피사로 등 약탈자들에 의해 신대륙에서 제국주의가 시작되었다. 기독교가, 예수가 인간의 탐욕과 함께 전파되었다.

'0.00㎞' 지점의 땅끝에서 이제 방향을 바꿔 다시 세상으로 나아가야 한다. 땅끝은 더 이상 갈 곳이 없다는 의미도 있지만, 그것은 곧 새로운 세상으로 출발한다는 의미도 있다. '0.00㎞'는 다시 시작한다는 또 다른 의미, 순례자는 이제 '0.00㎞' 땅끝에서 다시 시작한다.

땅끝의 절벽에 서 있는 하얀 피스테라 등대는 오늘날 박물관으로 사용되고 있다. 등대 아래 절벽으로 내려서자 돌 위에 십자가와 청동으로 만든 등산화 조각이 있다. 순례자들에게는 땅끝에 도착하면 바다를 비추는 등대 아래에서 입고 신었던 옷과 신발을 태우는 전통 이별 의식이 있었다. 지금은 불을 피우는 것이 금지됐지만, 절벽으로 돌출된 돌 언덕에 불태운 흔적과 검게 그을린 흔적이 아직 여기저기 선명하게 남아있다.

피스테라를 포함해 갈리시아 전역에는 켈트인의 주거 흔적이 있다. 순례자는 불 피우기와 옷 태우기의 태양 숭배와 연관된 켈트 의식을 행하며 과거의 상징적 더러움을 태운다. 물건을 바다에 던지기도 한다. 또 다른 정화의식으로는 옷 벗기, 해수욕 등이 있다. 순례자들은 버리고, 내려놓고, 보내버리는 버림과 채움의 이별 의식으로 이전 것은 보내고 새로움으로 다시 채웠다. 순례자는 불에 태운 자국을 보며 마음에 태운 뜨거운 흔적을 되새기고, 산티아고에서의 아름다운 추억을 영원히 지워지지 않을 마음의 문신으로 아로새긴다.

바위 위에 신발 조형물이 바위에 단단히 붙어있다. 조형물에도, 순례자의 신발에도, 다정하게 키스한다. 때마침 산양 가족이 산책을 나왔다. 순례자를 두려워하지 않고 다가온다. 200만 년 전 모습을 그대로 유지하며 풀과 이끼를 먹고 사는 산양은 천적을 피하기 위해 주로 경사가 가파른 암벽 지역에 살았다. 말랑말랑한 발굽과 긴 앞발은 바위를 타기에 최적화되어 있다. 우리나라에도 약 800마리 정도 살고 있는데, 산양 대부분이 DMZ에 살고 있다. 어미 양 뒤로 새끼 양들이 따라간다. 잠시 후 숫양이 나타난다. 한 폭의 그림 같은 평화로운 가족 나들이다.

이 순간 왜 양들이 나타났을까. 양들은 신의 사자인가. 세 번이나 부인한 베드로에게 "네가 나를 사랑하느냐?"라고 세 번이나 물었고, "내 양을 먹이라."라고 세 번이나 말했던 예수의 음성이 들려온다.

바위에 앉아서 먼바다를 바라본다. 순례자들은 모두 이곳을 쉽게 떠나지 못한다. 멀고 먼 순례의 길을 되돌아보며, 순례자의 느낌을 오래오래 간직하기 위해 순례의 마지막을 즐기고, 다시 태어나는 느낌을 즐긴다. 몸은 비록 떠날지라도 마음은 영원히 땅끝, 이곳을 잊을 수 없을 것이다. 세상 끝에서 세상에게 길을 묻는다.

"이제 어디로 가지?"

세상은 아무 말도 해주지 않는다. 그때 마음 깊은 곳에서 메아리가 들려온다.

"바보! 세상이 어떻게 길을 가르쳐 주나. 네가 알지. 네 마음의 길을 가!"

그때 마음이 말했다.

"맞아. 인생은 사르트르의 말처럼 B(Birth)와 D(Death) 사이의 C(Choice), 즉 C(Challenge)야. 내가 길이요, 진리요, 생명이야! 신은 죽었다고 차라투스트라가 말했잖아. 내가 선택한 진리의 길이 나를 자유롭게 하는 게야."

그때 파란 바다와 파란 하늘을 배경으로 예수와 제자들이 함께 서서 대화를 나누고, 세리 마태가 예수에게 물었다.

"주님, 나는 아직도 주님께서 십자가에서 죽으시고 부활하셨다는 사실이 의심스럽습니다."

예수가 대답했다.

"너는 이제 의심하지 말고, 다른 제자들과 가서 모든 민족을 제자로 삼아 아버지와 아들과 성령의 이름으로 세례를 베풀고 내가 너희에게 분부한 모든 것을 가르쳐 지키게 하라. 볼지어다. 내가 세상 끝날까지 너희와 항상 함께 있으리라."

다시 사도행전의 저자인 의사 누가가 물었다.

"세상 끝날은 언제입니까?"

예수가 대답했다.

"때와 시기는 하느님께서 자기의 권한에 두셨으니 너희들이 알 바가 아니다. 오직 성령이 너희에게 임하시면 너희가 권능을 받고 예루살렘과 온 유대와 땅끝까지 이르러 내 증인이 돼라."

마태가 다시 물었다.

"세상 끝에는 무슨 징조가 있습니까?"

예수가 대답했다.

"많은 사람이 내 이름으로 와서 이르되 나는 그리스도라 하여 많은 사람을 미혹하리라. 민족이 민족을, 나라가 나라를 대적하여 일어나겠고 곳곳에 기근과 지진이 있으리니 이 모든 것은 재난의 시작이니라. 그때 사람들이 너희를 환난에 넘겨주겠으며 너희를 죽이리니 너희가 내 이름 때문에 모든 민족에게 미움을 받으리라. 이 천국 복음이 모든 민족에게 증언되기 위하여 온 세상에 전파되리니 그제야 끝이 오리라."

이때 베드로가 물었다.

"주여, 어디로 가시나이까(쿼바디스 도미네)?"

예수가 대답했다.

"내가 가는 곳에 네가 지금은 따라올 수 없으나 후에는 따라오리라."

다시 베드로가 물었다.

"주여, 내가 지금은 어찌하여 따라갈 수 없나이까? 주를 위하여 내 목숨을 버리겠나이다."

예수가 대답했다.

"네가 나를 위하여 네 목숨을 버리겠느냐? 내가 진실로, 진실로 네게 이르노니 닭 울기 전에 네가 세 번 나를 부인하리라."

말을 마친 예수는 하늘로 올라가고 어디선가 나타난 한 점 구름 속으로 사라졌다. 하늘을 쳐다보며 놀란 제자들도 이윽고 모두 흩어졌다. 야고보는 예수의 증인이 되어 땅끝 스페인으로 왔다. 하지만 7년간 겨우 7명의 제자만을 두고 예루살렘으로 돌아가서 12제자들 중 첫 번째로 처형되었다. 야고보의 시작은 미약했다. 하지만 나중은 심히 창대하여 땅끝 나라 스페인은 세계 최고의 가톨릭 국가가 되었다. 야고보는 어제도, 오늘도, 내일도, 세상 끝날까지도 산티아고 데 콤포스텔라와 땅끝을 찾아오는 순례자들에게 예수의 증인이 되어 살아있다. 미래의 순례자들 또한 야고보의 등으로 어깨를 껴안고 눈물을 흘릴 것이다. 순례자는 발길을 돌려 이제 집으로 간다. 그리고 땅끝에서, 세상의 끝에서 다짐한다.

"가자! 이제 다시 시작이다!"

어두운 피스테라의 밤바다에 별들이 떠 있다. 은하수가 피스테라의 하늘과 바다를 지나간다. 카미노와 병행한 별들의 길, 은하수가 피스테라에서 바다와 만난다. 바다가 하늘과 땅을 잇는다. 진정한 길은 끝나는 법이 없고, 은하수로, 무한한 대양으로 이어진다. 산티아고에서 끝나지 않은 내적 여행이 피스테라에서도 끝나지 않는다. 다시 한번 순례자의 신분을 확인하고 기쁨에 젖은 순례자가 큰소리로 외친다.

"나는 순례자다. 나는 영원한 순례자다."

다음 날 아침, 피스테라 해변으로 나간다. 해변에서 정다운 오누이가 모래 장난을 하고 있다. 갈매기와 파도와 어우러져 아름다운 풍경이다. 순례자가 해변에서 가리비를 찾는다. 하나, 둘…. 파도가 소리없이 밀려온다. 2천 년 전 야고보의 시신과 배를 덮었던 가리비가 순례자의 손에서 오감으로 느껴진다.

사람의 일생에는 누구나 특별한 그 날이 있다. 죽는 날까지 잊지 못할 역사적인 그날이 있다. 나는 시도했고, 도착했다. 800㎞를 걸어 산티아고에 도착하고 다시 묵시아, 피스테라에 도착했다. 태양에 그을린 몸, 땀방울로 얼룩진 몸과 두 발은 기억하리라. 그해 여름 카미노에서 걸었던 일을. 내 마음은, 내 영혼은 기억하리라. 카미노 위에서 있었던 관찰, 성찰, 통찰의 시간을.

인생은 순례다. 순례는 카미노에 국한되지 않는 평생의 과정이다. 산티아고 순례에서 돌아온 순례자는 순례를 끝낸 것이 아니라 다시 순례의 길을 떠난다. 나는 영원한 순례자다. 가리비 껍데기, 배낭, 스틱, 신발, 순례자 여권, 콤포스텔라 완주 증서 등은 성취감, 고통과 시련의 시간, 환희와 탄성의 증거물이다.

카미노 데 산티아고에서 만난 정겨운 길벗들, 소중한 인연들이 너무나 많았다. 피레네산맥을 오르며 탄생의 기쁨을, 끝없는 지평선 메세타에서 고통의 기쁨을, 산티아고 데 콤포스텔라에서 부활의 기쁨을,

세계의 끝 피스테라의 바다에서 겸허의 기쁨을 맛보았다. 파란 하늘, 빛나는 태양, 산과 대평원, 구름과 바람과 비와 숲길과 돌길과 흙길과 새 소리와 풀벌레와 현대의 순례자들과 중세의 순례자들과 스페인의 역사와 문화와 종교와… 알베르게와 가리비와 노란 화살표와 이루 말할 수 없는 인연들과 함께 걸었다. 무엇보다 자신은 최고의 길동무였다.

30일간 기른 텁수룩한 수염, 무명초(無明草) 하나하나에 가득 담긴 사악한 죄와 허물, 헛된 상념들을 베어냈다. 그리고 거울 앞에 드러난 자신을 보았다. 얼굴에도, 마음에도, 영혼에도 공(空)이다. 텅 비었다.

'오십구 년 전에는 내가 너였는데 오십구 년이 지나 네가 나가 되었구나.'

태어난 그날처럼 순수한 영혼으로 이제 다시 하얀 백지 위에 새로워졌다.

피스테라 항을 걷고 또 걷는다. 순례자가 관광객이 되어 여유를 만끽한다. 고통 뒤에 환희, 누릴 자격이 있는 자가 마음껏 누린다. 이제 땅끝을 떠나야 할 시간이다. 순례를 완전히 마무리할 시간이다. 버스를 타고 산티아고로 간다. 산티아고 버스 정류장, 포르투갈로 가는 버스로 갈아타기 위해 걸어간다. 반가운 얼굴이 기다린다. 첫날 론세스바예스에서 만났던 독일 친구가 집으로 가기 위해 버스를 기다리고 있다. 시작과 끝을 함께한 두 순례자, 우리는 힘껏 포옹하고 마음에도, 카메라에도 극적인 만남을 남겼다.

버스는 국경을 넘어 남쪽 포르투갈로 달렸다. 포르투갈에서 다시 바르셀로나로, 파리로 갔다. 일주일간의 여행을 마치고 인천공항으로 돌아왔다. 여행의 최종 목적지는 출발지로 돌아오는 것. 집에서 집으로의 여정이었다. 산티아고 순례길의 소풍은 그렇게 끝이 났다.

2019년 4월 다시 파리로, 바욘으로, 생장으로 갔다. 3월까지 기상악화 및 안전성 문제로 나폴레옹 루트를 금지하였고, 4월 초인데도 눈이 덮여 있어 피레네산맥을 넘을 수 없었다. 나폴레옹 루트가 아닌 로마인들이 다녔던 발카를로스 구간으로 걸었다. 두 루트로 걸었던 환상적인 피레네산맥의 경관은 차마 잊을 수가 없다. 다음날은 론세스바예스에서 팜플로나를 걸었다. 비야프랑카에서 촬영한 TV 프로그램 '스페인하숙'의 방영으로 카미노에는 대한민국 순례자들이 넘쳐났다.

사람들은 저마다 선택한 마음의 길을 가고, 자신이 걸어온 그 길 위에 존재한다. 순례자는 신을 찾아, 자신을 찾아가는 길에 존재한다. 나는 나 자신의 길을 가기 위해 청산으로, 백두대간으로, 동해안 해파랑길로 제주올레로 이리저리 걸었다. 그리고 그 길은 길에 연하여 '산티아고 가는 길'로 지경을 넓혔다. 길이 준 가르침은 장자의 애기애타, '너 자신을 사랑하라.'였으니, 방탄소년단의 '러브 마이셀프(Love Myself)', 보헤미안 랩소디의 '위 아 더 챔피언(We Are The Champions)', 퀸의 '위 아 더 패밀리(We Are The Family)'였다.

추억은 뇌리의 풍경이 되어 현실을 더욱 아름답게 꾸며준다. 같은 강물에 두 번 발을 담글 수 없는 것처럼, 인생은 물처럼 흐르고, 바람처럼 구름처럼 흘러가고 사라져간다. 삶은 돌아갈 수 없는 단 한 번의 순간이기에 슬프도록 아름다운 여정이다. 오늘 하루도, 지금 이 순간도, 사랑하고 배우며 가슴 벅찬 삶을 살아간다. 길에서 만났던 모든 동반자가 주마등처럼 스쳐 간다.

날마다 카미노에서 반짝이는 새벽 별빛을 만나고, 밝아오는 여명의 아침을, 붉게 피어나는 아침노을을, 석양에 물든 붉은 저녁노을을 만났다. 날마다 싱그러운 파란 하늘을, 양 떼 같이 하얀 구름을, 한낮의 불타는 태양을 만나고, 날마다 끝없는 지평선을, 침묵의 산을, 포도밭과 붉은 와인을, 양 떼와 소 떼를 만났다. 날마다 노란 화살표와 가리비를, 현대의 순례자와 중세의 순례자를, 수많은 십자가와 바(Bar)를, 순례자 여권에 스치는 알베르게를 만났다. 날마다 각 마을, 도시에 있는 중세풍의 성당을, 국토 회복 운동의 성채들을, 중세 순례자들의 애잔한 전설을, 순례자들의 땀과 눈물을 만났다. 날마다 길 위의 성인들을, 태양의 제국의 영웅들을, 이사벨 여왕과 전설의 왕들을, 콜럼버스와 엘 시드를, 세르반테스와 돈키호테를 만났다. 날마다 예수의 사랑과 용서를 만나고, 야고보의 사명과 죽음을, 성모 마리아의 사랑을, 신의 자비와 은총을 만났다. 드디어 기쁨의 산에서 별이 빛나는 들판을 만나고 콤포스텔라에서 대성당을, 대성당에서 산티아고를, 산티아고를 껴안고 춤추는 순례자를 만났다. 그리고 피스테라에서 땅끝을 만나고 바다의 시작을 만났다. 땅의 시작을 만나고 바다의 끝을 만났다. 순례의 끝을 만나고 순례의 시작을 만났다. 경이로운 대자연의 위대함을 체험하며 신을 만나고 자신을 만나는 카미노에는 날마다 존재의 자각을 넘어, 가야 할 길을 가리켜 주는 들판에서 반짝이는 소중한 만남이 있었다.

순례자는 일상의 소중함을 알기 위해서 카미노로 가고, 카미노의 가치를 깨닫기 위해서 일상으로 돌아온다. 돌아온 뒤의 순례자는 떠날 때의 순례자가 아니다. 카미노에서 체득한 내면의 힘으로 삶에서 영혼도 육신도 카미노를 따라 움직인다. 순례자는 길에서도 이방인이요, 고향에 돌아와서도 이방인이 된다. 그리고 이방인의 아픔과 기쁨을 잊지 않고 무한정 즐긴다. 산티아고 가는 길은 중세에 온 것 같은 기분으로 순례를 하다가 문명 세계로 돌아오는 여정이다. 그 길은 신천지, 새로운 하늘, 새로운 땅이다. 산티아고는 단순히 지리적 종점이지 순례자의 내적 종점은 아니다. 산티아고는 물리적 종점이지 순례의 종결은 아니다. 순례는 산티아고에 도착하는 것으로 끝나지 않는다. 일상으로 복귀해 카미노의 경험을 계속해서 반추하고 해석하면서 귀향 후 순례자가 들려주는 이야기는 선택되고 해석된다. 여행과 모험의 의미가 편집되고 다듬어지고 확장된다. 카미노에서 돌아온 순례자는 고독 속의 침묵과 평화, 순간을 음미하는 '카르페 디엠'의 삶, 덜 복잡하게 살기를 실천한다. 자신이 '카미노 순례자'라는 정체성을 가지고 길 위의 정신을 계속 간직하려 한다.

세계 각지에서 온 순례자들은 바쁘고 복잡한 일상에서 벗어나 자신을 성찰하기 위해 산티아고 순례길을 걷는다. 그리고 그곳에서 다시 태어난다. 길을 걸으며 옛사람은 죽고 새로운 피조물로 거듭난다. 산티아고 길에서 그렇게 태어난 새로운 사람은 신이 아닌 바로 자기 자신이 창조한 인간이다. 천 년 역사의 순례길의 보이지 않는 손길로 빚어진 자신이 새롭게 태어난다. 또한 산티아고 순례길은 신의 손길을 느끼는 신앙의 여정이다. 순례는 날마다 다양한 일화로 채워지고, 오감을 통한 순례에서 미래의 행위 모델이 탄생한다.

나는 항상 떠돌이였다. 떠도는 것이 좋아 길을 떠나는 유랑자였다. 그런데 이제 어디로 가지? 아직 가야 할 길이 남아 있다. 산티아고 순례는 끝났지만 인생 순례는 세상 끝날까지 다시 시작이다. 시작은 미지의 길을 가는 것. 알 수 없는 길을 향해 다시 순례의 길을 떠나간다. 그리고 그 길은 청산으로 이어진다. 처처에 청산(青山)이 있으니, 피스테라도 묵시아도 청산이었다. 이제 다시 청산으로 간다.

'나는 지켜야 할 약속이 있어/ 잠들기 전에 가야 할 먼 길이 있다.'는 프로스트의 시처럼 나는 지켜야 할 약속이 있어 잠들기 전에 가야 할 청산을 향해 다시 걸어간다.

뜨거운 여름이 가고 서서히 단풍이 물들어 간다. 세상에 가을이 오고 있다. 내 인생에도 가을이 오고 있다. 계절은 허락 없이 스스로 오고간다. 눈이 부시도록 아름다웠던 카미노의 여름, 이제 산티아고 가는 여정을 마친다. 끝에서 끝을 바라본다. 끝은 시작이고 시작은 끝이었다. 순례자가 끝에서 외친다.

"이제 다시 시작이다!"

🐚 스페인과 산티아고 순례길 연대기

기원전

100만 년경	아타푸에르카의 '호모 안테세소르'
14,000년경	크로마뇽인의 알타미라 동굴 벽화
1,600년경	이베로부족 이주
1,100년경	페니키아인 카디스 항구건설
8세기경	그리스인 식민지 건설
3세기경	3차에 걸친 포에니전쟁 시작
218년	제2차 포에니 전쟁 발발 로마군이 이베리아반도 진주
62년	시저 에스파냐 총독부임. 이때 크라수스에 엄청난 빚 갚음
38년	로마 제국의 영토가 됨 '히스파니아'라고 부름
19년	스페인의 로마제국 편입 공표. 스페인 정복에 200년 걸림.
4년	예수 탄생

기원후

14년	아우구스투스 황제 사망 티베리우스 황제 계승
26년	본디오 빌라도가 유대 지방을 다스리기 시작함
33년	예수 십자가 형
37년	야고보 이베리아반도에서 전도 시작
44년	야고보 예루살렘 귀국 후 순교(7월 25일)
74년	이베리아반도 주민에게 로마 시민권 부여함
98년	군인 출신 트라야누스 황제 즉위. 에스파냐 출신
415년	서고트족 이베리아반도 진입
476년	서로마제국 멸망
507년	톨레도에 도읍한 서고트 왕국 창건
570년	무함마드 탄생

622년	헤지라, 메카 탈출
632년	무함마드 사망
651년	이슬람 제국 순식간에 성장
711년	이슬람 타리크 장군 침공 서고트 왕국 붕괴
	무어인의 역사 시작
722년	아스투리아스 지방의 코바동가 전투에서 돈 펠라요가 첫 승리를 거둠. 레콘키스타 시작
732년	이슬람군대가 피레네산맥 넘어 투르지방으로 진격
	프랑크 왕국의 카를 마르텔이 푸아티에에서 이슬람 격퇴
	이후 유럽과 이슬람의 경계
778년	샤를마뉴 대제 에스파냐 원정
813년	수도사 펠라요가 산티아고 무덤 발견
844년	클라비호 전투에서 야고보가 결정적인 순간에 나타나 승리 성인의 반열 오름 '무어인의 처단자'의 이미지를 가짐
950년	산티아고 순례길에 관한 최초의 기록 - 코테스칼코 주교
1072년	알폰소 6세가 발카르세를 거쳐 갈리시아로 들어가는 모든 순례자들의 통행료 면제
1085년	카스티야 왕국의 알폰소 6세가 톨레도 수복
1099년	엘 시드 사망
1118년	템플기사단 '성전기사단 또는 성전수도회'로 불림
1122년	교황 칼리스토 2세, 산티아고의 무덤이 진짜라고 공인
1129년	로마 가톨릭교회로부터 공인받으며 순례길 빠르게 성장
1150년	순례를 위한 최초 안내서가 만들어짐 「교황 칼릭스투스 2세의 고문서」 제5집에 들어 있는 '성 야고보의 글' - 프랑스인 수도사 에메릭 비코가 집필
1189년	교황 알렉산더 3세가 예루살렘, 로마와 함께 산티아고 데 콤포스텔라를 성스러운 도시로 선포 이 선포를 계기로 예루살렘, 로마 다음가는 성지 순례지가 됨

13세기	최고의 전성기 7월 25일이 일요일과 겹치는 성년 40만
1212년	알폰소 8세가 톨로사 전투로 가톨릭 결정적 승리
1249~1492년	그라나다에 이슬람 마지막 왕국인 나스르 왕국
1474년	이사벨과 페르난도, 카스티야 왕국의 공동왕으로 즉위
1492년	1월 : 가톨릭 공동왕이 그라나다의 나스르 왕국 정복. 에스파냐 에서 이슬람 세력 완전히 몰아냄. 국토회복운동 종결
	3월 : 개종을 거부하는 유대인 추방
	8월 : 스페인어 최초의 문법서 출판
	10월 : 콜럼버스의 아메리카 도착
1494년	토르데시야스 조약으로 포르투갈과 스페인의 세계 분할
1500년	포르투갈 항해사 카브랄 브라질에 도착
1502년	개종을 거부하는 무어인 추방
1512년	나바라 왕국 합병
1516년	페르난도와 이사벨의 외손자 카를로스 1세가 카스티야와 아라 곤의 왕으로 즉위(스페인의 합스부르크 왕가 시작)
1519년	카를로스 1세가 신성로마제국의 황제로 즉위(카를 5세)
1521년	에르난 코르테스가 아즈텍 제국 멸망시킴
1532년	피사로가 잉카 제국 멸망시킴
1534년	이그나시오 데 로욜라의 예수회 창설
1555년	카를로스 1세가 아들 펠리페 2세에게 왕위를 물려줌
1561년	펠리페 2세, 왕궁을 바야돌리드에서 마드리드로 옮김
1565년	아메리카 대륙뿐만 아니라 마젤란이 발견한 필리핀까지 식민지 명실상부한 해가 지지 않는 나라 스페인의 태양이 가장 높이 떠 오른 시기로 산티아고 제2의 전성기
1571년	레판토 해전에서 기독교 연합함대가 투르크 함대를 격파 세르 판테스 참전
1580년	포르투갈 후계자 없어 펠리페 2세가 에스파냐에 복속

1588년	무적함대가 엘리자베스 여왕의 영국 해군에게 패배
1605년	세르반테스의 『돈키호테』 1부 출판
1608년	무어인 대 추방
1615년	세르반테스의 『돈키호테』 2부 출판
1640년	포르투갈 독립
1648년	베스트팔렌 조약 체결로 30년 전쟁 종막 네덜란드 독립
1786년	고야가 궁정화가로 임명됨
1805년	트라팔가 해전에서 영국 넬슨 제독에게 격파당함
1808년	나폴레옹 침략 스페인의 권력 공백으로 중남미 독립자극
1808~1814년	프랑스군에 대항하는 독립전쟁 발발
1824년	페루의 아야쿠초 전투에서 아메리카 국가들의 독립
1898년	미국과의 전쟁에서 패배하여 제국의 종말 필리핀 양도
1936년	총선에서 인민전선 승리
1936~1939년	프랑코 군부 쿠데타로 내전
1936~1975년	프랑코 시대 프랑코 사망 후 카를로스 1세 즉위
1950년	대한민국과 수교
1982년	교황 요한 바오로 2세 산티아고 데 콤포스텔라 방문
	교황 사라고사 대성당 방문 삘라르 성모를 '히스패닉 세계의 수호성모'로 선포. '히스패닉(가톨릭과 스페인어를 사용하는 국가들의)날' 콜럼버스가 신대륙을 발견한 날 삘라르 성모 축일로 지정 10월 12일
1986년	파울로 코엘료 산티아고 순례
1989년	요한 바오로 2세 산티아고 방문
1993년	유네스코 세계문화유산으로 지정
2010년	베네딕토 16세 산티아고 방문
2014년	안 카를로스 1세 국왕 퇴임과 펠리페 6세 즉위~현재

🐚 참고문헌

- 『NIV 한영스터디성경』. 생명의 말씀사
- 김용선. 『코란』. 명문당
- 신정환, 전용갑. 『두 개의 스페인』. 한국외국어대학교 출판부
- 리 호이나키. 『산티아고 거룩한 바보들의 길』. 달팽이
- 낸시 루이즈 프레이. 강대훈 역. 『산티아고 순례 이야기』. 황소걸음.
- 오광남. 『예수는 없다』. 현암사
- 김남철, 김태훈, 박건우. 『산티아고 순례길 가이드북』. 핏북
- 존 번연. 최종훈 역. 『천로역정』. 포이에마
- 류시화. 『나는 왜 너가 아니고 나인가』. 김영사
- 리 호이나키. 김병훈 역. 『거룩한 바보들의 길』. 달팽이
- 오강남. 『예수가 외면한 그 한 가지 질문』 현암사
- 새뮤얼 스마일즈. 공병호 역. 『자조론』. 비즈니스 북스
- 니체. 장희창 역. 『차라투스트라는 이렇게 말했다』. 민음사
- 니체. 강윤철 역. 『신은 죽었다』. 스타북스
- 브루스 윌킨슨. 마영례 역. 『야베스의 기도』. 디모데
- 이대희 편저. 『기도로 배우는 기도』. 쿰란 출판사
- 옥환흠. 『나를 사랑하느냐』. DMI
- 김집. 『살면서 길을 잃었거든 산티아고로 가라』. 토우
- 이필수. 『안나푸르나를 지나 산티아고로』. 베드로서원
- 파울로 코엘료. 박명숙 역. 『순례자』. 문학동네.
- 칼라 파워. 하윤숙 역. 『문명의 만남』. 세정서적
- 이어령. 『지성에서 영성으로』. 열림원
- 김명돌. 『해파랑길 이야기』. 북랩
- 김명돌. 『탐라할망, 폭삭 속았수다』. 북랩
- 김희경. 『나의 산티아고』. 푸른숲